中国企业创新能力报告（2016）：制造业上市公司创新评价

袁东明　周健奇　马　骏　等著

图书在版编目（CIP）数据

中国企业创新能力报告．2016：制造业上市公司创新评价/袁东明，周健奇，马骏等著．—北京：中国发展出版社，2017.10

（国务院发展研究中心研究丛书．2017／李伟主编）

ISBN 978－7－5177－0792－9

Ⅰ.①中…　Ⅱ.①袁…　②周…　③马…　Ⅲ.①企业创新—研究报告—中国—2016　②制造工业—上市公司—企业创新—研究报告—中国—2016　Ⅳ.①F279.23　②F426.4

中国版本图书馆 CIP 数据核字（2017）第 261947 号

书　　名：中国企业创新能力报告．2016：制造业上市公司创新评价
著作责任者：袁东明　周健奇　马骏　等
出 版 发 行：中国发展出版社
（北京市西城区百万庄大街 16 号 8 层　100037）
标 准 书 号：ISBN 978－7－5177－0792－9
经　销　者：各地新华书店
印　刷　者：北京市密东印刷有限公司
开　　本：710mm×1000mm　1/16
印　　张：22.5
字　　数：288 千字
版　　次：2017 年 12 月第 1 版
印　　次：2017 年 12 月第 1 次印刷
定　　价：99.00 元

联 系 电 话：（010）68990692
购 书 热 线：（010）68990682　68990686
网 络 订 购：http：//zgfzcbs.tmall.com
网 购 电 话：（010）68990639　88333349
本 社 网 址：http：//www.develpress.com.cn
电 子 邮 件：105828192@qq.com

DRC

2017

国务院发展研究中心研究丛书

编　委　会

“中国企业创新能力报告（2016）”
课题组

课题组组长

马　骏　国务院发展研究中心企业研究所所长　研究员

课题组执行副组长

袁东明　国务院发展研究中心企业研究所副所长　研究员

课题组协调人

周健奇　国务院发展研究中心企业研究所研究室副主任　副研究员

课题组成员

马淑萍　国务院发展研究中心企业研究所研究室副主任　研究员
贾　涛　国务院发展研究中心办公厅副处长　研究员
郭　巍　国务院发展研究中心办公厅　副研究员
杨光普　国务院发展研究中心宏观经济研究部　助理研究员
许英杰　中国社会科学院财经战略研究院博士后
　　　　人力资源和社会保障部劳动工资研究所　助理研究员
袁　东　北京大学光华管理学院博士研究生
廖　博　北京大学光华管理学院博士研究生
邓　晓　北京大学光华管理学院博士研究生
王　骞　北京大学光华管理学院博士研究生
李　钰　龙信数据（北京）有限公司董事长　首席数据专家
王成刚　龙信数据研究中心主任
赵　龙　龙信数据研究中心研究人员
崔正华　龙信数据研究中心研究人员

总　序

全面贯彻落实党的十九大精神，开创新时代政策咨询研究工作新局面

李伟

2017 年 10 月，举世瞩目的中国共产党第十九次全国代表大会胜利召开。这是在全面建成小康社会决胜阶段、中国特色社会主义进入新时代的关键时期召开的一次十分重要的大会。党的十九大，作出了中国特色社会主义进入新时代、我国社会主要矛盾已转化为人民日益增长的美好生活需要和不平衡不充分的发展之间的矛盾等重大政治论断，确立了习近平新时代中国特色社会主义思想为党必须长期坚持的指导思想，提出了新时代中国特色社会主义的基本方略，确定了决胜全面建成小康社会、开启全面建设社会主义现代化国家新征途的目标。

党的十八大以来的五年，以习近平同志为核心的党中央以巨大的政治勇气和强烈的责任担当，提出一系列新理念新思想新战略，出台了一系列重大方针政策，推出一系列重大举措，推进一系列重大工作，推动党和国家事业发生历史性变革。如在宏观经济政策领域，面对近些年我国经济在增速、结构、动力等方面发生的深刻变化，五年来，以习近平同志为核心的党中央准确把握全球经济发展

大势和中国经济发展变化，不断创新宏观调控方式，形成了作出经济进入新常态重大判断、以新发展理念为指导、以供给侧结构性改革为主线、以稳中求进为工作方法论的宏观经济政策框架。具体而言，这个政策框架有以下几个鲜明特点：

其一，作出了新常态这一重大判断。从速度层面看，经济增长速度从高速增长转为中高速增长，经济发展的质量和内涵发生质的变化；从结构层面看，经济结构发生全面深刻变化，不断优化升级；从动力层面看，经济发展从要素驱动、投资驱动转向创新驱动。认识、把握、引领新常态是当前和今后一个时期做好经济工作的大逻辑。

其二，确立了新发展理念这一指导思想。创新、协调、绿色、开放、共享五大发展理念为经济社会发展提供了战略指引，是关系我国发展全局的一场深刻变革，攸关“十三五”乃至更长时期我国发展思路、发展方式和发展着力点。

其三，明确了推进供给侧结构性改革这一工作主线。供给侧结构性改革的最终目的是满足需求，主攻方向是提高供给质量，根本途径是深化改革，这是解决我国发展面临的突出问题与挑战的必由之路。

其四，确定了稳中求进这一工作方法论。坚持稳中求进工作总基调，并将之上升为治国理政的重要原则和经济工作的方法论，这是对经济工作思想方法作出的重大调整。强调要保持战略定力，在实践中转变急于求成的思想观念和操之过急的工作方法，推动经济转向平稳健康持续发展的轨道。

从五年来的实践成效看，在这一政策框架指导下，我国经济在经历多年调整后，趋势性下行的空间明显收窄，正在逐步迈入中高速增长阶段。特别是自2016年下半年开始，我国经济运行出现了一些积极变化，企稳基础有所增强，国际环境的有利因素也在增多，我国经济转型有望从“降速”阶段转向“提质”阶段。2017年前三季度基本延续了这一态势，经济增速达到6.9%，总体保持平稳，结构不断优化，经济发展的稳定性、协调性和可持续性增强，稳中有进、稳中向好的态势持续发展。

党的十九大对新时代推进中国特色社会主义伟大事业作出了全面部署，对开启全面建设社会主义现代化国家新征程作出战略安排，明确提出全面建成小康社会、实现第一个百年奋斗目标，又要乘势而上开启全面建设社会主义现代化国家新征程，向第二个百年奋斗目标进军。从2020年到本世纪中叶，分两个阶段安排：第一个阶段，从2020年到2035年，在全面建成小康社会的基础上，再奋斗十五年，基本实现社会主义现代化；第二个阶段，从2035年到本世纪中叶，在基本实现现代化的基础上，再奋斗十五年，把我国建成富强民主文明和谐美丽的社会主义现代化强国。这一系列战略部署为包括国务院发展研究中心在内的各类智库发挥作用提供了前所未有的广阔空间，如：社会主要矛盾所指的发展不平衡不充分的具体表现在哪些方面？本世纪中叶建成社会主义现代化强国的具体内涵和指标有哪些？现代化经济体系科学内涵是什么？如何实施乡村振兴战略？全面建设社会主义现代化国家新征程中将面临哪些风险和挑战？等等。这些重大问题，都需要智库加强前瞻性研究，提供切实可行、管用的决策咨询建议。

党的十九大指出，深化马克思主义理论研究和建设，加快构建中国特色社会科学，加强中国特色新型智库建设。智库建设的内容首次写进党的代表大会报告，令人振奋。这既为国务院发展研究中心建设国际一流高端智库提供了重大机遇，也为我们履行政策研究、政策评估、政策解读和国际交流合作“四位一体”的职能提出了更高要求。国务院发展研究中心将全面贯彻落实党的十九大精神，贯彻习近平总书记2013年4月15日关于智库建设的重要批示和中央关于智库建设的总体部署，加快落实国务院已批复的《国务院发展研究中心国家高端智库建设试点方案》，全面实施质量提升、人才优化、国际交流合作、成果传播、支撑保障和党的建设等六大工程，建立健全党的建设、人才使用与激励、研究质量保障和成果创新、经费使用和管理、成果转化和传播、研究支撑、国际交流合作、统筹利用社会资源等八个方面的体制机制，加快建设国际一流高端智库，力争到2020年进入高质量服务中央决策的政策支持力强、社会影响力大、国内领先、国际一流高端智库前列。

国务院发展研究中心将把深入学习宣传和全面贯彻落实党的十九大精神作为当前和今后一段时期的首要政治任务。作为服务党中央、国务院的政策咨询研究机构，我们将牢牢把握为中央决策服务的根本方向，以习近平新时代中国特色社会主义思想为指导，坚持马克思主义立场观点方法，坚持以人民为中心的发展思想，紧紧围绕十九大作出的“贯彻新发展理念，建设现代化经济体系”“加快建设创新型国家”“实施乡村振兴战略”“实施区域协调发展战略”“加快完善社会主义市场经济体制”“提高保障和改善民生水平，加强和创新社会治理”“加快生态文明体制改革，建设美丽中国”等一系列重大决策部署，坚持问题导向，精心选题，主动加强新时代中国特色社会主义有关经济建设、社会建设、生态文明建设的全局性、战略性、前瞻性、长期性以及热点、难点问题研究，大兴调查研究之风，不断形成一大批具有较高政策价值和较大社会影响力的研究成果，为中央科学决策提供有力的智力支持，努力开创新时代政策咨询研究的新局面。

“国务院发展研究中心研究丛书”是我们每年主要研究成果的集中呈现，自2010年面世至今，已经连续出版八年。今年这套丛书成书共包括15部著作，其中：《迈向高质量发展：战略与对策》《构建“一带一路”设施联通大网络》《打好风险攻坚战：思路与对策》等3部著作是国务院发展研究中心的重大研究课题报告；《协同：促进区域经济增长的新路径》《构建竞争力导向的农业政策体系》等9部著作，是各研究部（所）的重点研究课题报告；另3部著作是青年研究人员的优秀招标研究课题报告。

最后，对于多年来中央和地方各级领导同志给予我们的肯定和鼓励，以及社会各界读者的认可和厚爱，我们深怀感恩，并表示由衷的谢意。同时，我们也深知不足，诚恳希望各级领导、专家、学者和广大读者继续给予关心、支持和帮助，对这套丛书以及我们的工作多加批评指正，促使我们以更加振奋的精神和昂扬的姿态为推进国家治理体系和治理能力现代化、决胜全面建成小康社会、夺取新时代中国特色社会主义伟大胜利、实现中华民族伟大复兴的中国梦而不懈奋斗。

2017年11月

（作者为国务院发展研究中心主任、研究员）

内容摘要

制造业企业创新是我国综合国力提升的战略支撑。本研究的基本出发点是建立我国制造业企业创新评价数据库，通过持续跟踪和分析，准确把握主要制造业行业和企业，以及重点地区制造业的发展趋势、创新的主要瓶颈，提出提升我国制造业企业创新水平的基本思路和相关建议。

我国上市公司是行业内的优质企业，上市公司的创新投入及升级变化基本能够反映出行业的总体情况。本研究以企业研发投入强度和人均人力资本投入强度为指标，构建了一个企业创新投入强度的二维评价模型。通过对制造业上市公司的年报进行分析，我们获得了2012～2015年的制造业上市公司研发投入和人均人力资本投入数据。利用二维评价模型，我们对制造业上市公司整体及15个细分行业进行了分类评价，得出各个制造业的企业创新投入强度及分布结构。

评价结果显示：近几年我国制造业上市公司对研发投入的重视程度不断提高，总体研发强度稳步上升，由2012年的2.23%上升到2014年的2.62%，在2015年接近3%。但企业对人力资本投入的重视还远远不够，是我国企业创新投入的一块短板。2014年，我国全部制造业上市公司中，强创新投入企业占23.1%，高研发投入企业占

39.3%，高人力资本投入企业占11.3%，弱创新投入企业占26.3%。2015年，我国制造业上市公司研发投入保持快速增长。人力资本投入总量也持续扩大，其中一半来自于员工规模的扩大，一半来自于人均投入的增长。通过比较2012～2015年间上市公司创新投入强度的变化，我们发现，我国制造业创新投入强度总体上并没有显著改善，部分行业甚至出现恶化。进一步的分析显示，当前我国制造业升级表现出行业间横向升级显著，但行业内纵向升级不足的特征，即创新资源更多向部分行业集中，而行业内部向优势企业集中的趋势并不明显。

关于中国制造业上市公司创新能力的研究将长期展开。本年度研究内容主要如下。

（1）总体评价：对2015年度我国制造业上市公司创新投入强度进行综合评价。

（2）趋势评价：分析2012～2015年我国制造业上市公司创新投入强度的变化趋势。

（3）地区评价：选取长三角（江苏、浙江、上海）、珠三角（广东）、京津冀、成渝4个经济区和西安、武汉2个典型城市，将创新强度数据与外商直接投资、R&D投入、GDP增速、专利数等数据相结合，分析我国制造业上市公司创新投入强度的地区差异。

（4）行业评价：选取汽车制造业，计算机、通信和其他电子设备制造业，通用设备制造业，专用设备制造业，电气机械和器材制造业，仪器仪表制造业，医药制造业，化学原料及化学制品制造业，纺织服装制造业，钢铁制造业等行业重点分析。

接下来，研究小组将逐年不断完善数据库，将数据和实地调研相结合，力争真实掌握我国制造业上市公司创新能力的现状和问题，构建提升我国制造业上市公司创新投入强度的相关政策体系。

目录

第四章

我国制造业上市公司创新投入强度的地区差异

第五章

2015 年汽车制造业上市公司创新能力评价

第六章

2015 年计算机、通信和其他电子设备制造业上市公司创新能力评价

第七章

2015 年通用设备制造业上市公司创新能力评价

第八章

2015年专用设备制造业上市公司创新能力评价

第九章

2015年电气机械和器材制造业上市公司创新能力评价

第十章

2015年仪器仪表制造业上市公司创新能力评价

第十一章

2015年医药制造业上市公司创新能力评价

第十二章

2015 年化学原料及化学制品制造业上市公司创新能力评价

第十三章

2015 年纺织服装制造业上市公司创新能力评价

第十四章

2015 年钢铁制造业上市公司创新能力评价

我国制造业上市公司创新投入强度2015年度评价

我国经济正处在从以要素驱动为主向以创新驱动为主转变的关键时期，创新是当前及未来经济社会发展的一个重要理念。企业是创新的微观主体，企业自身竞争力的提升，产业结构的优化升级，甚至经济发展模式的转变，都需要依靠持续创新。客观评价企业的创新能力有助于我们掌握企业和行业的创新动向，因情施策。本章以我国制造业上市公司为评价对象，以企业研发投入强度和人均人力资本投入强度为评价指标，对2015年的企业创新投入强度进行综合评价。结果显示，2015年我国制造业上市公司整体研发投入强度不断提高，由2012年的2.23%上升到2.92%，远高于我国整体2.07%的研发强度。企业人均人力资本投入基本保持了与全国城镇居民可支配收入同步增长的幅度，2015年达到9.79万元。在1747家制造业上市公司中，强创新投入企业422家，占比24.2%；高研发投入企业771家，占比44.1%；高人力资本投入企业157家，占比9.0%；弱创新投入企业397家，占比22.7%。在15个制造业细分行业中：仪器仪表制造业，计算机、通信和其他电子设备制造业，专用设备制造业，交通运输设

备制造业，通用设备制造业的强创新投入企业比重均超过30%，属于创新活跃行业；电气机械和器材制造业、汽车制造业、橡胶和塑料制品业、金属制品业的高研发企业比重均超过50%，属于研发活跃行业。

一、企业创新能力评价的理论及模型

国内外对企业创新评价主要有两种方法：产出法和投入法。创新产出主要包括核心技术、知识产权、自主品牌、商业模式和盈利水平等，创新产出能够较好地反映企业创新能力的高低，但产出数据较难获取，部分指标甚至很难量化。创新投入主要包括企业资金、技术、人力、管理等生产要素的投入。投入与能力之间并不存在必然联系，但它表明了企业在推动创新方面的努力程度。一般而言，努力程度越高，创新成功的可能性就越大。实践中，对单个企业进行创新评价多采用产出与投入相结合的方法，对批量企业创新评价时多采用投入法。

制造业企业创新的核心是技术进步，包括产品升级、质量提升、工艺改进等。通常，企业技术进步的路径包括内部研发和外部购入，均需要资金和人才投入。资金主要体现为研发投入，以研发投入来评价企业创新，既直观又具有可比性。国际上很多企业创新评价中都把研发投入总额或强度作为唯一指标。人才的内涵丰富且较难量化，可以界定为从事创新的员工数量、企业的人才结构、企业对人才的投入等。美国布鲁金斯学会2015年发布的《美国先进产业报告》中，应用了研发投入和人才两项指标，其中人才被界定为人才结构，取得高学历员工的比重。由于国内制造业上市公司一般不披露人才结构，我们采用企业对员工的投入作为人才指标，取值企业每年支付给员工的人均工资、奖金、各种津贴和补贴、社会保险及其他费用，成为人均人力资本投入强度。

以研发投入强度和人均人力资本投入强度为坐标两轴，可设定一个二维评价模型，形成 4 个区域。如图 1－1 所示。其中，研发投入强度和人力资本投入“双高”的区域，为强创新投入区，该区域的企业为强创新投入企业；研发投入强度和人力资本投入“双低”的区域，为弱创新投入区，该区域的企业为弱创新投入企业；其他两个区域的企业分别为高研发投入企业和高人力资本投入企业。对一个企业群体或行业来说，强创新投入企业数量越多、比重越高，表明这个群体或行业的企业创新越活跃。

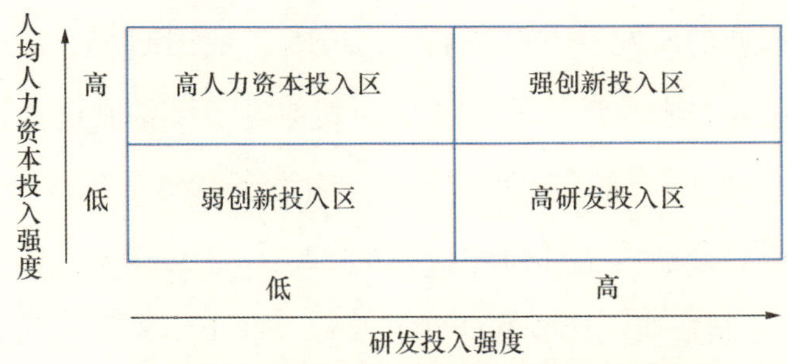

图 1－1 企业创新投入强度的二维评价

注：本书图表来源，除特别标注外，均出自国务院发展研究中心企业研究所制造业上市公司创新评价数据库。

二、2015 年我国制造业上市公司创新投入总体情况

截至 2015 年年底，我国制造业上市公司共有 1909 家，其中披露研发投入和人力资本投入的企业共 1747 家，占 91.51%（分析 2015 年研发投入，以 1747 家上市公司作为研究样本）。2015 年我国制造业上市公司的研发经费共约 2737 亿元，约占全国企业研发经费的 1/4。

2015 年制造业上市公司的研发强度为2.92%，远高于全国2.07%的研发强度，其中主板2.67%，中小企业板3.69%，创业板5.26%。2015年我国制造业上市公司共有员工约837万人，人均人力资本投入约9.79万元，其中主板最高，为10.59万元；中小企业板最低，为8万元；创业板企业居中，为9.08万元（见表1－1）。

表1－1　2015年我国制造业上市公司创新投入情况

上市板块	企业数量（家）	研发投入（亿元）	研发强度（%）	员工总数（万人）	人均人力资本投入（万元）
主　板	771	2011.8	2.67	576.3	10.59
中小企业板	602	552.6	3.69	204.5	8.00
创业板	374	172.3	5.26	56.1	9.08
总　计	1747	2736.6	2.92	836.9	9.79

从各细分行业的研发投入规模来看，2015年我国制造业上市公司中，研发投入主要集中在计算机、通信和其他电子设备制造业，汽车制造业，电气机械和器材制造业，交通运输设备制造业等4个行业，其中，这4个行业分别占全部研发投入的22.7%、16.8%、10.5%和7.3%；食品加工制造业、橡胶和塑料制品业、非金属矿物制品业、纺织服装业、仪器仪表制造业等5个行业的研发投入较少。从研发强度来看，仪器仪表制造业，计算机、通信和其他电子设备制造业等2个行业的研发强度最高，均高于5%；纺织服装业、化学原料及化学制品制造业、有色金属冶炼和压延加工业、食品加工制造业等4个行业的研发强度较低，均不到2%。从人力资本投入来看，制造业上市公司员工主要集中在计算机、通信和其他电子设备制造业，汽车制造业，电气机械和器材制造业，化学原料及化学制品制造业，食品加工制造业，黑色金属冶炼和压延加工业等行业，非金属矿物制品业、金属制品业、橡胶和塑料制品业、仪器仪表制造业等行业的企业员工相对较

少；从人均人力资本投入来看，交通运输设备制造业、通用设备制造业、专用设备制造业、黑色金属冶炼和压延加工业及汽车制造业等行业人均人力资本投入较高，均超过10万元，纺织服装业最低，不到7万元（见表1－2）。

表1－2　　2015年我国制造业细分行业上市公司创新投入情况

行业分类	企业数量（家）	研发投入（亿元）	研发强度（%）	员工总数（万人）	人均人力资本投入（万元）
电气机械和器材制造业	183	286.0	3.73	76.6	9.13
非金属矿物制品业	61	39.8	2.28	23.6	8.56
黑色金属冶炼和压延加工业	32	198.3	2.16	56.6	11.21
计算机、通信和其他电子设备制造业	254	621.1	5.44	136.8	9.65
金属制品业	50	41.6	2.05	20.8	9.00
汽车制造业	96	459.1	2.81	109.8	10.47
铁路、船舶、航空航天和其他运输设备制造业	37	200.8	4.19	46.8	12.56
通用设备制造业	114	138.7	3.85	31.9	12.16
橡胶和塑料制品业	53	55.1	3.62	16.1	9.04
医药制造业	159	153.6	3.61	52.5	9.00
仪器仪表制造业	35	15.0	5.79	4.3	9.22
有色金属冶炼和压延加工业	56	82.9	1.14	32.6	8.95
专用设备制造业	169	153.3	4.19	43.3	11.55
化学原料及化学制品制造业	208	145.1	1.55	62.9	9.29
食品加工制造业	95	59.9	1.01	60.9	9.15
纺织服装业	63	32.9	1.96	34.4	6.59

三、2015 年我国制造业上市公司创新投入强度评价

（一）制造业上市公司创新强度的整体分布

通过对不同细分行业的研发强度和人均人力资本投入强度进行二维评价，可以获得每个行业的强创新投入企业、弱创新投入企业、高研发投入企业和高人力资本投入企业，加总之后得到四类企业的总量。结果显示，在 1747 家制造业上市公司中，有 422 家属于强创新投入企业，占 24.2%；397 家属于弱创新投入企业，占 22.7%；771 家高研发投入但低人力资本投入的企业，占 44.1%；157 家低研发投入但高人力资本投入企业，占 9.0%。如果仅考虑研发投入，有 68.3% 的企业属于高研发投入；同样，如果只考虑人力资本投入，有 33.2% 的企业属于高人力资本投入。表明，上市公司在产业转型升级过程中，都优先考虑增加研发投入，而对人力资本投入的增加相对较弱（见图 1－2）。

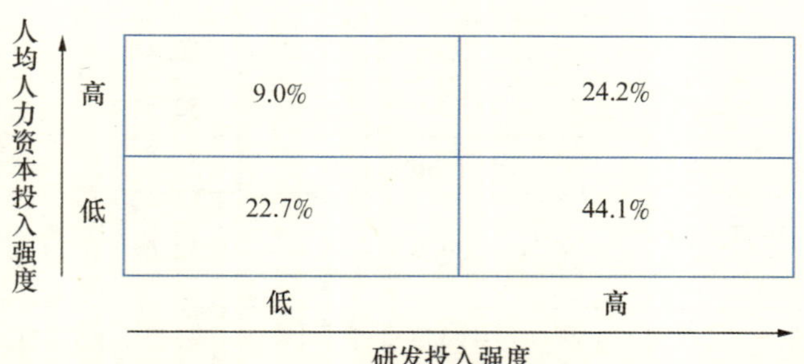

图 1－2　2015 年我国制造业上市公司创新投入强度整体分布

（二）制造业上市公司创新强度行业分布

对 15 个制造业细分行业的平均研发投入强度和人均人力资本投入强度进行二维评价，并以全部样本企业的平均研发强度和人均人力资

本投入强度作为轴线，可以形成制造业各细分行业的创新投入强度行业分布。结果显示，通用设备制造、专用设备制造、交通运输设备制造业属于强创新行业，其研发投入强度和人均人力资本投入强度均超过均值；化学原料及化学制品制造业、有色金属冶炼业、非金属矿物制品业、金属制品业、食品加工制造业、纺织服装业属于弱创新行业；仪器仪表制造业，电气机械及器材制造业，计算机、通信和电子设备制造业，橡胶和塑料制造业，医药制造业属于高研发投入行业，仪器仪表研发投入强度在所有行业中最高；黑色金属冶炼业和汽车制造业属于高人力资本投入行业（见图 1 –3）。

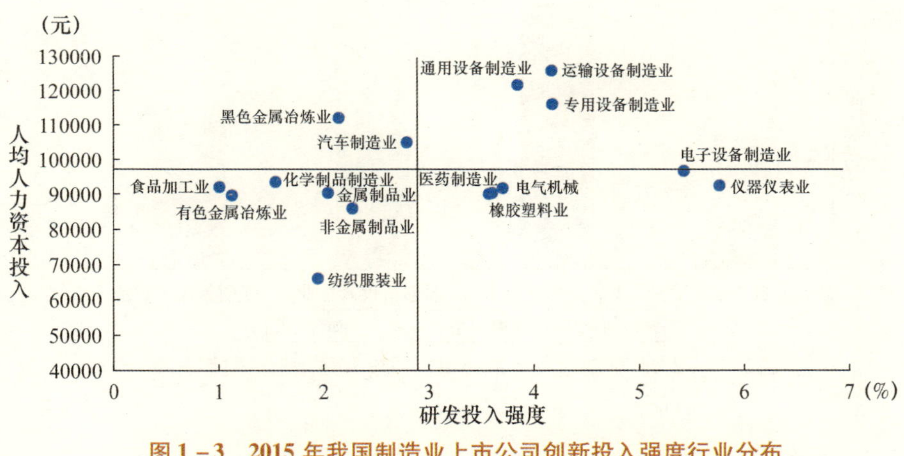

图 1 –3　2015 年我国制造业上市公司创新投入强度行业分布

（三）不同上市类型企业创新投入强度分布

通过对主板、创业板和中小企业板上市公司进行二维分析，结果显示：在主板上市的 771 家企业中，强创新投入企业 176 家，占 22.8%；高研发投入企业 244 家，占 31.6%；高人力资本投入企业 119 家，占 15.4%；弱创新投入企业 232 家，占 30.1%。在中小板上市的 602 家企业中，强创新投入企业 121 家，占 20.1%；高研发投入企业 307 家，占 51.0%；高人力资本投入企业 33 家，占 5.5%；弱创新投入企业141家，占23.4%。在创业板上市的374企业中，强创新投入企业125家，占33.4%；高研发投入企业220家，占58.8%；高人力资本投入企业5家，占1.3%；弱创新投入企业24家，占6.4%。显然，中小企业板与创业板的企业绝大部分为强创新投入企业和高研发投入企业；主板与中小企业板中弱创新投入企业占比较大；高人力资本投入企业占比在主板较高，在中小企业板和创业板都非常少（见图1-4）。

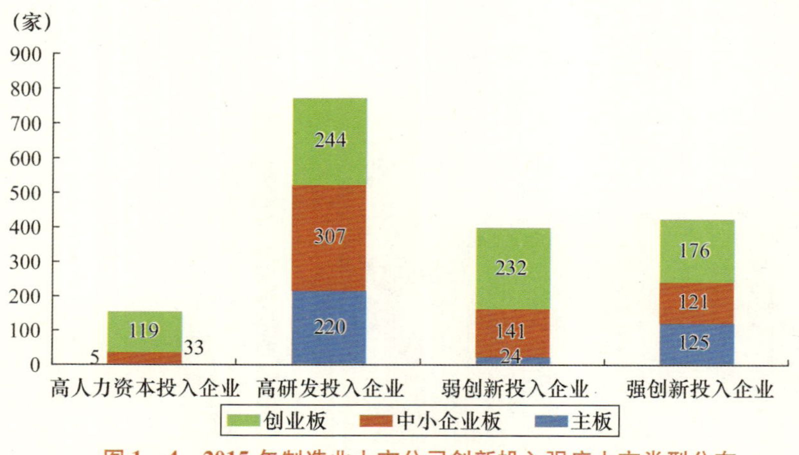

图1-4　2015年制造业上市公司创新投入强度上市类型分布

（四）各细分行业企业创新投入强度分布

对制造业细分行业上市公司分别进行二维评价，可以得到各行业企业创新投入强度的分布结构。评价结果显示，仪器仪表制造业，计算机、通信和其他电子设备制造业，专用设备制造业，交通运输设备制造业，通用设备制造业的强创新投入企业比重较高，均超过30%，企业创新活跃度高，属于创新活跃行业。此外，电气机械和器材制造业、汽车制造业、橡胶和塑料制品业、金属制品业的高研发企业比重均超过50%，企业研发投入高，属于研发活跃行业（见表1-3）。

表1－3　2015年制造业上市公司创新投入强度分布　单位:%

行业分类	强创新投入企业	高研发投入企业	高人力资本投入企业	弱创新投入企业
仪器仪表制造业	42.8	54.3	0.0	2.9
计算机、通信和其他电子设备制造业	41.7	44.5	5.1	8.7
专用设备制造业	41.4	47.9	4.7	5.9
铁路、船舶、航空航天和其他运输设备制造业	32.4	37.8	18.9	10.8
通用设备制造业	30.7	53.5	1.8	14.0
电气机械和器材制造业	25.7	59.0	2.2	13.1
医药制造业	23.3	47.8	6.3	22.6
汽车制造业	22.9	51.0	9.4	16.7
橡胶和塑料制品业	18.9	56.6	3.8	20.8
化学原料及化学制品制造业	16.8	38.5	16.3	28.4
非金属矿物制品业	11.5	45.9	13.1	29.5
金属制品业	10.0	52.0	8.0	30.0
黑色金属冶炼和压延加工业	9.4	25.0	40.6	25.0
食品加工制造业	7.4	14.7	25.3	52.6
有色金属冶炼和压延加工业	7.1	33.9	14.3	44.6
纺织服装业	4.8	30.2	6.3	58.7

（1）电气机械和器材制造业。183家电气机械和器材制造业上市公司中，强创新投入企业47家，占25.7%；弱创新投入企业24家，占13.1%；高研发投入企业108家，占59.0%；高人力资本投入企业仅4家。

（2）通用设备制造业。114家通用设备制造业上市公司中，强创新投入企业35家，占比接近1/3；弱创新投入企业16家，占14.0%；高研发投入企业61家，超过50%；高人力资本企业只有2家。

（3）专用设备制造业。169家专用设备制造业企业中，强创新投入企业 70 家，占 41. 4%；弱创新投入企业 10 家，占 5. 9%；高研发投入企业 81 家，占 47. 9%；高人力资本投入企业 8 家，占 4. 7%。

（4）计算机、通信和其他电子设备制造业。254 家计算机、通信和其他电子设备制造业上市公司中，强创新投入企业 106 家，占比超 40%；弱创新投入企业 22 家，占 8. 7%；高研发投入企业 113 家，占比接近 50%；高人力资本投入企业 13 家，占 5. 1%。

（5）仪器仪表制造业。35 家仪器仪表制造业上市公司中，强创新投入企业 15 家，占 42. 8%；只有凤凰光学是弱创新投入企业；高研发投入企业 19 家，占 54. 3%；行业无高人力资本投入企业。

（6）汽车制造业。96 家汽车制造业上市公司中，强创新投入企业 22 家，占 22. 9%；高研发投入企业 49 家，占 51. 0%；高人力资本投入企业和弱创新投入企业分别有 9 家和 16 家，各占 9. 4% 和 16. 7%。

（7）医药制造业。159 家医药制造业上市公司中，强创新投入企业有 37 家，占 23. 3%；弱创新投入企业 36 家，占 22. 6%；高研发投入企业 76 家，占 47. 8%；高人力资本投入企业 10 家，占 6. 3%。

（8）化学原料及化学制品制造业。208 家包含石油化工、化学纤维制造和化学制品制造业上市公司中，强创新投入企业 35 家，占 16. 8%；弱创新投入企业 59 家，占 28. 4%；高研发投入企业 80 家，占 38. 5%；高人力资本投入企业 34 家，占 16. 3%。

（9）橡胶和塑料制品业。53 家橡胶和塑料制品业上市公司中，强创新投入企业 10 家，弱创新投入企业 11 家，分别占 18. 9% 和 20. 8%；高研发投入企业 30 家，占 56. 6%；高资本投入企业仅有 2 家。

（10）黑色金属冶炼和压延加工业。32 家样本企业中，只有 3 家属于强创新投入企业，高研发投入和高人力资本投入企业分别有 8 家和 13 家，分别占 25.0% 和 40.6%；弱创新投入企业 8 家，占 25.0%。

（11）有色金属冶炼和压延加工业。56 家有色金属冶炼上市公司中，强创新投入企业 4 家，仅占 7.1%；弱创新投入企业多达 25 家，占 44.6%；高研发投入企业 19 家，占 33.9%；高人力资本投入企业 8 家，占 14.3%。

（12）金属制品业。50 家金属制品业上市公司中，强创新投入企业 5 家，占 10.0%；高研发投入企业 26 家，占比超过 50%；高人力资本投入和弱创新投入企业分别有 4 家和 15 家，分别占 8.0% 和 30.0%。

（13）非金属矿物制品业。61 家非金属矿物制品业上市公司中，强创新投入企业 7 家，占 11.5%；弱创新投入企业 18 家，占 29.5%；高研发投入企业 28 家，占 45.9%；高人力资本投入企业 8 家，占 13.1%。

（14）食品加工制造业。95 家农副产品加工、酒水饮料及食品制造业上市公司中，强创新投入企业 7 家，占 7.4%；弱创新投入企业 50 家，占 52.6%；高研发投入企业 14 家，高人力资本投入企业 24 家，分别占 14.7% 和 25.3%。

（15）纺织服装业。63 家纺织和服装服饰上市公司中，强创新投入企业仅 3 家，占 4.8%；弱创新投入企业 37 家，占比接近六成；高研发投入企业 19 家，占比 30.2%；高人力资本投入企业仅 4 家。

四、我国制造业上市公司近 4 年创新投入强度比较

2012 ~ 2015 年 4 个年度内，连续公布研发投入和人员工资指标的

制造业上市公司共1300家[①]，占2015年12月底全部制造业上市公司总数的68.1%。本部分以1300家为样本进行年度比较。

（一）上市公司研发投入增长及分布情况

1. 研发总投入和研发强度逐年稳步提升

2012~2015年，1300家制造业上市公司研发总投入分别为1323亿元、1550亿元、1756.6亿元和1982亿元，年均增长13.8%，高于同期全国研发经费增长率3.7个百分点。制造业上市公司研发强度稳步提升，从2012年的2.24%增长到2015年的2.85%；2012年人均研发投入2.49万元，到2015年突破3万元，达到3.15万元，同比增长5.2%（见表1-4）。

表1-4　2012~2015年制造业上市公司研发投入变化情况

年份	研发投入总量		研发投入强度		人均研发投入	
	绝对值（亿元）	增长（%）	绝对值（亿元）	增长（%）	绝对值（万元）	增长（%）
2012	1323.0	—	2.24	—	2.49	—
2013	1550.0	17.2	2.37	5.9	2.72	9.0
2014	1756.6	13.3	2.56	7.8	2.94	8.5
2015	1982.0	12.8	2.85	11.2	3.15	5.2

从增长趋势来看，受经济增长下行压力和企业收入增长减缓等因素影响，2012~2015年制造业上市公司研发投入增速有所放缓，但相对于营业收入增长的放缓速度，研发投入增长的减缓速度要小得多。

① 1300家企业中：电气机械和器材制造业144家，通用设备制造业89家，计算机、通信和其他电子设备制造业194家，专用设备制造业126家，仪器仪表制造业28家，汽车制造业70家，医药制造业123家，化学原料及化学制品制造业161家，橡胶和塑料制品业43家，有色金属冶炼与加工业45家，黑色金属冶炼业16家，金属制品业37家，非金属矿物制品业52家，食品加工制造业67家，纺织业50家，其他55家。

2015 年，制造业上市公司收入仅增长 1.5%，比 2013 年下降了 9.2 个百分点。与此同时，研发投入增幅也出现了减缓趋势，但仍保持了两位数的增长，由 2013 年的 17.2% 下降到 2015 年的 12.8%，其中 33.7% 的企业缩减了研发投入。

2. 制造业细分行业的研发投入差异显著

2015 年，各制造行业整体研发投入情况归为三类。第一类是高增长类。持续保持高速增长态势，且高于同期全国研发投入增长（2015 年全国研发投入增长 10.8%）的有 8 个行业，分别是计算机、通信和其他电子设备制造业，医药制造业，仪器仪表制造业，橡胶及塑料制品业，化学原料及化学制品制造业，非金属矿物制品业，汽车制造业，电气机械及器材制造，其中计算机、通信和其他电子设备制造业增长速度最快，同比增长 24.4%。第二类是平缓增长类。研发投入仍保持增长，但低于同期全国水平的有 3 个行业，分别是纺织服装业（包括纺织业和服装服饰业）、食品加工制造业（包括酒水饮料制造、农副产品加工业）和通用设备制造业。第三类是负增长类。研发投入呈现负增长的有 4 个行业，分别是金属制品业、专用设备制造业、黑色金属冶炼和有色金属冶炼及压延加工业，其中有色金属冶炼加工业下降最大，同比下降 16.7%（见表 1－5）。

从变化趋势上来看，2015 年化学原料及化学制品制造业和非金属矿物制品业 2 个行业进入到了高增长类，其中化学原料及其化学制品制造的研发投入增速最大，同比提升了近 7 个百分点；通用设备则从高增长行业跌进了平缓增长型，增速下降了 14.8%。负增长类的 4 个行业没有发生变化，但企业缩减研发投入的势头进一步凸显，其中有色金属从 －0.6% 的降幅进一步扩大到 －16.7%，包括黑色金属冶炼和专用设备制造业 3 个行业都连续 3 年出现下降趋势。

表1-5　2015年制造业各细分行业上市公司人均研发投入情况

类　别	行　业	人均研发投入（元）	同比增长率（%）
高增长类	计算机、通信和其他电子设备制造业	47883	24.4
	医药制造业	29782	23.6
	仪器仪表制造业	34638	20.8
	橡胶和塑料制品业	33086	18.3
	化学原料及化学制品制造业	22294	13.2
	非金属矿物制品业	17838	12.6
	汽车制造业	41017	11.9
	电气机械和器材制造业	37180	10.8
平缓增长类	纺织服装业	8880	8.3
	食品加工制造业	9077	6.5
	通用设备制造业	37330	2.6
负增长类	金属制品业	19698	-2.4
	专用设备制造业	35706	-5.6
	黑色金属冶炼和压延加工业	30598	-9.2
	有色金属冶炼和压延加工业	25676	-16.7

从研发强度来看，各个制造行业表现出了大致类似的变化趋势。与2012年相比，除金属制品业、有色金属冶炼和压延加工业、食品加工制造业外，其他行业的研发强度在2015年都有所提高，其中计算机、通信和其他电子设备制造业增长幅度最大，由3.61%增长至5.71%；金属制品业下降最多，由2.8%下降至1.94%，尤其有色金属冶炼和压延加工业研发强度连续3年出现下滑（见表1-6）。

（二）上市公司人力资本投入增长及分布情况

1. 人力资本投入总量仍保持快速增长势头

2012~2015年，1300家制造业上市公司支付给职工及为职工支付

表1－6　2012～2015年各制造行业上市公司研发强度　单位：%

行业分类	2012年	2013年	2014年	2015年
仪器仪表制造业	5.39	5.91	5.94	5.82
计算机、通信和其他电子设备制造业	3.61	5.02	5.31	5.71
专用设备制造业	4.02	4.17	4.19	4.31
通用设备制造业	3.07	3.15	3.64	3.75
电气机械和器材制造业	3.45	3.56	3.73	3.73
医药制造业	2.86	3.08	3.25	3.71
橡胶和塑料制品业	2.65	2.79	3.04	2.91
汽车制造业	2.44	2.33	2.62	2.69
非金属矿物制品业	1.97	2.01	2.06	2.48
其他	1.75	1.93	1.98	2.13
黑色金属冶炼和压延加工业	1.35	1.62	1.76	2.02
金属制品业	2.8	2.04	1.76	1.94
纺织服装业	1.7	1.71	1.69	1.73
化学原料及化学制品制造业	1.36	1.22	1.31	1.58
有色金属冶炼和压延加工业	1.33	1.31	1.27	1.15
食品加工制造业	0.98	0.90	0.91	0.96

的现金分别为4107亿元、4664.5亿元、5361.6和6052.6亿元，年均增长达13.8%，超过总收入年均增长率的1倍以上。企业人力资本投入总量的增长可以分解为两项：一是员工规模的扩大；二是人均人力资本投入的增加。截至2015年年底，1300家上市公司员工总数达到628.5万人，比2012年增长了近100万人，年均增长5.8%。人均人力资本投入增长缓慢，2012～2015年分别为77442元、81833元、89858元和96309元，年均增长7.6%，低于同期全国城镇居民可支配收入年均8.3%的增长率。这在一定程度上反映出制造业上市公司的人才结构调整效果仍不显著（见表1－7）。

表 1－7　2012～2015 年制造业细分行业上市公司人力资本投入趋势

项　目	2012 年		2013 年		2014 年		2015 年	
	绝对值	增长	绝对值	增长	绝对值	增长	绝对值	增长
人力资本投入（亿元）	4107	—	4664.5	13.6%	5361.6	14.9%	6052.6	12.9%
人均人力资本投入（元）	77442	—	81833	5.7%	89858	9.8%	96309	7.2%

2. 制造业各细分行业的人力资本投入差异显著

从员工规模变化看，大部分行业都保持增长趋势，其中汽车制造业，橡胶和塑料制品业、计算机，通信和其他电子设备制造业，电气机械和器材制造业等行业增幅较大；黑色金属冶炼业、食品加工制造业、金属制品业、通用设备制造业、专用设备制造业等行业增长缓慢，仅个位数增长；纺织服装业和有色金属冶炼业的员工规模则有所下降（见表 1－8）。

表 1－8　　2012～2015 年制造行业上市公司员工数量变化　　单位：人

行业分类	2012 年	2013 年	2014 年	2015 年	3 年增长率（%）
电气机械和器材制造业	414407	441444	465809	523830	26.4
纺织服装业	291743	279191	278687	279264	－4.3
非金属矿物制品业	180939	200715	201980	205107	13.4
黑色金属冶炼和压延加工业	287824	287544	295632	289564	0.6
化学原料及化学制品制造业	465470	513956	524023	538152	15.6
计算机、通信和其他电子设备制造业	780579	817742	909018	1045773	34.0
金属制品业	164720	181443	179816	173398	5.27
汽车制造业	621830	804383	894910	971451	56.2
食品加工制造业	518529	543982	546528	523486	1.0
通用设备制造业	234106	238987	244415	247937	5.9
橡胶和塑料制品业	102467	114734	129954	146691	43.2

续表

行业分类	2012年	2013年	2014年	2015年	3年增长率（%）
医药制造业	381750	416019	436441	468546	22.7
仪器仪表制造业	30449	29676	33765	37866	24.4
有色金属冶炼和压延加工业	299474	293090	281537	280049	-6.5
专用设备制造业	360958	363155	362097	370599	2.7
其他	167994	174010	182107	182789	8.81
合计	5303239	5700071	5966719	6284502	18.5

各细分行业的人均人力资本投入呈现收敛趋势，行业差距在缩小。2015年制造业上市公司人均人力资本投入增长趋势整体放缓，与2014年增速相比下降3.1个百分点，其中12个行业增速下滑，专用设备制造业增速下滑最明显，从2014年的11.7%下滑到2015年的2.2%。增速保持上升态势的仅有汽车制造业、仪器仪表制造业、食品加工制造业和其他制造业。从2012~2015年变化趋势来看，各行业的人均人力资本投入均保持了不同幅度的增长，呈现出收敛趋势。一方面，2012年属于高人均人力资本投入的行业增长幅度相对都比较小。如黑色金属冶炼业2012年约为11.1万元，排各行业最高，到2015年约为11.4万元，年均增长仅有0.9%；再如通用设备制造业，从2012年的约9.75万元提高到2015年的约11.4万元，年均增长5.3%。另一方面，2012年属于较低人均人力资本投入的行业增长幅度相对都比较大。如食品加工制造业从2012年的约6.42万元上升到2015年的约9.29万元，年均增长率高达13.1%。可见，除了纺织服装业仍保持较低人均人力资本投入外，各行业都趋向10万~11万元收敛，行业间差距越来越小。这说明各行业的刚性成本在不断增加，使得低技术制造业的人均成本增长较快（见表1-9）。

表1-9　2012~2015年各制造业上市公司人均人力资本投入　单位：元

行业分类	2012年	2013年	2014年	2015年	年均增长率（%）
食品加工制造业	64203	70743	80253	92888	13.1
橡胶和塑料制品业	71943	76676	88578	99198	11.4
医药制造业	65690	76160	84698	89866	11.1
金属制品业	68792	70648	83294	91158	10.0
纺织服装业	48615	55585	60934	63904	9.6
非金属矿物制品业	63086	68330	77889	82377	9.4
化学原料及化学制品制造业	70362	76090	83862	90357	8.7
仪器仪表制造业	68705	78246	81130	87539	8.5
电气机械和器材制造业	74478	83685	90357	93038	7.8
专用设备制造业	96247	102832	114818	117357	6.9
计算机、通信和其他电子设备制造业	81262	87203	94161	99129	6.9
有色金属冶炼和压延加工业	74602	80078	85640	88224	5.8
通用设备制造业	97539	104027	111016	113855	5.3
汽车制造业	93212	82967	92507	105170	4.7
黑色金属冶炼和压延加工业	111037	114395	115246	114128	0.9

（三）上市公司创新投入强度比较

1. 上市公司创新投入强度总体上没有显著改善

比较2014年与2015年制造业上市公司创新投入强度分布图可以发现，与2014年相比，2015年的强创新投入企业的比例有较大下降，从26.9%下降到24.9%；高研发投入企业的比例略有提高，从44.6%上升到45.4%，但与2012年的50.4%相比，有显著下降；高人力资本投入企业的比例也略有上升，从8.5%上升到9.3%；弱创新投入企业的比例基本保持不变，均为20.0%左右，但与2012年的18.0%相比，这一比例有显著提升。说明在经济下行的压力下，弱创新投入的企业在增加，强创新投入的企业在减少（见图1－5、图1－6）。

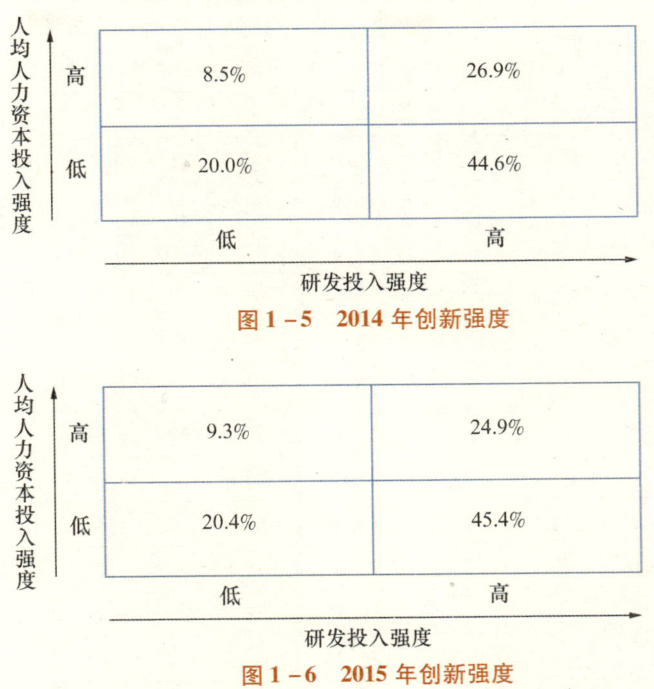

图1－5　2014年创新强度

图1－6　2015年创新强度

2. 各细分行业的创新投入强度变化差异显著

相比2012年，2015年制造业各细分行业的创新投入强度变化差异显著，5个行业趋好，8个行业趋差。计算机、通信和其他电子设备制造业，专用设备制造业，医药制造业，金属制品业，橡胶和塑料制品业等5个行业强创新投入企业比例有较大增长，如计算机、通信和其他电子设备制造业强创新投入企业比例从2012年的35.6%提高到2015年的42.3%；其中计算机、通信和其他电子设备制造业，专用设备制造业，医药制造业等3个行业的弱创新投入企业比例也有较大增长，说明行业内部分化较为严重（见表1－10、表1－11）。

电气机械和器材制造业、纺织服装业、非金属矿物制品业、化学原料及化学制品制造业、食品加工制造业、通用设备制造业、仪器仪表制造业、有色金属冶炼和压延加工业等8个行业强创新投入企业比

表 1－10　2012 年制造业各细分行业的创新投入强度分布　单位:%

行业分类	强创新投入企业	高研发投入企业	高人力资本投入企业	弱创新投入企业
电气机械和器材制造业	28.5	60.4	2.8	8.3
纺织服装业	6.0	42.0	4.0	48.0
非金属矿物制品业	19.2	51.9	3.8	25.0
黑色金属冶炼和压延加工业	6.3	12.5	50.0	31.3
化学原料及化学制品制造业	18.6	43.5	13.0	24.8
计算机、通信和其他电子设备制造业	35.6	57.2	3.1	4.1
金属制品业	10.8	62.2	2.7	24.3
汽车制造业	25.7	54.3	8.6	11.4
食品加工制造业	13.4	23.9	17.9	44.8
通用设备制造业	32.6	57.3	1.1	9.0
橡胶和塑料制品业	18.6	55.8	7.0	18.6
医药制造业	19.5	52.8	8.1	19.5
仪器仪表制造业	35.7	60.7	0.0	3.6
有色金属冶炼和压延加工业	15.6	26.7	17.8	40.0
专用设备制造业	43.7	50.8	3.2	2.4
合计	24.6	50.4	7.0	18.0

表 1－11　2015 年制造业各细分行业的创新投入强度分布　单位:%

行业分类	强创新投入企业	高研发投入企业	高人力资本投入企业	弱创新投入企业
电气机械和器材制造业	26.4	59.7	2.8	11.1
纺织服装业	4.0	36.0	8.0	52.0
非金属矿物制品业	13.5	50.0	11.5	25.0
黑色金属冶炼和压延加工业	6.3	25.0	37.5	31.3
化学原料及化学制品制造业	15.5	38.5	18.6	27.3
计算机、通信和其他电子设备制造业	42.3	45.9	4.1	7.7
金属制品业	13.5	54.1	13.5	18.9
汽车制造业	25.7	54.3	12.9	7.1
食品加工制造业	9.0	16.4	29.9	44.8

续表

行业分类	强创新投入企业	高研发投入企业	高人力资本投入企业	弱创新投入企业
通用设备制造业	29.2	53.9	2.2	14.6
橡胶和塑料制品业	25.6	51.2	7.0	16.3
医药制造业	23.6	48.0	6.5	22.0
仪器仪表制造业	32.1	64.3	0.0	3.6
有色金属冶炼和压延加工业	8.9	33.3	11.1	46.7
专用设备制造业	46.0	42.1	4.8	7.1
合计	24.9	45.4	9.3	20.4

例有较大减少，如仪器仪表制造业从2012年的35.7%下降到2015年的32.1%；其中电气机械和器材制造业、纺织服装业、化学原料及化学制品制造业、通用设备制造业、有色金属冶炼和压延加工业等5个行业的弱创新投入企业比例有较大增加，说明这些行业的整体创新投入强度在趋差。此外，汽车制造业、黑色金属冶炼和压延加工业两个行业强创新投入企业的比例基本保持不变，如汽车制造业强创新投入企业的比例为25.7%，弱创新投入企业的比例则有较大下降，从11.4%下降到7.1%（见表1－10、表1－11）。

五、基本结论

（一）在经济下行压力下，我国制造业上市公司创新发展需求迫切，保持了较高的研发投入增长

2012年以来，制造业上市公司营业收入同比增长大幅度下滑，由过去长期保持两位数增长下滑到2015年的1.5%，近一半行业营收出现负增长，包括通用设备制造业、非金属矿物制品业、金属制品业、专用设备制造业、化学原料及化学制品制造业、黑色金属冶炼业和有

色金属冶炼业等7个行业，其中专用设备和黑色金属冶炼业营收已经连续3年出现下滑。面对经济下行和行业营收减少的压力，传统制造行业表现出积极创新发展的迫切性，2015年制造业研发总体投入保持了两位数的增长，为12.8%，其中化学原料及化学制品制造业营收下降了6.5%，但研发投入增长了13.2%；非金属矿物制品业营收下降了7.1%，但研发投入增长了12.6%。受营业收入增速减缓和研发投入保持较快增长的双重影响，我国制造业上市公司的整体研发强度增长较快，2015年已达到2.92%，比2014年提高了0.3个百分点。

（二）制造业各细分行业人均人力资本投入的差距在缩小，呈现出收敛趋势，不利于人力资本向强创新行业集中

受刚性成本增长的影响，弱创新行业的人均人力资本投入增长较快，如食品加工制造业从2012年的6.42万元上升到2015年的9.29万元，年均增长率高达13.1%，远高于同期全国城镇居民可支配收入年均8.3%的增长率。同时，受营业收入增速下降的影响，强创新行业的人均人力资本投入增长较慢，如通用设备制造业，从2012年的9.75万元提高到2015年的11.4万元，年均增长5.3%。这就使得人均人力资本投入的行业差距不断缩小。除去纺织服装业，2012年人均人力资本投入的行业差距最大为4.8万元，最高接近最低的2倍，而到了2015年，行业差距最大值已缩小到3.5万元，最高是最低的1.4倍，各细分行业都在向10万~11万元收敛。行业差距的缩小，有利于推进弱创新行业中低效企业的退出，但同时对强创新行业吸引优秀人才、集聚更多人力资本不利。

（三）从制造业上市公司创新投入的趋势来看，当前我国制造业转型升级表现出行业间横向深化显著、行业内纵向深化不足的特征

首先，从行业间的创新投入来看，研发资金和人力资本在持续向技术密集型行业集中。研发投入规模上，计算机、通信和其他电子制造业，电气机械和器材制造业，医药制造业，仪器仪表制造业，汽车制造业，橡胶和塑料制品业等技术密集型行业，近 4 年来的增长率都在 50% 以上，而纺织服装业、食品制造业、黑色金属冶炼业、有色金属冶炼业、金属制品业等劳动密集或资源密集型行业，增长率都在 10% 左右，有的甚至是负增长。人力资本投入上，计算机、通信和其他电子制造业，电气机械和器材制造业，医药制造业，仪器仪表制造业，汽车制造业，橡胶和塑料制品业等技术密集型行业，近 4 年的员工数量增长都在 20% 以上，其中汽车制造业增长了 56%，而同期纺织服装业、食品制造业、黑色金属冶炼业、有色金属冶炼业等行业的员工数量要么基本保持不变，要么是负增长。

其次，从行业内的创新强度分布来看，行业内创新投入向优势企业集中的特征并不普遍。与 2012 年相比，2015 年有计算机、通信和其他电子设备制造业，金属制品业，橡胶和塑料制品业，医药制造业，专用设备制造业 5 个行业的强创新投入企业的比重在增加，说明这些行业的创新资源在向优势企业集中，而其余 10 个行业的强创新投入企业的比重都在减少，说明这些行业的创新资源并没有表现出向优势企业集中的特征，行业内纵向深化不足。

执笔人：袁东明　周健奇　马淑萍

附表　　2015 年我国制造业强创新投入上市公司列表

	公司名称（证券代码）	研发强度（%）	人均人力资本投入（元/年）
电气机械和器材制造业	特变电工（600089）	3.46	119443.5
	永鼎股份（600105）	5.15	167882.4
	国电南自（600268）	4.74	169887.1
	置信电气（600517）	3.17	190548.1
	卧龙电气（600580）	2.98	98092.7
	四方股份（601126）	11.6	163938.0
	中国西电（601179）	3.69	127016.6
	陕鼓动力（601369）	6.20	189198.1
	广电电气（601616）	4.80	131075.1
	弘讯科技（603015）	11.3	140902.2
	日出东方（603366）	4.51	132482.2
	中电电机（603988）	3.53	118245.2
	美的集团（000333）	3.78	112472.6
	许继电气（000400）	5.40	130839.8
	小天鹅 A（000418）	4.24	113565.7
	鑫茂科技（000836）	4.04	102352.6
	思源电气（002028）	6.89	122432.5
	横店东磁（002056）	3.95	98995.3
	金智科技（002090）	8.60	137551.2
	深圳惠程（002168）	6.11	113494.6
	海得控制（002184）	4.67	115849.6
	九阳股份（002242）	2.95	160659.9
	大洋电机（002249）	4.88	187263.1
	英威腾（002334）	11.42	119691.9
	积成电子（002339）	4.19	99009.79
	北京科锐（002350）	3.72	111501.9
	中恒电气（002364）	6.62	102086.2
	科远股份（002380）	11.39	117556.6
	老板电器（002508）	3.31	127683.8
	新时达（002527）	9.21	155807.0

续表

	公司名称（证券代码）	研发强度（%）	人均人力资本投入（元/年）
电气机械和器材制造业	天顺风能（002531）	4.05	323763.4
	勤上光电（002638）	3.76	109652.9
	国盛金控（002670）	4.06	142811.2
	良信电器（002706）	6.16	170594.0
	海洋王（002724）	6.38	162175.1
	小天鹅B（200418）	4.24	113565.7
	南都电源（300068）	3.07	144961.9
	龙源技术（300105）	10.71	179402.4
	经纬电材（300120）	3.16	147823.6
	汇川技术（300124）	9.33	128292.2
	启源装备（300140）	6.34	98736.5
	科泰电源（300153）	3.83	108331.9
	阳光电源（300274）	3.21	156005.0
	凯发电气（300407）	6.52	154560.0
	双杰电气（300444）	4.96	108673.2
	合纵科技（300477）	6.18	102345.2
	蓝海华腾（300484）	11.12	118093.9
通用设备制造业	国机通用（600444）	5.06	148614.2
	华光股份（600475）	3.03	120110.8
	海立股份（600619）	4.61	205849.2
	中航重机（600765）	3.04	114057.4
	上海机电（600835）	3.53	516970.4
	上柴股份（600841）	5.38	182797.0
	东方电气（600875）	3.48	184987.0
	广日股份（600894）	3.24	185179.9
	杭齿前进（601177）	5.71	102711.5
	江南嘉捷（601313）	4.39	117997.5
	华锐风电（601558）	5.85	141979.9
	上海电气（601727）	3.16	233086.6
	海立B股（900910）	4.61	205849.2

续表

	公司名称（证券代码）	研发强度（%）	人均人力资本投入（元/年）
通用设备制造业	上柴B股（900920）	5.38	182797.0
	机电B股（900925）	3.53	516970.4
	大冷股份（000530）	5.03	148791.4
	中核科技（000777）	3.74	121483.7
	烟台冰轮（000811）	3.21	253363.4
	云内动力（000903）	4.69	103712.8
	盾安环境（002011）	3.61	98024.94
	三花股份（002050）	3.66	142070.3
	汉钟精机（002158）	5.54	113787.6
	金风科技（002202）	5.19	184893.5
	海陆重工（002255）	3.21	117670.6
	浙富控股（002266）	8.12	119761.1
	润邦股份（002483）	7.23	132765.0
	日发精机（002520）	6.53	177957.1
	杭锅股份（002534）	4.90	148360.2
	申科股份（002633）	4.89	113325
	大冷B（200530）	5.03	148791.4
	机器人（300024）	5.00	109911.0
	华中数控（300161）	27.26	110567.8
	兴源环境（300266）	3.95	109937.2
	日机密封（300470）	6.23	152015.4
	深冷股份（300540）	3.65	117037.3
专用设备制造业	三一重工（600031）	5.14	178626.7
	万东医疗（600055）	6.47	224935.1
	太原重工（600169）	5.80	124504.6
	光电股份（600184）	3.25	109932.3
	北方股份（600262）	6.88	121250.6
	振华重工（600320）	3.08	231572.0
	金自天正（600560）	8.06	174353.9
	天华院（600579）	5.21	165625.6

续表

公司名称（证券代码）		研发强度（%）	人均人力资本投入（元/年）
专用设备制造业	天地科技（600582）	3.71	137807.7
	*ST常林（600710）	4.25	109256.8
	航天长峰（600855）	3.77	150931.9
	航天电子（600879）	3.86	179776.4
	一拖股份（601038）	4.03	103704.2
	恒立液压（601100）	7.99	106096.6
	中国一重（601106）	5.55	101164.4
	吉鑫科技（601218）	3.37	150317.9
	郑煤机（601717）	4.12	104569.8
	创力集团（603012）	4.52	133914.3
	宁波精达（603088）	5.75	100405.1
	派思股份（603318）	3.24	98133.9
	星光农机（603789）	5.28	100950.6
	道森股份（603800）	4.06	106287.2
	振华B股（900947）	3.08	231572.0
	中联重科（000157）	5.07	138237.1
	徐工机械（000425）	3.40	143369.7
	柳工（000528）	3.98	103758.3
	石化机械（000852）	4.98	134219.9
	众合科技（000925）	6.57	146296.4
	大族激光（002008）	7.66	124256.0
	软控股份（002073）	6.28	114570.3
	御银股份（002177）	9.01	300176.9
	成飞集成（002190）	5.77	117579.0
	大连重工（002204）	4.08	136937.3
	达意隆（002209）	4.49	110561.2
	神开股份（002278）	11.95	131323.6
	赛象科技（002337）	9.78	118854.4
	杰瑞股份（002353）	5.04	116781.8

续表

公司名称（证券代码）		研发强度（%）	人均人力资本投入（元/年）
专用设备制造业	九安医疗（002432）	11.23	104185.2
	天业通联（002459）	4.27	146083.1
	天沃科技（002564）	3.74	103917.8
	利君股份（002651）	4.24	111667.8
	博实股份（002698）	4.84	106862.6
	乐普医疗（300003）	6.23	97965.4
	华力创通（300045）	23.86	163147.7
	三维丝（300056）	4.22	104167.2
	达刚路机（300103）	4.34	108305.8
	新国都（300130）	13.45	99619.1
	神雾环保（300156）	3.55	133158.2
	东富龙（300171）	5.35	112618.3
	智慧松德（300173）	5.40	117676.8
	长荣股份（300195）	5.80	101797.7
	理邦仪器（300206）	26.50	160427.7
	富瑞特装（300228）	6.04	128546.8
	冠昊生物（300238）	10.98	143203.0
	和佳股份（300273）	5.43	106863.3
	华昌达（300278）	3.40	127064.5
	博晖创新（300318）	14.43	117980.7
	凯利泰（300326）	9.96	126495.3
	津膜科技（300334）	11.35	99270.56
	伊之密（300415）	5.15	100103.7
	金石东方（300434）	7.53	104528.2
	普丽盛（300442）	4.57	101933.0
	田中精机（300461）	8.45	140381.5
	厚普股份（300471）	5.81	100926.8
	东杰智能（300486）	5.70	100069.6
	新美星（300509）	4.38	101434.7

续表

	公司名称（证券代码）	研发强度（%）	人均人力资本投入（元/年）
专用设备制造业	爱司凯（300521）	8.61	110770.1
	华舟应急（300527）	5.49	133206.6
	健帆生物（300529）	4.03	109721.9
	优德精密（300549）	3.61	101255.4
计算机、通信和其他电子设备制造业	同方股份（600100）	5.89	149654.8
	中国卫星（600118）	3.52	139229.0
	波导股份（600130）	3.29	99106.9
	航天机电（600151）	5.14	199353.6
	上海贝岭（600171）	10.20	264564.8
	生益科技（600183）	4.26	100274.6
	大唐电信（600198）	11.31	120758.3
	大恒科技（600288）	5.51	155685.8
	长江通信（600345）	4.28	140110.5
	精伦电子（600355）	11.32	140519.6
	士兰微（600460）	10.73	126993.0
	信威集团（600485）	8.39	164402.6
	烽火通信（600498）	10.89	132445.0
	长园集团（600525）	5.59	108077.8
	国睿科技（600562）	6.28	179664.9
	法拉电子（600563）	4.67	207758.4
	太极实业（600667）	3.09	125188.7
	上海普天（600680）	5.08	127694.8
	中电广通（600764）	13.80	126445.2
	南京熊猫（600775）	5.29	127621.7
	东方通信（600776）	4.51	152792.3
	新疆众和（600888）	3.05	110887.2
	环旭电子（601231）	4.29	115729.0
	晶方科技（603005）	16.21	113588.5
	中科曙光（603019）	7.59	231897.0
	大豪科技（603025）	9.52	162484.1

续表

公司名称（证券代码）		研发强度（%）	人均人力资本投入（元/年）
计算机、通信和其他电子设备制造业	共进股份（603118）	4.06	105987.3
	汇顶科技（603160）	14.33	194625.4
	沪普天B（900930）	5.08	127694.8
	东信B股（900941）	4.51	152792.3
	深天马A（000050）	8.39	118676.9
	中兴通讯（000063）	12.18	183396.8
	TCL集团（000100）	3.59	104792.3
	烽火电子（000561）	9.30	98972.0
	＊ST盈方（000670）	51.77	230485.8
	京东方A（000725）	6.83	119708.6
	振华科技（000733）	3.14	98258.5
	长城信息（000748）	8.49	106678.7
	创维数字（000810）	4.64	112173.4
	浪潮信息（000977）	5.18	141665.3
	航天电器（002025）	8.79	98610.2
	国光电器（002045）	5.77	124151.0
	苏州固锝（002079）	6.33	124767.3
	新海宜（002089）	5.18	104326.2
	恒宝股份（002104）	8.16	137501.3
	莱宝高科（002106）	6.15	257945.6
	三维通信（002115）	10.73	117222.8
	远望谷（002161）	12.82	155077.2
	中航光电（002179）	6.38	101179.3
	融捷股份（002192）	3.48	137579.7
	大立科技（002214）	18.33	119483.4
	奥维通信（002231）	4.17	119713.0
	大华股份（002236）	9.48	229189.7
	光迅科技（002281）	9.81	106630.5
	辉煌科技（002296）	11.18	103372.8
	威创股份（002308）	9.87	223615.7

续表

公司名称（证券代码）		研发强度（%）	人均人力资本投入（元/年）
计算机、通信和其他电子设备制造业	汉王科技（002362）	14.98	139324.9
	七星电子（002371）	29.08	114020.8
	合众思壮（002383）	16.87	121802.5
	星网锐捷（002396）	14.47	131984.6
	海康威视（002415）	6.82	164304.9
	三元达（002417）	6.24	185271.8
	兴森科技（002436）	6.51	102343.8
	海格通信（002465）	13.08	118517.3
	英飞拓（002528）	7.24	229199.6
	海能达（002583）	12.04	112982.8
	奥拓电子（002587）	13.61	106026.4
	好利来（002729）	4.51	113437.0
	通宇通讯（002792）	5.57	119334.4
	苏州恒久（002808）	8.16	101877.0
	崇达技术（002815）	5.31	106512.9
	京东方B（200725）	6.83	119708.6
	金亚科技（300028）	4.50	148846.8
	梅泰诺（300038）	7.56	118957.7
	朗科科技（300042）	3.08	106190.6
	海兰信（300065）	11.93	107741.3
	GQY视讯（300076）	5.83	128686.5
	国民技术（300077）	24.18	257909.3
	思创医惠（300078）	6.05	101878.3
	数码视讯（300079）	24.55	153861.2
	振芯科技（300101）	13.11	114750.9
	信维通信（300136）	4.70	184549.5
	安居宝（300155）	12.74	128546.1
	天喻信息（300205）	9.37	108993.4
	佳讯飞鸿（300213）	6.28	152407.6
	鸿利智汇（300219）	4.46	99644.3

续表

公司名称（证券代码）		研发强度（%）	人均人力资本投入（元/年）
计算机、通信和其他电子设备制造业	金运激光（300220）	5.87	159136.5
	北京君正（300223）	72.75	164659.5
	洲明科技（300232）	3.98	100312.7
	初灵信息（300250）	9.18	98394.6
	联建光电（300269）	3.00	109935.7
	中威电子（300270）	14.45	110160.2
	吴通控股（300292）	3.74	120649.8
	硕贝德（300322）	11.85	114065.3
	中颖电子（300327）	17.67	229524.3
	苏大维格（300331）	11.50	121322.9
	南大光电（300346）	24.46	172876.2
	艾比森（300389）	3.73	108144.9
	汉邦高科（300449）	6.84	104701.2
	康拓红外（300455）	11.81	188586.2
	全志科技（300458）	20.34	213248.5
	景嘉微（300474）	13.82	116334.9
	神思电子（300479）	5.67	111544.9
	久之洋（300516）	7.41	190802.0
	雄帝科技（300546）	9.92	113306.4
	博创科技（300548）	5.64	133130.6
仪器仪表制造业	川仪股份（603100）	3.40	107476
	威尔泰（002058）	5.97	111938.1
	雪迪龙（002658）	5.48	103526.2
	埃斯顿（002747）	10.98	121846.5
	先锋电子（002767）	5.30	109272.9
	万讯自控（300112）	10.03	104645.3
	先河环保（300137）	5.06	107001.7
	聚光科技（300203）	9.28	115535.5
	远方光电（300306）	13.00	144579.7

续表

公司名称（证券代码）		研发强度（%）	人均人力资本投入（元/年）
仪器仪表制造业	东华测试（300354）	13.72	101965.5
	汇中股份（300371）	5.23	98737.5
	康斯特（300445）	10.36	236933.2
	光力科技（300480）	13.97	102960.2
	三德科技（300515）	9.00	107862.1
	集智股份（300553）	10.09	134911.6
石化、化纤制造、化学原料及化学制品制造业	万华化学（600309）	3.63	168459.4
	*ST天利（600339）	3.93	106574.9
	*ST橡塑（600346）	4.23	179108.2
	浙江龙盛（600352）	3.54	165205.2
	天科股份（600378）	4.39	178516.8
	华鲁恒升（600426）	3.51	117493.2
	扬农化工（600486）	4.53	159905.7
	新安股份（600596）	2.99	108705.4
	三爱富（600636）	2.96	115593.9
	钱江生化（600796）	5.47	102127.8
	宏昌电子（603002）	3.23	144226.8
	井神股份（603299）	3.39	99228.11
	康普顿（603798）	4.47	121301.3
	醋化股份（603968）	3.78	136266.4
	南方汇通（000920）	11.73	99204.3
	*ST江化（002061）	3.05	108969.6
	泰和新材（002254）	4.06	98254.8
	齐翔腾达（002408）	3.07	99138.0
	万润股份（002643）	8.50	131977.9
	卫星石化（002648）	4.52	102334
	康达新材（002669）	3.36	144008.9
	光华科技（002741）	3.32	117814.2
	洪汇新材（002802）	3.49	109305.0
	红墙股份（002809）	3.84	126506.7

续表

公司名称（证券代码）		研发强度（%）	人均人力资本投入（元/年）
石化、化纤制造、化学原料及化学制品制造业	鼎龙股份（300054）	4.50	105469.7
	青松股份（300132）	3.04	99362.2
	科斯伍德（300192）	4.26	151006.3
	金力泰（300225）	3.92	132372.8
	上海新阳（300236）	8.14	122431.7
	富邦股份（300387）	4.57	111914.2
	飞凯材料（300398）	7.70	129850.0
	乐凯新材（300446）	6.76	111018.9
	世名科技（300522）	4.38	112494.8
	达威股份（300535）	5.83	107101.6
	广信材料（300537）	3.97	102379.1
汽车制造业	东风汽车（600006）	3.79	121485.7
	宇通客车（600066）	3.94	140517.8
	东风科技（600081）	3.28	110397.4
	西部资源（600139）	3.16	109018.8
	福田汽车（600166）	6.58	116194.2
	江淮汽车（600418）	4.00	123894.1
	均胜电子（600699）	6.57	175043.1
	潍柴动力（000338）	4.41	216391.1
	江铃汽车（000550）	7.46	107143.4
	威孚高科（000581）	5.00	167857.8
	长安汽车（000625）	3.84	127981.2
	斯太尔（000760）	3.49	397486.2
	一汽夏利（000927）	5.19	131221.2
	特尔佳（002213）	7.12	167508.7
	天汽模（002510）	4.32	112776.8
	龙生股份（002625）	3.26	164854.6
	登云股份（002715）	5.79	107294.7
	江铃B（200550）	7.46	107143.4
	苏威孚B（200581）	5.00	167857.8

续表

	公司名称（证券代码）	研发强度（%）	人均人力资本投入（元/年）
汽车制造业	长安 B（200625）	3. 84	127981. 2
	鸿特精密（300176）	3. 18	117199. 2
	云意电气（300304）	7. 52	116754. 0
医药制造业	天坛生物（600161）	6. 91	159548. 4
	中牧股份（600195）	7. 31	111251. 3
	复星医药（600196）	6. 58	112338. 9
	生物股份（600201）	5. 63	119248. 7
	海正药业（600267）	9. 44	139791. 3
	恒瑞医药（600276）	9. 57	106562. 0
	天药股份（600488）	3. 00	130681. 5
	交大昂立（600530）	4. 39	117946. 5
	天士力（600535）	3. 80	130249. 0
	ST 生化（000403）	4. 82	140148. 0
	长春高新（000661）	8. 01	97977. 12
	华润三九（000999）	3. 08	107225. 6
	华兰生物（002007）	4. 72	103314. 5
	科华生物（002022）	5. 34	156400. 5
	达安基因（002030）	7. 71	98631. 9
	双鹭药业（002038）	9. 12	108965. 3
	上海莱士（002252）	5. 02	98835. 4
	奇正藏药（002287）	4. 09	110449. 6
	力生制药（002393）	4. 29	114996. 7
	海普瑞（002399）	4. 63	206812. 6
	千红制药（002550）	5. 45	115143. 6
	未名医药（002581）	3. 43	105264. 4
	龙津药业（002750）	5. 26	112159. 0
	康弘药业（002773）	5. 57	112659. 0
	北陆药业（300016）	7. 79	140695. 3
	上海凯宝（300039）	4. 21	135539. 0
	福瑞股份（300049）	9. 45	166606. 7

续表

公司名称（证券代码）		研发强度（%）	人均人力资本投入（元/年）
医药制造业	舒泰神（300204）	4.50	134946.8
	常山药业（300255）	4.40	149671.0
	利德曼（300289）	4.32	198542.3
	博腾股份（300363）	4.93	115906.7
	九强生物（300406）	4.70	142769.2
	广生堂（300436）	8.50	137503.2
	美康生物（300439）	5.85	110664.1
	迈克生物（300463）	5.38	130356.4
	万孚生物（300482）	10.64	100958.3
	赛升药业（300485）	7.00	104293.2
橡胶和塑料制品业	时代新材（600458）	5.20	268759.9
	赛轮金宇（601058）	2.92	113570.5
	普利特（002324）	3.45	182398.4
	浙江众成（002522）	3.93	103855.1
	天晟新材（300169）	3.47	100024.3
	华峰超纤（300180）	3.28	110356.7
	安利股份（300218）	5.59	102502.6
	裕兴股份（300305）	4.12	99908.6
黑色金属冶炼业和压延加工业	南钢股份（600282）	3.16	128926.3
	永兴特钢（002756）	3.05	111406.6
	华菱钢铁（000932）	3.71	109182.4
铁路、船舶、航空航天和其他运输设备制造业	中国船舶（600150）	4.02	169577.2
	中航电子（600372）	9.83	130433.4
	中船防务（600685）	3.02	295669.3
	中国中车（601766）	4.11	137534.1
	中国重工（601989）	7.56	103479.8
	康尼机电（603111）	7.87	131128.0
	思维列控（603508）	12.97	135315.0
	中航动控（000738）	3.46	121715.9
	航天科技（000901）	5.91	120348.4

续表

公司名称（证券代码）		研发强度（%）	人均人力资本投入（元/年）
铁路、船舶、航空航天和其他运输设备制造业	中航机电（002013）	3.16	104727.6
	建摩 B（200054）	4.72	183425.7
	航新科技（300424）	10.03	206019.1
有色金属冶炼业和压延加工业	西部材料（002149）	8.31	142401.1
	有研新材（600206）	4.11	135395.1
	钢研高纳（300034）	4.68	135117.5
	常铝股份（002160）	3.58	118528.8
金属制品业	玉龙股份（601028）	3.08	116704
	大西洋（600558）	5.72	101049.6
	方大 B（200055）	4.12	117763.1
	方大集团（000055）	4.12	117763.1
	海鸥卫浴（002084）	3.44	103757.5
非金属矿物制品业	中材科技（002080）	5.50	102160.2
	悦心健康（002162）	3.62	159622.4
	东方雨虹（002271）	4.74	133162.4
	秀强股份（300160）	3.47	111641.7
	四方达（300179）	8.44	112750.2
	道氏技术（300409）	7.07	100341.6
	太空板业（300344）	11.05	117120.4
食品加工制造业	金枫酒业（600616）	5.27	157650.0
	古井贡 B（200596）	3.09	171061.1
	古井贡酒（000596）	3.09	171061.1
	三全食品（002216）	3.06	113323.8
	珠江啤酒（002461）	3.63	99791.1
	双塔食品（002481）	3.63	136153.9
	量子高科（300149）	6.36	140810.3
纺织服装业	维格娜丝（603518）	3.44	103612.8
	美邦服饰（002269）	3.21	104651.1
	朗姿股份（002612）	5.59	113596.1

第二章

我国制造业上市公司创新投入强度2012~2015年趋势

本章基于“国务院发展研究中心企业研究所制造业上市公司创新评价数据库”，以我国1300家制造业上市公司为样本，使用创新评价理论和二维评价理论模型，对我国制造业上市公司创新投入强度进行了全面的研究。结果显示，我国制造业上市公司强创新投入企业整体呈现增加态势，2012～2015年强创新投入企业占比分别为24.62%、26.77%、26.92%和24.92%；制造业上市公司高研发投入企业呈现减少态势，2012～2015年高研发投入企业占比分别为50.38%、47.69%、44.62%和45.38%；制造业上市公司高人力资本投入企业稳步提高，2012～2015年高人力资本投入企业占比分别达到7%、7.46%、8.46%和9.31%；制造业上市公司弱创新投入企业也有所增加，2012～2015年弱创新投入企业占比分别为18%、18.08%、20%和20.38%。

一、制造业上市公司基本信息

（一）制造业上市公司地区分布基本信息

从我国这 1300 家制造业上市公司的地域分布来看，与我国各省的经济发达程度高度一致，即东部地区制造业上市公司分布数量最多，西部地区分布最少。具体来看，图 2－1 中蓝色越深的省份，拥有的制造业上市公司越多。不难看出，沿海省份的广东、浙江、江苏最蓝，分别拥有制造业上市公司 208 家、169 家、162 家；中部省份居中，比如湖北有 42 家；西部省份拥有的制造业上市公司数量明显偏少，甘肃（广西并列，下同）、海南（宁夏、青海）、西藏位列后 3 位，分别只有制造业上市公司 9 家、6 家和 2 家。最高与最低之间的差距是 100 倍，这也从一个侧面反映了我国区域经济发展的巨大差距。

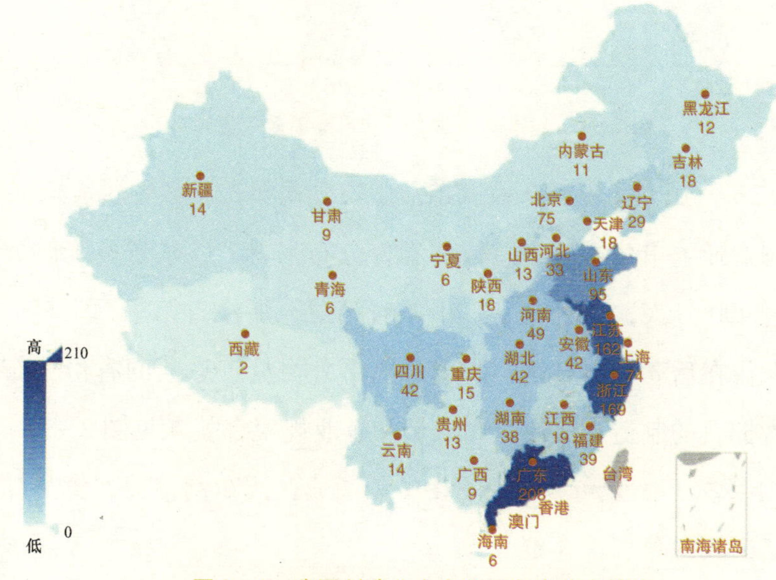

图 2－1　我国制造业上市公司各省分布情况

（二）制造业上市公司员工人数基本信息

1. 制造业上市公司员工人数稳步增加

2012～2015年间，通过对我国制造业和上市公司员工人数基本信息进行考察发现，作为研究样本的1300家制造业上市公司人员人数稳步增加。具体来看，2012年，我国1300家制造业上市公司的员工人数总量为530.32万人；2013年，这1300家制造业上市公司的员工总数就增加到570.01万人；2014年，我国1300家制造业上市公司的员工总数增加到596.67万人，将近600万人大关；2015年，我国1300家制造业和上市公司的员工总数突破600万人，达到628.45万人（见图2－2）。

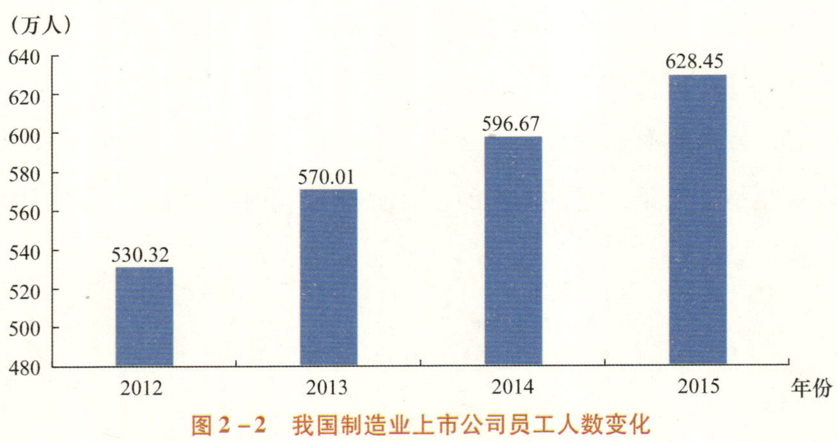

图2－2　我国制造业上市公司员工人数变化

2. 广东、山东、浙江3省制造业上市公司员工总数位居前3位

从制造业上市公司员工总数的省份分布来看，广东省员工总数最多，超过400万人，排名第一；山东省第二，浙江省第三；宁夏、海南、西藏排在后3名。显然，制造业上市公司员工总数的省份分布主要与各省拥有的制造业上市公司数量和企业规模有关（见图2－3）。

3. 计算机、通信和其他电子设备制造业，汽车制造业，食品加工制造业员工人数位居前3位

根据国家统计局的分类标准并参考实际情况及分析的需要，将

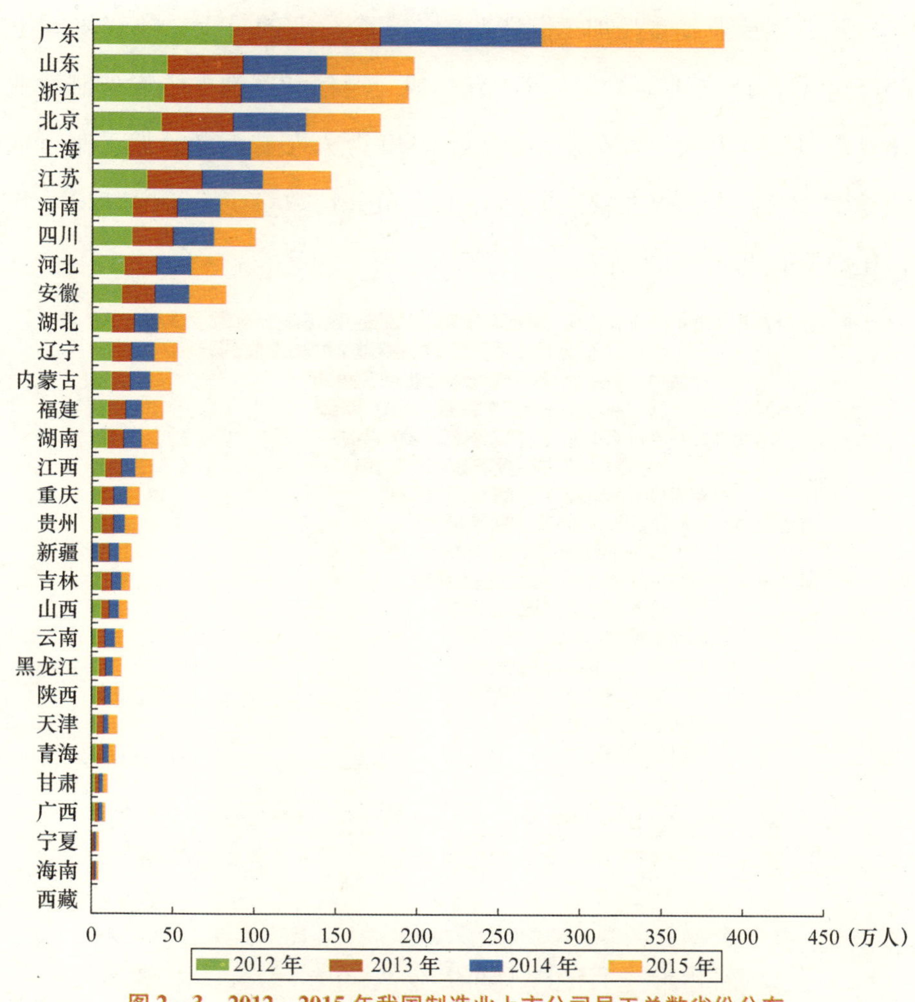

图 2－3　2012～2015 年我国制造业上市公司员工总数省份分布

1300 家制造业上市公司可分为 16 个类别，分别为：黑色金属冶炼和压延加工业，有色金属冶炼和压延加工业，金属制品业，非金属矿物制品业，橡胶和塑料制品业，化学原料及化学制品制造业，医药制造业，纺织服装业，食品加工制造业，计算机、通信和其他电子设备制造业，仪器仪表制造业，电气机械和器材制造业，通用设备制造业，专用设备制造业，汽车制造业，其他。通过分析我国制造业上市公司员工总数行业分布可以发现，我国计算机、通信和其他电子设备制造业，汽车制造业，食品加工制造业，这3个行业的员工总数在2012～2015年间累计位列前3位，其中计算机、通信和其他电子设备制造业累计超过350万人，汽车制造业累计330万人左右，食品加工制造业累计约215万人。仪器仪表制造业的上市公司数量少，2012～2015年员工总数仅为13万人左右（见图2－4）。

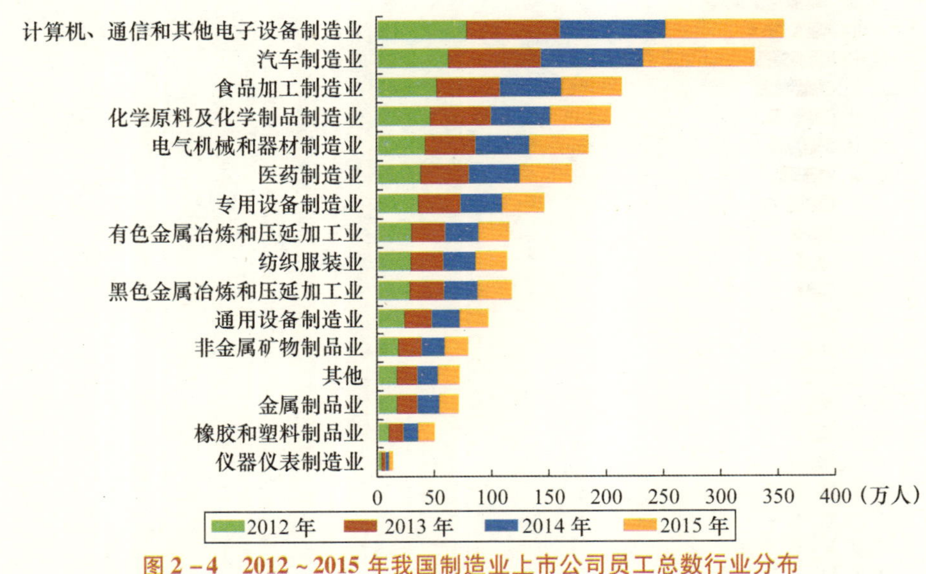

图2－4　2012～2015年我国制造业上市公司员工总数行业分布

二、制造业上市公司创新投入强度总体变化情况

（一）制造业上市公司研发投入强度变化情况

1. 制造业上市公司研发投入强度不断增加

从2012～2015年，我国制造业上市公司不断加大创新投入，各项指标稳步增长。

从研发投入的绝对量来看，在样本企业中，2012年的研发总投入为1344.67亿元，2013年、2014年继续增长，到2015年增长到1982.02亿元，是2012年的147.4%，即仅3年研发总投入就增长了接近 50%。

在研发强度方面，2012 年我国制造业上市公司的研发强度为 2.28%，随后一路增长，2013 年为 2.41%，2014 年为 2.61%，2015 年达到 2.85%，已经接近 3%（见图 2－5）。

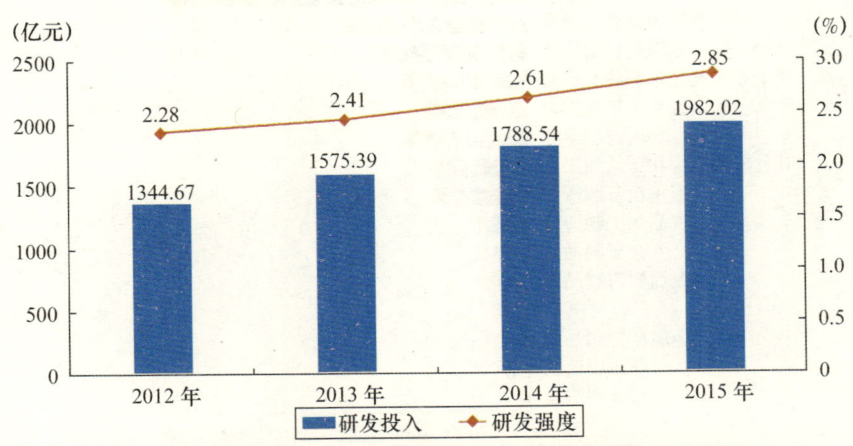

图 2－5　2012～2015 年我国制造业上市公司研发投入总体情况

2. 计算机、通信和其他电子设备制造业的研发投入量遥遥领先，仪器仪表制造业的研发强度最高

将 2012～2015 年各行业的研发投入量做成柱状图并累加，可以得到图 2－6。从图中可以清晰地看出，2012～2015 年间，在我国制造业上市公司中，计算机、通信和其他电子设备制造业的研发投入量遥遥领先，位列第一；汽车制造业紧随其后，位于第二；位列第三的行业是电气机械和器材制造业，但也仅为汽车制造业的一半。其余各行业从图中都可以清晰地看到其状况。近年来，我国的计算机、通信和其他电子设备制造业，还有汽车制造业的确保持了快速发展，即使是在我国经济进入新常态、经济增速放缓的情况下，这两个行业的固定投资增速仍然保持在 10% 以上。行业的快速发展，使得计算机、通信和其他电子设备制造业，汽车制造业保持了繁荣，在研发投入上也远远

领先于其他行业，这两个行业也是我国制造业群星璀璨的行业，比如通信设备制造业的华为、中兴，汽车行业的长城、长安、吉利、比亚迪等。而这些企业的快速崛起，是与大量的研发投入分不开的。

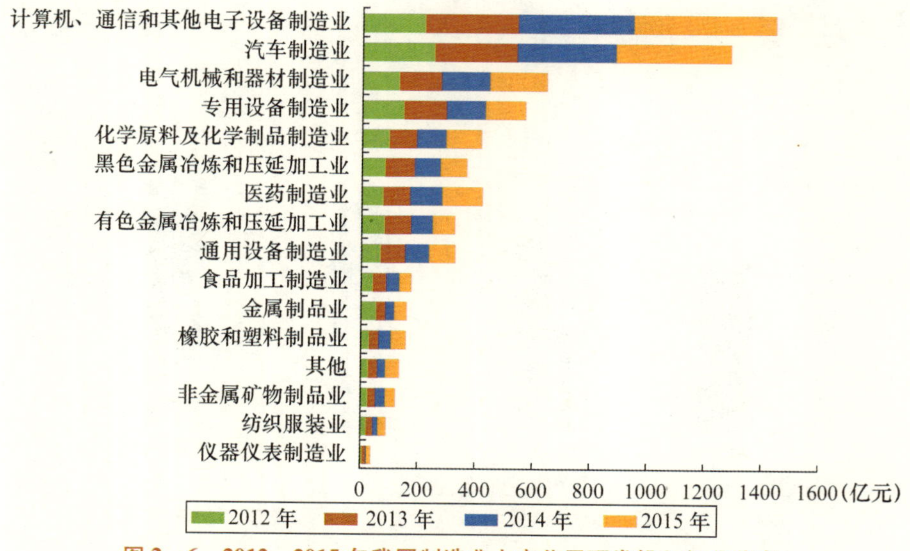

图 2－6　2012～2015 年我国制造业上市公司研发投入行业分布

从研发强度来看，我国制造业上市公司按照行业分类，仪器仪表制造业的研发强度最高，2012～2015 年每年均超过 5%，分别为 5.39%、5.91%、5.94%、5.82%；值得注意的是，在图 2－7 中，仪器仪表制造业的研发投入绝对量排名倒数第一，这主要是因为我国制造业上市公司中仪器仪表制造业的企业数量较少的缘故；但从研发强度上看，仪器仪表制造业上市公司位居正数第一！这也可以理解，从全球范围来看，仪器仪表行业都是一个科技含量高、需要较高研发投入强度的行业。研发强度排在第 2 位的是计算机、通信和其他电子设备制造业，2012～2015 年分别为 3.61%、5.02%、5.31%、5.71%，后几年研发强度也超过 5%，相当不错。排在第 3 位的是专用设备制造业。值得注意的是，汽车制造业上市公司的研发强度并不高，2012～2015 年分别仅为 2.44%、2.33%、2.62%、2.69%，均不足

3%，落后于医药制造业等，在 15 个行业中仅排名第 8 位，与研发投入总量排名第 2 位形成了鲜明的对比。这说明我国汽车制造业上市公司研发投入仍然不足，自主创新还任重而道远。

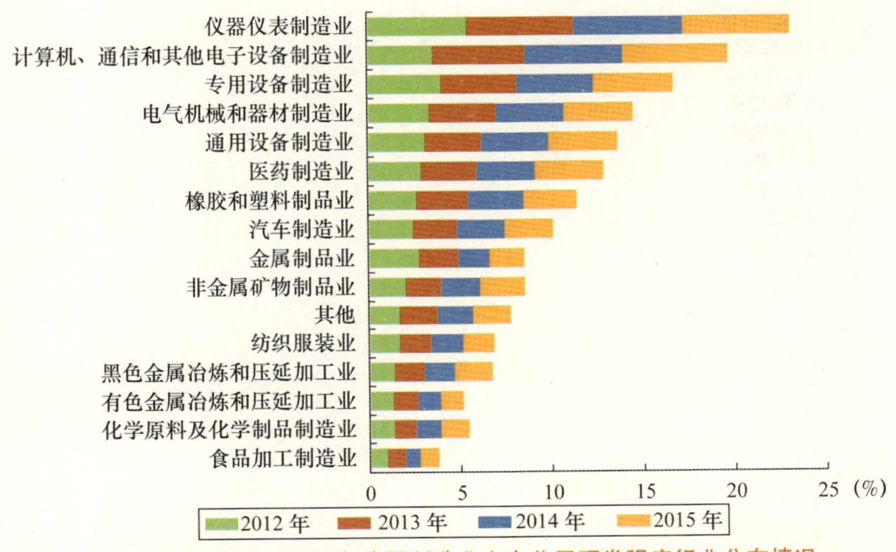

图 2－7　2012～2015 年我国制造业上市公司研发强度行业分布情况

3. 广东省制造业上市公司研发投入位居第一，西藏自治区、陕西省、海南省等地制造业上市公司研发强度位居前列

从我国制造业上市公司研发投入的省份分布来看，与各省的经济发达程度和上市公司数量密切相关。排名第一的是广东，从图 2－8 中可以看到广东遥遥领先于其他省份；第 2 名是上海；第 3 名、第 4 名分别是北京和山东；青海、宁夏、西藏是后 3 名。可以说，这比较清晰地呈现出东部、中部、西部递减的区域经济发展格局。

通过对研发强度进行考察结果显示，我国制造业上市公司研发强度的省域分布中，西藏居然排名第一，2012～2015 年，其研发强度分别为 5.67%、7.49%、9.65%、10.51%，而其研发投入绝对量的排名是倒数第一；第 2 名是陕西，2012～2015 年，其研发强度分别为

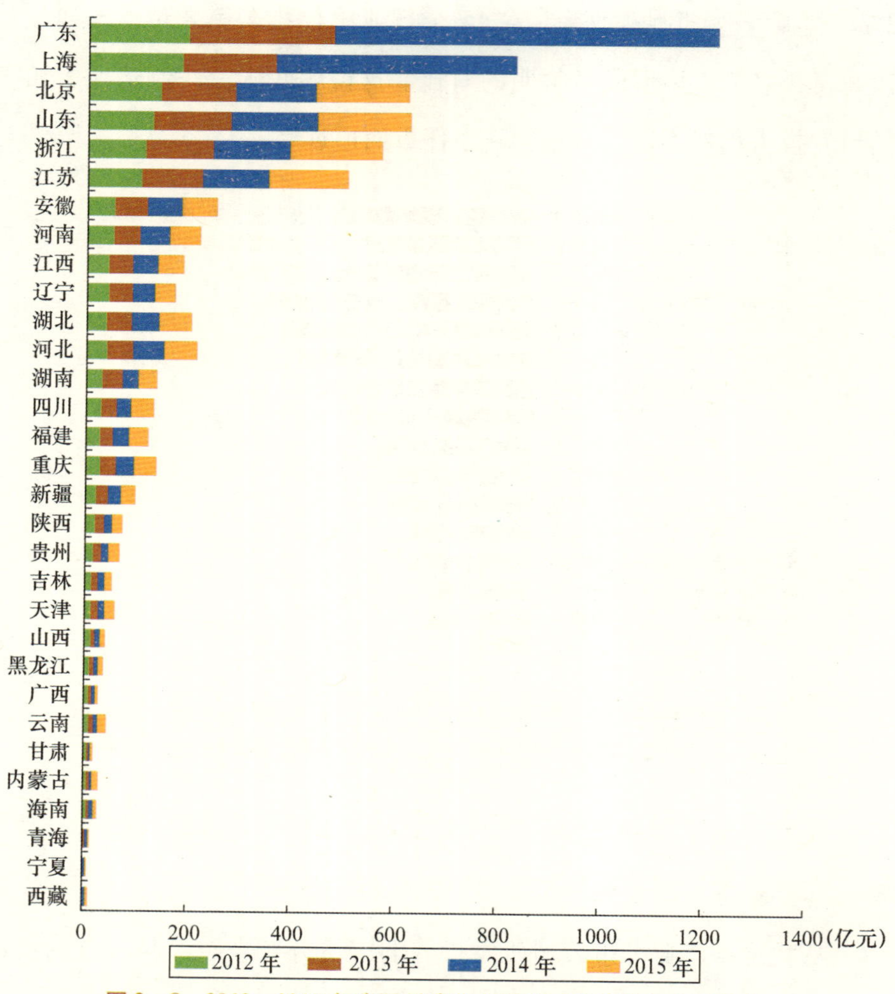

图 2－8　2012～2015 年我国制造业上市公司研发投入省份分布

5.07%、5.40%、5.53%、5.13%，每年均超过5%；第3名是海南，2012～2015年，其研发强度分别为4.25%、4.82%、5.02%、3.64%（见图2－9）。

而研发投入绝对量排名第一的广东，研发强度仅排在第4名，2012～2015年，其研发强度分别为3.06%、3.99%、4.26%、4.62%，与前几名明显有差距。而上海研发强度排在倒数第6名，2012～2015年，其研发强度分别为1.56%、1.40%、1.62%、

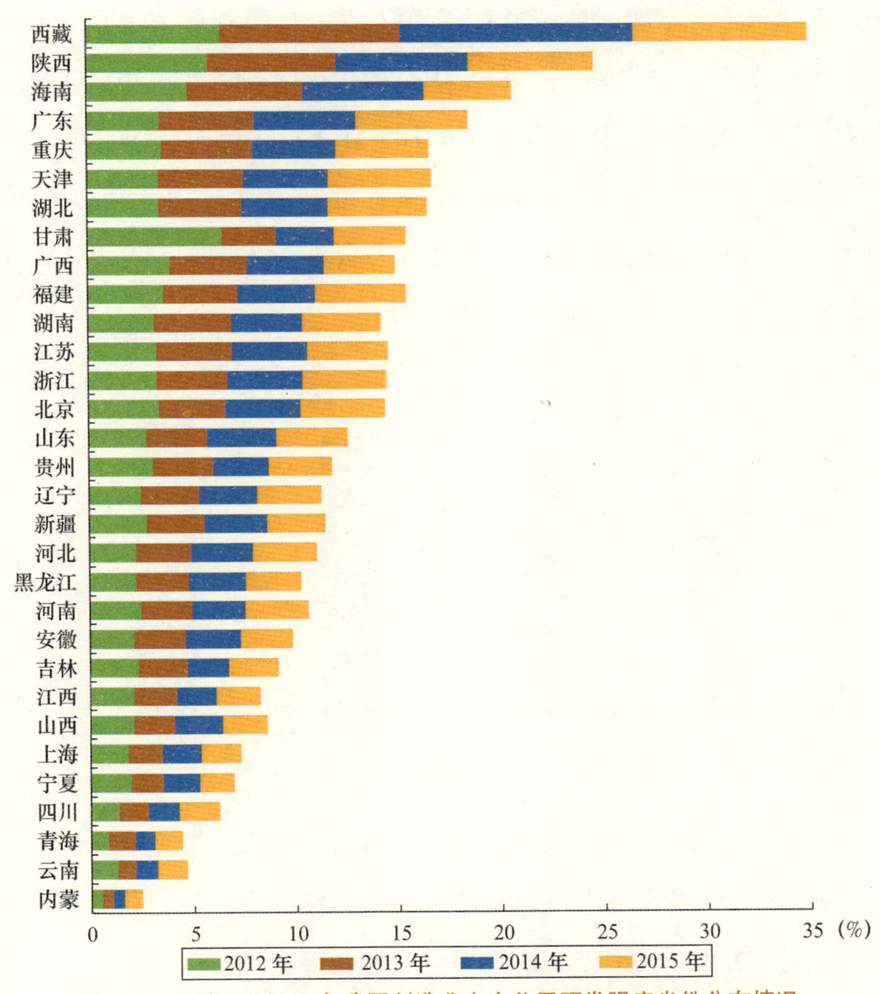

图 2－9 2012～2015 年我国制造业上市公司研发强度省份分布情况

1.70%，不足 2%；北京排在第 14 名，2012～2015 年，其研发强度分别为 2.93%、2.80%、3.13%、3.53%。可见，大不一定强，小不一定弱，光看绝对量的大是不行的。

（二）制造业上市公司人力资本投入强度情况

1. 制造业上市公司人均人力资本投入稳步增长

2012～2015 年，作为研究对象的 1300 家制造业上市公司人均人力资本投入稳步增加。具体来看，2012 年，我国制造业上市公司人均人力资本投入为 7.744 万元；2013 年，我国制造业上市公司人均人力资本投入超过 8 万元，达到 8.183 万元；2014 年，我国制造业上市公司人均人力资本投入增加到将近 9 万元，为 8.986 万元；2015 年，我国制造业上市公司人均人力资本投入增加到 9.631 万元（见图 2－10）。

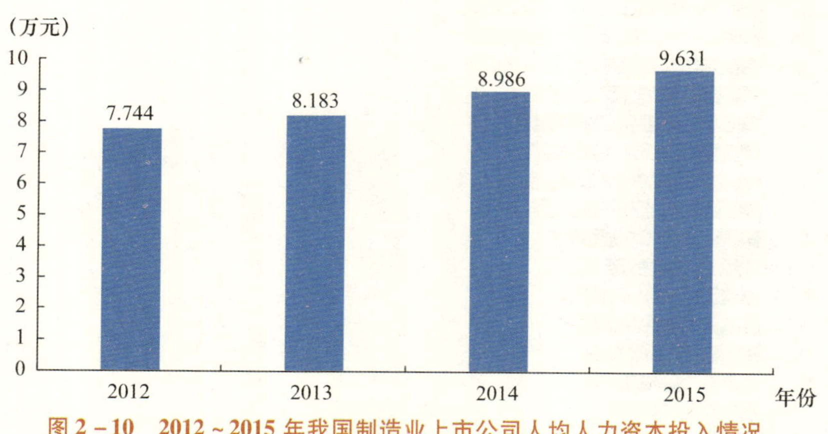

图 2－10　2012～2015 年我国制造业上市公司人均人力资本投入情况

2. 黑色金属冶炼和压延加工业人均人力资本投入位居第一

通过对我国制造业上市公司的人均人力资本投入的行业分布情况考察发现，黑色金属冶炼和压延加工业排名第一，而纺织服装业排名最后。通用设备制造业、专用设备制造业上市公司的人均人力资本投入也较高（见图 2－11）。

3. 上海市人均人力资本投入遥遥领先

从 2012～2015 年我国制造业上市公司人均人力资本投入的省域分布来看，上海的制造业上市公司人均人力资本投入最高，4 年分别为 21.17 万元、14.20 万元、15.10 万元、15.87 万元；天津排名第二；海南的人均人力资本投入最低，4 年分别为 5.12 万元、5.65 万元、5.94 万元、7.07 万元。制造业上市公司的人均人力资本投入，一方面

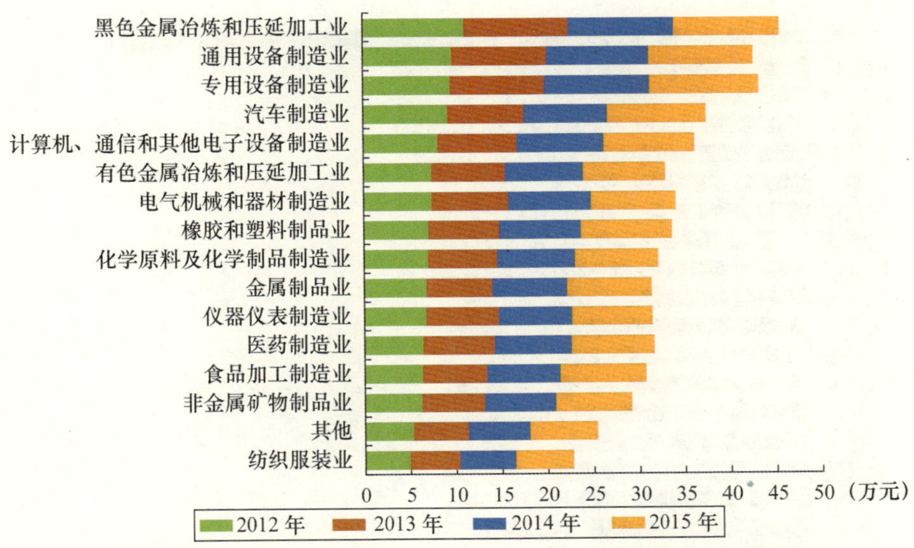

图 2－11　2012～2015 年制造业上市公司人均人力资本投入行业分布

与企业的重视程度有关，一方面还与地域的经济发展成本密切相关（见图 2－12）。

（三）制造业上市公司创新投入强度变化情况

以人均人力资本投入强度为纵轴，以研发投入强度为横轴，分别分为高、低两档，这样可以做出一个 4 象限的企业创新投入强度的整体分布图（见图 2－13）。通过对 1300 家制造业上市公司创新投入强度进行研究，得出如下几点结论。

1. 制造业上市公司强创新投入企业整体呈增加态势

在 2012 年的企业创新投入强度的整体分布图中，人均人力资本投入强度高和研发强度高的"双高"企业占比 24.62%，2013 年的分布图中这类企业占到 26.77%，2014 年占到 26.92%，整体呈现出逐年增加态势；只是 2015 年不知何故，人均人力资本投入强度高和研发强度高的"双高"企业占比有所下降，下降到 24.92%。

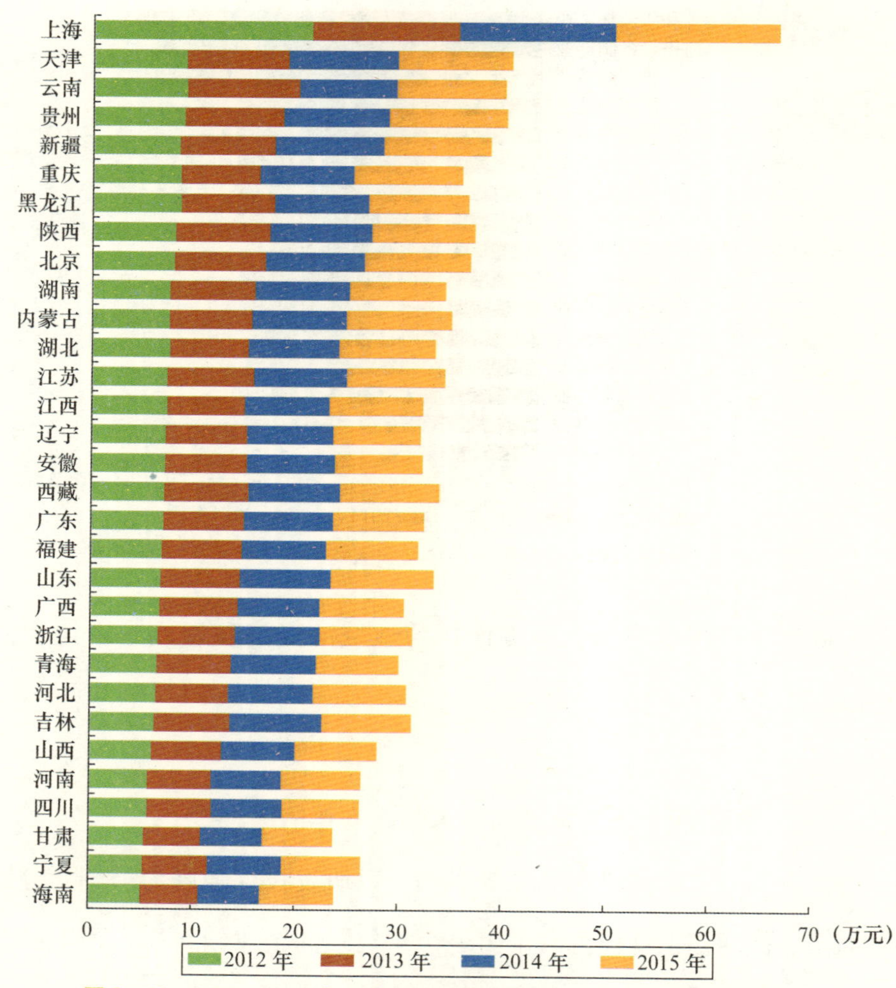

图 2－12　2012～2015 年制造业上市公司人均人力资本投入省域分布

2. 制造业上市公司高研发投入企业呈现减少态势

研发强度高但人均人力资本投入强度低的企业，2012 年占比为 50.38%，即钱财投入大，但人才没有太跟上的企业占了超过一半；但可喜的是，随后几年，这一类企业的占比呈现出下降趋势，2013 年、2014 年、2015 年这类企业占比分别为 47.69%、44.62%、45.38%。

3. 制造业上市公司高人力资本投入企业稳步提高

2012 年，在作为研究对象的 1300 家制造业上市公司中，高人力

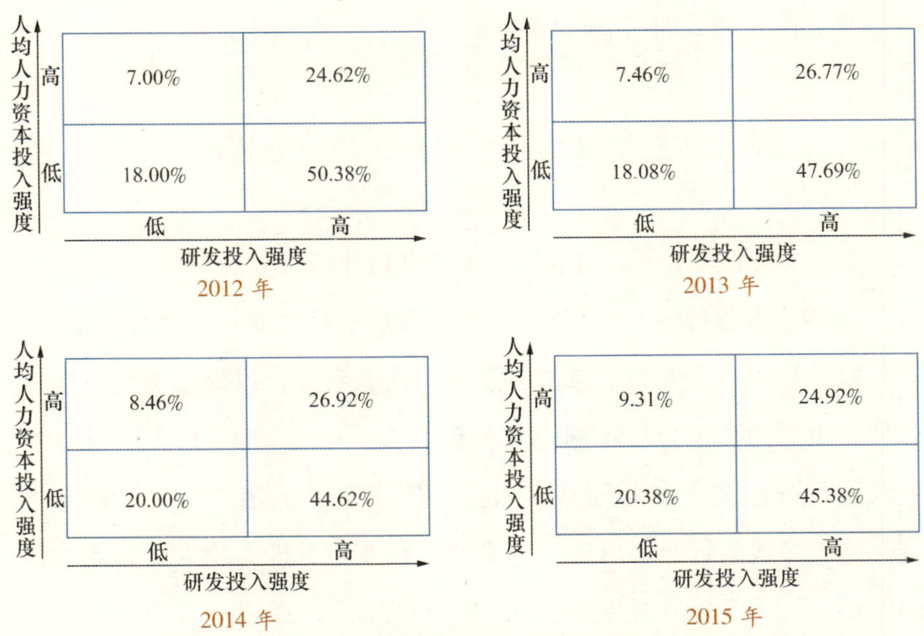

图 2－13　2012～2015 年我国制造业上市公司创新投入强度整体分布

资本投入企业占比仅为 7%；2013 年，尽管在作为研究对象的 1300 家制造业上市公司中，高人力资本投入企业占比有所增加，但是依然处于较低水平，当年高人力资本投入企业占所有作为研究对象的制造业上市公司的比例为 7.46%；2014 年，我国制造业上市公司高人力资本投入企业占比进一步增加，达到 8.46%；2015 年，我国高人力资本投入企业占比又增加到 9.31%。显而易见，从 2012～2015 年，我国制造业上市公司高人力资本投入企业占比稳步增加。

4. 制造业上市公司弱创新投入企业有所增加

在作为研究对象的 1300 家制造业上市公司中，从 2012～2015 年，弱创新投入企业占比有所增加。具体来看，2012 年，我国制造业上市弱创新投入企业占比为 18%；2013 年，我国制造业上市公司弱创新投入企业略微增加，达到 18.08%；2014 年，我国制造业上市公司中弱创新投入企业占比增加到 20%；2015 年，我国制造业上市公司弱创新投入企业占比又增加到20.38%。

三、制造业上市公司创新投入强度行业和地区分析

（一）制造业上市公司创新投入强度行业情况

1. 绝大多数行业人均人力资本投入强度和研发投入强度均有所提升

以纵轴为人均人力资本投入强度，从低到高；以横轴为研发投入强度，由低到高，分析不同行业的创新投入强度。将2012年与2015年我国制造业上市公司创新投入强度所属行业的情况对比，结果发现：绝大多数的行业都出现了可喜的迁移变化，即人均人力资本投入强度提高、研发投入强度也提高的“双提高”，在图上表现出的轨迹就是向右上方移动，例如电子设备制造业的跃迁就非常明显。而没有呈现出向右上方移动的行业中，食品加工业和纺织服装业的研发投入强度没有太大变化，而仅是人均人力资本投入强度提升，显示出垂直向上的运动轨迹；有色金属冶炼业和金属制品业虽然人均人力资本投入强度有所提升，但研发投入强度反而有所下降，所以呈现出向左上方移动的轨迹（见图2－14）。

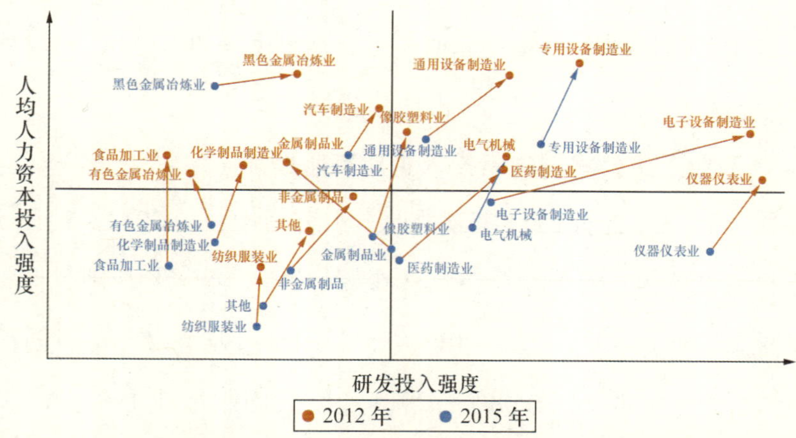

图2－14　2012年与2015年我国制造业上市公司创新投入强度所属行业变动情况

2. 强创新投入企业占比越高，行业技术水平和研发水平就越高

在强创新投入企业的行业分布方面，专用设备制造业、仪器仪表制造业以及计算机、通信和其他电子设备制造业的强创新投入企业占比较高。其中，在专用设备制造业中，2012～2015 年强创新投入企业占比分别为 43.65%、49.21%、46.03%、46.03%。在仪器仪表制造业中，2012～2015 年强创新投入企业占比分别为 35.71%、42.86%、35.71%、32.14%。在计算机、通信和其他电子设备制造业，2012～2015 年强创新投入企业占比分别为 35.57%、41.75%、44.33%、42.27%（见表 2－1）。

表 2－1　2012～2015 年制造业上市公司强创新投入企业行业分布变化　单位:%

行　业	2012 年	2013 年	2014 年	2015 年
专用设备制造业	43.65	49.21	46.03	46.03
仪器仪表制造业	35.71	42.86	35.71	32.14
计算机、通信和其他电子设备制造业	35.57	41.75	44.33	42.27
通用设备制造业	32.58	31.46	33.71	29.21
电气机械和器材制造业	28.47	30.56	30.56	26.39
汽车制造业	25.71	27.14	25.71	25.71
医药制造业	19.51	25.20	27.64	23.58
非金属矿物制品业	19.23	13.46	13.46	13.46
化学原料及化学制品制造业	18.63	19.25	18.01	15.53
橡胶和塑料制品业	18.60	23.26	20.93	25.58
有色金属冶炼和压延加工业	15.56	13.33	13.33	8.89
食品加工制造业	13.43	8.96	10.45	8.96
金属制品业	10.81	8.11	8.11	13.51
黑色金属冶炼和压延加工业	6.25	12.50	12.50	6.25
纺织服装业	6.00	8.00	8.00	4.00
其他	3.64	3.64	5.45	5.45
总计	24.62	26.77	26.92	24.92

而与之相对，黑色金属冶炼和压延加工业、纺织服装业中的强创新投入企业占比就较低。其中，黑色金属冶炼和压延加工业 2012～2015 年强创新投入企业占比分别为 6.25%、12.50%、12.50%、6.25%。纺织服装业中，2012～2015 年强创新投入企业占比分别为 6.00%、8.00%、8.00%、4.00%。

显而易见，强创新投入企业占比越高的行业，该行业的技术水平与研发水平就越高。

3. 弱创新投入企业占比越低，行业技术性水平要求相对也越高

通过对制造业上市公司弱创新投入企业行业分布变化情况进行分析可以发现，专用设备制造业中的弱创新投入企业占比较低，2012～2015 年分别为 2.38%、3.17%、4.76%、7.14%；而纺织服装业中，弱创新投入企业占比较高，2012～2015 年分别为 48.00%、54.00%、54.00%、52.00%（见表 2-2）。

表 2-2　2012～2015 年制造业上市公司弱创新投入企业行业分布变化　　单位：%

行　业	2012 年	2013 年	2014 年	2015 年
专用设备制造业	2.38	3.17	4.76	7.14
仪器仪表制造业	3.57	0.00	3.57	3.57
计算机、通信和其他电子设备制造业	4.12	3.61	4.64	7.73
通用设备制造业	8.99	12.36	12.36	14.61
电气机械和器材制造业	8.33	7.64	11.11	11.11
汽车制造业	11.43	5.71	4.29	7.14
医药制造业	19.51	20.33	19.51	21.95
非金属矿物制品业	25.00	19.23	26.92	25.00
化学原料及化学制品制造业	24.84	28.57	28.57	27.33
橡胶和塑料制品业	18.60	25.58	27.91	16.28
有色金属冶炼和压延加工业	40.00	42.22	51.11	46.67
食品加工制造业	44.78	40.30	46.27	44.78

续表

行　业	2012 年	2013 年	2014 年	2015 年
金属制品业	24.32	24.32	18.92	18.92
黑色金属冶炼和压延加工业	31.25	18.75	31.25	31.25
纺织服装业	48.00	54.00	54.00	52.00
其他	41.82	38.18	45.45	47.27
总计	18.00	18.08	20.00	20.38

可以说，总体而言，技术水平与研发水平相对不那么先进的行业，其弱创新投入企业的占比就相对会高一些。

4. 高研发投入企业占比越高，行业技术水平和研发水平越好

对制造业上市公司高研发投入企业行业分布变化情况进行分析发现，技术水平与研发水平较高的行业，其高研发投入企业的占比一般就较高，如仪器仪表制造业，在 2012 ~ 2015 年间，其高研发投入企业的占比分别为 60.71%、57.14%、60.71%、64.29%。而黑色金属冶炼和压延加工业中，高研发投入企业的占比相对就较低，2012 ~ 2015 年分别为 12.50%、25.00%、18.75%、25.00%（见表 2 – 3）。

表 2 – 3　2012 ~ 2015 年制造业上市公司高研发投入企业行业分布变化　单位：%

行　业	2012 年	2013 年	2014 年	2015 年
专用设备制造业	50.79	42.06	42.86	42.06
仪器仪表制造业	60.71	57.14	60.71	64.29
计算机、通信和其他电子设备制造业	57.22	51.03	46.91	45.88
通用设备制造业	57.30	52.81	50.56	53.93
电气机械和器材制造业	60.42	59.03	55.56	59.72
汽车制造业	54.29	57.14	57.14	54.29
医药制造业	52.85	47.97	45.53	47.97
非金属矿物制品业	51.92	61.54	53.85	50.00
化学原料及化学制品制造业	43.48	42.24	36.65	38.51
橡胶和塑料制品业	55.81	46.51	46.51	51.16

续表

行　业	2012 年	2013 年	2014 年	2015 年
有色金属冶炼和压延加工业	26. 67	24. 44	24. 44	33. 33
食品加工制造业	23. 88	26. 87	22. 39	16. 42
金属制品业	62. 16	62. 16	64. 86	54. 05
黑色金属冶炼和压延加工业	12. 50	25. 00	18. 75	25. 00
纺织服装业	42. 00	32. 00	30. 00	36. 00
其他	49. 09	52. 73	40. 00	38. 18
总计	50. 38	47. 69	44. 62	45. 38

5. 黑色金属冶炼和压延加工业、食品加工制造业上市公司高人力资本投入企业最多

在高人力资本投入企业的行业分布方面，2012～2015 年，我国 1300 家制造业上市公司高人力资本投入企业在黑色金属冶炼和压延加工业、食品加工制造业分布最多。其中，在黑色金属冶炼和压延加工业上市公司中，分别有 50. 00%、43. 75%、37. 50% 和 37. 50% 的企业为高人力资本投入企业；在食品加工制造业上市公司中，分别有 17. 91%、23. 87%、20. 89% 和 29. 84% 的企业为高人力资本投入企业（见表 2－4）。

表 2－4　2012～2015 年制造业上市公司高人力资本投入企业行业分布　单位：%

行　业	2012 年	2013 年	2014 年	2015 年
专用设备制造业	3. 18	5. 56	6. 35	4. 77
仪器仪表制造业	0. 01	0. 00	0. 01	0. 00
计算机、通信和其他电子设备制造业	3. 09	3. 61	4. 12	4. 12
通用设备制造业	1. 13	3. 37	3. 37	2. 25
电气机械和器材制造业	2. 78	2. 77	2. 77	2. 78
汽车制造业	8. 57	10. 01	12. 86	12. 86
医药制造业	8. 13	6. 50	7. 32	6. 50
非金属矿物制品业	3. 85	5. 77	5. 77	11. 54

续表

行　业	2012年	2013年	2014年	2015年
化学原料及化学制品制造业	13.05	9.94	16.77	18.63
橡胶和塑料制品业	6.99	4.65	4.65	6.98
有色金属冶炼和压延加工业	17.77	20.01	11.12	11.11
食品加工制造业	17.91	23.87	20.89	29.84
金属制品业	2.71	5.41	8.11	13.52
黑色金属冶炼和压延加工业	50.00	43.75	37.50	37.50
纺织服装业	4.00	6.00	8.00	8.00
其他	5.45	5.45	9.10	9.10
总计	7.00	7.46	8.46	9.32

（二）制造业上市公司创新投入强度地区情况

1. 大多数省份经历了人均人力资本投入强度提高、研发投入强度提高的“双提高”

以纵轴为人均人力资本投入强度，从低到高；以横轴为研发投入强度，由低到高，分析不同省份的创新投入强度。将2012年的情况与2015年的情况相比，大多数的省份表现较好，出现了人均人力资本投入强度提高、研发投入强度提高的“双提高”现象，表现在图形上，就是其轨迹向右上方移动，比如西藏（简称藏，下同）、广东（粤）、比如内蒙古（蒙）等。但也有少数几个省份的运动轨迹不是向右上方移动，比如2012年与2015年相比，上海（沪）的研发投入强度有所提高，但人均人力资本投入强度有所下降，显示出向右下方移动；再如云南（云），研发投入强度没有什么变化，仅是人均人力资本投入强度有所提高，显示出垂直向上移动，类似的还有贵州（黔）和新疆（新）；还有甘肃（甘）虽然人均人力资本投入强度有所提高，但研发投入强度出现明显下降，显示出向左上方移动，宁夏（宁）也与之类似（见图2－15）。

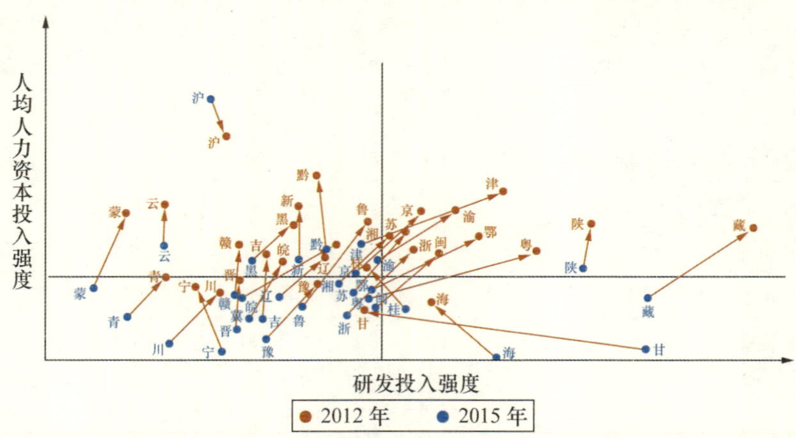

图2－15　2012年与2015年我国制造业上市公司创新投入强度所属省份变动情况

2. 天津、北京、上海和西藏过半数企业为强创新投入企业

对2012～2015年制造业上市公司强创新投入企业的省份特点进行分析可以看到，天津、北京、上海、西藏的强创新投入企业占比相对最高。2012～2015年，天津的强创新投入企业占比分别为44.44%、61.11%、61.11%和61.11%，北京的强创新投入企业占比分别为57.33%、53.33%、58.67%和54.67%，上海的强创新投入企业占比分别为51.35%、56.76%、48.65%和50.00%，西藏的强创新投入企业占比分别为50.00%、50.00%、50.00%和50.00%（见表2－5）。

表2－5　2012～2015年制造业上市公司强创新投入企业省份分布变化　单位：%

省份	2012年	2013年	2014年	2015年
安徽	21.43	19.05	16.67	11.90
北京	57.33	53.33	58.67	54.67
福建	17.95	30.77	20.51	12.82
甘肃	11.11	11.11	11.11	11.11
广东	22.12	24.52	26.44	26.44
广西	0.00	11.11	11.11	11.11
贵州	23.08	15.38	7.69	23.08

续表

省　份	2012 年	2013 年	2014 年	2015 年
海　南	0.00	0.00	0.00	0.00
河　北	6.06	12.12	12.12	15.15
河　南	20.41	12.24	16.33	18.37
黑龙江	25.00	25.00	25.00	16.67
湖　北	28.57	28.57	30.95	33.33
湖　南	15.79	18.42	15.79	10.53
吉　林	16.67	16.67	16.67	5.56
江　苏	28.40	32.10	33.33	26.54
江　西	5.26	5.26	10.53	5.26
辽　宁	34.48	41.38	34.48	24.14
内蒙古	18.18	18.18	36.36	27.27
宁　夏	0.00	0.00	0.00	0.00
青　海	0.00	0.00	0.00	0.00
山　东	14.74	18.95	22.11	16.84
山　西	15.38	15.38	15.38	15.38
陕　西	33.33	27.78	33.33	33.33
上　海	51.35	56.76	48.65	50.00
四　川	11.90	11.90	16.67	16.67
天　津	44.44	61.11	61.11	61.11
西　藏	50.00	50.00	50.00	50.00
新　疆	21.43	28.57	21.43	21.43
云　南	28.57	14.29	14.29	7.14
浙　江	19.53	23.08	20.71	22.49
重　庆	13.33	13.33	13.33	13.33
总　计	24.62	26.77	26.92	24.92

3. 新疆高人力资本投入企业占比一枝独秀

对 2012～2015 年制造业上市公司高人力资本投入企业的省份特点进行分析可以看到，新疆的高人力资本投入企业占比一枝独秀。2012～2015 年，新疆的高人力资本投入企业占比分别达到 35.71%、

50%、35.71%和42.86%，均分别显著高于居于第2位的云南、第3位的内蒙古、第4位的黑龙江、第5位的上海、第6位的河北以及位居第7位的重庆，这6个省份2015年的高人力资本投入企业占比均高于20%（见表2-6）。

表2-6　2012~2015年制造业上市公司高人力资本投入企业省份分布　　单位：%

省　份	2012年	2013年	2014年	2015年
安　徽	7.14	4.76	7.14	2.38
北　京	6.67	12.00	12.00	9.33
福　建	7.69	2.56	5.13	10.26
甘　肃	0.00	0.00	0.00	0.00
广　东	3.37	3.37	4.81	7.21
广　西	0.00	0.00	0.00	0.00
贵　州	0.00	15.38	7.69	7.69
海　南	0.00	0.00	0.00	16.67
河　北	6.06	6.06	12.12	21.21
河　南	2.04	2.04	6.12	0.00
黑龙江	16.67	16.67	16.67	25.00
湖　北	4.76	7.14	9.52	7.14
湖　南	7.89	7.89	10.53	7.89
吉　林	0.00	5.56	11.11	11.11
江　苏	8.02	8.64	5.56	8.02
江　西	10.53	10.53	10.53	10.53
辽　宁	3.45	6.90	0.00	3.45
内蒙古	18.18	18.18	9.09	27.27
宁　夏	0.00	0.00	16.67	16.67
青　海	16.67	16.67	33.33	0.00
山　东	4.21	1.05	3.16	4.21
山　西	15.38	7.69	7.69	7.69
陕　西	5.56	5.56	5.56	0.00
上　海	16.22	17.57	25.68	24.32

上市公司创新投入强度的国际比较

一、有关创新投入强度国际比较的相关文献综述

目前，国内关于创新投入强度国际比较的文献主要基于国家和产业数据，研究的角度包括创新投入强度大小、投入费月来源、投入执行主体、创新投入类型等。

首先，就创新投入强度大小而言，陈实和章文娟（2013）指出，美国、德国、法国、英国等的研发（R&D）经费中包含很大比重的国防研发，而中国的 R&D 经费不包含国防、军事等领域，所以在进行研发投入强度的国际比较时，更科学合理的方法是对各国民用研发进行直接比较。同时，作者还指出，基于不同研发阶段的比较也没有实质性的指导作用，而在相同的发展阶段上比较 R&D 投入状况才更能说明问题。基于这两点认识，作者剔除了各国的国防研发，同时基于工业化历史时期的数据进行比较，结果显示中国目前的研发水平处于中等，且有较好的成长态势。

其次，就创新投入费用来源而言，以往的论点都认为我国企业的 R&D 投入已经接近国际上的最高水平，而政府在这方面的投入还有很大提高的空间。但陈实和章文娟（2013）指出，实际上如果考虑国有企业的 R&D 投入来源问题，即将占中国企业 R&D 经费近 40% 的国有企业的 R&D 投入算作政府投入而非企业投入，那么造成中国研发水平较低的原因还是企业，政府的整体投入已经达到了要求。

再次，就创新投入的主体而言，赵建斌（2014）将我国与代表性国家的 R&D 经费按执行部门的分配情况进行了对比，结果发现，在美、英、德、日等国家，企业是 R&D 经费最主要的执行主体，高等学校是 R&D 经费的第二大执行主体。具体到不同的国家，我国的基础研究主要由研究机构和高校完成，应用研究主要由研究机构和高校完成，试验发展主要由企业完成，而美国这三类活动的主要实施机构分别是高校、企业、企业；俄罗斯和韩国 R&D 经费最大的执行主体是企业，研究机构是 R&D 经费的第二大执行主体，而印度 R&D 经费最大的执行机构是政府研究机构。

最后，就创新投入的类型而言，曹艳华等（2012）对中国和美国、欧盟、日本的研发投入现状和结构进行对比，发现中国的研发投入水平低，研发投入中用于基础研究的比例偏低，更侧重于试验发展。无独有偶，宋吟秋等（2012）基于国家层面的数据对中美两国的研发支出结构进行了比较，认为中国基础研究和应用研究的投入低、试验发展投入比例过高，而美国的研发投入结构较合理。陈实和章文娟（2013）、赵建斌（2014）的研究也得出了类似结论。

最近也有一些文献深入到企业层面进行研发投资的国际比较，例如崔维军等（2015）基于 2013 年欧盟产业研发投入报告数据对比分析了中国与六个发达国家研发投入规模、强度、集中度和产业分布的差异。另外，崔维军等（2015）还研究了中国与美国、日本、韩国、英国、法国、德国、印度等 7 个国家的制药和生物科技企业研发投入的差异，结果显示，中国制药和生物科技企业的研发投入规模虽增长迅速，但在研发投入规模和研发强度上与美国、日本、韩国、英国、法国和德国等国家还存在巨大差距，在研发投入规模、研发强度和盈利能力等方面，中国已落后于印度。但正如成力为和李翘楚（2017）所指出的，上述研究主要采用截面数据、且局限于某一行业或者500强企业的比较，无法反映中国与多国企业研发投入规模及强度的结构特征。成力为和李翘楚（2017）创新性地利用较为完整的世界企业面板数据（数据来源：BvD全球上市公司分析库）对国家之间的研发结构特征进行了综合比较，并从企业研发投入结构特征中剖析中国与发达国家及印度经济增长模式的差异。

基于对上述文献的回顾，本章将分别基于国家层面的数据、产业层面的数据和企业层面的数据对比中国与世界主要经济体的创新投入强度，找出差距与差异，挖掘潜力和机会，为中国优化创新投入、产业升级提供借鉴意义。

二、整体创新投入强度的中外比较

在对比中外上市公司的创新投入强度之前，我们有必要先看一下各个国家整体上的创新投入强度。

首先，对比中国与包括G8和OECD国家在内的世界典型经济体的创新投入强度，我们计算了各经济体的研发（R&D）支出占国内生产总值（GDP）的百分比，如图3－1和表3－1所示。从图3－1中可以看出：第一，纵向比较来看，在过去15年中中国的创新投入强度有了很大的提高，R&D支出占GDP的百分比已经从2000年的0.893%提高到了2015年的2.067%；第二，横向比较来看，在2000年时，所有发达经济体的创新投入强度都比中国高，但是到2015年时，中国的创新投入强度尽管还低于OECD的平均水平，但是已经明显超过了俄罗斯、意大利、英国和加拿大；第三，在过去15年中，英国与法国的创新投入强度基本维持在一个固定水平，加拿大则呈现出逐渐下降的态势，而美国、日本和德国的创新投入水平在高水平还依然保持着增长，尽管增幅没有中国的增幅大；第四，我国台湾地区的创新投入强度始终高于我国内地，并且在过去15年中也是保持了与我国内地比较相似的增长态势。

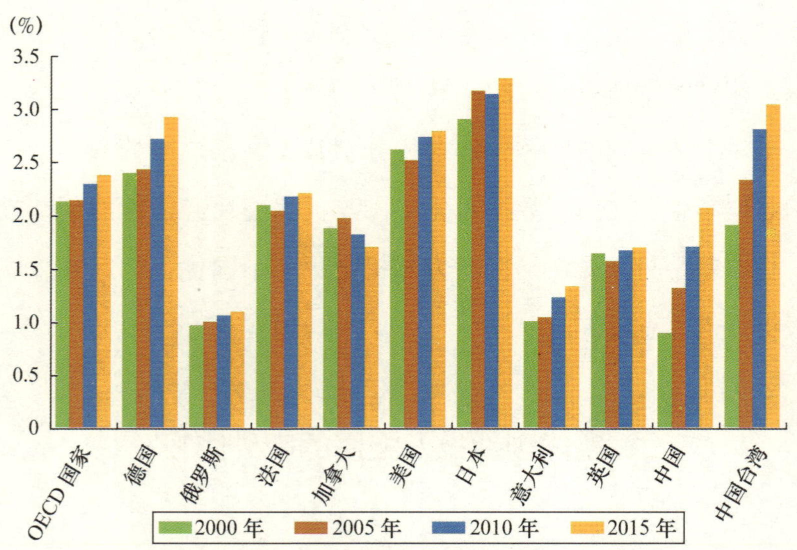

图3-1　中国与G8、OECD的研发投入强度对比（2000~2015年）

资料来源：OECD数据库。

其次，基于BvD全球上市公司分析库中的企业面板数据，我们比较了中国与美国、英国、日本、德国、印度等5国的创新投入强度，如图3-2和表3-2所示。可以看到，美国企业无疑是全面研发的引领者，其研发投资规模和研发投资强度均处于全世界领先地位，之后是英国与德国，中国的企业在创新投入方面已经超过日本与印度，而印度与发达国家相比还存在差距。

表 3－1　2000～2015 年中国与世界典型经济体研发支出占国内生产总值的百分比

单位：%

国家和地区	中国	中国台湾	美国	英国	日本	德国	法国	意大利	加拿大	俄罗斯	以色列	韩国	欧盟（28 国）	OECD 国家
2000	0. 893	1. 909	2. 621	1. 639	2. 906	2. 392	2. 084	1. 005	1. 865	0. 985	3. 934	2. 18	1. 671	2. 124
2001	0. 94	2. 018	2. 638	1. 632	2. 972	2. 386	2. 129	1. 045	2. 028	1. 105	4. 189	2. 341	1. 692	2. 161
2002	1. 058	2. 101	2. 55	1. 64	3. 014	2. 415	2. 166	1. 085	1. 979	1. 17	4. 137	2. 274	1. 697	2. 136
2003	1. 12	2. 215	2. 553	1. 602	3. 043	2. 457	2. 111	1. 062	1. 975	1. 206	3. 902	2. 352	1. 686	2. 139
2004	1. 215	2. 26	2. 49	1. 552	3. 03	2. 421	2. 086	1. 053	2. 004	1. 079	3. 877	2. 532	1. 661	2. 112
2005	1. 308	2. 324	2. 506	1. 572	3. 181	2. 423	2. 044	1. 047	1. 978	1. 001	4. 05	2. 626	1. 662	2. 141
2006	1. 369	2. 429	2. 55	1. 594	3. 278	2. 456	2. 045	1. 087	1. 949	1. 006	4. 145	2. 831	1. 685	2. 172
2007	1. 373	2. 475	2. 627	1. 633	3. 34	2. 446	2. 02	1. 133	1. 909	1. 046	4. 428	3	1. 693	2. 207
2008	1. 445	2. 676	2. 767	1. 639	3. 337	2. 597	2. 058	1. 164	1. 86	0. 979	4. 346	3. 123	1. 76	2. 278
2009	1. 662	2. 838	2. 819	1. 702	3. 231	2. 726	2. 209	1. 221	1. 922	1. 174	4. 136	3. 293	1. 838	2. 326
2010	1. 71	2. 804	2. 74	1. 677	3. 137	2. 714	2. 175	1. 223	1. 83	1. 06	3. 939	3. 466	1. 837	2. 288
2011	1. 775	2. 896	2. 77	1. 682	3. 245	2. 796	2. 191	1. 21	1. 791	1. 023	4. 017	3. 744	1. 878	2. 32
2012	1. 906	2. 952	2. 706	1. 612	3. 209	2. 868	2. 229	1. 271	1. 787	1. 046	4. 161	4. 026	1. 918	2. 323
2013	1. 99	3. 005	2. 742	1. 66	3. 315	2. 821	2. 239	1. 308	1. 71	1. 056	4. 145	4. 149	1. 927	2. 348
2014	2. 021	3. 001	2. 756	1. 679	3. 401	2. 881	2. 231	1. 374	1. 739	1. 07	4. 27	4. 289	1. 951	2. 377
2015	2. 067	3. 046	2. 788	1. 701	3. 286	2. 927	2. 217	1. 33	1. 708	1. 099	4. 253	4. 232	1. 958	2. 38

数据来源：OECD 数据库。

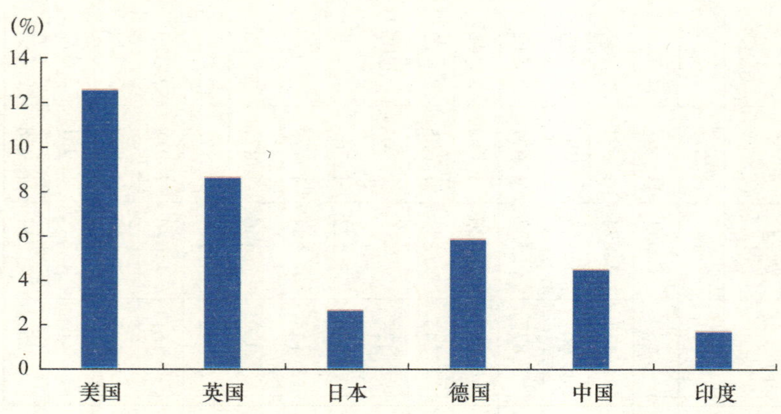

图3－2　中、美、英、日、德、印六国上市公司的研发投入强度对比

注：创新投入强度为研发投入与主营业务收入的比值。

资料来源：BvD全球上市公司分析库。

表3－2　2005～2014年企业研发投入的总体情况跨国比较

国　家	企业数量（个）	平均研发投入（百万美元）	创新投入强度（%）
美　国	3225	114.40	12.60
英　国	639	65.69	8.65
日　本	2488	68.24	2.65
德　国	360	216.50	5.87
中　国	3146	13.56	4.50
印　度	799	5.29	1.72

注：创新投入强度为研发投入与主营业务收入的比值。

资料来源：BvD全球上市公司分析库。

再次，我们计算了各经济体每千人就业人员中的研究人员数量，如图3－3和表3－3所示。对比发现：第一，横向比较看，无论是在2000年还是在2015年，中国的每千人就业人员中研究人员数量都远远少于其他发达经济体——在2015年时，中国的这一数字仅为2.09，而OECD的平均水平早在2000年时就已经达到了6.13；第二，结合上文的对比，尽管2015年时中国的创新投入强度已经明显超过了俄罗斯、意大利、英国和加拿大，但就每千人就业人员中研究人员数量而言，中国还远远落后于这些国家；第三，在过去15年中，除了俄罗斯在持续下降、日本几乎不变之外，各经济体的每千人就业人员中研究人员数量都有一定程度的上升，其中，中国在这方面的提升速度要慢于其他经济体——中国的这一数字在15年间仅仅提高了1.13，而OECD国家则平均提高了2.17，中国台湾地区更是提高了7.14，韩国更是提高了8.62，远超G8任何一个经济体。

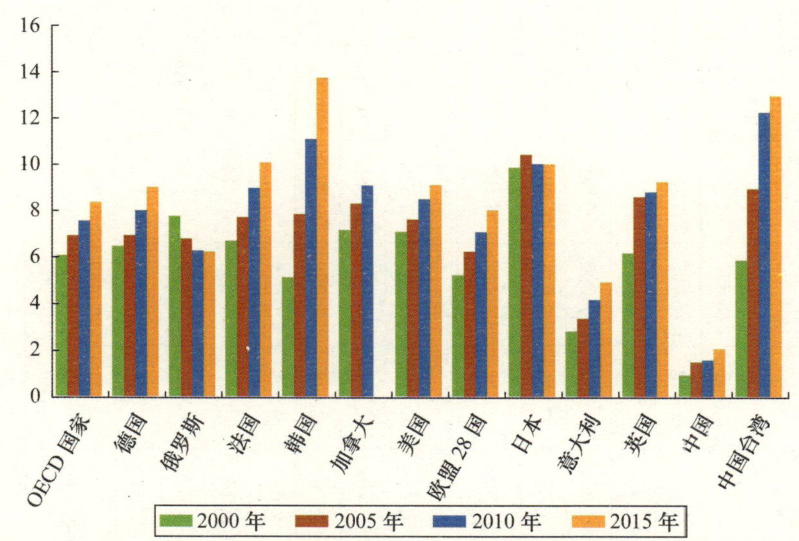

图3-3　中国与G8、OECD每千人就业人员中的研究人员数量对比（2000~2015年）

资料来源：OECD数据库。

三、产业层面创新投入强度的中外比较

由于成力为和李翘楚（2017）在其最新的论文中比较系统、全面地比较了中国与其他国家研发投入在产业层面的差异，并且我们这一部分的研究同成力为和李翘楚（2017）用的是同一个数据库——BvD全球上市公司分析库，同时考虑到样本企业大多集中在美国、英国、

表 3－3　2000～2015 年中国与世界典型经济体每千人就业人员中的研究人员数量

国家和地区	中国	中国台湾	美国	英国	德国	法国	日本	俄罗斯	加拿大	意大利	韩国	OECD 国家	欧盟 28 国
2000	0.964	5.843	7.065	6.206	6.46	6.703	9.87	7.783	7.161	2.872	5.127	6.127	5.222
2001	1.02	6.358	7.279	6.573	6.641	6.812	9.99	7.767	7.526	2.842	6.324	6.329	5.38
2002	1.106	7.392	7.545	7.091	6.707	7.126	9.643	7.38	7.438	2.985	6.407	6.442	5.584
2003	1.169	7.846	8.041	7.678	6.861	7.369	10.092	7.348	7.739	2.904	6.839	6.769	5.768
2004	1.247	8.298	7.807	8.025	6.869	7.726	10.056	7.095	8.053	2.956	6.926	6.796	5.983
2005	1.499	8.938	7.648	8.616	6.92	7.677	10.386	6.798	8.32	3.367	7.867	6.961	6.223
2006	1.632	9.413	7.706	8.717	7.06	7.897	10.379	6.713	8.422	3.539	8.639	7.047	6.332
2007	1.89	10.082	7.644	8.6	7.213	8.204	10.289	6.628	8.861	3.677	9.471	7.025	6.37
2008	2.107	10.618	8.066	8.503	7.408	8.38	9.888	6.355	9.054	3.778	10.015	7.199	6.582
2009	1.52	11.634	8.801	8.785	7.76	8.724	9.988	6.372	8.802	4.086	10.384	7.546	6.837
2010	1.591	12.232	8.479	8.779	7.996	9.055	10.017	6.321	9.133	4.176	11.084	7.588	7.094
2011	1.725	12.584	8.814	8.557	8.146	9.195	10.032	6.317	9.348	4.273	11.916	7.774	7.198
2012	1.83	12.901	8.733	8.626	8.379	9.52	9.917	6.196	9.063	4.47	12.787	7.878	7.469
2013	1.928	12.871	8.933	8.911	8.374	9.736	10.076	6.171	8.822	4.776	12.84	8.051	7.704
2014	1.973	12.906	9.103	8.994	8.249	9.921	10.358	6.218	—	4.856	13.495	8.201	7.776
2015	2.09	12.983	9.139	9.246	9.011	10.087	10.006	6.211	—	4.93	13.743	8.293	8.027

数据来源：OECD 数据库。

日本、德国、印度，因此我们在这一部分基本上按照成力为和李翘楚（2017）的思路，比较中国与其他国家研发投入在产业层面的差异。

我们按照全球行业分类标准基（GICS）前两位代码将样本企业分为9个部门，图3－4和表3－4展示了6个国家的企业在各个行业的研发投入情况。对比来看，我们可以有以下几个方面的发现。

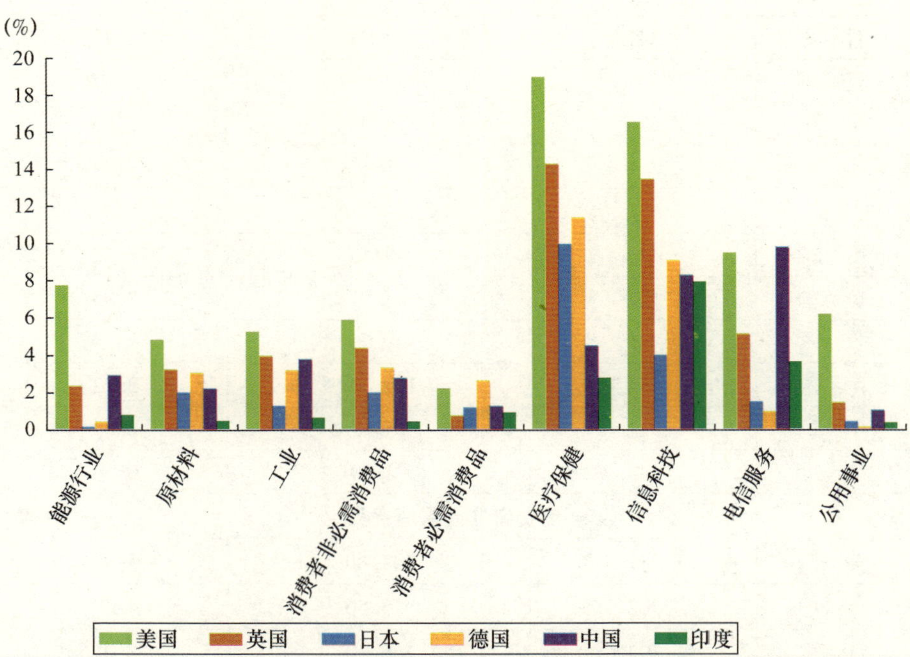

图3－4　中、美、英、日、德、印六国九大行业上市公司的研发投入强度对比

注：创新投入强度为研发投入与主营业务收入的比值。

资料来源：BvD 全球上市公司分析库。

表3－4　2005～2014年企业研发投入的行业分布特征跨国比较

国　家	企业数量（个）	平均研发投入（百万美元）	创新投入强度（%）
		能源行业	
美　国	140	156.50	7.72
英　国	13	225.90	2.45
日　本	22	37.04	0.23
德　国	2	2.37	0.55

续表

国　家	企业数量（个）	平均研发投入（百万美元）	创新投入强度（%）
中　国	73	102. 80	2. 95
印　度	12	31. 06	0. 81
原材料			
美　国	195	63. 61	4. 89
英　国	52	20. 34	3. 24
日　本	341	42. 94	2. 17
德　国	32	175. 50	3. 07
中　国	514	8. 05	2. 23
印　度	214	1. 60	0. 44
工　业			
美　国	442	86. 46	5. 38
英　国	125	63. 87	3. 95
日　本	745	28. 66	1. 44
德　国	94	205. 00	3. 22
中　国	921	15. 52	3. 89
印　度	144	2. 80	0. 64
消费者非必需消费品			
美　国	281	144. 80	5. 96
英　国	62	13. 56	4. 49
日　本	392	166. 30	2. 01
德　国	56	688. 20	3. 42
中　国	369	15. 40	2. 80
印　度	143	6. 54	0. 57
消费者必需消费品			
美　国	142	67. 46	2. 26
英　国	33	62. 96	0. 87
日　本	189	25. 82	1. 23
德　国	12	137. 50	2. 65
中　国	138	3. 23	1. 32
印　度	85	1. 91	0. 88

续表

国　家	企业数量（个）	平均研发投入（百万美元）	创新投入强度（%）
医疗保健			
美　国	730	132.30	19.00
英　国	97	198.30	14.40
日　本	141	154.10	10.00
德　国	43	214.80	11.40
中　国	271	5.94	4.55
印　度	101	9.87	2.91
信息科技			
美　国	1243	119.30	16.60
英　国	234	18.88	13.40
日　本	623	59.95	4.04
德　国	106	64.33	9.10
中　国	808	9.83	8.31
印　度	86	8.52	7.98
电信服务			
美　国	32	61.77	9.53
英　国	6	227.80	5.15
日　本	10	570.00	1.52
德　国	8	56.56	1.06
中　国	21	22.43	9.87
印　度	2	0.99	3.69
公用事业			
美　国	20	13.20	6.20
英　国	17	7.53	1.54
日　本	25	55.69	0.44
德　国	7	60.84	0.16
中　国	31	4.19	1.09
印　度	11	4.30	0.31

注：创新投入强度为研发投入与主营业务收入的比值。

资料来源：BvD 全球上市公司分析库。

第一，就研发投入规模而言，9 个行业中，中国能源行业的企业与发达国家企业相比差距较小。2005～2014 年间，中国 9 个行业中能源行业企业的研发投入规模最大，73 家能源行业企业的平均研发投入规模 1.028 亿美元，低于 140 家美国能源行业企业平均研发投资规模 1.565 亿美元，以研发投入与主营业务收入之比计算的研发强度为 2.95%，仅为美国研发强度的 38.21%。

第二，就研发投入强度而言，9 个行业中，中国电信服务行业的企业能够领先全世界，这说明中国的电信服务行业具有一定的国际优势。事实上，经过十几年的高速发展，我国电信服务业已形成庞大的产业规模，虽研发投入规模仍然远低于发达国家，但研发投资强度高于美国。2005～2014 年间，21 家中国电信服务行业企业的平均研发强度为 9.87%，而美国同行业企业的平均研发强度为 9.53%，均远远高过其他几个国家。这主要是由于上海明波通信技术、上海大汉三通通信、北京掌上通网络技术公司、北京天一众合科技股份等高研发强度企业带动，其中明波通信技术 2014 年研发强度高达 35.01%。近年来，电信服务业与其他行业的渗透不断加强，电信业稳步发展，这必然会带动相关产业的诞生与发展，引发产业结构的变化，进一步推动国民经济的增长。

第三，中国信息科技行业企业的研发投入强度在本国所有行业的企业中较高，但研发投入规模和研发投入强度与发达国家相比都存在差距。信息科技产业作为推动世界经济发展、社会进步的支柱性产业，也是各国产业布局、抢占制高点的核心产业。中国与美国、英国、日本、德国一样，信息科技行业的企业占全部企业的比重较高，1243 家美国信息科技企业、234 家英国信息科技企业占表 3－4 中美国、英国全部企业的 1/3 左右，808 家中国信息科技企业、623 家日本信息科技企业、106 家德国信息科技企业也分别占中国、日本、德国全部企业的1/4 左右。2005 ~2014 年间，美国1243 家信息科技企业的平均研发投资规模为1.193 亿美元，是808 家中国信息科技企业平均研发投资规模983 万美元的12.14 倍，以研发投入与主营业务收入之比计算的研发强度为16.60%，是中国8.31%的2 倍，这反映了中美该产业中企业研发水平的巨大差异。从中国信息科技企业研发投资规模小、研发投入强度相对较高的特点可以看出，中国信息科技企业基本以技术水平中低端的中小型企业为主，随着全球信息科技产业链条分工细化、准入门槛降低，这些主要集聚在生产制造领域、整体技术水平低、同质化现象严重的中小企业会因竞争加剧导致盈利空间缩小，这可能在一定程度上影响中国产业链的延伸。另外，印度的信息科技行业企业研发强度高，这与印度政府始于20 世纪70 年代的信息产业战略导向有密切关系。

第四，中国企业在医疗保健、消费者非必需消费品行业的研发投入规模和强度与发达国家差异较大。医疗保健行业和消费者非必需消费品行业产品的技术相对复杂，技术难度较大，发展中国家与发达国家的研发投资差距较大。从表3 -4 可以看到：美国、英国、日本、德国等发达国家医疗保健行业的企业都拥有较大的研发投入规模和较高的研发投入强度，4 国企业的平均研发投入规模分别为1.323 亿美元、1.983 亿美元、1.541 亿美元、2.148 亿美元，其中730 家美国医疗保健行业企业的研发强度高达19.00%，为美国研发强度最高的行业，是271 家中国医疗保健企业研发强度4.55%的4 倍还多。2005 ~2014 年中国医疗保健行业企业的平均研发投入规模为594 万美元，不仅大大低于发达国家，也低于印度医疗保健行业企业的987 万美元。消费者非必需消费品行业企业的研发投入规模尤以德国为高，行业中56 家企业的平均研发投入规模高达 6.882 亿美元，其中，大陆集团、采埃孚（zF）集团、舍弗勒集团年均研发投入高达 18.3633 亿美元、9.4836 亿美元、7.2997 亿美元，这 3 家企业都是大型跨国企业，从事机动车零配件与设备制造，技术密集、产品复杂度高。

第五，中国其他一些行业的企业与发达国家在投入规模与强度上也存在差别。一是工业企业的研发投入规模与发达国家差异较大。2005～2014 年间，中国工业企业的平均研发投入规模为 1552 万美元，与投入规模最大的德国工业企业的平均研发投入规模 2.05 亿美元差距巨大，2005～2014 年间，德国年均研发投入最高的工业企业西门子公司年均研发投入规模达 52.5738 亿美元，而中国研发投入规模最大的工业企业中航科工 10 年平均研发投入 6927 万美元，仅为西门子公司的 1.32%。中国工业企业还未构建出具备核心技术创新能力和反映综合竞争力的品牌优势的国际领先工业企业。二是消费者必需品行业研发强度在各国普遍不高，各国间差异相对较小。消费者必需品行业主要包括食品、饮料、烟草等行业，属于劳动密集型行业，但是中国消费者必需品行业的企业平均研发投入规模 323 万美元，较研发投入规模最大的德国 1.375 亿美元差异仍然巨大。三是公用事业行业的研发投入强度在各国也普遍不高。

四、企业层面创新投入强度的中外比较

接下来，我们将基于 BvD 全球上市公司分析库中有关企业研发投入的数据分别从中外企业研发投入差距、企业创新投入强度的年龄分布特征、企业创新投入强度的规模分布特征等三个角度进行比较。

(一) 中外企业研发投入强度差距

正如我们在上文中所指出的，美国企业是全面研发的引领者，其研发投资规模和研发投资强度均处于世界领先地位，我们首先对比一下中国的上市公司与美国的上市公司在2015年的创新投入强度。如图3-5所示，美国上市公司的投入强度普遍高于中国的上市公司。

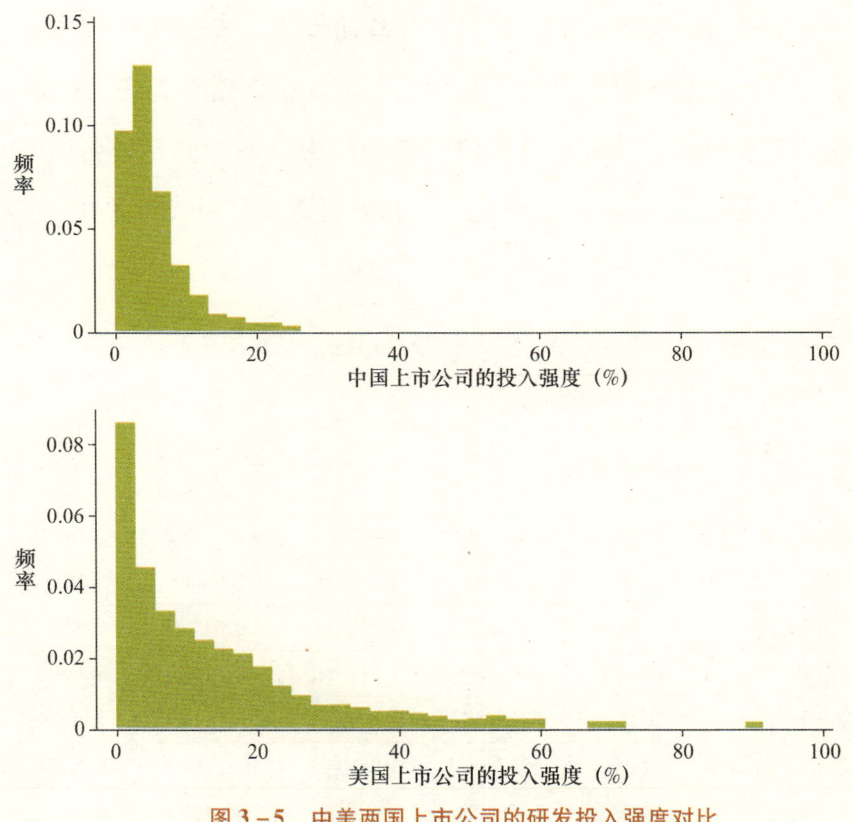

图3-5 中美两国上市公司的研发投入强度对比

注：创新投入强度为研发投入与主营业务收入的比值。

资料来源：BvD全球上市公司分析库。

统计计算结果显示，2015年美国上市公司的平均创新投入强度达到16.16%，其中75%的上市公司的创新投入强度都在3%以上，25%的上市公司的创新投入强度都在21%以上，10%的上市公司的创新投入强度都在40%以上，而中国上市公司2015年的平均创新投入强度仅为6.45%，并且75%的上市公司的创新投入强度都在7.3%以下，其中14%的上市公司的创新投入强度都不足1%。

此外，我们还对比了中国上市公司中研发投入前10强企业与世界研发投入前10强企业的研发投入情况，如表3－5所示。从中可见，发达国家的跨国公司主导着全球研发，中国顶级企业研发投资规模与之相比差距较大。2005～2014年世界年均研发投入规模排前10的企业主要分布在欧美国家和日韩，其中，美国6家，瑞士2家，日本、韩国各1家。中国年均研发投入位居第一的中石油，世界排名第89位，年均研发投入14.8956亿美元，只有美国微软公司（世界排名第一）年均研发投入86.336亿美元的17.25%。

表3－5　2005～2014年中国与世界研发投入10强企业的差距　单位：百万美元

世界年均研发投入10强企业			中国年均研发投入10强企业		
公司名称（世界排名）	注册国家	年均研发投入	公司名称	中国（世界）排名	年均研发投入
微软公司（1）	美国	8633.60	中石油	1（89）	1489.56
罗氏制药（2）	瑞士	8540.28	中煤能源	2（94）	1428.39
丰田汽车（3）	日本	8513.77	中兴通讯	3（148）	898.08
诺华制药（4）	瑞士	7898.60	上汽集团	4（150）	887.98
三星电子（5）	韩国	7705.50	中国铁建	5（174）	755.54
英特尔（6）	美国	7537.00	中国中铁	6（191）	668.71
强生公司（7）	美国	7456.90	中石化	7（198）	656.55
通用汽车（8）	美国	7400.75	中国北车	8（309）	401.48
汽车清算公司（9）	美国	7350.00	山西太钢	9（317）	382.63
三星电子（10）	韩国	7093.11	中国南车	10（354）	327.46

资料来源：BvD全球上市公司分析库。

从表3－5中还可以看出，中国研发投入10强企业的年均研发投入总和78.9638亿美元，较微软公司一家企业还少7.3722亿美元。中国研发投入10强企业在所有18076家企业中，除中石油和中煤能源年均研发投入分别位列世界第89名和第94名外，其他均在100名以外。而中国研发投资排第10位的中国南车在18076个企业中排名为354位，其年均研发投入不到世界排名第10位的韩国三星电子年均研发投入的5%。

（二）企业创新投入强度的年龄分布特征

沿用成力为和李翘楚（2017）的方法，本文将各国企业按照年龄分为5组（见图3-6、表3-6），也得到了相近的结论。从图3-6中可以看出，不同年龄段的企业在不同国家中的分布不同，在美国、英国、日本、德国、印度，30年以上的企业占比分别为22.79%、31.77%、77.49%、55.00%、59.82%，而中国30年以下的年轻企业占比高达98.95%。

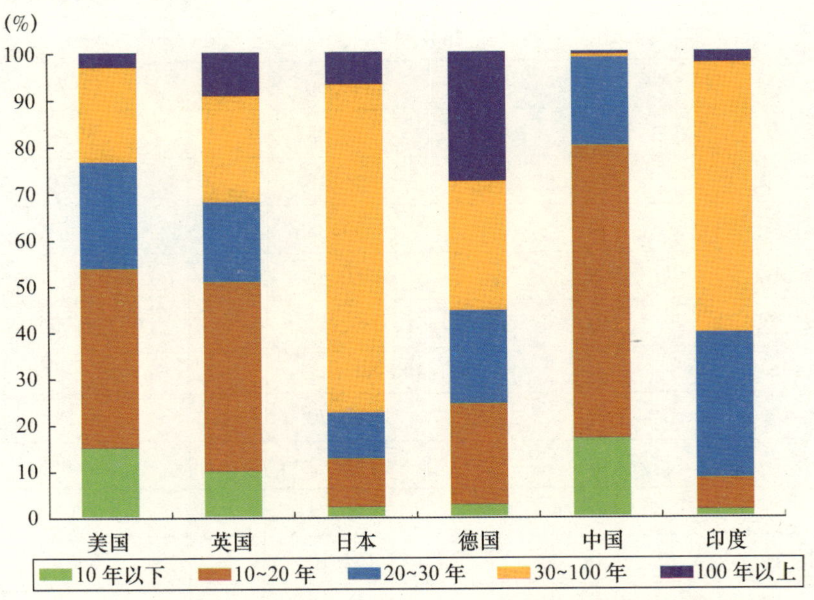

图3-6 中、美、英、日、德、印六国上市公司的年龄分布对比

资料来源：BvD全球上市公司分析库。

表 3-6　中、美、英、日、德、印六国上市公司研发投入强度的年龄分布特征比较

国　家	企业数量（个）	平均研发投入（百万美元）	创新投入强度（%）
10 年以下			
美　国	506	62.59	14.20
英　国	67	5.76	11.70
日　本	62	72.73	2.53
德　国	12	45.34	6.21
中　国	537	22.49	6.52
印　度	17	5.00	0.45
10～20 年			
美　国	1233	61.19	15.40
英　国	260	61.26	12.00
日　本	257	44.07	5.20
德　国	76	178.90	5.86
中　国	1988	12.48	4.70
印　度	54	4.44	4.74
20～30 年			
美　国	751	119.50	12.70
英　国	109	89.45	9.82
日　本	241	16.18	2.70
德　国	74	74.38	8.84
中　国	588	10.55	2.77
印　度	250	2.54	2.77
30～100 年			
美　国	649	172.70	8.14
英　国	148	56.82	5.48
日　本	1780	70.74	2.41
德　国	100	152.10	6.67
中　国	30	19.16	2.71
印　度	464	6.44	0.98

续表

国　家	企业数量（个）	平均研发投入（百万美元）	创新投入强度（%）
100 年以上			
美　国	86	593.30	5.33
英　国	55	109.00	1.87
日　本	148	143.50	2.51
德　国	98	417.60	2.99
中　国	3	6.69	3.07
印　度	14	11.82	0.85

注：创新投入强度为研发投入与主营业务收入的比值。

资料来源：BvD 全球上市公司分析库。

与之相关的是，不同年龄企业的研发投资规模与强度大不一样，如表 3－6 所示。就上市公司的研发投入规模而言，中国成立 10 年以下的新创企业的研发投入规模最高，平均每个企业年均投入为 2249 万美元，然后随企业年龄的增加，企业年均投入规模呈现波动特征。2005～2014 年 3 家百年企业研发投入规模只有 669 万美元，不到 10 年以下年龄组企业的 30%。相比而言，美国虽然 30 年以下的年轻企业占比较高，但总体上看，研发投资规模却随着企业年龄的增长逐步增加，10 年以下年龄组企业的研发投入规模为 30～100 年年龄组的 36.24%、100 年以上年龄组的 10.55%。

就上市公司的研发投入强度而言，各国的研发投资强度也呈现出不同的年龄特征。美国、英国 30 年以下的企业研发强度高，30 年以上的企业研发强度较低；德国研发强度随年龄呈现“倒 U”形特征；印度 10～30 年的企业研发强度高，10 年以下的新创企业研发强度最低；日本企业整体上研发强度不及英、美等国家，但各年龄段的企业研发强度差异较小，百年企业的研发强度也并没有明显低于年轻企业，这可能从一定程度上揭示了日本存在较多百年老字号企业并且经久不衰的原因在于持续的研发强度；中国企业研发强度随年龄呈现“U”形特征，10 年以下的新创企业研发强度最高。

（三）企业创新投入强度的规模分布特征

最后，我们根据我国企业规模划分标准选择雇员人数作为划分企业规模的依据，按照雇员人数多少将企业分为 3 组，雇员人数少于 300 人的企业为“小型企业”，介于 300 ~ 2000 人的为“中型企业”，2000 人以上的为“大型企业”（见表 3 - 7）。

表 3 - 7　　2005 ~ 2014 年企业研发投入的行业分布特征跨国比较

国　家	企业数量（个）	平均研发投入（百万美元）	创新投入强度（%）
小型企业			
美　国	258	17.37	24.30
英　国	50	3.48	14.10
日　本	101	1.45	4.53
德　国	5	13.58	22.80
中　国	26	1.37	5.06
印　度	1	1.67	7.07
中型企业			
美　国	423	29.43	13.40
英　国	41	11.53	7.38
日　本	114	4.27	1.77
德　国	18	17.23	9.70
中　国	320	3.55	4.42
印　度	6	0.35	1.04
大型企业			
美　国	2544	146.80	11.30
英　国	548	77.23	8.24
日　本	2273	73.67	2.64
德　国	337	232.40	5.39

续表

国　家	企业数量（个）	平均研发投入（百万美元）	创新投入强度（%）
中　国	2800	14. 97	4. 50
印　度	792	5. 23	1. 72

注：创新投入强度为研发投入与主营业务收入的比值。

资料来源：BvD 全球上市公司分析库。

2005～2014 年，中国、印度不同规模企业的平均研发投资规模和强度都大大低于发达国家，这一定意义上反映了发展中国家的特点。中国大、中、小规模企业的平均研发投入规模分别为 1497 万美元、355 万美元和 137 万美元，只分别为美国同规模企业的 10. 20%、83. 14%和 7. 99%。在研发投入规模的分布上，中国与其他国家（印度小型企业数量过少不予分析）一致，随企业规模而增加。一般而言，规模较大的企业更容易获得内外融资，保障研发活动所需资金流，信息获取能力强，用于研发的先进仪器设备充足，研发人员更多，能够获得研发的规模经济。

但 2005～2014 年中国不同规模企业的研发强度与其他国家企业差别较大——除日本外，其他国家研发投资强度均与企业规模逆向变动，企业规模越大的组研发投入规模大，但研发投入强度反而越低。中国研发强度与之相反，即研发强度随企业规模的扩大不断增加。

此外，需要说明的是，由于每个国家或经济体的自然地理条件不一样，不同地方的行政区划也没有太多可比性，因此我们就不再从区域的角度对各国或各经济体上市企业之间比较其创新投入强度了。

五、小　结

从众多发达经济体的发展经验来看，当要素积累速度放缓、要素的边际回报下降时，创新将成为支撑经济潜在增长的重要动力之一。伴随着我国经济从高速增长进入高质量增长阶段，研究我国企业的创新投入强度与国外的不同，尤其是差距之所在，对我们挖掘我国企业创新的潜力，制定鼓励创新、保护创新的政策都有很强的启示意义。

基于 OECD 数据库、BvD 全球上市公司分析库等多个数据库的数据，本章从整体层面、产业层面和企业层面比较了中国与其他国家的创新投入强度，得到以下主要结论。

第一，发达国家的跨国企业主导着全球研发，而中国顶级企业研发投资规模与之相比差距较大，经济增长还缺乏引领全世界技术创新的核心企业支撑，其经济增长由能源、原材料消耗和固定资产投资推动。

第二，与主要国家企业研发投入的行业分布特征比较发现，一是中国能源行业的企业研发投入规模与发达国家企业相比差距较小；二是中国信息科技行业企业的研发强度在本国所有行业的企业中较高，但研发投入规模和研发投入强度与发达国家相比都存在差距；三是中国企业在医疗保健、消费者非必需消费品行业的研发投入规模和强度与发达国家差异较大，这将影响中国产品品质与质量的升级。

第三，与主要国家企业研发投入的年龄分布特征和规模分布特征比较发现，中国企业没有呈现像美国企业那样随年龄增长或规模扩大研发投资规模逐渐增加、研发投资强度逐步减少的逆向变动趋势，中国高龄企业、小型企业研发投资规模小，新创企业、大型企业研发投资强度高。小型企业面对融资约束研发投资强度不高，在一定程度上导致经济增长的活力不足，高龄企业研发投资的动机不强、规模过低，影响了经济的内在稳定机制。

执笔人：杨光普

参考文献

[1] 陈实，章文娟．中国 R&D 投入强度国际比较与分析．科学学研究，2013（7）
[2] 赵建斌．基于活动类型视角的中国 R&D 经费国际比较．科学管理研究，2014（6）
[3] 曹艳华，闫澍．发达国家科技投入的国际比较及对我国的启示．科技管理研究，2012（24）
[4] 宋吟秋，吕萍，黄文．中美两国 R&D 经费支出结构的比较．科研管理，2012（4）
[5] 崔维军，王进山，陈凤．中国与发达国家企业研发投入的国际比较——基于研发投入 50 强的实证分析．科学学与科学技术管理，2015（8）
[6] 崔维军，傅宇，周彩红．中国制药和生物科技产业研发投入的国际比较：基于全球研发投入 2000 强企业的实证分析．科技管理研究，2015（16）
[7] 崔维军，傅宇．中国汽车工业研发投入的国际比较：基于全球研发投入 2000 强企业的实证分析．全球科技经济瞭望，2015（6）
[8] 成力为，李翘楚．企业研发投入结构特征与经济增长模式——基于中国与主要国家企业研发数据的比较．科学学研究，2017（5）

第四章 我国制造业上市公司创新投入强度的地区差异

本章基于“国务院发展研究中心企业研究所制造业上市公司创新评价数据库”，以我国 11 个省市及其 791 家[①]制造业上市公司为样本，使用企业创新评价理论和二维评价理论模型，对我国制造业上市公司创新投入强度的区域差异进行了研究。结果显示，武汉、成渝地区、珠三角地区和长三角地区的高人力资本投入企业占比相对最高。在作为研究对象的 11 家武汉制造业上市公司、29 家成渝地区制造业上市公司、208 家珠三角地区制造业上市公司和 405 家长三角制造业上市公司中，分别有 7 家、12 家、108 家和 179 家制造业上市公司为高人力资本投入企业，占各自作为研究对象的比例分别为 63. 64% 、41. 38% 、51. 92% 和 44. 20% 。京津冀地区强创新投入企业占比最高。在作为研究对象的 126 家京津冀制造业上市公司中，有 57 家为强创新制造业上市公司，占所有京津冀地区制造业上市公司的比例为 45. 24% 。西安的高研发投入企业和强创新投入企业占比平分秋色，在

---

① 在进行区域创新投入强度差异性分析中，所选取的样本为相关区域的 791 家制造业上市公司。

12 家制造业上市公司中，均有 5 家制造业上市公司为高研发投入和强创新投入企业，占比均为 41.67%。

一、我国制造业上市公司创新投入强度分地区情况

（一）不同地区吸纳外商直接投资趋势参差不齐，江苏、广东、上海、天津和浙江获得外商直接投资金额相对最多

通过对 2012 ~2015 年 11 个省市吸纳外商直接投资金额进行考察发现，从纵向来看，不同地区吸纳外商直接投资变化趋势参差不齐；从横向来看，江苏、广东、上海、天津和浙江获得外商直接投资金额相对最多。

从 2012 ~2015 年间的纵向变化趋势看，北京、天津、上海、浙江、广东和武汉 6 个省市外商直接投资金额稳步增长；河北、江苏、成都、重庆 4 个省市外商直接投资金额出现波动，主要表现为先升后降；江苏在 2012 ~2015 年间的外商直接投资金额不断降低（见图 4 -1）。

从横向来看，珠三角地区的广东，长三角地区的上海、浙江和江苏，以及京津冀地区的天津外商直接投资金额相对最多。与之相比，京津冀地区的北京和河北、西南地区的成都和重庆、西北地区的西安以及中部地区的武汉的外商直接投资金额却鲜有年份超过 100 亿美元。2012 ~2015 年间，11 个省市外商投资金额的平均水平分别达到 121.93 亿美元、129.10 亿美元、131.14 亿美元和 156.34 亿美元。同平均水平相比，江苏分别高出 235.67 亿美元、203.49 亿美元、150.60 亿美元和 86.41 亿美元；广东分别高出 119.13 亿美元、120.42 亿美元、137.58 亿美元、112.42 亿美元。天津、上海和浙江 4 年的外商投资金额也不同程度地高于 11 个省市外商直接投资金额的平均水平。其中，

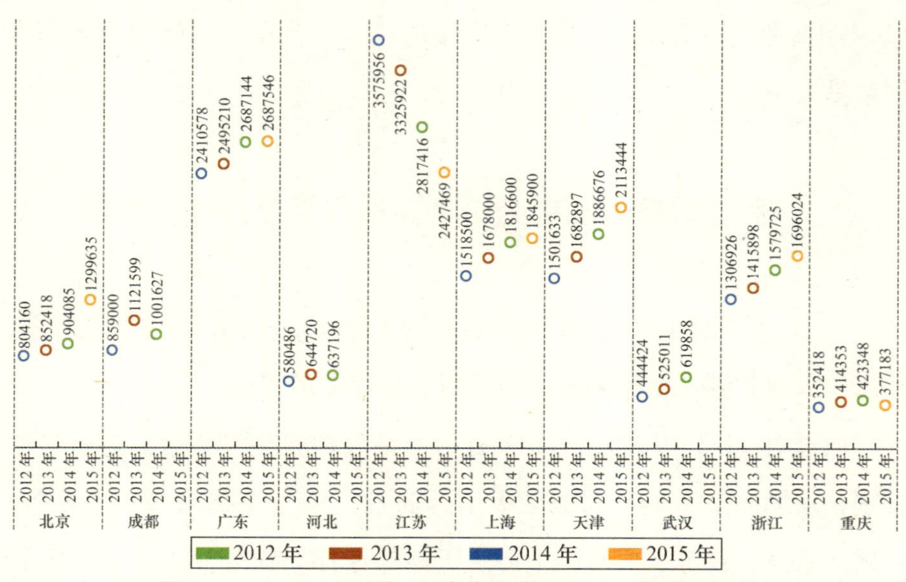

图 4－1　2012～2015 年 11 个省市实际利用外资变化情况

天津 4 年的外商直接投资金额分别高出平均水平 28. 23 亿美元、39. 19 亿美元、57. 53 亿美元、55. 01 亿美元；上海分别高出平均水平 29. 92 亿美元、38. 70 亿美元、50. 52 亿美元和 28. 25 亿美元；浙江分别高出平均水平 8. 76 亿美元、12. 49 亿美元、26. 84 亿美元和 13. 27 亿美元。同天津、上海、江苏、浙江、广东 5 个省市相反，北京、河北、成都、重庆、西安、武汉等 6 个省市均低于平均水平。其中，北京在 2012～2015 年间的外商直接投资金额较平均水平分别低 41. 51 亿美元、43. 86 亿美元、40. 73 亿美元和 26. 37 亿美元。

（二）研究与开发（R&D）投入稳步增加，江苏、广东和浙江规模以上工业企业 R&D 投入相对最多，其余 8 个省市规模以上工业企业 R&D 投入均低于平均水平

通过对 11 个省市的 R&D 投入变化趋势进行考察发现，2012～2015 年，11 个省市规模以上工业企业的 R&D 投入稳步增加，江苏、

广东和浙江3个省份的规模以上工业企业 R&D 投入相对最多，其余8个省市的规模以上工业企业 R&D 投入均低于平均水平（见图4－2）。

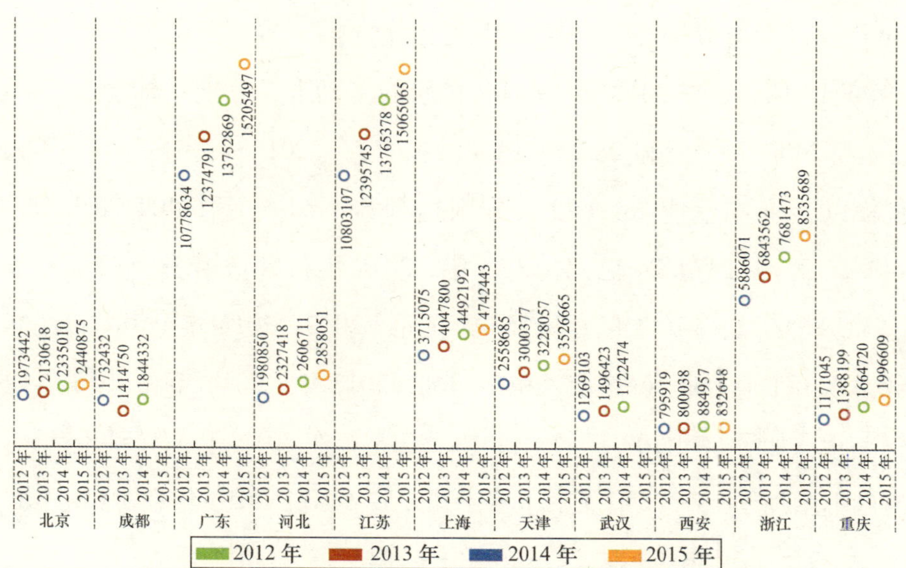

图4－2　2012～2015年11个省市规模以上工业企业 R&D 经费变化情况

从纵向的变化趋势来看，2012～2015年，11个省市规模以上工业企业的 R&D 投入稳步增加。在 R&D 投入的平均水平方面，从2012～2015年，11个省市规模以上工业企业 R&D 投入平均水平分别由2012年387.86亿元的基础上增加到2013年的438.36亿元、2014年的490.71亿元和2015年的613.37亿元。在各个省市规模以上工业企业 R&D 投入方面，除了西安规模以上工业企业 R&D 投入在2014年之后有所降低、成都规模以上工业企业 R&D 投入在2012年之后有所降低之外，其余省市均稳步增加。具体来看，在北京规模以上工业企业 R&D 投入方面，2012～2015年4个年份的 R&D 投入分别为197.34亿元、213.06亿元、233.50亿元以及244.09亿元。在天津规模以上工业企业 R&D 投入方面，2012年为255.87亿元，之后均在上年的基础上稳步增加，其中，2013年较上年增加了44.17亿元，达到300.04亿元；2014 年较上年增加了 22. 77 亿元，达到 322. 81 亿元；2015 年较上年增加了 29. 86 亿元，达到 352. 67 亿元。在河北，2013 ~2015 年 R&D 投入金额分别在上一年的基础上增加了 34. 66 亿元、27. 93 亿元和 25. 13 亿元，在 2012 年 198. 09 亿元的基础上，分别增加至 232. 74 亿元、260. 67 亿元和 285. 81 亿元。在上海，2012 ~2015 年 4 年间，规模以上工业企业 R&D 投入分别达到 371. 51 亿元、404. 78 亿元、449. 22 亿元和 474. 24 亿元，2013 年、2014 年和 2015 年分别较上年增加 33. 27 亿元、44. 44 亿元和 25. 03 亿元。2012 ~2015 年 4 年间，江苏规模以上工业企业 R&D 投入稳步增加，2013 年、2014 年和 2015 年均较上年增加了超过 100 亿元，其中，2013 年在 2012 年 371. 51 亿元的基础上增加了 159. 26 亿元，达到 1239. 57 亿元；2014 年在 2013 年的基础上增加了 136. 96 亿元，达到 1376. 54 亿元；2015 年在 2014 年的基础上增加了 129. 97 亿元，达到 1506. 51 亿元。在浙江，2012 年的规模以上工业企业 R&D 投入达到 588. 61 亿元；较 2012 年而言，2013 年、2014 年和 2015 年分别增加了 95. 75 亿元、83. 79 亿元和 85. 42 亿元，分别达到 684. 36 亿元、768. 15 亿元和 853. 57 亿元。同江苏规模以上工业企业 R&D 投入的增长幅度相似，在 2012 ~2015 年 4 年间，广东规模以上工业企业 R&D 投入规模增长幅度也超过 100 亿元，其中，2013 年较 2012 年增加了 159. 62 亿元、2014 年较 2013 年增加了 137. 81 亿元、2015 年较 2014 年增加了 145. 26 亿元，从而使得 2013 年、2014 年和 2015 年广东规模以上工业企业 R&D 投入在 2012 年 1077. 86 亿元的基础上增加到 1237. 48 亿元、1375. 29 亿元和 1520. 55 亿元。在重庆，2012 ~2015 年 4 年间，规模以上工业企业 R&D 投入分别为 117. 10 亿元、138. 82 亿元、166. 47 亿元和 199. 66 亿元；较 2012 年而言，2013 年增加了 21. 72 亿元，较 2013 年而言，2014 年增加了27.65亿元，较2014年而言，2015年增加了33.19亿元。在武汉，2012～2014年3年间，规模以上工业企业R&D投入分别为126.91亿元、149.64亿元和172.25亿元，较2012年而言，2013年增加了22.73亿元，较2013年而言，2014年增加了22.61亿元。

从横向的对比关系来看，江苏、广东和浙江3个省份的规模以上工业企业R&D投入相对最多，其余8个省市的规模以上工业企业R&D投入均低于平均水平。江苏和广东2012～2015年4年间规模以上工业企业R&D投入均超过1000亿元，较2012～2015年11个省市规模以上工业企业R&D投入的平均水平而言，江苏在4个年份规模以上工业企业R&D投入分别高出692.45亿元、801.21亿元、885.83亿元、893.13亿元；广东在4个年份规模以上工业企业R&D投入分别高出690.01亿元、799.12亿元、884.58亿元和907.18亿元。尽管浙江在2012～2015年4个年份规模以上工业企业的R&D投入未超过1000亿元，但依然处于较高水平，并且同江苏和广东相似，在4个年份规模以上工业企业的R&D投入均高于11个省市的平均水平。其中，2012年浙江规模以上工业企业的R&D投入高于11个省市平均水平200.75亿元；2013年，浙江规模以上工业企业的R&D投入高于11个省市平均水平246.00亿元；2014年，浙江规模以上工业企业的R&D投入高于11个省市平均水平277.44亿元；2015年，浙江规模以上工业企业的R&D投入高于11个省市平均水平240.20亿元。同江苏、浙江和广东规模以上工业企业R&D投入同11个省市平均水平的对比关系不同，其余8个省市规模以上工业企业R&D投入均低于11个省市平均水平。比如，在北京，2012～2015年4年间，规模以上工业企业R&D投入分别低于11个省市平均水平190.51亿元、225.30亿元、257.21亿元和369.29亿元；在天津，2012～2015年4年间，规模以上工业企业 R&D 投入分别低于 11 个省市平均水平 131.99 亿元、138.32 亿元、167.90 亿元和 260.71 亿元；在河北，较 11 个省市规模以上工业企业 R&D 投入，2012～2015 年 4 年间分别低 189.77 亿元、205.62 亿元、230.04 亿元和 327.57 亿元。与北京、天津和河北规模以上工业企业同 11 个省市平均水平的对比关系相似，在上海，2012～2015 年 4 个年份，规模以上工业企业 R&D 投入分别低于平均水平 16.35 亿元、33.58 亿元、41.49 亿元和 139.13 亿元。在重庆，规模以上工业企业 4 个年份的 R&D 投入分别较平均水平低 270.61 亿元、296.89 亿元、324.24 亿元、413.71 亿元。在西安，规模以上工业企业在 3 个年份的 R&D 投入分别低于平均水平 308.27 亿元、358.36 亿元、402.21 亿元、530.11 亿元。2012～2014 年 3 个年份，成都和武汉的规模以上工业企业在 4 个年份的 R&D 投入低于 11 个省市规模以上工业企业 R&D 投入平均水平的金额分别为 214.61 亿元、296.89 亿元、306.28 亿元；260.95 亿元、288.72 亿元、318.46 亿元。

（三）GDP 水平均不同程度增加，但增长速度不同程度地降低，反映了我国经济整体进入新常态

通过对我国 11 个省市 2012～2015 年的 GDP 水平进行考察发现，我国 11 个省市的 GDP 水平均不同程度地增加，但是增长速度却不同程度地降低。

从绝对水平来看，11 个省市的 GDP 水平不同程度地增加。2012～2015 年，11 个省市 GDP 的平均水平分别达到 2.32 万亿元、2.55 万亿元、2.75 万亿元和 2.94 万亿元；较 2012 年，11 个省市 2013 年的 GDP 平均水平增加了 0.23 万亿元；较 2013 年，11 个省市 2014 年的 GDP 平均水平增加了 2.55 万亿元；较 2014 年，11 个省市 2015 年的

GDP平均水平增加了0.19万亿元；具体到每一个省市，2012～2015年4年间，北京的GDP分别为1.79万亿元、1.98万亿元、2.13万亿元、2.30万亿元，2013年、2014年和2015年，北京的GDP分别在上年的基础上增加了0.19万亿元、0.15万亿元和0.17万亿元；天津2012～2015年的GDP分别为1.29万亿元、1.44万亿元、1.57万亿元和1.65万亿元，2013年、2014年和2015年的GDP水平分别在上年的基础上增加了0.15万亿元、0.13万亿元和0.08万亿元。河北2012～2015年的GDP分别达到2.66万亿元、2.84万亿元、2.94万亿元和2.98万亿元，2013年、2014年和2015年的GDP分别在上年的基础上增加了0.19万亿元、0.1万亿元、0.04万亿元。上海在2012～2015年4年间的GDP分别达到2.02万亿元、2.18万亿元、2.36万亿元和2.51万亿元，2013年、2014年和2015年的GDP分别在上年的基础上增加了0.16万亿元、0.17万亿元、0.16万亿元。江苏2012年的GDP为5.41万亿元，在此基础上，2013年增加到5.98万亿元，2014年增加到6.51万亿元，2015年增加到7.01万亿元，2013年、2014年和2015年，江苏的GDP较上年分别增加了0.57万亿元、0.53万亿元和0.5万亿元。浙江的GDP在2012年达到3.47万亿元，在此基础上，2013年增加了0.31万亿元，达到3.78万亿元；较2013年，2014年浙江的GDP增加了0.24万亿元，达到4.02万亿元；较2014年，2015年浙江的GDP增加了0.27万亿元，达到4.29万亿元。广东的GDP在2012年达到5.71万亿元，与之相比，2013年的GDP增加到6.25万亿元，较2012年增加了0.54万亿元；2014年广东的GDP增加到6.78万亿元，较2013年增加了0.53万亿元；2015年广东的GDP增加到7.28万亿元，较2014年增加了0.5万亿元。成都的GDP水平在2012年和2013年分别为0.81万亿元和0.91万亿元，均低于1万亿元；

2014 年，成都的 GDP 水平达到 1.01 万亿元，突破 1 万亿元大关；2015 年，成都的 GDP 水平进一步增加到 1.08 万亿元。重庆的 GDP 水平在2012 年已经达到1.14 万亿元，2013 年、2014 年和2015 年，重庆的 GDP 水平持续在上年的基础上稳步提高，分别较上年增加 0.14 万亿元、0.15 万亿元和0.15 万亿元，从而使得2013 年、2014 年和2015 年重庆的 GDP 水平分别达到 1.28 万亿元、1.43 万亿元和 1.57 万亿元；西安的 GDP 水平相对最低，2012 ~2015 年4 年间，均处于1 万亿元之下，4 年的 GDP 水平分别为 0.44 万亿元、0.49 万亿元、0.55 万亿元和0.58 万亿元，2013 年、2014 年和2015 年的 GDP 水平分别在上年的基础上增加了 0.05 万亿元、0.06 万亿元和 0.03 万亿元。武汉的 GDP 水平同成都相似，在 2012 年和 2013 年，也处于 1 万亿元以下，分别为 0.8 万亿元和 0.91 万亿元；2014 年，武汉的 GDP 达到 1.01 万亿元，首次突破 1 万亿元；2015 年，武汉的 GDP 增加到 1.09 万亿元（见图 4 –3）。

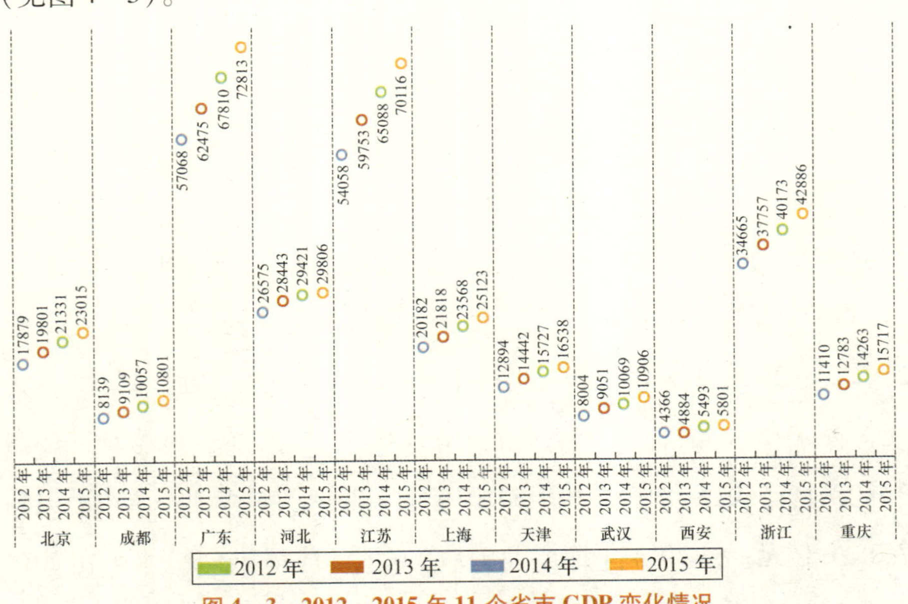

图 4 –3　2012 ~2015 年 11 个省市 GDP 变化情况

从变化率的角度来看，我国 11 个省市的 GDP 增长率不断下降。2013～2015 年 11 个省市 GDP 平均水平的增长率分别为 8.95%、7.49%和 6.34%，持续降低。在各个省市 GDP 的变化率的角度来看，尽管 2015 年北京的 GDP 增长率在 2014 年 7.17%的基础上略微提高，达到 7.32%，但是较 2013 年的 9.7%的高水平增长率而言，北京的 GDP 增长率整体处于下降趋势；天津的 GDP 变化率下降较为明显，从 2013 年的 10.72%到 2014 年的 8.17%，再到 2015 年的 4.91%，持续下降；尽管相应年份的 GDP 增长率低于天津的水平，但是河北的 GDP 增长率呈现出同天津相似的变化态势，其中，2013 年河北的 GDP 增长率为 6.57%，2014 年降低为 3.32%，2015 年又下降到 1.29%的水平；上海的 GDP 增长率稳步下降，在 2013 年 GDP 增长率达到 7.5%的基础上，2014 年和 2015 年，GDP 增长率分别下降到 7.42%和 6.19%；江苏的 GDP 变化率由 2013 年的 9.53%分别下降到 2014 年的 8.20%和 2015 年的 7.17%；浙江和广东的 GDP 增长率分别由 2013 年的 8.19%和 8.65%下降到 2014 年的 6.02%和 7.87%，以及 2015 年的 6.33%和 6.87%；成都和重庆的 GDP 增长率变化呈现出相似的特点，2013 年两地的 GDP 增长率分别达到 10.65%和 10.75%，2014 年分别下降到 9.42%和 10.37%，2015 年再次分别下降到 6.89%和 9.26%，但依然处于较高水平；西安 2012 年的 GDP 增长率为 10.61%，2014 年提高到 11.08%，2015 年则大幅下降到 5.32%；2013 年和 2014 年，武汉的 GDP 增长率均处于 10%以上，2014 年的 GDP 增长率在 2013 年 11.57%的基础上略微下降为 10.11%，2015 年武汉的 GDP 增长率进一步下降为 7.67%。

不难看出，我国经济社会发展进入新常态，11 个省市的 GDP 变化同我国整体的 GDP 变化趋势相似，即总量稳步增加，但是总量的增长速度不断下降。

二、我国制造业上市公司创新投入强度地区分布情况

（一）武汉、成渝、珠三角和长三角地区的高研发投入企业占比最高，京津冀地区强创新投入企业占比最高，西安高研发投入企业和强创新投入企业平分秋色

以2015年我国791家[①]制造业上市公司为样本，使用“国务院发展研究中心企业研究所制造业上市公司创新评价数据库”所收录的相关数据信息，通过对我国791家制造业和上市公司2015年的创新投入强度进行考察发现，以武汉为代表的我国中部地区、以成渝为代表的西南地区以及珠三角和长三角地区制造业上市公司高研发投入企业占比最高，其中，以武汉为代表的我国中部地区制造业上市公司高研发投入企业占比超过六成；京津冀地区制造业上市公司强创新投入企业占比相对最高；以西安为代表的我国西北地区制造业上市公司高研发投入企业和强创新投入企业平分秋色。

2015年，在以武汉为代表的我国中部地区11家制造业上市公司中，高研发投入企业有7家，占武汉地区制造业上市公司的比例为63.64%，强创新投入企业有4家，占武汉地区制造业上市公司的比例低于四成，为36.36%，没有任何一家制造业上市公司为高人力资本投入企业和弱创新投入企业。在以西安为代表的我国西北地区12家制造业上市公司中，高研发投入企业和强创新投入企业各有5家，占所有作为研究对象的西安地区制造业上市公司的比例均超过四成，为

① 在进行区域创新投入强度差异性分析中，所选取的样本为相关区域的791家制造业上市公司。

41.67%，弱创新投入企业有2家，占所有作为研究对象的西安地区制造业上市公司的比例低于二成，为16.67%，没有任何一家西安地区制造业上市公司为高人力资本投入企业。在以成渝为代表的我国西南地区29家制造业上市公司中，高研发投入企业、强创新投入企业、弱创新投入企业和高人力资本投入企业数量依次减少、占比依次降低，4类企业数量分别为12家、7家、6家和4家，占所有作为研究对象的成渝制造业上市公司的比例分别为41.38%、24.14%、20.69%和13.79%。与此类似，在我国珠三角地区的208家制造业上市公司中，高研发投入企业、强创新投入企业、弱创新投入企业和高人力资本投入企业数量也依次减少、占比也依次降低，4类企业数量分别有108家、55家、30家和15家，占所有作为研究对象的珠三角制造业上市公司的比例分别为51.92%、26.44%、14.42%和7.21%。在长三角地区，也表现出同成渝地区和珠三角地区相似的特点，在作为研究对象的405家长三角地区制造业和上市公司中，首先，高研发投入企业有179家，占所有作为研究对象的长三角制造业上市公司的比例相对最多，为44.20%；其次，为强创新投入企业数量和占比，有118家制造业上市公司为强创新投入企业，占所有作为研究对象的长三角制造业上市公司的比例为20.14%；再次，为弱创新投入企业数量和占比，有66家制造业上市公司为弱创新制造业上市公司，占所有作为研究对象的长三角制造业上市公司的比例为16.30%；最后，高人力资本投入企业有43家，占所有作为研究对象的长三角制造业和上市公司的比例相对最低，比例仅为10.37%。在京津冀地区，强创新投入企业有57家，占所有作为研究对象的京津冀制造业上市公司的比例相对最高，为45.24%；高研发投入企业有36家，占所有作为研究对象的京津冀制造业上市公司的比例为28.57%；弱创新投入企业和高人力资本投入企业分别有66家和42家，占所有作为研究对象的京津冀制造业上市公司的比例依次降低，分别为14.29%和11.90%（见图4-4）。

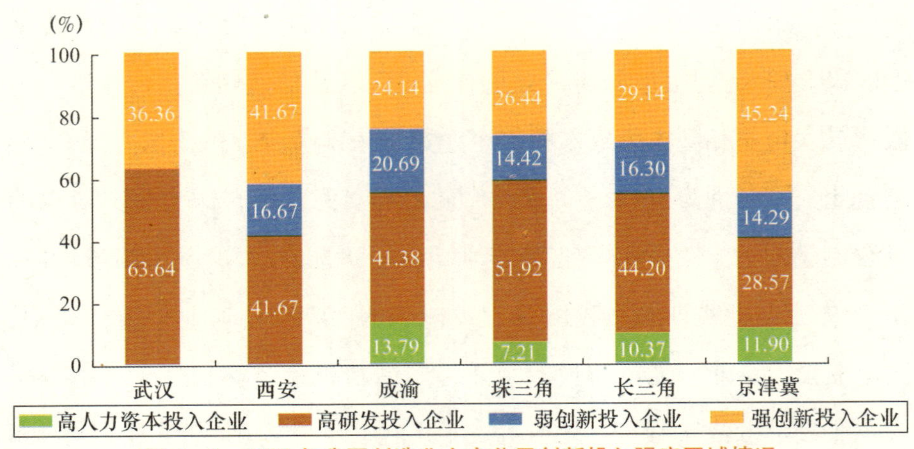

图4-4　2015年我国制造业上市公司创新投入强度区域情况

（二）长三角地区高研发投入企业分布最多，武汉地区高研发投入企业占比最高

通过研究347家高研发投入企业的地区分布发现，长三角地区高研发投入企业分布最多。首先，高研发投入企业位于长三角地区的数量有179家，占所有高研发投入企业的比例超过五成，为51.59%。其次，有108家高研发投入企业分布于珠三角地区，占所有高研发投入企业的比例超过三成，为31.12%。再次，位于京津冀地区的高研发投入企业占比居于第3位，有36家高研发投入企业位于该地区，占所有作为高研发投入企业的比例略高于10%，为10.37%。最后，位于成渝地区、武汉地区以及西安地区的高研发投入企业依次降低，分别有12家、7家和5家高研发投入企业，占所有高研发投入企业的比例均不超过5%，分别为3.46%、2.02%和1.44%。

从六大地区高研发投入企业占六大地区制造业上市公司的比例关

系来看，首先，武汉地区高研发投入企业占所有制造业上市公司的比例相对最高，超过六成；珠三角地区制造业上市公司超过五成为高研发投入企业。具体来看，在武汉地区的各类企业分布中，高研发投入企业占比达到63.64%。其次，为珠三角高研发投入企业占珠三角制造业上市公司的比例，有51.92%的珠三角地区制造业上市公司为高研发投入企业。在长三角地区、西安地区、成渝地区的高研发投入企业占所在地区制造业上市公司的比例均超过四成，高研发投入企业占所在地区的制造业和上市公司的比例分别为44.20%、41.67%和41.38%。最后，在京津冀地区，高研发投入占所有京津冀地区制造业上市公司的比例相对最低，为28.57%（见图4-5）。

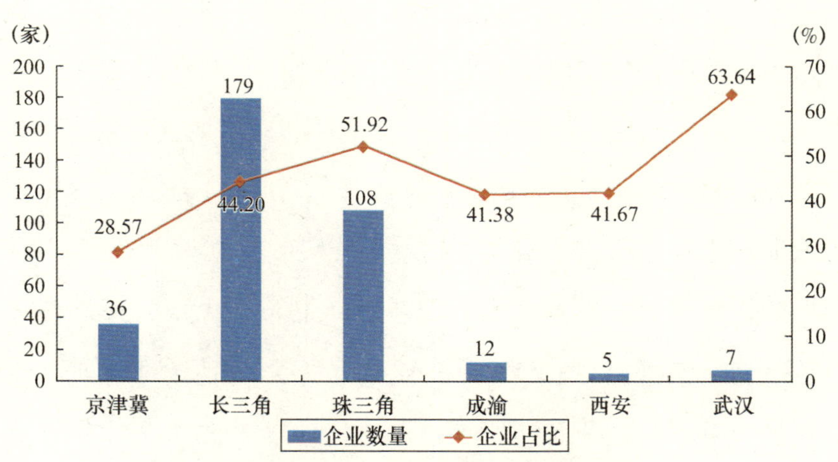

图4-5　2015年高研发投入企业地区分布

注：企业数量为2015年相应地区分布的高研发投入企业数量。

（三）近五成强创新投入企业位于长三角地区，京津冀地区和西安地区强创新投入企业占所在地制造业上市公司的比例均超过四成

以所有强创新投入企业为考察范围，通过对347家强创新投入企业的地区分布进行考察发现，近五成强创新投入企业位于长三角地区。具体来看，在347家强创新投入企业中，位于长三角地区的有

118 家，占所有强创新投入企业的比例将近 50%，为 47.97%。京津冀地区和珠三角地区强创新投入企业相差无几，位于 2 个地区的强创新投入企业分别有 57 家和 55 家，占所有强创新投入企业的比例均超过 20%，分别为 23.17% 和 22.36%。位于成渝地区、西安地区和武汉地区的强创新投入企业数量依次降低，分别有 7 家、5 家和 4 家强创新投入企业位于上述 3 个地区，占所有强创新投入企业的比例均不足 5%，分别为 2.85%、2.03% 和 1.63%。

从六大地区强创新投入企业占六大地区制造业上市公司的比例关系来看，京津冀地区和西安地区强创新投入企业占所在地制造业上市公司的比例均超过四成。具体来看，在京津冀地区，强创新投入企业占所有京津冀制造业上市公司的比例为 45.24%；在西安地区，强创新投入企业占所有西安地区制造业上市公司的比例为 41.67%。除此之外，武汉地区、长三角地区、珠三角地区和成渝地区强创新投入企业占所在地制造业上市公司的比例依次降低，其中，武汉地区强创新投入企业占所有武汉地区制造业和上市公司的比例为 36.36%，长三角地区强创新投入企业占所有长三角地区制造业上市公司的比例为 29.14%，珠三角地区强创新投入企业占所有珠三角地区制造业上市公司的比例为 26.44%，成渝地区强创新投入企业占所有成渝地区制造业上市公司的比例为 24.14%（见图 4－6）。

（四）长三角地区高人力资本投入企业分布超过五成，高人力资本投入企业占所在地制造业上市公司的比例普遍偏低

以所有高人力资本投入企业为考察范围，通过对 76 家高人力资本投入企业的地区分布进行考察发现，长三角地区高人力资本投入企业分布超过五成。具体来看，在 76 家高人力资本投入企业中，位于长三

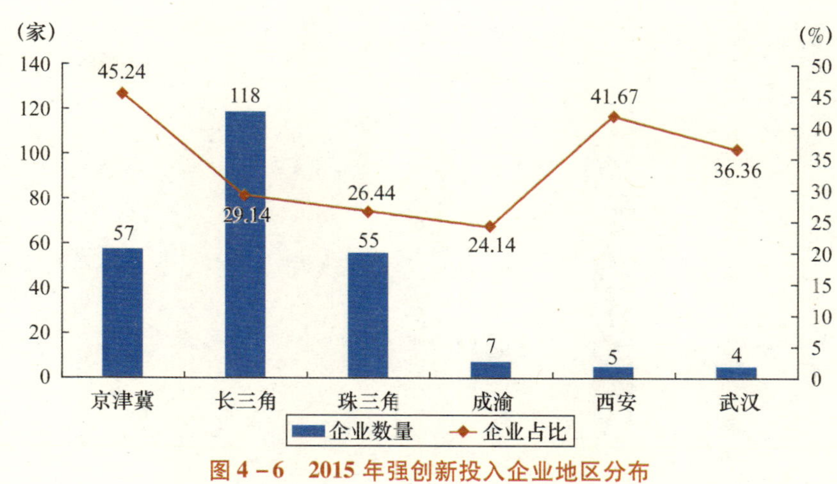

图 4-6 2015 年强创新投入企业地区分布

角地区的高人力资本投入企业有 42 家，占所有高人力资本投入企业的比例超过五成，为 51.59%。其次，为位于京津冀地区和珠三角地区的高人力资本投入企业的数量，均有 15 家人力资本投入企业，占所有高人力资本投入企业的比例不足二成，均为 19.74%。还有 2 家高人力资本投入企业位于成渝地区，占所有作为研究对象的高人力资本投入企业的比例不足 10%，为 5.26%。没有高人力资本投入企业位于西安地区和武汉地区。

从六大地区高人力资本投入企业占六大地区制造业上市公司的比例关系来看，高人力资本投入企业占所在地制造业上市公司的比例普遍偏低。具体来看，成渝地区高人力资本投入企业占成渝地区制造业上市公司的比例相对最高，但依然不足 15%，仅为 13.79%。高人力资本投入企业占所在地制造业上市公司的比例超过 10% 的还有京津冀和长三角两个地区，其中，京津冀地区的高人力资本投入企业占所有京津冀地区制造业上市公司的比例为 11.90%，长三角地区的高人力资本投入企业占所有长三角地区制造业上市公司的比例仅为 10.37%。另外，珠三角地区高人力资本投入企业占所有珠三角地区制造业上市公司的比例为7.21%（见图4-7）。

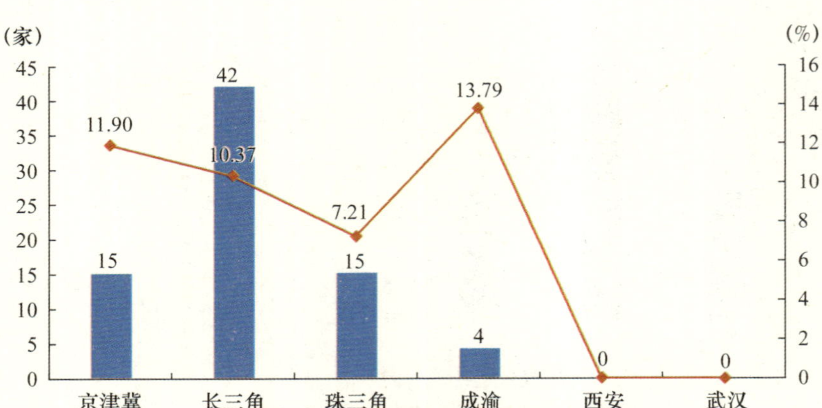

图4-7　2015年高人力资本投入企业地区分布

（五）高于五成弱创新投入企业分布于长三角地区，成渝地区弱创新投入企业占所在地制造业上市公司的比例超过20%

以所有弱创新投入企业为考察范围，通过对122家弱创新投入企业的地区分布进行考察发现，高于五成的弱创新投入企业分布于长三角地区。具体来看，在作为研究对象的122家弱创新投入企业中，66家弱创新投入企业位于长三角地区，占所有作为研究对象的弱创新投入企业的比例为54.10%。30家弱创新投入企业位于珠三角地区，占所有作为研究对象的弱创新投入企业的比例为24.59%。位于京津冀地区、成渝地区、西安地区的弱创新投入企业分别有18家、6家和2家，占弱创新投入企业的比例分别为14.75%、4.92%和1.64%。没有任何弱创新投入企业分布于武汉地区。

从六大地区弱创新投入企业占六大地区制造业上市公司的比例关系来看，成渝地区弱创新投入企业占所在地制造业上市公司的比例超过20%。具体来看，在成渝地区，弱创新投入企业占成渝地区所有制造业上市公司的比例相对最高，为20.69%。其次，为西安地区弱创新投入企业占当地制造业上市公司的比例，为 16.67%。长三角地区弱创新投入企业占当地制造业上市公司的比例同西安地区弱创新投入企业占比相差无几，长三角地区弱创新投入企业占当地制造业上市公司的比例为 16.30%。京津冀地区和珠三角地区弱创新投入企业占当地制造业上市公司的比例相差无几，分别为 14.29% 和 14.42%（见图 4－8）。

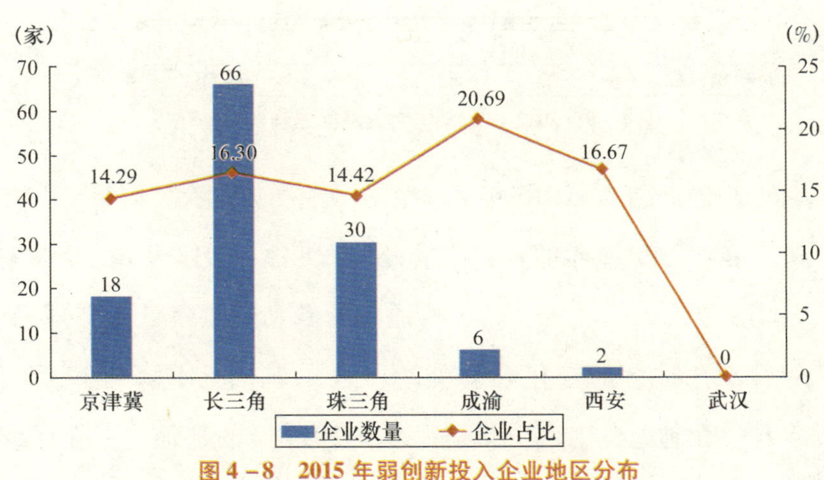

图 4－8　2015 年弱创新投入企业地区分布

三、我国制造业上市公司专利和软著创新产出地区分布情况

（一）东部区域三大地区专利数量整体处于高位，长三角地区稳步增长

通过对我国六大地区 2012～2015 年专利数量的变化情况进行考察发现，我国东部区域三大地区专利数量整体处于高位（见图 4－9）。

2012～2015 年 4 年间，京津冀地区的专利数量分别为 9082 件、10154 件、12523 件和 11831 件，其中，2012～2014 年京津冀地区的专

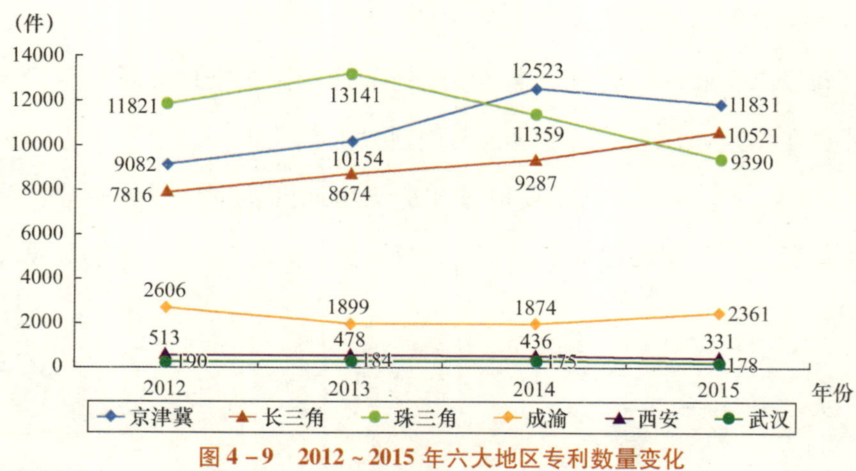

图 4－9　2012～2015 年六大地区专利数量变化

利数量处于上升趋势，2015 年京津冀地区专利数量有所降低。与之相对，珠三角地区 2012 年的专利数量为 11821 件，2013 年增加到 13141 件；不过，增长一年之后，珠三角地区的专利数量就处于下降趋势，2014 年珠三角地区的专利数量在 2013 年的基础上下降到 11359 件，2015 年珠三角地区的专利数量进一步在 2014 年的基础上下降到 9390 件，标志着珠三角地区专利量最近 4 年首次跌破 10000 件大关。与东部区域的珠三角地区和京津冀地区不同，长三角地区的专利数量一直处于增加趋势，2012 年长三角地区专利数量为 7816 件，2013 年长三角地区专利数量就在 2012 年的基础上增加到 8674 件；2014 年和 2015 年长三角地区专利数量分别在 2013 年和 2014 年的基础进一步增加，其中，2014 年在 2013 年的基础上增加到 9287 件，2015 年在 2014 年的基础上增加到 10521 件。

与专利数量整体处于高位的东部区域三大地区相对，成渝地区、西安地区和武汉地区的专利数量则整体处于较低水平。具体来看，在成渝地区，2012～2015 年 4 年间，专利数量分别为 2606 件、1899 件、1874 件和 2361 件。显而易见，对于成渝地区的专利数量而言，

2012～2014 年，正常处于下降状态，2014 年之后，则实现了大幅度的增加。在西安地区，2012～2015 年 4 年间，专利数量一直处于降低趋势。2012 年西安地区专利数量为 513 件；2013 年西安地区专利数量在 2012 年的基础上降低到 478 件；2014 年西安地区专利数量进一步降低，在 2013 年的基础上进一步降低为 436 件；2015 年西安地区专利数量下降到 400 件以下，为 331 件。在武汉地区，2012～2015 年间，前 3 个年份武汉地区专利数量不断降低。2012 年武汉地区专利数量为 190 件；在此基础上 2013 年武汉地区专利数量下降了 6 件，当年的专利数量为 184 件；2014 年，武汉地区专利数量进一步在 2013 年的基础上下降了 9 件，使得 2014 年当年的专利数量下降到 175 件；2015 年武汉地区专利数量有所反弹，当年的专利数量在 2014 年的基础上增加了 3 件，为 178 件。

显而易见，通过上述数据可以看到，从整体上看，东部区域三大地区的专利数量明显高于成渝地区、西安地区和武汉地区；从变化趋势来看，长三角地区的专利数量稳步增长，而与之相对，西安地区的专利数量稳步降低。京津冀地区、珠三角地区、成渝地区、武汉地区的变化趋势没有明显的特点。

（二）长三角和成渝地区软著数量稳步增长，其他区域波动变化，东部区域地区处于高位

沿着同分析专利数量相似的思路，对我国六大地区 2012～2015 年的软著数量变化情况进行考察发现，长三角和成渝地区软著数量稳步增长，其他地区波动变化，东部区域地区整体处于较高水平（见图 4－10）。

从纵向变化情况来看，在长三角地区，2012～2015 年 4 年间，

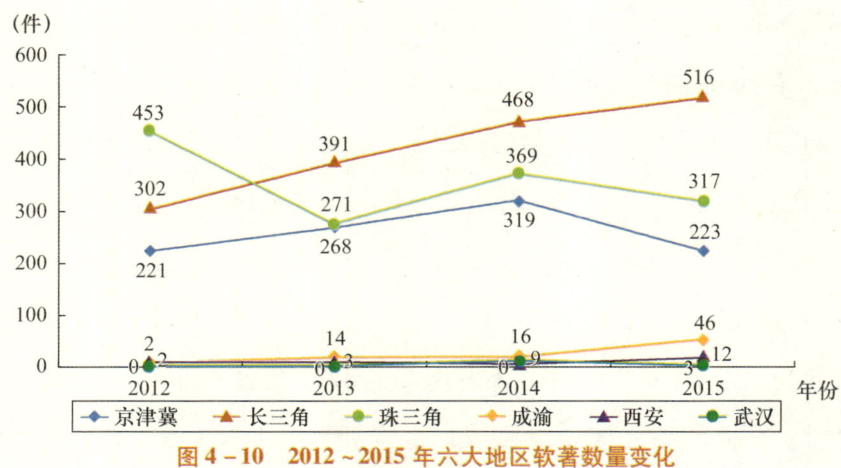

图4－10 2012～2015年六大地区软著数量变化

2013年、2014年和2015年分别在前年的基础上不断增加。其中，2012年，长三角地区软著数量为302件；2013年，长三角地区软著数量就在2012年的基础上增加到391件；2014年，长三角软著数量又在2013年的基础上增加到468家；2015年，长三角软著数量又在2014年的基础上增加，突破500件大关，达到516件。与之类似，尽管处于较低水平，但是成渝地区软著数量也表现出稳步增长的特点。其中，2012年，成渝地区软著数量仅为2件；2013年，成渝地区软著数量在2012年的基础上增加了6倍，达到14件；2014年，成渝地区软著数量较2013年增加了2件，达到16件；2015年，成渝地区软著数量又在2014年的基础上增加了30件，达到46件。与长三角地区和成渝地区软著数量变化趋势相比，其他地区软著数量表现为波动变化特点。其中，在珠三角地区，2013年的软著数量在2012年453件的基础上，降低到271件；而2014年就扭转了2012～2013年的变化特点，转而在2013年的基础上增加到369件；不过，这种变化的特点又在2014～2015年间走向了另外的方向，2015年较2014年的软著数量而言，再次下降，2015年的软著数量在2014年的基础上下降到317件。在京津冀地区，尽管2012～2014年软著数量稳步提升，但是2014～2015年京津冀地区软著数量表现为下降特点。比如，在2012年和2013年的基础上，2013年和2014年的软著数量分别从221件增加到268件，又在268件的基础上增加到319件；而2015年则在2014年的基础上，下降到223件。在西安地区，2012～2015年4年间，软著数量分别为2件、3件、0件和12件。在武汉地区，2012～2015年，软著数量从无到有，又在有的基础上经历下跌。2012年和2013年，武汉地区均没有任何软著，而2014年，武汉地区的软著数量增加到9件，但是2015年则在2014年的基础上降低到3件。

从横向对比关系来看，将京津冀地区、长三角地区和珠三角地区归为东部区域，将成渝地区、西安地区和武汉地区作为其他地区，对东部区域和其他地区的软著数量进行对比发现，东部区域软著数量在整体上显然高于其他地区软著的数量水平。其中，2012年，东部区域的三大地区的软著平均数量为325件，显著高于其他地区软著数量1件的平均水平；2013年，尽管东部区域软著数量平均水平略微下降到310件，但是依然高于其他地区软著数量6件的平均水平；2014年和2015年，东部区域地区的软著数量平均水平分别达到385件和352件，与之相比，2014年和2015年，其他地区的软著数量平均水平分别仅为8件和20件。

执笔人：许英杰

2015年汽车制造业上市公司创新能力评价

2015年汽车制造业上市公司主营业务收入同比增长4.8%，全年利润总额同比增长1.5%。从2015年全年来看，我国的汽车产销、行业主营收入和利润等运行走势均呈现“U”形走势。整个行业自9月起出现反弹好转。从行业细分来看，整车制造业的主营业务收入增长1.68%，利润下滑5.62%，而零部件制造业的主营业务收入增长8.29%，利润总额增长13.41%。整体来看，汽车制造业研发投入和人力资本投入在所有工业企业中都属于较高水平，且随着时间的推移呈逐渐增加之势；从商标拥有量来看，我国汽车制造业上市公司品牌保护意识逐年增强；但从专利申请数量来看，创新产出并未出现持续上升，说明我国汽车制造业在技术创新和技术变革方面的进展还有待进一步提高。

一、2015年汽车制造业上市公司创新投入总体情况

（一）汽车制造业上市公司的基本情况

截至2015年年底，我们汽车制造业上市公司共96家，其中主板

上市的企业最多，达到58家，中小板和创业板上市的企业分别为32家和6家。

从地区分布上来看，汽车制造业的上市公司主要分布在东部沿海地区，特别是长三角地区就集聚了近四成的汽车制造业上市公司。从表5－1和图5－1可知，汽车制造上市公司数量前4名的省份分别是浙江（18.6%）、江苏（12.4%）、山东（8.2%）和上海（8.2%）；另外，广东和重庆并列第五（6.2%）。在所有汽车行业的上市公司当中，有超过一半的公司位于上述6个省份。

表5－1　汽车制造业上市公司各省份分布　单位：家

省份	企业数量	省份	企业数量
浙江	18	广西	2
江苏	12	河北	2
山东	8	湖北	2
上海	8	湖南	2
广东	6	江西	2
重庆	6	天津	2
吉林	5	贵州	1
安徽	4	海南	1
河南	4	黑龙江	1
福建	3	辽宁	1
四川	3	云南	1
北京	2		

在所有上市的汽车制造企业中，市场份额也非常集中，从图5－2可知，营业收入最多的汽车制造厂集中在上海，2015年营业收入7703.8亿元，占所有上市汽车制造企业的43%；另外，广东和山东两省的汽车制造上市公司营业收入也都超过了1000亿元。

此外，上市汽车制造企业的利润集中度比营业收入集中度更高。

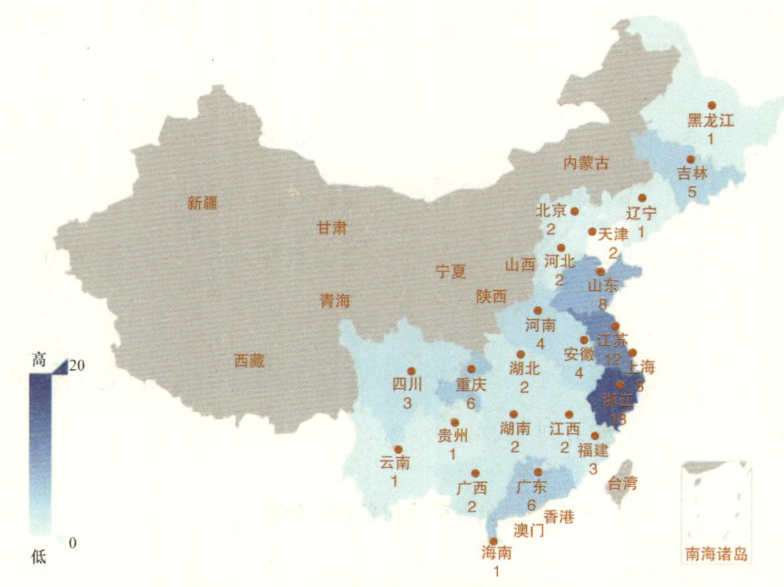

图 5－1　汽车制造业上市公司各省份分布图

前十大上市汽车制造企业中，营业收入占所有上市车企的 78%，而净利润占比却高达 83%，这说明汽车制造行业中龙头企业表现更加优异。

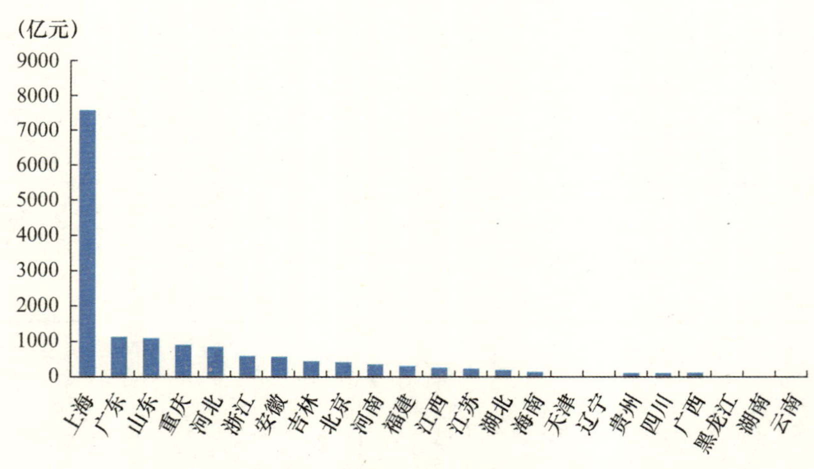

图 5－2　2015 年汽车制造上市公司营业收入各省份分布情况

从各省份汽车制造上市公司盈利情况来看，绝大多数省份的汽车制造企业都能保持盈利，盈利最多的是上海、重庆、河北等省份，而云南、湖南和四川的上市汽车制造企业整体上则是亏损的。

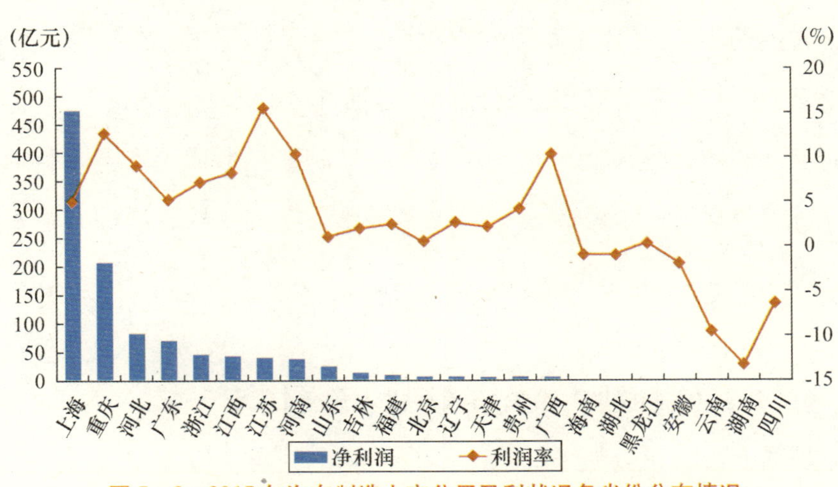

图 5-3 2015 年汽车制造上市公司盈利状况各省份分布情况

从销售角度来讲，各个地区间汽车消费市场的差异也在一定程度上使得汽车制造企业大多分布在东部沿海。东部沿海地区的汽车消费市场份额大，特别是 GDP 排名靠前的省份，汽车需求依然强劲。同时，一二线城市的汽车消费市场趋于饱和，低线城市的汽车消费市场具有巨大的潜力，而东部沿海地区的城市化进程较快，城镇人口较多。因此，总的来讲，目前东部沿海地区的汽车实际需求量较大，而西部地区的汽车消费量增速大，潜在发展空间较大。汽车制造企业将地址选在这些地区，有利于靠近销售市场，降低运输成本和营销费用。

产业集聚效应往往也会对一个地区产业的发展产生正面的影响。零部件行业和整车行业之间具有紧密的上下游关系。汽车制造企业通过在地理位置上向零部件供应商以及下游采购商靠拢，从而使得整个汽车制造过程更加高效，减少中间成本。因此，汽车制造企业对于地区内已有的零部件业规模十分看重。江、浙、沪、粤这些地区的零部件制造业基础雄厚，上下游供应链齐全，为汽车制造企业提供了健全的外部环境。

长三角地区各个省份的汽车制造业发展也各有特点。就江苏而言，省内的零部件制造体系十分健全，产品范围从载重汽车、客车，到轿车、专用车都有涉及。民营经济是浙江的汽车制造的主要推动力，同时浙江省内无论是整车制造还是零部件制造都形成了产业集群，块状经济特点显著。上海的汽车行业体系比较完整，从零部件到整车制造，再到服务贸易都并行发展。

（二）汽车制造业上市公司创新投入总体情况

根据上市公司数据来看，汽车制造业企业属于研发投入较多的行业，2015 年研发投入总额达到 459 亿元，仅次于电子设备制造业，居于所有行业中第 2 位（见表 5－2）。

表 5－2　　2015 年汽车制造业上市公司创新投入情况

行　业	企业数量（家）	研发投入（亿元）	研发强度（%）	员工总数（万人）	人均人力资本投入（万元）
汽车制造业	96	459	4.26	110.32	10.17

从研发投入强度来看，汽车制造业也处于所有行业的中上游，研发投入强企业占销售收入的比重约 4.26%；另外从人力资本投入来看，汽车制造业上市公司也处于前列，2015 年达到 10.17 万元/人，仅次于交通运输设备制造业、电子设备制造业、通用设备制造业和黑色金属冶炼压延加工业，居第 5 位。

（三）汽车制造业上市公司创新产出情况

汽车制造业上市公司 2015 年共申请专利 7671 件[①]，占制造业上市

① 此处的分析是基于企业的专利申请数量，而非专利的最终授权数量。

公司 2015 年申请专利总量的比例为 11.24%（见表 5－3）。这一比例在整个制造业中仅次于计算机、通信和其他电子设备制造业，电气机械和器材制造业。在整个制造业中，汽车制造业属于技术创新和技术变革取得成果较多的行业。但是，从申请专利的明细来看，汽车制造业申请的专利中，超过一半属于实用新型专利，发明专利则占不到三成（见表 5－4）。发明专利具备“突出的实质性特点和显著的进步”的条件，而实用新型只需“实质性特点和显著的进步”的条件。相比之下，实用新型专利的创造性水平要求比发明专利低。汽车制造业申请的专利中发明专利占比较低也从另一个层面反映了该行业的创新产出的质量和水平并不是很高。在专利种类方面，汽车制造业的专利申请以实用新型专利为主，申请专利整体的创新水平不高。但是，相较于其他制造业行业而言，汽车制造业的技术创新和技术变革取得的成果在绝对数量方面还是有着较大的优势，属于创新活跃度和创新产出相对较高的制造业行业。

表 5－3　2015 年申请专利数量

行　业	2015 年申请专利数量	占制造业上市公司 2015 年申请专利总量比例
汽车制造业	7671 件	11.24%

表 5－4　2015 年申请专利类型明细

行　业	发明专利	实用新型专利	外观专利
汽车制造业	2125 件	4184 件	1362 件

除专利申请量，我们还用商标拥有量来衡量企业的创新产出。商标拥有量指企业拥有的在国内外知识产权部门注册的受知识产权法保护的商标数量。该指标在一定程度上反映企业自主品牌拥有情况和自主品牌的经营能力，同时也被视为是管理创新的能力反映。所以，商标拥有量也是企业创新产出的一项重要指标。在商标拥有量方面，汽

车制造业行业2015年的商标拥有量为910件，在全行业中处于中等水平（见表5－5）。

表5－5　　2015年商标拥有量情况

行　业	2015年商标拥有量	占全行业2015年企业商标拥有比例
汽车制造业	910件	7.23%

二、2015年汽车制造业上市公司创新投入强度评价

（一）汽车制造业上市公司创新强度的整体情况

图5－4反映了2015年汽车制造业上市公司的创新投入强度整体分布情况。结果显示，有一半多的企业处于“第四象限”，即人均人力资本投入强度低，研发投入强度高。其次，有22.92%的企业人均人力资本投入强度高，研发投入强度高。而处于第二和第三象限的企业数目所占的比例分别为9.38%和16.67%。总体来看，我国汽车制造业上市公司在创新过程中，更多地还是倾向于从提升研发投入强度入手，但同时也有近三成的企业注重人力资本投入强度的提升（见图5－4）。

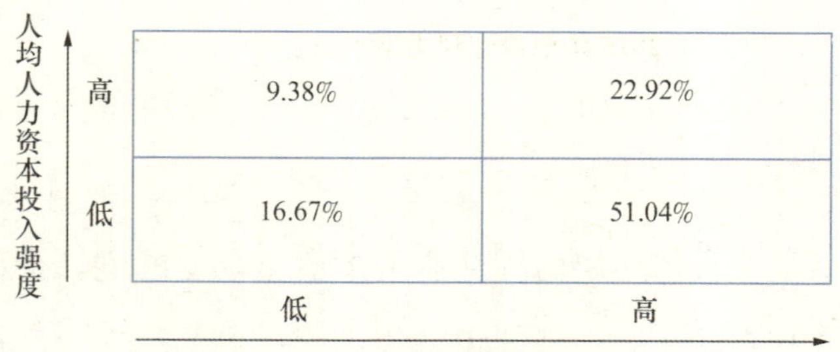

图5－4　2015年汽车制造业上市公司创新投入强度整体分布

在经历了2009～2010年的跳跃式发展后，我国的汽车行业从2011年起发展速度有所减缓。随着经济的发展以及人民对生活质量要求的

提升，人民对于汽车的需求更加高端化、多元化、个性化。这一客观的外部环境变化势必会促使汽车制造企业谋求创新，增大人力资本投入和研发投入来使得自己的产品拥有自身优势，从而更好地满足消费者的需求。

我国汽车制造业企业 2015 年研发支出总额占营业收入比例的均值为 4.262%（见表 5－6）。其中，斯太尔动力股份有限公司位居首位，比例达到了 34.90%，该公司将奥地利斯太尔以及其在高端柴油发动机的研发制造领域深厚的技术沉淀及研发实力纳入上市公司体系，初步形成以动力系统提供为主的产业格局。而这一比例最低的公司是恒天凯马股份有限公司，该公司的主营业务范围为燃机、拖拉机、农用运输车、轻中型载货汽车、客车、专用车、发电机整机及其零部件的研究开发、生产、技术咨询、销售并提供售后服务。

表 5－6 2015 年汽车制造业上市公司研发投入情况 单位：%

项 目	均值	标准差	最小值	中位数	最大值
2015 年研发支出总额占营业收入比例	4.262	3.568	0.710	3.585	34.90

2015 年人力资本投入强度最大的企业是许昌远东传动轴股份有限公司，其经营范围为自营本企业自产的机电产品、成套设备及相关技术的出口业务（国家组织统一联合经营的出口商品及核定公司经营的进口商品除外）；自营本企业生产、科研所需要的机械设备、零配件、原辅材料的进口业务，自营本企业的进料加工和“三来一补”贸易业务。

（二）汽车制造业上市公司创新强度的地区分布

按地区对汽车制造业上市公司进行二维评价，可以得到各地区企业创新投入强度的分布结构。整体来看，汽车制造上市公司创新投入落入高研发投入、高人力资本投入区间的企业达22家，占比最大，这部分企业主要分布在广东和江苏，这两地都至少有3家企业入选；只有高研发投入或者高人力资本投入的企业在浙江、江苏、山东分布相对较多；比较出人意料的是，低研发投入、低人力资本投入的"双低"企业在上海分布较多，达到4家（见图5－5）。

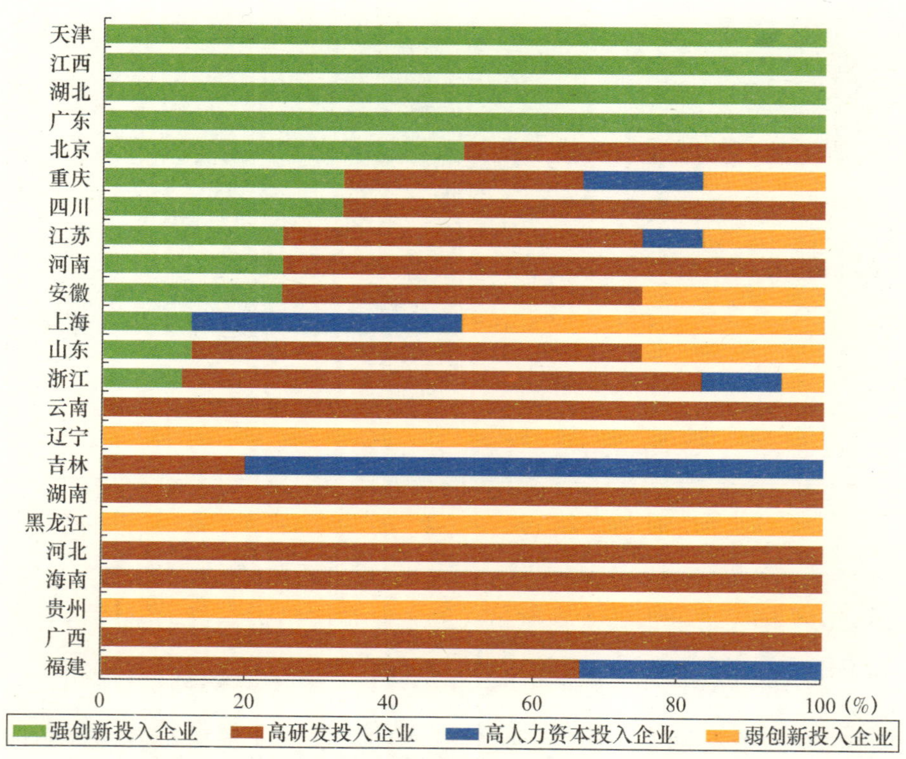

图5－5　2015年汽车制造业上市公司创新投入强度分布

三、我国汽车制造业上市公司近几年创新投入强度和创新产出演化

（一）汽车制造业上市公司创新投入变化情况

汽车制造企业间的人力资本投入强度整体水平有所上升，而且差

异也逐渐加大。2013～2015 年的人力资本投入数据显示，汽车制造业上市公司的人力资本投入强度的均值、标准差等都呈上升趋势，说明整体人力资本投入在增强，而且不同企业间的投入差异也在加大（见表 5－7）。

表 5－7　2013～2015 年汽车制造业上市公司人力资本投入　单位：万元

年　份	均　值	标准差	最小值	最大值
2013	8.09	5.26	3.60	48.97
2014	9.16	6.22	3.71	57.48
2015	10.15	8.23	3.65	73.55

与国际同行相比，我国汽车制造业上市公司的研发投入仍处于较低水平。从高研发投入企业分布来看，在进入 2013 年全球研发投入 2000 强企业的 127 家汽车和零部件企业中，美国、日本、韩国、英国、法国和德国六大主要创新型国家的企业数量达到 91 家，我国企业占比还非常少。在本次考察的汽车制造业上市公司中，企业研发支出的均值为 842 万元，最大值仅为 1692 万元。而根据欧盟产业研发投入报告，2012 年，德国、英国、日本、法国和美国汽车和零部件企业的研发投入均值分别为 174 亿元、20 亿元、55 亿元、88 亿元和 46 亿元，研发投入占销售收入的比例均值分别为 6%、6.1%、4.1%、4.1% 和 3.7%。我国汽车制造业上市公司 2015 年的研发投入绝对数值远低于上述创新型国家。

（二）汽车制造业上市公司创新产出变化情况

纵向比较来看，汽车制造业行业的专利申请数量从 2011～2014 年一直呈现增长态势，而 2015 年出现了明显的下滑，比 2014 年减少了 10.76%（见表 5－8）。这表明汽车制造业在技术创新和技术变革方面的进展还有待进一步提高，没有形成长期有效的机制或研发管理模式来保证申请专利数量的稳定持续增长。经过纵向对比以及对专利明细的分析，我们得出的结论是汽车制造业在专利申请方面还有进一步提升的空间。

表5－8　历年汽车制造行业上市公司申请专利数量　单位：件

	2015年	2014年	2013年	2012年	2011年
汽车制造业	7671	8596	8176	7699	7589

从2011～2015年的数据来看，汽车制造业的商标拥有量波动较大，数量大体呈现“U”形变动。相对于2014年的最低点640件，2015年迅速增长为910件，增幅达到42%，为这5年中最大值（见表5－9）。这表明汽车制造业企业2015年在自主品牌运营能力提升的基础上，创立了较多的自主品牌，管理创新能力有了较大幅度的提升。

表5－9　历年商标拥有量情况　单位：件

	2011年	2012年	2013年	2014年	2015年
汽车制造业	844	870	647	640	910

四、典型企业分析

在之前的讨论中，我们对汽车制造业上市公司在2015年的基本情况以及创新进展进行了分析，并且将本次考察的汽车制造业上市公司分为强创新投入企业、高研发投入企业、高人力资本投入企业和弱创新投入企业。在下文中，我们将从强创新投入企业和弱创新投入企业中各挑一家代表企业进行对比分析。

我们选择远东传动（全称为“许昌远东传动轴股份有限公司”）作为强创新投入企业的代表，同时选择一汽轿车（全称为“一汽轿车股份有限公司”）作为弱创新投入企业的代表。远东传动 2015 年的人均人力资本投入强度排名第一，其研发投入强度也位居前列。而一汽轿车 2015 年的人均人力资本投入强度为倒数第三，其研发投入强度为倒数第六。

首先，我们直接对比两家企业 2015 年的研发投入情况。远东传动 2015 年研发人员数量占比为 14.41%，这一比例较 2014 年增加了 2.03 个百分点。研发投入占营业收入的比例也从 2014 年的 5.38% 小幅上升至 2015 年的 5.84%。而一汽轿车 2015 年研发人员数量占比为 8.24%，较 2014 年下降了 1.01 个百分点。同时一汽轿车 2015 年研发投入占营业收入的比例仅为 1.60%。上述数据可以直观地反映出远东传动在研发人员和研发金额投入方面都明显超过一汽轿车。

其次，这两家公司在技术研发方面的模式也有所不同。远东传动专注于研发团队的打造，公司自身以及其全资子公司中兴锻造公司都是高新技术公司，公司设有多个研发中心来专注于技术和工艺方面的突破和创新。远东传动目前拥有“国家认定企业技术中心”“河南省汽车传动轴工程技术研究中心”“河南省博士后研发基地”“高性能轻量化传动轴河南省工程实验室”“河南省汽车零部件智能化热处理技术院士工作站”等。凭借持续性的技术研发投入，远东传动 2015 年共申请国家专利 31 项，其中发明专利 2 项；获得国家授权专利 31 项，其中发明专利授权 4 项，实用新型专利授权 27 项。截至 2015 年年底，公司累计拥有各类专利授权 198 项，其中发明专利 14 项，实用新型专利 159 项。公司“博士后科研工作站”被国家人力资源和社会保障部、全国博士后管委会批准认定，正式授牌。巨大的技术优势使得远东传动成为国内最大的非等速传动轴生产企业，是行业标准的制订者之一，保持行业的龙头地位。一汽轿车则在开展“互联网 + 营销”和

“互联网＋产品”的同时，主力打造3个品牌：“红旗”品牌价值一直在国内汽车行业中维持较高的水平，该品牌推出过高端的豪华汽车，同时也多次在国家重要活动中亮相。“奔腾”品牌则是定位于自主中高端。该品牌创建10年来不断地完善自己的产品线。凭借不断地自主研发，“奔腾”渐渐地形成了自己的家族基因，同时“奔腾”也未雨绸缪，时刻关注汽车行业未来可能的发展趋势，从而尽早研发布局。最后一个品牌是一汽轿车合作品牌马自达品牌，2015年在合作13年的基础上，一汽轿车引入了马自达的核心产品——马自达6阿特兹。该车的“创驰蓝天”技术和“魂动”造型理念均为一汽轿车从外引入的。通过引入其他品牌的优质车型，一汽轿车不断提升这一合作品牌的形象，积累更多的消费者基础。

最后，这两家公司还有一个重要的不同之处在于两个公司的实际控制人性质存在差异。远东传动的30.96%的股份是由刘延生、史彩霞夫妇持有，是该公司的第一大股东，刘延生是公司的实际控制人。因此，远东传动是一家民营企业。而一汽轿车的第一大股东为中国第一汽车股份有限公司，持股比例为53.03%。中国第一汽车股份有限公司99.6154%的股份由中国第一汽车集团公司持有，中国第一汽车集团公司的唯一股东是国务院国有资产监督管理委员会。因此，一汽轿车的实际控制人为国务院国有资产监督管理委员会，是一家国有企业。

五、基本结论和政策建议

我国2015年汽车的产销量已位居世界第一，虽然增速有所减缓，但是不乏新的增长点。各种类型汽车之间的产销规模差异较大。随着增长速度的放缓，我国的汽车制造业需要顺应形势转型升级，调整结构，掌握核心技术来为今后的发展注入新的活力。我国目前的研发投入强度已经逐渐接近发达国家，大力度的研发投入也使得我国的一些汽车制造企业拥有了一定的创新产出，甚至在个别技术领域走在了世界前列。同时，我国的许多自主品牌通过在特定车型的研发，不断提升国产品牌在市场的占有率。

随着我国汽车制造业的研发投入强度提升，我国汽车制造业的创新产出令人瞩目，与之前相比有了巨大的进步。而如今的世界是一个不断开放，互联互通的世界，我们的汽车制造业除了与自己的过去对比竞争，还要将自身置于国际同行中去竞争。总体来讲，我国的汽车制造产业仍需转型升级，扩大核心技术掌握范围，在产销规模庞大的情况下，不断提升产品质量，提升产品的市场竞争力。为了实现创新产出的稳步提升，我国的汽车制造业还应加大研发投入，为创新产出提供资金支持和政策优惠；适当增加人力资本投入，对核心技术人员和关键管理人员可采取股权激励的方式激励他们努力工作，为进一步提高企业生产效率提供人为保障。最后，我国的汽车制造业企业可以尝试利用在上述新兴领域的研发经验以及收益，来对传统汽车的产业链进行升级改造，对于关键技术进行攻克掌握，提升国产品牌的质量和性能，提高创新产出，以增强国内汽车制造企业竞争力。

执笔人：袁 东　王 骞

2015年计算机、通信和其他电子设备制造业上市公司创新能力评价

计算机、通信和其他电子设备制造业，又被称为“电子信息制造业”，是研制和生产电子设备及各种电子元件、器件的工业。计算机、通信和其他电子设备制造业是我国国民经济的支柱产业和先导产业，该行业的创新和发展是我国国民经济和社会信息化建设的重要技术和物质支撑，是通过科技发展建立企业和国家竞争优势的重要前提。而行业创新投入是行业创新和发展的重要基础，因此，本章旨在通过企业研发投入强度和人均人力资本投入强度两项指标，综合评价2015年计算机、通信和其他电子设备制造业上市公司创新投入情况，以更好地了解和预测行业创新和发展状况。结果显示，我国计算机、通信和其他电子设备制造业上市公司整体研发投入强度近年来增长迅速，由2012年的3.61%上升到2015年的5.71%，增幅在制造业中排名第一。2015年研发投入高达我国制造业上市公司全部研发投入的22.7%，整体研发强度为制造业第2位。此外，我国计算机、通信和其他电子设备制造业近5年员工数量快速增长，增长率达34%，但行业上市公司人均人力资本投入近4年平均增速

设备制造业上市公司共有 254 家，占全部披露研发投入的制造业上市公司数量的 14.54%。计算机、通信和其他电子设备制造业上市公司主要分布在经济较为发达的地区，其中广东、北京、江苏、浙江是分布最多的省市，分别有 88 家、31 家、29 家、24 家；而中部省份中的四川和湖北也有较多的计算机、通信和其他电子设备制造业上市公司（见图 6－1）。

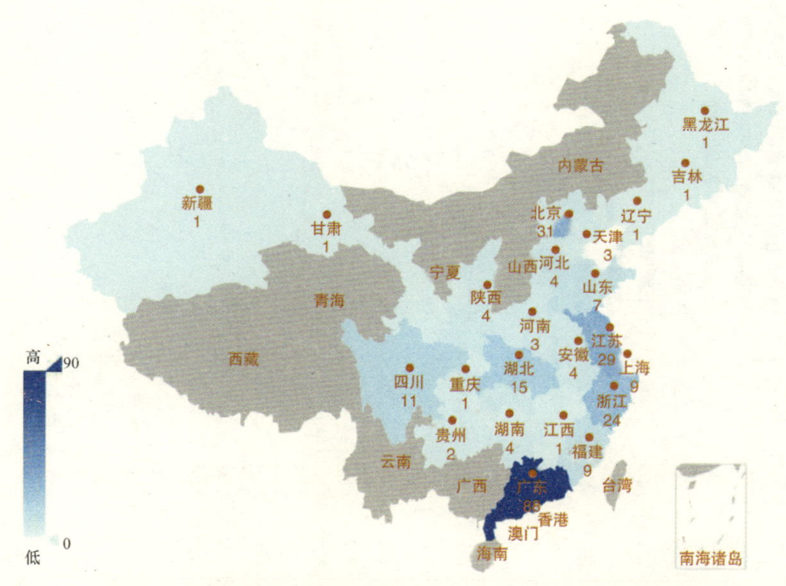

图 6－1　计算机、通信和其他电子设备制造业上市公司集聚图

2. 行业盈利水平较高，地区及企业间盈利水平差异大

2015 年 254 家计算机、通信和其他电子设备制造业上市公司的总营业收入和净利润分别为 11398.04715 亿元和 562.5146494 亿元。企业平均利润率为 9.49%，属于制造业中的领先水平。

从地区看，2015 年计算机、通信和其他电子设备制造业的利润主要来自广东、北京、浙江、山东和江苏，5 省市净利润占到全行业上市公司净利润的 76.84%。净利率最高的省市为黑龙江、重庆和河北，分别高达 39.37%、26.04% 和 24.89%；只有 1 个省份存在净利率为负数的情况，为四川的 -0.84%。说明，我国计算机、通信和其他电子设备制造业整体企业盈利状况较好，各省份盈利能力呈现纺锤状分布，少数省份企业盈利能力突出，个别省份企业盈利能力较弱，大部分省份企业盈利状况较为接近和适中。

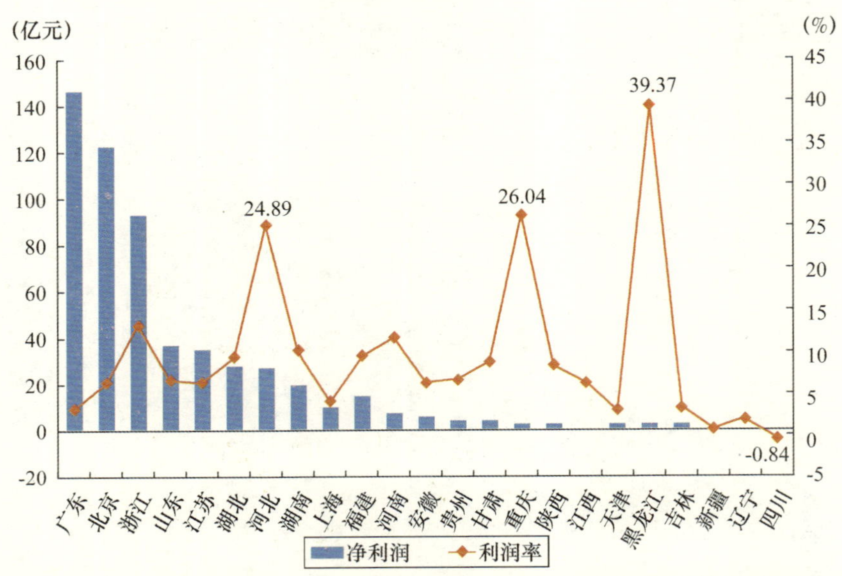

图 6-2　2015 年计算机、通信和其他电子设备制造业上市公司利润地区分布

2015 年计算机、通信和其他电子设备制造业上市公司之间的盈利差异较大。2015 年，该行业 254 家企业的平均净利润约为 2.22 亿元，行业内有 224 家企业盈利，30 家企业净利润为负数。行业内 2015 年净利润最高的企业为海康威视，净利润高达 58.82 亿元，约为行业平均水平的 26 倍；而净利润上表现最差的四川长虹，亏损高达 17.25 亿元，也远低于平均水平。净利润率最高的企业为信威集团，净利润率高达 57.21%；而净利润率最低的浙江东晶电子股份有限公司，仅为 -88.86%。这一差异主要是由于企业间经营产品差别较大，部分以家电为代表的传统产品市场萎缩，而部分新兴尖端产品市场需求旺盛所导致的。

（三）2015 年行业上市公司创新投入总体情况

2015 年我国 254 家计算机、通信和其他电子设备制造业上市公司的研发投入费用共计 621.1 亿元，在制造业 17 个子行业中排名第一，约占制造业上市公司研发总投入的 22.7%。

从研发强度看，2015 年计算机、通信和其他电子设备制造业上市公司研发强度为 5.44%，远高于同期制造业上市公司 2.92% 的研发强度，以及同期全国 2.07% 的研发强度，在制造业 17 个子行业中排名第二。说明，我国计算机、通信和其他电子设备制造业上市公司，将较多的营业收入投入到研究开发工作中，行业整体研发强度高。

2015 年我国 254 家计算机、通信和其他电子设备制造业上市公司共有员工 136.8 万余人，员工规模在制造业中排名第一，占制造业员工总数的 16.35%。尽管该行业人均人力资本投入约 9.65 万元，略低于制造业上市公司 9.79 万元的平均水平，但其人均研发投入却高达 4.54 万元，远高于制造业上市公司 3.27 万元的平均水平。总体来说，我国计算机、通信和其他电子设备制造业行业规模、研发投入在制造业中占据绝对领先地位，但人力资本投入上的表现却与发展规模不相匹配，低于制造业平均水平（见表 6－1）。

表 6－1　2015 年我国计算机、通信和其他电子设备制造业上市公司创新投入情况

行业	企业数量（家）	研发投入（亿元）	研发强度（%）	员工总数（万人）	人均人力资本投入（万元）
计算机、通信和其他电子设备制造业	254	621.1	5.44	136.8	9.65
全体制造业	1747	2736.6	2.92	836.9	9.79

（四）2015 年行业创新产出情况

2015 年我国计算机、通信和其他电子设备制造业企业申请专利数

共20302件，占所有制造业企业专利申请数的29.76%，在17个制造业相关行业中排名第一。与2014年相比，2015年计算机、通信和其他电子设备制造业专利数量增加342件，增长率仅为1.71%。从专利构成看，2015年计算机、通信和其他电子设备制造业企业的专利主要以发明专利为主，占全部专利数量的68.01%，这说明我国计算机、通信和其他电子设备制造业目前的创新成果主要以对产品和方法的技术改进为主，如仪器设备的技术革新和产品改良，与这一行业以技术创新为核心竞争力的特点相符合。实用新型专利排名第二，共4673件，占全部专利比例的23.02%，这说明该行业2015年也投入了较多精力到更具有实用价值的研发工作上。但同时也需要注意，该行业2015年外观专利仅有1798件，为全部专利数的8.86%（见图6－3）。这一方面说明我国计算机、通信和其他电子设备制造业还处于比较粗放的生产和发展阶段，对于产品的外观创新还不够重视；另一方面也说明我国计算机、通信和其他电子设备制造业的转型升级发展空间较大。

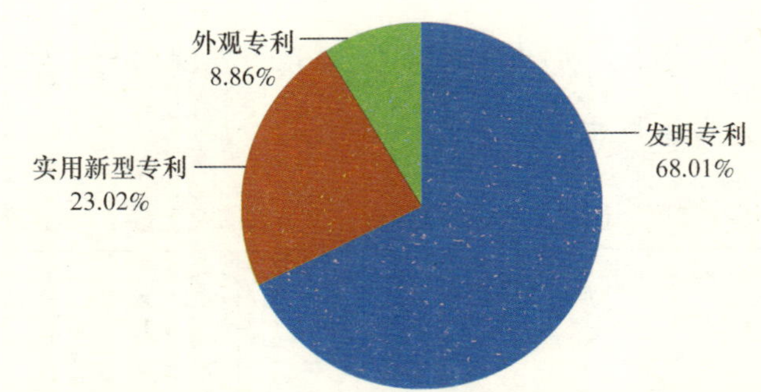

图6－3　2015年计算机、通信和其他电子设备制造业企业的专利结构

从专利申请趋势看，计算机、通信和其他电子设备制造业上市公司专利申请数量从2011年的13753件增长到2015年的20302件，呈现出逐年上升的趋势（见图6－4）。总体专利数相比于2011年增加了47.62%，略低于制造业约50.41%的专利申请增长率，增长率排名第六。除 2014 年激增以外，计算机、通信和其他电子设备制造业专利申请还呈现出增速逐步放缓的趋势，这表明该行业的创新成果增长活力在逐步下降，亟须引以重视。

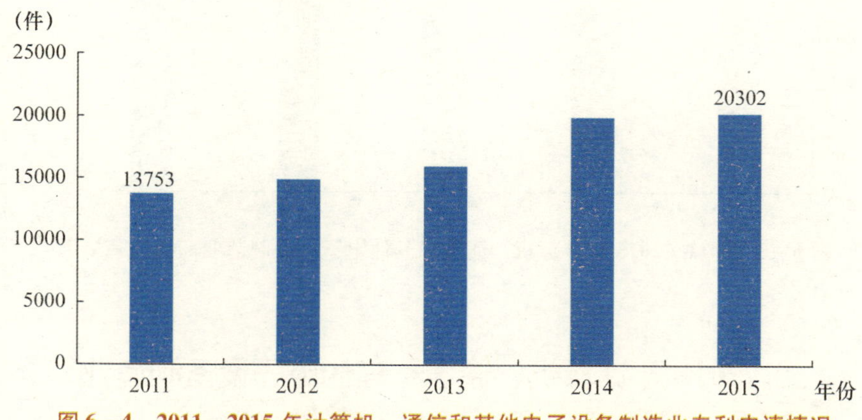

图 6-4　2011~2015 年计算机、通信和其他电子设备制造业专利申请情况

从商标拥有量看，2011~2015 年间，计算机、通信和其他电子设备制造业共拥有商标 5887 件，占全体制造业 5 年商标数量的 11.05%，在 17 个制造业相关行业中排名第三。2015 年计算机、通信和其他电子设备制造业企业共拥有 1464 个商标，占 2015 年制造业企业的 11.64%，排名第二。

从商标数量的总体变化趋势看，计算机、通信和其他电子设备制造业商标数量从 2011~2015 年有显著的增长，共增长 548 件，增长率高达 59.83%。其中，2011~2013 年间计算机、通信和其他电子设备制造业商标数量仅存在稳定小幅上升，增长率分别为 5.13% 和 5.61%。2014 年该行业商标数量猛增，由 2013 年的 1017 件增加至 2014 年的 1527 件，增长率超 50%，表明计算机、通信和其他电子设备制造业在 2014 年创新成果数量有了明显提升。但 2015 年，商标拥有量出现了小幅回落，由 2014 年的 1527 件，降到了 2015 年的 1464 件，需要引起重视（见图 6-5）。

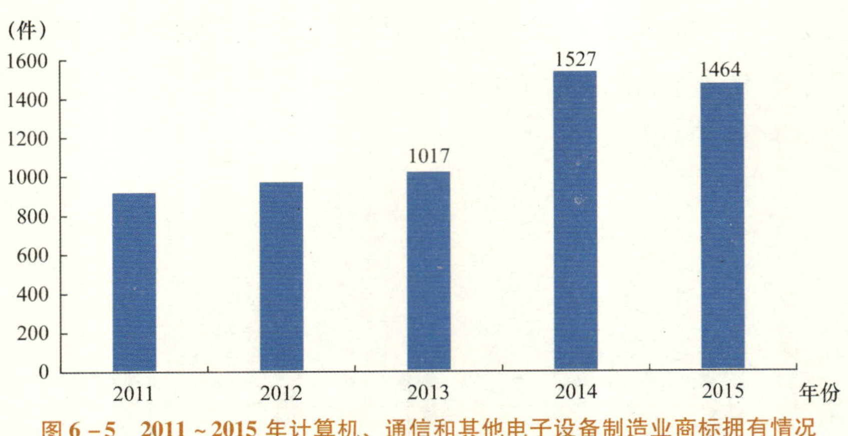

图6－5　2011～2015年计算机、通信和其他电子设备制造业商标拥有情况

二、2015年计算机、通信和其他电子设备制造业上市公司创新投入强度综合评价

（一）行业上市公司创新强度的整体分布

通过统计计算机、通信和其他电子设备制造业254家上市公司的研发投入强度和人均人力资本投入强度两项创新投入指标，可以获得该行业企业创新投入强度的分布结构。结果显示，2015年计算机、通信和其他电子设备制造业有106家属于强创新投入企业，占41.73%；22家属于弱创新投入企业，占8.66%；113家高研发投入但低人力资本投入的企业，占44.49%；13家低研发投入但高人力资本投入企业，仅占5.12%。如果仅考虑研发投入，有86.2%的企业属于高研发投入，远高于制造业上市公司平均水平68.3%；如果只考虑人力资本投入，约有46.8%的企业属于高人力资本投入，同样高于制造业上市公司平均水平33.2%（见图6－6）。

总体来说，计算机、通信和其他电子设备制造业在创新投入强度上表现非常突出。该行业强创新投入企业比例要远高于弱创新投入企

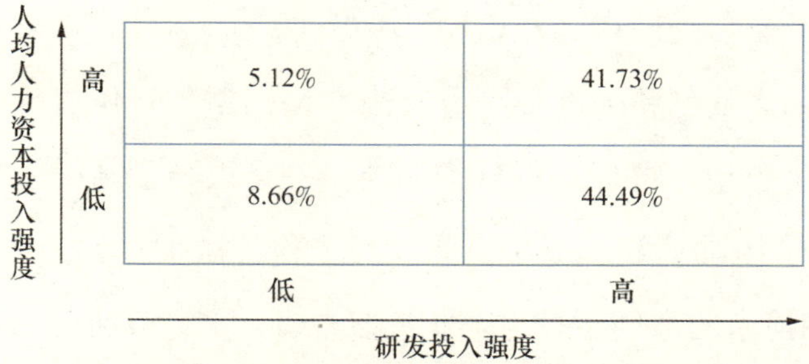

人均人力资本投入强度 \ 研发投入强度	低	高
高	5.12%	41.73%
低	8.66%	44.49%

图 6－6 2015 年计算机、通信和其他电子设备制造业上市公司创新投入强度

业比例，且处于全制造业第 2 位，可见计算机、通信和其他电子设备制造业企业创新意识在制造业中较为领先，相应的创新投入也较为可观。但也需要注意到，我国计算机、通信和其他电子设备制造业中低人力资本投入的企业占比为 53.1%，也就是说该行业上市公司中有一半的企业人力资源投入较低，相较该行业企业对研发的重视，该行业对于人力资源对创新的作用认识明显不足。

（二）行业上市公司创新强度地区分布

本文还对各省份计算机、通信和其他电子设备制造业上市公司创新投入强度进行了深入研究。结果显示，国内计算机、通信和其他电子设备制造业强创新投入类型 106 家上市公司分布在 16 个省份，其中广东 7 家，北京 19 家，浙江 13 家，江苏 11 家，湖北 8 家，上海 6 家，福建 4 家，四川 3 家，山东、湖南、贵州各 2 家，山西、新疆、辽宁、天津各 1 家。其中绝大部分高创新投入企业都在经济发达的省份。高研发投入但低人力资本投入类型上市公司主要分布在广东（46 家）、江苏（14 家）、浙江（11 家）、北京（7 家）、湖北（6 家）、四川（5 家）、山东（4 家），这 7 个省市高研发投入但低人力资本投入企业占比总计 82.3%。低研发投入但高人力资本投入类型上市公司最多的省市为广东（5 家）、江苏（3 家）和北京（3 家）。而弱创新投入类型上市公司最多的省份为广东（7家）和四川（3家）。

从各省份内企业创新强度类型分布来看，根据各省份占主导地位的企业创新强度类型，将各省份分为四类：一是以强创新投入企业为主的省份，共有10个省份，其中贵州、辽宁和新疆强创新投入企业占100%，上海和河南的强创新投入企业占该省市全部计算机、通信和其他电子设备制造业上市公司的66.67%，北京、浙江、湖北、湖南、福建依次为61.29%、54.17%、53.33%、50%和44.44%；二是以低创新强度企业为主的弱创新省份，共有2个省份，安徽和河北的弱创新企业均占50%；三是以仅研发投入高的企业为主的研发活跃区，共有11个省市，甘肃、黑龙江、吉林、江西和重庆均为100%，陕西、天津、广东、江苏、山东、四川依次为75%、66.67%、52.27%、48.28%、57.14%、45.45%（见图6-7）。

三、计算机、通信和其他电子设备制造业上市公司近4年创新投入强度比较

2012~2015年4个年度内，连续公布研发投入和人员工资指标的计算机、通信和其他电子设备制造业上市公司共194家，占2015年12月底计算机、通信和其他电子设备制造业上市公司总数的76.38%。下文将以这194家计算机、通信和其他电子设备制造业上市公司为样本进行年度比较。

（一）上市公司研发投入增长情况

研发总投入和研发强度逐年快速增长。2012~2015年，194家计算机、通信和其他电子设备制造业上市公司研发总投入分别为214.66

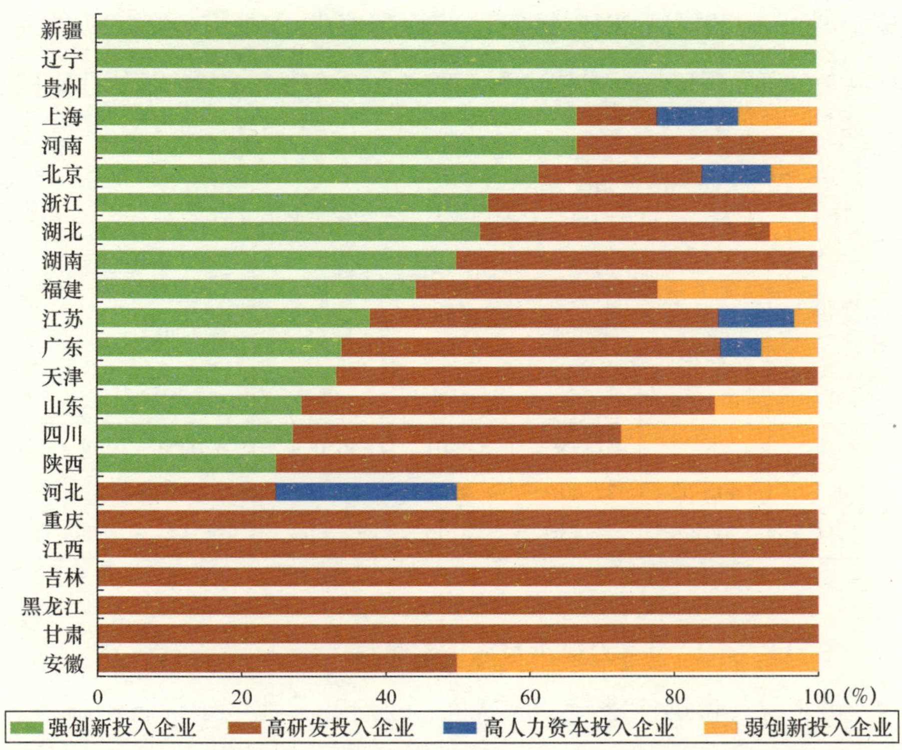

图 6－7　2015 年计算机、通信和其他电子设备制造业上市公司创新投入强度地区分布

亿元、328.32 亿元、402.52 亿元和 500.75 亿元，年均增长 33.32%，远高于制造业上市公司（13.8%）平均水平，也高于同期全国研发经费增长率（10.1%）。计算机、通信和其他电子设备制造业上市公司研发强度从 2012 年的 3.61% 增长到 2015 年的 5.71%，累积提升了 58.5%，远高于制造业的 25%；人均研发投入从 2012 年的 2.75 万元增加到 2015 年的 4.79 万元，同比增长 74.12%，远高于制造业上市公司人均水平（3.15 万元）及增长幅度（5.2%）。

从变化趋势来看，计算机、通信和其他电子设备制造业企业研发投入近几年来保持高速增长，可以看出该行业对于研发工作的持续重视。但需要注意的是，人均研发投入与研发强度在一定程度上受到了经济增长下行压力的影响，两者在 2013 年的增长率分别高达 46%、

39.18%，而2014～2015年间，人均研发投入增长率为10.29%、8.14%，研发强度增长率依次为5.83%和7.61%，均有明显下降（见表6-2）。

表6-2 2012～2015年计算机、通信和其他电子设备制造业研发投入和收入情况

年份	研发投入总量		人均研发投入		研发强度	
	绝对值（亿元）	增长率	绝对值（万元）	增长率	绝对值	增长率
2012	214.66	—	2.75	—	3.61%	—
2013	328.32	52.95%	4.01	46.00%	5.02%	39.18%
2014	402.52	22.60%	4.43	10.29%	5.31%	5.83%
2015	500.75	24.40%	4.79	8.14%	5.71%	7.61%

（二）上市公司人力资本投入增长情况

员工总规模迅速攀升。计算机、通信和其他电子设备制造业上市公司员工规模呈现快速上升趋势。截至2015年年底，194家上市公司员工总数达到104.58万人，比2012年增加了26.52万人，年均增长率为33.97%，远超全体制造业上市公司的员工规模增长水平（见表6-3）。

表6-3 2012～2015年制造业上市公司员工数量 单位：人

行业分类	2012年	2013年	2014年	2015年	3年增长率（%）
计算机、通信和其他电子设备制造业	780579	817742	909018	1045773	33.97
全体制造业	5303239	5700071	5966719	6284502	18.5

人力资本投入总量缓慢增长。2012～2015年计算机、通信和其他电子设备制造业上市公司的人均资本投入分别为81261元、87202元、94161元和99129元，年均增长6.9%，低于制造业上市公司年均增长

率，行业年均增长幅度排在制造业倒数第 5 位（见表 6－4）。该行业人均人力资本投入的排名由 2012 年的第 5 位下降到 2015 年的第 6 位，表明该行业的相对人力资本投入水平有所下降。此外，2013～2015 年计算机、通信和其他电子设备制造业上市公司人均资本投入的增幅分别为 7.31%、7.98%、5.28%，有一定的增速放缓趋势。这说明我国计算机、通信和其他电子设备制造业人均成本逐年上升，但增速低于制造业整体水平，且有所放缓。

表 6－4　2012～2015 年计算机、通信和其他电子设备制造业上市公司人均人力资本投入变化情况

年份	人力资本投入		员工人数		人均人力资本投入	
	绝对值（亿元）	增长率（%）	绝对值（万元）	增长率（%）	绝对值（万元）	增长率（%）
2012	634.31		78.06		8.13	
2013	713.09	12.42	81.77	4.76	8.72	7.31
2014	855.94	20.03	90.90	11.16	9.42	7.98
2015	1036.66	21.11	104.58	15.04	9.91	5.28

（三）上市公司创新投入强度比较

图 6－8 反映了 2012～2015 年间，国内计算机、通信和其他电子设备制造业上市公司按照创新投入强度划分的 4 种类型企业所占比重的变化情况。

2012～2015 年间，计算机、通信和其他电子设备制造业高人力资本投入企业的比例波动最小，但仍呈现出逐年上升趋势，过去 4 年的数据分别是 3.09%、3.61%、4.12% 和 4.12%，波动幅度约 1.03 个百分点，2014 年和 2015 年高人力资本投入企业的比例一样且为 4 年间的峰值。与此同时，4 年间弱创新投入企业的比例也有一定程度的波动，从 2012 年的 4.12%，略微下降至 2013 年的 3.61%，

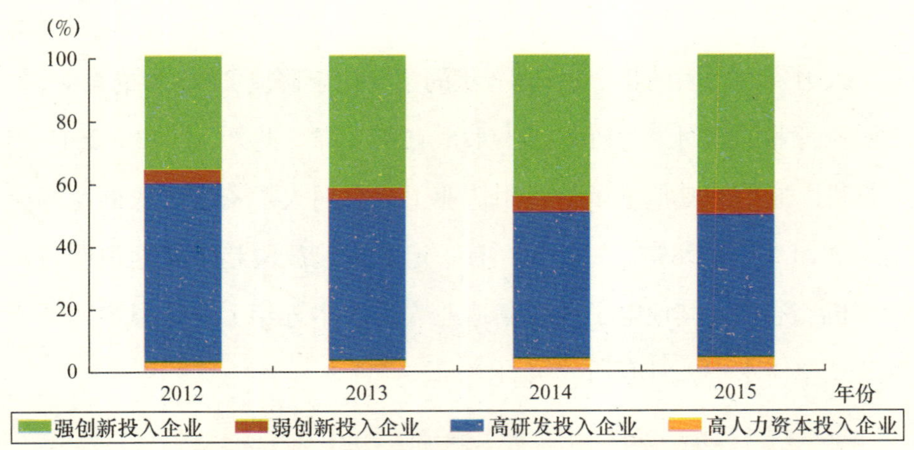

图 6－8　计算机、通信和其他电子设备制造业上市公司创新投入强度分布

又上升至 2014 年的 4.64%，2015 年增速明显加快，升为 7.7%，高于 2012 年近 4 个百分点。可见我国计算机、通信和其他电子设备制造业弱创新投入企业在 4 年间有了明显增加，这可能与经济增速放缓，部分传统产品市场趋于饱和，盈利能力下降从而影响研发和人力资本投入有关。

值得注意的是，2012～2015 年间高研发投入企业比例下降最为明显，由 2012 年的 57.22% 降至 2015 年的 45.88%，降幅超过 11 个百分点。与此同时，强创新投入企业却在 2012～2015 年间有了大幅增加，2012 年强创新投入企业比例仅为 35.57%，2013 年快速升至 41.74%，随后 2014 年又有了显著增加，升至 44.33%，到 2015 年略有下降，为 42.27%。高研发投入企业比例大幅下降和强创新投入企业比例大幅上升的吻合，有可能是由于部分高研发投入企业在 2012～2015 年间不仅保持研发的高水平投入，同时不断增加人力资本投入，最终由高研发投入企业变为强创新投入企业。

总体来说，2012～2015 年间，我国计算机、通信和其他电子设备制造业创新投入强度分布结构呈现出了两极化的趋势，强创新投入企业比例上升，弱创新投入企业比例同时上升，而处于中间的高研发投入企业比例明显下降，高人力资本投入企业比例仅微弱上升。

四、基本结论和建议

（一）进一步加快技术创新，夯实产业发展基础

尽管近年来在国内外电子信息领域竞争不断加剧的背景下，我国计算机、通信和其他电子设备制造业企业对研发创新的重视程度有了明显提升。“十二五”期间，我国电子信息领域发明专利增长接近 50%，2015 年专利数量达 20302 件；行业研发投入快速增长，年均增长率达 33. 32%，2015 年研发投入强度超过 5%。但我国计算机、通信和其他电子设备制造业总体技术水平仍相对落后，尤其是在以电感器、传感器等为代表的关键共性技术、底层软硬件和核心元器件等领域的基础较为薄弱；同时在新兴领域缺乏核心技术，从而导致产品的综合竞争力不强，利润空间不足，进一步制约企业创新和发展。

因此，面临当前全球新一轮的科技革命和产业变革，以及创新周期不断缩短的挑战，要想保持我国计算机、通信和其他电子设备制造业的持续发展和创新，进一步加快技术创新，提高行业创新能力，是产业发展的重要基础。一方面，对于行业基础和关键重点领域，建设国家创新中心，建设一批创新企业、产业联盟等，促进相关技术研发和突破，从而优化生产，提升产品竞争力；另一方面，把握产业发展新机遇，积极针对新型计算、人工智能、生物智能传感等前沿关键技术开展技术攻坚，抢占产业发展主导权。

（二）统筹优化产业布局，促进行业转型升级

长期以来，我国计算机、通信和其他电子设备制造业存在产品及区域布局失衡的问题。行业基础核心产品大量依赖进口，高端产品竞争力有待加强，整体发展呈现应用强、基础弱的“倒三角”形态；行业区域间分布与发展不均，从而导致了我国计算机、通信和其他电子设备制造业企业及区域之间盈利能力差异较大，行业整体盈利状况有待提升的现状。因此，为了提升行业整体盈利水平，促进行业发展和创新，还需要对行业进行整体布局，统筹发展市场需求旺盛的基础性和新型产品，健全产品生态，促进全行业转型升级；同时，统筹产业空间布局，优化产业组织生态，构建完善产业体系。

一方面，注重产品生态布局。在我国今后构建自主创新信息产业的过程中，应以核心基础产品为突破口，实现以集成电路为代表的核心基础元器件的全面自给自足；并以新型信息消费需求为导向，充分利用移动互联技术，突出便捷、智慧、个性的产品特点，着力推动新型需求产品生产，促进行业产品生态健康发展及延伸，培育产业新增长点。如《中国制造 2025》中所提到的，大力发展和生产以智能制造为主攻方向的智能传感器、智能工控系统、工业机器人等。

另一方面，注重产业空间布局。结合京津冀协同发展和长江经济带发展战略，以区域自身优势为基础，培育一批具有较强辐射带动作用的新型信息工业化产业示范基地，加强优势产业区域集聚效应，推进地区产业差异化发展，打造形成东、中、西部优势互补、良性互动、特色突出、协调发展的产业新格局。

（三）加强各领域合作，推进供给侧结构性改革

根据“互联网 +”行动指导意见，在推进信息化建设的基础上，

我国计算机、通信和其他电子设备制造业应拓展思路，加强同各领域间的交流合作，从而促进新产品研发与市场扩张，实现全面消费升级，促进行业不断发展。我国计算机、通信和其他电子设备制造业企业应关注家电、医疗、农业、能源、交通、金融等行业需求，加强互联网和智能制造技术对各行业的渗透，增强信息技术在其他行业内的应用，实现各行业的互联网化，发展以智能家居、智慧医疗为代表的融合性“互联网+”新产品，建设以需求为导向的产品生产与行业发展模式，从而推动各行业供给侧结构性改革，提升信息消费水平，促进行业发展。

（四）加强产业国际化布局，全面提升国际竞争力

国际市场及国际合作，是计算机、通信和其他电子设备制造业利润增长和创新的重要来源。但目前我国计算机、通信和其他电子设备制造业整体对外依存度仍然偏高，国际市场开拓不足；对外合作模式较为单一，以产品贸易为主，缺乏技术研发、人才交流和标准规范等高水平深度合作，国际话语权还有待提升。因此，还需要进一步加强我国计算机、通信和其他电子设备制造业的国际化布局，全面提升国际竞争力，促进行业发展创新。

首先，通过产品向高端发展等产品升级，进一步提升我国计算机、通信和其他电子设备制造业出口贸易比重，优化出口结构，增强行业盈利能力。同时，充分把握“一带一路”、中美合作、中欧合作等机遇，推动本行业国际合作计划，结合海外重大项目建设，积极推动以通信系统、光伏为代表的优势产能走出去，开拓国际市场，扩大国际影响力。此外，还要继续积极倡导和推动更多计算机、通信和其他电子设备制造企业“走出去”，鼓励企业通过国际并购和国际研发团队

引入获取高新技术，提升创新能力；建立全球研发、生产和营销体系，合理利用国际资源，提升运营能力，扩大自主品牌国际影响力，促进龙头企业发展，从而带来全行业盈利能力的提升。

执笔人：邓　晓

第七章

2015年通用设备制造业上市公司创新能力评价

作为装备制造业中的基础性行业，通用设备制造业主要为工业行业提供动力、传动、基础加工、起重运输、热处理等基础设备，钢铁铸件、锻件等初级产品和轴承、齿轮、紧固件、密封件等基础零部件。其产品应用范围极广，涵盖了航空航天、交通运输、石油化工、轻工纺织等市场。我国通用设备制造业规模庞大，截至2015年年末，规模以上企业共计2.45万家，当年的利润总额3142.93亿元。然而，与国外领先企业相比，存在低端市场竞争激烈、行业集中度不高、缺乏领军企业、研发投入强度有待提高等问题，亟须改进。

一、2015年通用设备制造业发展的总体评价

“十二五”时期，随着欧美发达国家陆续推出“再工业化”战略，中国政府先后印发《工业转型升级规划（2011—2015年）》和《国家“十二五”科学和技术发展规划》，明确提出要提升自主创新能力、推进信息化与工业化深度融合，改造提升传统产业，培育壮大战略性新

兴产业，它们为国内制造业的发展创造了良好的政策环境。

（一）“十二五”时期我国通用设备制造业的发展概况

“十二五”（2011～2015年）期间，我国通用设备制造业各年的主营业务收入分别是40854.99亿元、36929.05亿元、42789.01亿元、46255.4亿元、47051亿元，除在2012年短暂下滑外，基本保持增长态势；与之对应的增长率却基本一路走低，各年的数据分别是29%、10.5%、12%、8.3%和0.3%。此外，我国通用设备制造业2011～2015年各年的利润总额分别是2862.25亿元、2452.97亿元、2867.05亿元、3018.5亿元和3042.8亿元；与之对应的增长率同样呈下降趋势，2015年甚至出现了负增长，2011～2015年的数据分别是29%、4.2%、12.9%、6.5%和－0.6%。纵观能够反映行业盈利能力（销售利润率、资产收益率等）、偿债能力（行业亏损面、利息保障倍数等）、营运能力（应收账款周转率、流动资产周转率等）和发展能力（销售收入增长率、利润总额增长率等）的各类统计指标，在“十二五”期间大体都不同程度地下滑，这与中国发展进入“新常态”、经济增长速度面临从高速向中高速转型存在较大联系。

（二）2015年我国通用设备制造业上市公司的总体表现

截至2015年年底，我国通用设备制造业上市公司共有114家，涵盖工业机械、电子设备和仪器、电脑硬件、环境与设施服务、机动车零配件与设备、重型电气设备、农用农业机械等11个类别，其中主板上市公司43家、中小板上市公司42家、创业板上市公司29家。2015年，114家上市公司研究投入总计138.75亿元，研发强度3.85%，超过当年中国制造业上市公司的平均水平（2.92%）。该行业上市公司人力资本投入总额388.13亿元，除以当年员工总数31.91万人，可得人均资本投入为12.16万元，同样超过了当年中国制造业上市公司的平均水平（9.79万元）。由此证明，通用设备制造业在创新投入方面的表现超过国内许多制造业行业。

通过统计114家上市公司的两项创新投入指标，可将其划入相应的4个象限（见图7－1）。如图所示，当年有35家属于强创新投入企业，占30.70%；16家属于弱创新投入企业，占14.04%；61家高研发投入但低人力资本投入的企业，占53.51%；2家低研发投入但高人力资本投入企业，占1.75%。如仅考虑研发投入，84.21%的企业属于高研发投入（远远高于制造业上市公司平均水平68.3%）；然而，如只考虑人力资本投入，仅有32.45%的企业属于高人力资本投入（略低于制造业上市公司平均水平33.2%）。可见，通用设备制造业上市公司普遍重视研发投入，但对员工福利水平的改善仍待提高，当然这也是受制造业行业整体盈利状况不佳的影响。

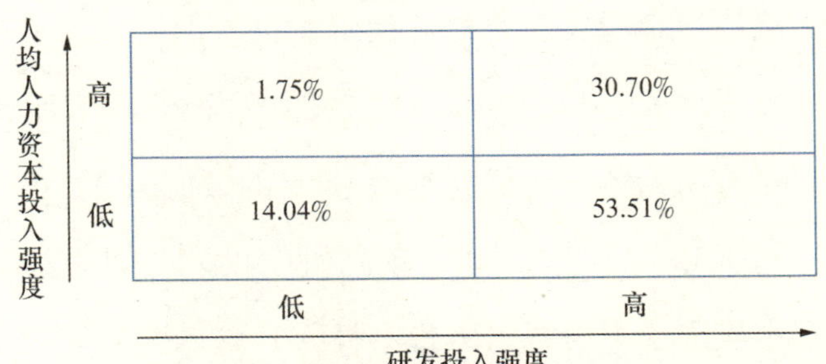

图7－1　2015年通用设备制造业上市公司创新投入强度整体分布

图7－2反映了2012～2015年间，国内通用设备制造业上市公司中按照创新投入强度划分的4种类型企业所占比重的变化情况。如图所示，强创新投入企业的比例变化不大，2012～2015年的数据是32.58%、31.46%、33.71%和30.7%，波动在3个百分点以内；然而，弱创新投入企业却呈现持续扩大的趋势，从2012年的8.99%，扩

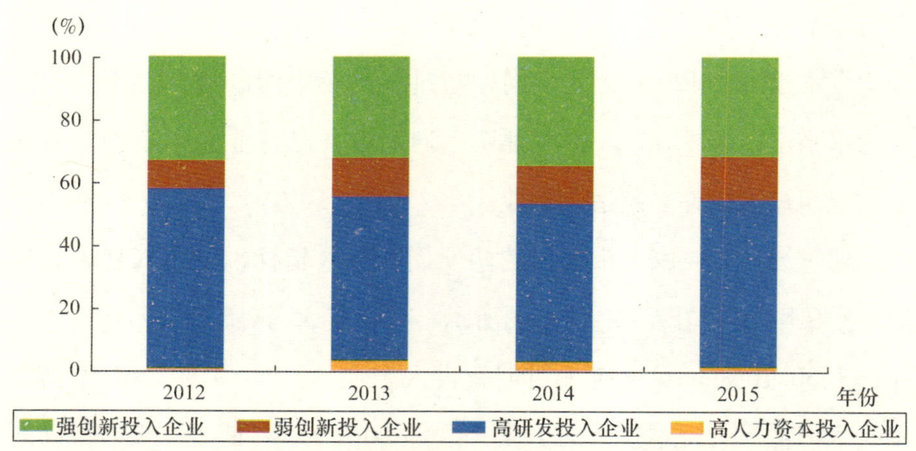

图 7－2　2012～2015 年通用设备制造业上市公司创新投入强度分布统计

大至 2013 年、2014 年的 12.36%，直至 2015 年的 14.04%，这种变化令人担忧。事实上，高研发投入但低人力资本投入企业比例的下降是造成上述变化的重要原因，尽管该类型企业的比例在 2015 年有所回升，提高了约 3 个百分点，但是之前 3 年持续下降（57.3%、52.81% 和 50.56%）的迹象非常明显；如果不能采取有效措施，该类型企业所占比例下降的趋势很难扭转。此外，低研发投入但高人力资本投入企业的比例有所改善，从 2012 年的 1.12% 骤增至 2013 年、2014 年的 3.37%，2015 年虽有所回落，但仍高于 2012 年的数值。

总体而言，与 2012 年相比，2015 年高研发投入（只考虑研发投入）和高人力资本投入（只考虑人力资本投入）这两大类企业所占的比重均出现下滑，前者下降了约 5 个百分点（2012 年 89.88%），后者下降了约 1 个百分点（2012 年 33.7%）。由此可见，尽管相比制造业的其他行业，通用设备制造业上市公司 2015 年的创新投入强度表现尚可，但统计表明，该行业创新投入有持续下降迹象，值得引起重视。

图 7－3 统计了 2015 年通用设备制造业不同板块上市公司的创新投入强度分布。从图中的颜色分布不难看出，三大板块（主板、创业

板、中小板）里四大类型企业的比例相差加大。强创新投入企业的数量排序是主板（20 家）、中小板（10 家）和创业板（5 家），弱创新投入企业的数量排序是中小板（7 家）、主板（5 家）和创业板（4 家），高研发投入但低人力资本投入企业的数量排序是中小板（24 家）、创业板（20 家）和主板（17 家），低研发投入但高人力资本投入企业只有 2 家，分布位于主板和中小板。相信上述不同类型企业数量的分布特点与各板块的上市条件、企业的发展阶段存在一定的联系。

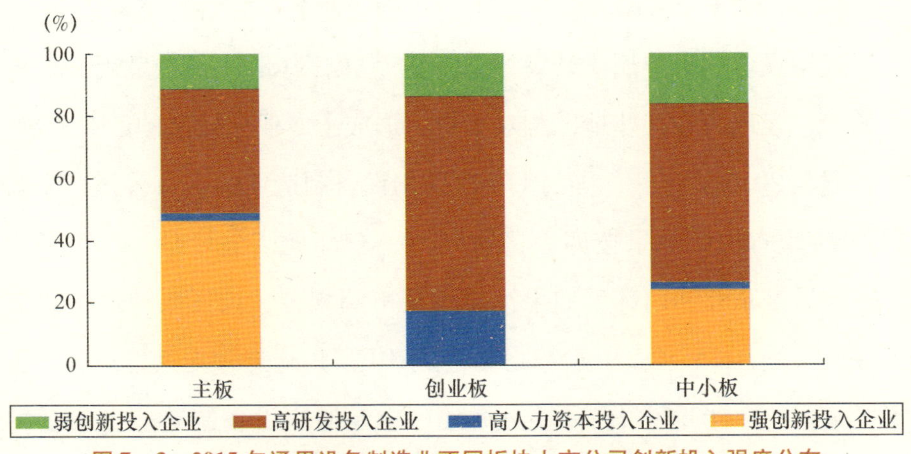

图 7－3　2015 年通用设备制造业不同板块上市公司创新投入强度分布

另一方面，统计还能发现各个板块四大类型上市公司的比例排序也不尽相同。按照从高到低的顺序，主板表现为“强创新投入（46.51%）＞高研发投入但低人力资本投入（39.53%）＞弱创新投入（11.63%）＞低研发投入但高人力资本投入（2.33%）”，创业板表现为“高研发投入但低人力资本投入（68.97%）＞强创新投入（17.24%）＞弱创新投入（13.79%）＞低研发投入但高人力资本投入（0）”，而中小板则表现为“高研发投入但低人力资本投入（57.14%）＞强创新投入（23.81%）＞弱创新投入（16.67%）＞低研发投入但高人力资本投入（2.38%）”。总体而言，创业板和中小板四大类型上市公司的比例排序完全一致，主板与它们的区别仅在于“强创新投入”和“高研发投入但低人力资本投入”这两类企业排序的先后。由于主板企业对公司盈利能力的要求更高，所以上市公司的整体实力更强，自然也体现为公司员工收入水平相对更高。

二、2015 年通用设备制造业创新投入的多维度研究

（一）2015 年我国各省份通用设备制造业上市公司的比较分析

通用设备制造业属于装备制造业的范畴，其地域分布呈现一定的区域性，表现为在某些地区相对集中，形成了专业化较高的产业集群。

截至 2015 年年底，国内 114 家通用设备制造业的上市公司共来自国内 21 个省份。如果按四大区域划分，东部地区数量最多，中部次之，之后是东北和西部。如果按三大都市圈划分，长三角地区上市公司数量（浙江 25 家、江苏 22 家、上海 10 家）遥遥领先其他地区，占据了全国的“半壁江山”；环渤海地区也是通用设备制造业上市公司相对集中的区域，包括山东 8 家、辽宁 9 家、北京和河北各 1 家；珠三角地区的广东也贡献了 8 家上市公司。事实上，作为国内装备制造业的第一大省，装备制造业已经成为广东重要的主导产业之一。2015 年，广东通用设备制造业固定资产投入达 359.63 亿元，同比增长 29.5%。其中该省普及型数控机床控制系统产量全国第一，成为华南地区乃至国家数控系统及数控机床的重要生产基地。此外，安徽和四川作为国内中、西部地区重要的通用设备制造业产业集聚地，其上市公司也已分别达到 8 家和 5 家（见图 7－4）。

本文还对各省份上市公司创新投入强度进入了深入研究，分析 4 种投入类型企业的比重分布，结果参见图 7－5。

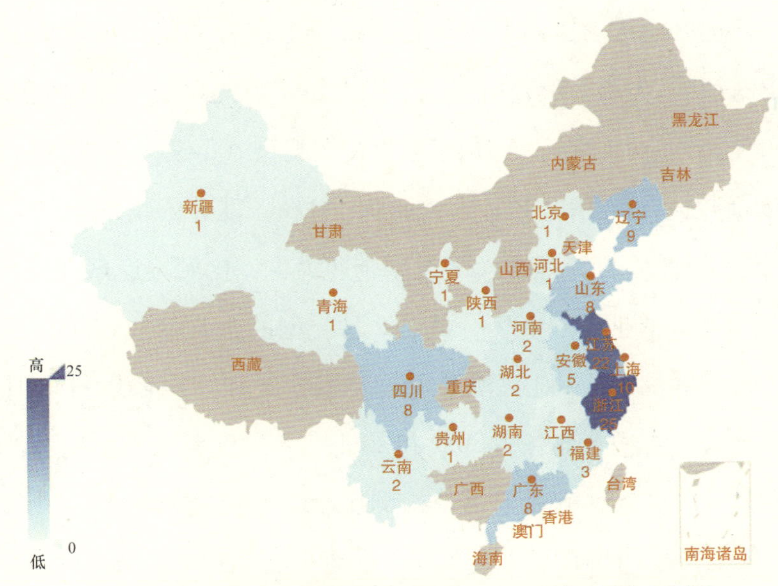

图 7－4　2015 年通用设备制造业上市公司各省份分布情况

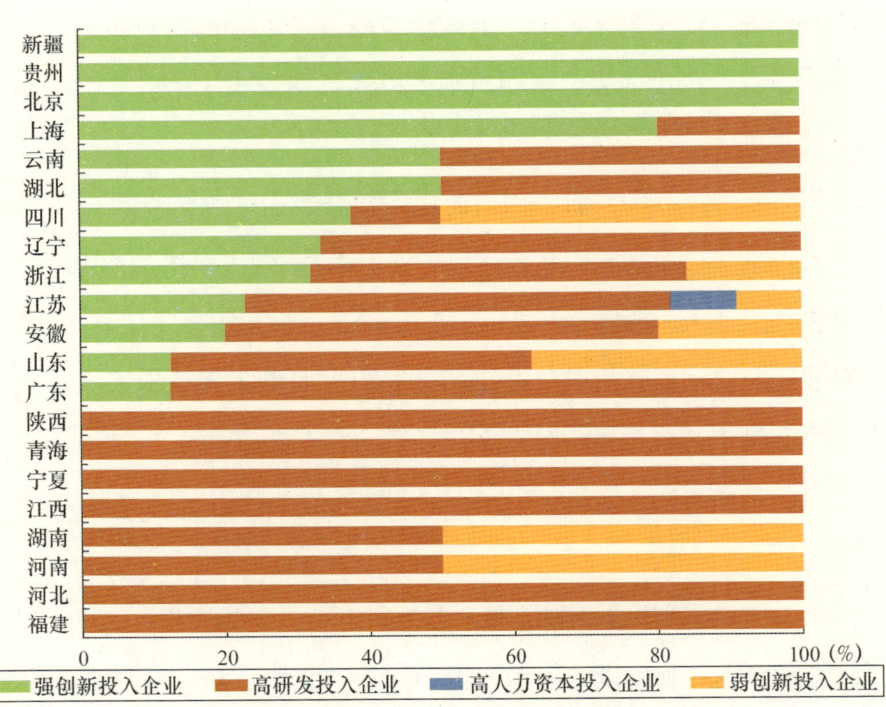

图 7－5　2015 年通用设备制造业上市公司创新投入强度分布

长三角地区是作为国内通用设备制造业上市公司分布最密集的地区，其中浙江的25家上市公司中一半以上属于“高研发投入但低人力资本投入”类型（13家），“强创新投入”类型（8家）企业约占1/3，“弱创新投入”类型（4家）企业约占1/6。江苏的情况类似，以“高研发投入但低人力资本投入”类型企业为主，比例接近60%，“强创新投入”类型企业约占20%，其余2种类型的企业各占1/10。但是上海的情况有所差异，“强创新投入”类型企业和“高研发投入但低人力资本投入”类型企业各占80%和20%。如果仅考虑研发投入，则上海的全部通用设备制造业上市公司都属于高研发投入大类。广东和辽宁2省的上市公司也符合上述标准，但是这2省均以“高研发投入但低人力资本投入”类型为主，“强创新投入”类型的比例相对偏低。国内其他的产业集聚区域中，山东和安徽也是以“高研发投入但低人力资本投入”类型为主，而四川则是以“低研发投入但高人力资本投入”类型为主。

另一方面，纵向来看，国内通用设备制造业“强创新投入”类型上市公司主要分布在长三角地区（2省1市），约占全国的60%；“高研发投入但低人力资本投入”类型上市公司主要分布在江苏、浙江、广东、辽宁这4省，约占全国的63.93%；“低研发投入但高人力资本投入”类型上市公司集中分布在江苏，而“弱创新投入”类型上市公司主要分布在浙江、四川、山东、江苏这4省，约占全国的81.25%。

（二）我国通用设备制造业上市公司研发投入的分析

开展自主品牌建设、运用知识产权促进技术创新和市场创新已经成为国内制造企业转型升级的重要途径。近年来，国内相关部门积极营造良好的知识产权市场环境，鼓励企业实施商标战略提升品牌价值，促使其在激烈的市场竞争中获取较高的经济效益。图7-6统计了国内通用设备制造业上市公司2011~2015年研发投入的相关数据，主要考察当年新增商标注册量和专利申请量两项指标。

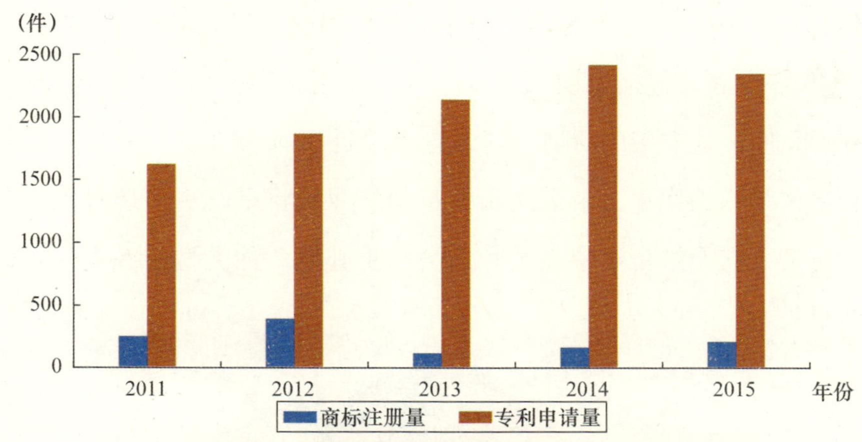

图7-6 2011~2015年通用设备制造业上市公司研发投入统计

与制造业的其他类别相比，长期以来通用设备制造业企业的年度新增商标注册量的数量明显偏少。以2015年为例，当年该行业仅为201件，对制造业全行业的贡献仅为1.6%，远低于计算机、通信和其他电子设备制造业（1464件）、医药制造业（1455件）、电气机械和器材制造业（1361件）等行业。

年度专利申请量也是衡量一个产业研发创新投入的重要指标，随着各级政府持续加强对知识产权的保护力度，各类企业主动申请专利的热情不断高涨。从2012年起，我国连续5年位居全球年度专利申请量之首，年均增幅18.7%。“十二五”期间，我国通用设备制造业上市公司的专利申请量大体保持稳定增速，2011~2014年基本保持14%的增幅，不过2015年却出现了约3%的负增长。与年度新增商标注册量类似，通用设备制造业对制造业整个行业的专利申请量贡献较小，2011~2015年间大体占据3.4%~3.8%的比例。

专利申请包括发明专利、实用新型专利、外观专利3类，其保护期限有所差别：发明专利时间最长，达到20年，权利稳定性较好；实用新型专利和外观专利的保护期限仅为10年，不过申请所需要的费用也相对较低。以2015年为例，当年国内通用设备制造业上市公司申请的2340件专利共包括发明专利885件、实用新型专利1313件、外观专利142件，其中实用新型专利的比重接近60%（见图7－7）。随着专利申请结构的优化，未来通用设备制造业应将重心更多地投入发明专利申请，它能给企业带来的利润会高于其他2种类型的专利，且保护期限长。

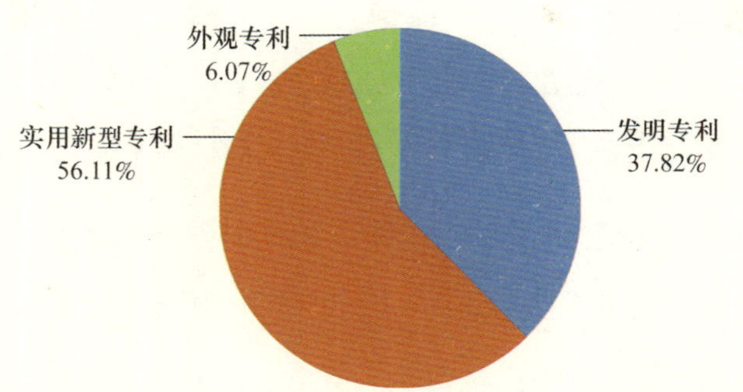

图7－7　2015年通用设备制造业上市公司专利申请类别统计

（三）2015年我国各省通用设备制造业上市公司盈利能力的比较

图7－8按照地域分布，梳理了2015年各省份通用设备制造业上市公司的盈利情况。从图中的柱状高低可以看出：净利润统计方面，上海远远领先国内其他省份，当年10家上市公司共计贡献110.4亿元，平均每家企业贡献约11亿元。排名第二的是广东，8家企业共计贡献34.35亿元，平均每家企业贡献约3.5亿元。排名第三的是新疆，其唯一的上市公司贡献了28.75亿元的净利润。有7个省份的上市公司净利润总额为负值，3个省份的净利润总额尽管为正，但不足1亿元。净利润率统计方面，广东排名榜首，为27.45%，其次是安徽，

为 14.49%，这也是仅有的 2 个净利润率超过 10% 的省份。接下来是新疆（9.56%）、上海（8.2%）和浙江（5.52%）。北京只有 1 家上市公司，2015 年的业绩表现不佳，净利润为 -44.52 亿元，净利润率为 -319.68%（见图 7-8）。

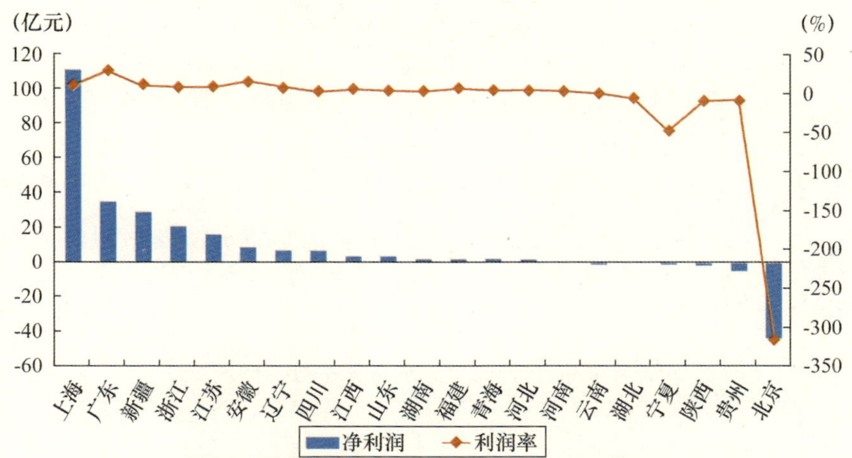

图 7-8　2015 年各省份通用设备制造业上市公司盈利能力比较

接下来，对 114 家通用设备制造业上市公司 2015 年的净利润数据进行认真梳理和分类，结果如图 7-9。从图中可以看出，大约一半的上市公司当年净利润值尽管为正，但却不足 1 亿元；净利润值超过 1 亿元，却不足 10 亿元的企业大约占统计总量的三成；只有不到 5% 的企业净利润值超过了 10 亿元，属于行业中的佼佼者。此外，当年还有 18 家上市公司没有盈利，约占总数的 16%，其中亏损最严重的是华锐风电科技（集团）股份有限公司，亏损了 44.52 亿元。

表 7-1 统计了 2015 年净利润值排名前 5 位的上市公司，其中前 4 家企业的净利润值均在 20 亿元以上，排名榜首的上海电气集团股份有限公司当年盈利 48.43 亿元，对 114 家上市公司净利润总额（185.32 亿元）的贡献度超过 25%。从地域分布上看，净利润值排名前 5 位的企业 2 家在上海，2 家在广东，1 家在新疆。按照创新投入强度的标

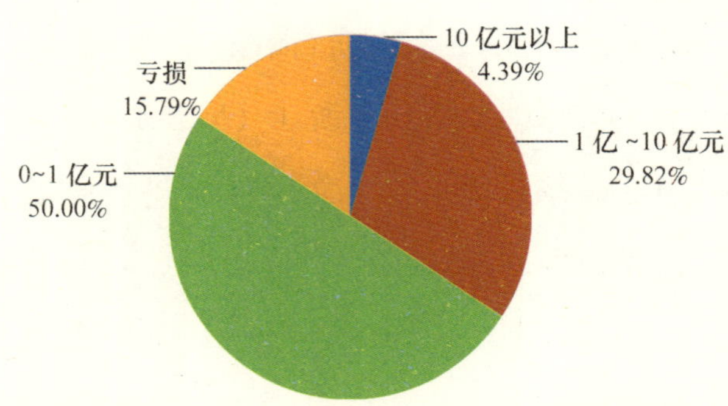

图 7-9　2015 年通用设备制造业上市公司净利润区间分布

准，净利润值排名前 4 位的企业全部属于“强创新企业”，排名第五的广州广电运通金融电子股份有限公司属于“高研发投入但低人力资本投入企业”。

表 7-1　2015 年通用设备制造业上市公司净利润 top5 统计

排序	公司名称	所属省份	净利润（亿元）
1	上海电气集团股份有限公司	上　海	48.43
2	新疆金风科技股份有限公司	新　疆	28.75
3	上海机电股份有限公司	上　海	28.00
4	广州广日股份有限公司	广　东	21.58
5	广州广电运通金融电子股份有限公司	广　东	9.18

图 7-10 是对 114 家上市公司 2015 年净利润率的统计，研究发现一半左右的企业净利润率都在 0~10% 之间，接近三成的企业净利润率在 10%~20% 之间，净利润率超过 20% 的企业仅为 7.02%。

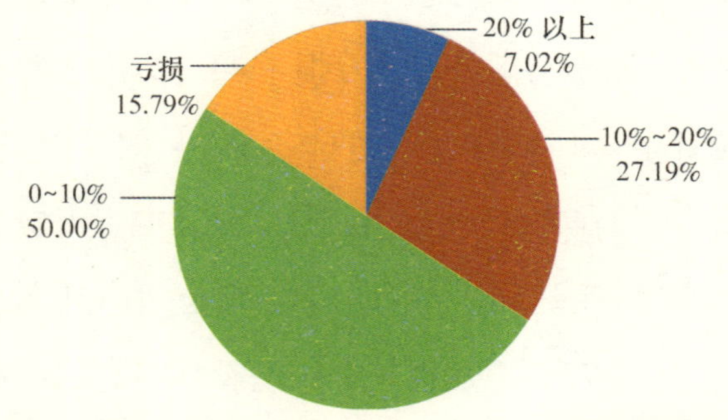

图 7-10　2015 年通用设备制造业上市公司净利润率区间分布

表 7－2 统计了 2015 年净利润率排名前 5 位的上市公司，从表中可以看出 5 家企业的净利润率均超过 20%，其中榜首的安徽盛运环保（集团）股份有限公司净利润率甚至超过了 45%。与净利润值排名前 5 位企业分布集中在 3 个省份相比，净利润率排名前 5 位企业的地域分布更加分散，分属安徽、广东、辽宁、四川 4 个省份，国内四大区域（东、中、西、东北）都有代表。其中广州广日股份有限公司是唯一一家同时在净利润值和净利润率均排名前 5 位的企业。

表 7－2　2015 年通用设备制造业上市公司净利润率 top5 统计

排序	公司名称	所属省份	净利润率（%）
1	安徽盛运环保（集团）股份有限公司	安徽	45.14
2	广州广日股份有限公司	广东	44.71
3	聚龙股份有限公司	辽宁	29.22
4	四川日机密封件股份有限公司	四川	25.37
5	沈阳新松机器人自动化股份有限公司	辽宁	23.88

三、2015 年通用设备制造业创新发展的问题探析

2016 年 7 月，紫金传媒智库发布了 2016 中国 A 股上市公司创新指数，从国内上市公司中评选出创新能力 500 强。它主要从创新强度、创新效益、创新绩效、创新资源、可持续性等 5 个方面的 21 个指标，基于 2011～2015 年上市公司数据信息，筛选出创新能力较强的 500 强，共覆盖 12 个行业。统计表明：500 强榜单里制造业占 278 家，其中广东、北京、浙江、江苏 4 地制造业公司创新能力优势明显，贡献了 143 家，占 51.4%；公司创新能力呈现出对公司规模有一定的依赖性，即公司规模与公司创新能力有显著的正相关性。

上述研究结论与前文的部分研究数据相符，如图7－3中能看出主板上市公司里“强创新投入”企业的比重明显超过中小板和创业板。不过如果仅考虑“研发投入”这一项指标（计算“强创新投入”和“高研发投入但低人力资本投入”两类型比例之和），主板（86.05%）相比中小板（80.95%）和创业板（86.21%）的优势就不太明显。此外，本文的研究也印证了广东、浙江和江苏在地域创新方面具备较强的优势，不过由于北京的通用设备制造业上市公司数量太少（仅1家），且表现不佳，所以与紫金传媒智库的研究结论不符。此外，本文的研究还发现长三角地区的上海和东北地区的辽宁在通用设备制造业创新方面同样已形成较大的地域优势。

以下本文选择3家国内通用设备制造业创新方面具有代表性的上市公司进行案例研究，总结各自经验教训，探讨当前行业发展中存在的主要问题。

（一）典型上市公司的创新状况分析

1. 上海电气集团股份有限公司（简称“上海电气”）

上海电气是2015年国内通用设备制造业上市公司净利润值最高的企业，其控股股东是上海电气（集团）总公司（55.05%），后者是上海市国有资产监督管理委员会的独资企业。上海电气多年来在中国机械工业销售排名中排名靠前，2015年在“ENR全球最大225强国际承包商排名”中位居第91名，排名比上一年有所下降。它也入选了紫金传媒智库的中国A股上市公司创新能力500强名单。作为上市公司，上海电气的主导产品有1000MW级超超临界火力发电机组、1000MW级核电机组，重型装备、输配电、电梯、印刷机械、机床等。它是中国最重要的发电设备供应商之一，也是国内积极推进燃气轮机国产化和自主化的骨干企业之一，已形成了 15 项专利、40 多项设计程序。

上海电气在创新方面注重自主创新与合作创新相结合，有效利用“两个市场、两种资源”，通过加强与外资企业的合作，实现“弯道超车”。例如 2011 年意大利军工集团芬梅卡尼卡计划出售旗下的安萨尔多能源公司，后者是全球第四大燃气轮机制造商，具有自主的、完整的燃机研发和设计技术和独立完成燃机整机研发的能力。为分享研发经验，上海电气经过多轮谈判，最终在 2014 年出资 4 亿欧元成功收购意大利安萨尔多能源公司 40% 股权，同年年底双方还在上海成立两家合资公司，一家负责整机的研发、工程、生产、技术服务，另一家负责燃机高温热部件的生产和维修。此次收购不仅为中方吸收技术以及开展联合研发开了好头，也解开了之前国产化推进不顺的症结。

2. 广州广日股份有限公司（简称“广日股份”）

广日股份是国内电梯制造历史最悠久的企业之一，以电梯业务为核心，向上下游产业链延伸。公司已形成以电梯整机制造、电梯零部件生产及物流服务三大业务板块为主的产业一体化经营格局。近年来，面对严峻的市场形势和电梯主业产、销量增速放缓的双重压力，公司紧紧抓住工业 4.0 发展的新机遇，以创新驱动产业升级，坚持走创新发展、升级发展、有效发展的可持续发展之路，取得了较好成绩。

2015 年，子公司广日电梯积极推进 CNAS 国家级实验室建设，打造核心研发实力。申请专利 31 项、软件著作权 7 项、论文发表 10 篇；子公司广日电气已立项科技项目 9 项，验收科技项目 5 项，申请专利 3 项（其中发明专利 1 项），获得专利授权 4 项（其中发明专利 1 项）。当年广日电梯研发中心实验室被认定为国家认可实验室（CNAS），其在多个领域已具备一流实验、检测实力，不仅能够支持企业自身研发创新，还会为电梯、电气及LED相关领域技术研发提供检测和试验。

2015年，广日股份获颁“广东省自主创新标杆企业”，荣获中国物流与采购联合会颁发的“2015年科技进步奖三等奖”，荣获广东省企业联合会和广东省企业家协会联合认定并颁发的“2015年广东省自主创新示范企业”称号以及中国证券报评选的“2015年度金牛最高效率公司”。

3. 秦川机床工具集团股份公司（简称“秦川机床”）

秦川机床是一家集研发、生产、销售、售后为一体的国内龙头机床集团，规模位列第三，磨齿机产量约占国内企业总产量的75%，是中国精密数控机床与复杂工具研发制造基地。公司建有国家级企业技术中心、院士专家工作站、博士后科研工作站、美国研发机构及3个省级技术研发中心。多次获得“国家科技进步一等奖”“国家科技进步二等奖”“中国工业大奖项目表彰奖”“中国机械工业百强企业”“陕西百强企业”“中国产学研合作创新奖”等荣誉。

2014年9月，秦川机床完成重大资产重组，成为目前中国机床工具业行业中品类最多、技术水平最高、产业链最完整、综合竞争力最强的企业。在最新发布的中国工业品牌指数机床榜单里，秦川机床排名第三。面对机床行业2011年以来的严峻形势，公司提出了坚守机床产业、开拓智能制造，践行“3个1/3战略”，即制造工艺装备链、关键零部件制造以及现代服务业。未来目标是三大板块能均衡发展，营业收入各占1/3。2015年公司研发投入1.23亿元，约占企业主营业务收入的4.83%，新产品业务收入占主营业务收入21.64%。全年共开发新产品132项，获得专利授权共计10项，其中发明专利8项。多年来，公司坚持研发投入和追求技术创新，并秉承工匠精神，兢兢业业专注技术和工艺。尽管当年公司出现亏损，但主要是受行业不景气、订单下滑影响，尤其关键零部件制造和现代服务业两大板块的发展未实现预期目标。相信随着行业变暖，2016 年公司有望扭亏为盈。

（二）影响行业创新发展的主要因素

1. 行业集中度偏低，大型龙头企业数量不足

截至 2015 年年末，国内通用设备制造业共有约 2.5 万家，其中大中型企业的数量仅有 3090 家，占比约为 12%。由此可见，该行业仍以小型企业为主，小型企业数量占比接近 90%。行业集中度偏低，产能利用率也不高。事实上，除个别行业（锅炉、汽轮机、水轮机制造等）外，我国通用设备制造业大多数行业的集中度都不高，甚至齿轮、轴承、紧固件、液气密等通用基础件行业的市场集中度更低，几乎没有企业市场占有率能够超过 5%。以轴承产业为例，国际轴承市场上约 80% 的份额长期被来自瑞典、德国、日本、美国的几家公司牢牢把持，它们占据了轴承市场特别是高端市场的全部。行业集中度偏低，导致产品同质化现象严重，许多企业为了抢夺市场，不顾成本，微利甚至无利也承接订单，“让利不让市”。这不仅导致企业盈利水平下降，也进一步制约了研发投入的经费来源。

2. 创新人才的不合理分布制约了企业的创新效率

从产业链分布上看，通用设备制造业处于制造业的中游环节。其上游产业是钢铁产业，下游产业是汽车制造、工业机械、自动化设备等，该产业的成本高低受制于上游钢铁产品价格和行业生产加工技术水平。行业普遍采取订单式生产模式，企业生产严重依赖于客户订单，尤其对大客户依赖性严重，导致企业的产品价格定价受到制约，利润空间被压缩。我们对 114 家上市公司按 2015 年“人均人力资本投入”和“研发强度”分别排序，发现“人均人力资本投入”排序的前 30

家企业中，以主板企业为主，共计 18 家，约占 60%；而按照“研发强度”排序的前 30 家企业里，主板企业仅有 8 家，约占 26%。这组数据部分反映了企业创新活动的一组矛盾：中小板和创业板企业尽管愿意加大创新投入，但是企业发展规模受限，盈利水平不高导致给创新人才的待遇有限；主板企业大多资产规模、收入状况较好，能够给员工更高的薪酬待遇，不过企业对创新活动的支持却反而下降了。

事实上，国内通用设备制造业大中型企业里的国有企业比例较高，由于创新活动投入大、见效慢，不能满足中短期快速见效的要求，所以部分大中型企业自主创新欲望不强，宁愿低水平复制扩大生产能力，却吝啬于对技术和人力资源进行投入，自然也导致对创新人员的需求不高。据统计，当前我国通用设备制造业的研发投入强度为1% ~ 1.5%（国外同行是3% ~6%），研发人员占从业人员比例偏低，约为 3% ~5%（外企一般是 10%）。此外，部分制造企业缺乏对内部现有技术人员的培养，也影响了创新效率。

3. 制造企业的研发模式有待改进

21 世纪的头 10 年，我国通用设备制造业曾保持高速的增长势头，产值规模年均增速超过 20%。只有 2009 年增长率曾出现较大下滑，2006 ~2010 年的平均增速高达 26.56%。不过受金融危机后欧美“制造业回流”的影响，2011 年起国内该行业的增速明显放缓。盈利水平的下降会直接影响企业的创新研发活动。一方面，早期“市场换技术”的合作研发模式未能实现预期效果，采取独资或合资的外资企业产品的核心技术和部件仍在本国制造，我国只是它的一个组装车间。中国企业让出了部分市场，但并未换来期待的先进技术分享。另一方面，与国外领先企业相比，我国通用设备制造业的整体生产水平相差甚远，尤其高端产品的制造工艺。因此，加大共性技术研发、依托产业联盟构建研发平台被视为能够加快创新节奏的有效途径。然而，国内企业缺乏合作研发的动力，而且很多企业缺乏对产品技术发展的全面审视，未能形成“生产一代，储备一代，研发一代”的市场竞争良性循环，从而影响了行业整体竞争力的提升。

四、政策建议

（一）创新应需要长期投入

《工业转型升级规划（2011—2015 年）》《国家“十二五”科学和技术发展规划》和《中国制造 2025》等重要政策规划和行动纲领反复强调提高科研投入、增强自主创新能力、开发具有自主知识产权、自主品牌、高附加值的产品是改变我国制造业大而不强的重要途径。与国外跨国企业相比，我国通用设备制造业整体竞争实力偏弱，只在少数几个行业具有一定的实力，但距离国际先进水平仍有较大的差距。目前国内制造业普遍面临着低端商品产能过剩、高端商品供给不足的矛盾，因此只有通过持续创新、改善产品结构才有望改变上述局面。另一方面，尽管“十二五”期间受国际市场需求下滑的影响，通用设备制造业增速明显放缓，行业盈利水平下降，这为国内企业专注创新活动提供了重要的机遇。秦川机床就是在经济转型期坚持创新投入的生动案例，尽管该企业在 2015 年也出现了较大亏损，但随着其主导产业新产品的陆续上市以及管理效率的提升，公司很快能扭亏为盈。

（二）采取有效措施，减轻企业负担

创新活动需要大量的人力物力投入，对企业的盈利能力要求很高。近年来，随着中国经济从高速向中高速增长模式的转换，国内制

造业为代表的实体经济遭遇了生产成本和融资成本上升、产品价格和利润率下降的多重挑战，直接制约了企业的研发投入。为推动制造业转型升级、加快智能制造，各级政府有责任实施减税降费为实体经济企业降低制度性成本，主要包括部分行政事业性收费和政府性基金。与此同时，还应鼓励行业内部企业间通过兼并收购，培养更多实力较强的市场主体，产生更多的上市公司。一则上市后可以完善公司治理结构，提高管理和运营效率，与国际接轨；二则上市后能通过资本市场融资，减轻了企业发展面临的融资压力，也为研发活动创造了更有利的条件。

（三）引导构建产业集群，推动产学研合作创新

本文数据分析发现，当前国内通用设备制造业在东、中、西、东北四大区域都已出现了规模不一的产业集群，除了长三角、珠三角、环渤海地区，身处内陆的四川和安徽也具备了组建产业集群的条件。通过构建产业集群，可以加强龙头企业和中小企业之间的业务联系，推动实现配套产业本地化，促进资本、原料、人才等创新要素的自由流动，也有助于搭建产学研的合作创新平台。前文提到的广日股份和秦川机床两家上市公司在自主创新方面成效显著，其中产学研合作发挥了很大作用，国家级实验室、院士专家工作站、博士后科研工作站就是典型的例子。

执笔人：郭　巍

2015年专用设备制造业上市公司创新能力评价

按照国家统计局《国民经济行业分类与代码（GBT 4754—2011）》的统计标准，专用设备制造业与通用设备制造业、金属制品业和交通运输设备制造业等七大类行业属于装备制造业的范畴，都是为满足国民经济各部门发展和国家安全需要而制造各种技术装备的行业。截至2015年年末，我国专用设备制造业规模以上企业共计1.78万家，当年实现利润总额2186.65亿元。本章研究发现，2015年国内专用设备制造业上市公司在“研发强度”和“人均资本投入”两项指标中表现优秀，但是受下游行业产能过剩的影响，整体盈利水平不高。随着相关产业“去产能”效果的逐步显现和行业创新能力的增强，专用设备制造业利润总额和利润水平有望获得较大提升。

本章收集了我国169家专用设备制造业上市公司2015年研发投入和人均人力资本投入数据，利用上述企业创新投入强度二维评价模型，对专用设备制造业上市公司创新能力进行了分类评价，得出专用设备制造业企业创新投入强度及结构分布。评价结果显示，169家专用设备制造业上市公司中，强创新投入企业70家，占41%；弱创新投入企业10家，占6%；高研发投入企业81家，占48%，高人力资本投入企业仅8家，占5%。与其他制造业相比，专用设备制造业属于强创新行业。

一、2015年专用设备制造业发展的总体评价

专用设备制造业具体包括：矿山、冶金、建筑专用设备制造，化工、木材、非金属加工专用机械制造，食品、饮料、烟草及饲料生产专用设备制造，印刷、制药、日化生产专用设备制造，纺织、服装和皮革工业专用设备制造，电子和电工机械专用设备制造，农、林、牧、渔专用机械制造，医疗仪器设备及器械制造，环保、社会公共安全及其他专用设备制造。作为制造业中的基础行业，专用设备制造业对钢材、化学制品、电子、机械装备制造业等相关行业的发展具有较强的带动作用，能为钢铁、冶金和化工企业等提供配套生产设备，是典型的资本技术密集型产业，前期投入资金大，准入门槛高，规模效应强。

（一）“十二五”时期我国专用设备制造业的发展概况

“十二五”（2011～2015年）期间，中国专用设备制造业各年的主营业务收入分别是25568.41亿元、27278.65亿元、32057.48亿元、34783.9亿元、35599.8亿元，基本保持平稳增长态势。然而，与之对应的增长率却呈下降趋势，过去5年的数据分别是29.8%、9.26%、11.8%、7.1%和2.9%，除2013年小幅反弹外，大体一路走低。此外，2011～2015年间，中国专用设备制造业各年的利润总额分别是1959.65亿元、1884.89亿元、2147.28亿元、2167.9亿元和2096.9亿元。2012年主营业务实现了小幅增长，但却出现亏损。过去两年尽管

利润同比增长再次下滑，但下降幅度明显变窄。过去 5 年数据是 25.6%、-3.8%、13.9%、0.96% 和 -3.28%。事实上，专用设备制造业受下游需求的拉动作用较大，终端产品市场的活跃程度、固定资产投资力度等因素都会影响该行业的发展前景，其中政府的扶持政策及基础设施建设更是发挥着决定性的作用。

（二）2015 年我国专用设备制造业上市公司总体表现

截至 2015 年年底，我国专用设备制造业上市公司共有 169 家，涵盖了 9 个类别，其中主板上市公司 57 家、中小板上市公司 65 家、创业板上市公司 47 家。2015 年，169 家上市公司的研究投入总计 153.34 亿元，研发强度是 4.19%，超过当年中国制造业上市公司的平均水平（2.92%），仅次于“仪器仪表制造业”（5.79%）和“计算机、通信和其他电子设备制造业”（5.44%）两个行业。该行业上市公司人力资本投入总额 500.29 亿元，除以当年员工总数 43.31 万人，可得人均资本投入为 11.55 万元，同样超过了当年中国制造业上市公司的平均水平（9.79 万元），仅次于“铁路、船舶、航空航天和其他运输设备制造业”（12.56 万元）和“通用设备制造业”（12.16 万元）。由此证明，专用设备制造业在创新投入方面的表现超过国内许多制造业行业。

通过统计 169 家上市公司的两项创新投入指标，可将其划入相应的 4 个象限。如图 8-1 所示，当年有 70 家上市公司属于强创新投入企业，占 41.42%；10 家属于弱创新投入企业，占 5.92%；81 家属于高研发投入但低人力资本投入的企业，占 47.93%；8 家属于低研发投入但高人力资本投入企业，占 4.73%。如果仅考虑研发投入，高达 89.35% 的企业属于高研发投入（远远高于制造业上市公司平均水平 68.3%）；然而，如果只考虑人力资本投入，约有 46.15% 的企业属于高人力资本投入（明显高于制造业上市公司平均水平 33.2%）。由此可见，该行业上市公司不仅重视研发投入，也普遍加强对员工福利状况的改善，这在很大程度上有助于降低企业员工的流失率，有助于保持研发队伍人员的稳定性。

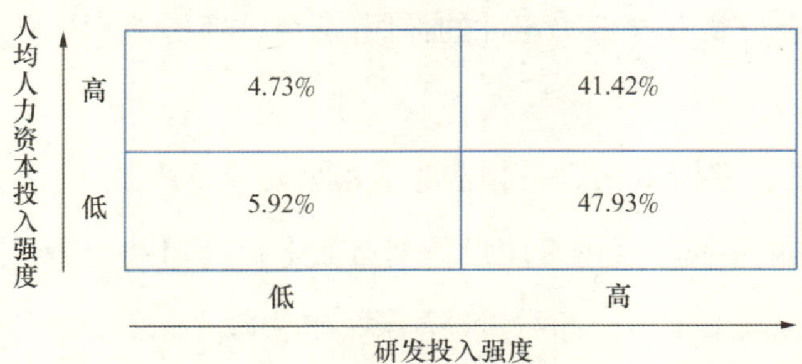

图 8－1　2015 年专用设备制造业上市公司创新投入强度整体分布

图 8－2 反映了 2012～2015 年间，国内专用设备制造业上市公司按照创新投入强度划分的 4 种类型企业所占比重的变化情况。如图所示，强创新投入企业的比例波动较大，过去 4 年的数据是 43.65%、49.21%、46.03% 和 41.42%，最大的波动幅度约 6 个百分点。2013 年强创新投入企业的比例曾一度接近专用设备制造业全体上市公司的“半壁江山”，不过最近两年出现了快速回落，且下降幅度有扩大的趋势。与此同时，弱创新投入企业出现持续扩大的迹象，尽管目前该类

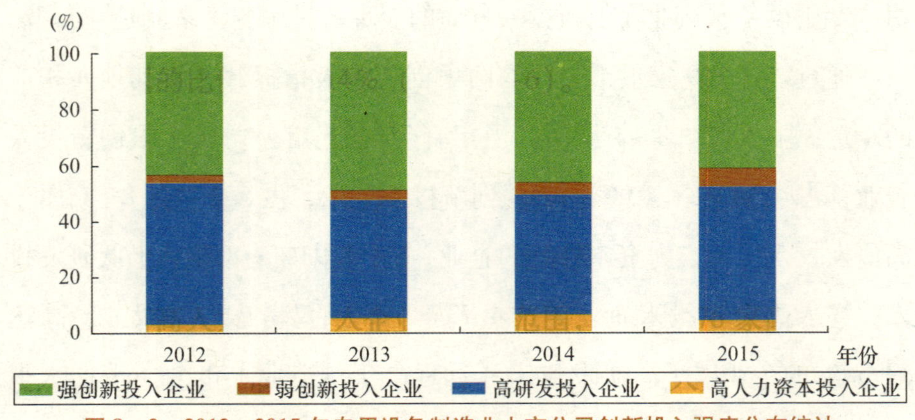

图 8－2　2012～2015 年专用设备制造业上市公司创新投入强度分布统计

型企业所占比例仍然较小，从 2012 年的 2.38%，扩大至 2015 年的 5.92%，每年大约提高 1 个百分点。这种变化应当给予一定重视。2013 年，高研发投入但低人力资本投入企业比例出现骤降，减少了约 8 个百分点，直到 2015 年才有缓慢的回升，但仍未恢复至 2013 年的水平。低研发投入但高人力资本投入企业的比例数值不大，但每年都有所增加，与弱创新投入企业的规模类似。

总体而言，与 2012 年相比，2015 年高研发投入（只考虑研发投入）类型企业所占比重出现下滑，降低了约 5 个百分点（2012 年 94.44%）。而高人力资本投入（只考虑人力资本投入）类型企业所占比重则基本稳定，仅降低了不足 1 个百分点（2012 年 46.15%）。创新活动是一项长期的战略性投资，需要持续大量的经费投入。进入“新常态”以来，受下游钢铁、化工等产业产能过剩经营状况不佳的影响，专用设备制造业整体利润水平也出现持续下滑。但装备制造业是国民经济发展特别是工业发展的基础，更是制造业的核心组成部分，因此必须通过自主创新实现关键技术研发的突破，才能不依赖于发达国家跨国公司，避免陷入“引进、落后、再引进”的“恶性循环”。

图 8 -3 统计了 2015 年专用设备制造业不同板块上市公司的创新投入强度分布。从图中的颜色分布不难看出，三大板块（主板、创业板、中小板）里四大类型企业的比例相差加大。强创新投入企业的数量排序是创业板（28 家）、主板（27 家）和中小板（15 家），弱创新投入企业的数量排序是主板（6 家）、中小板（2 家）和创业板（2 家），高研发投入但低人力资本投入企业的数量排序是创业板（37 家）、中小板（26 家）和主板（18 家），低研发投入但高人力资本投入企业只有 8 家，分布于主板（6 家）和中小板（2 家）。

另一方面，统计还能发现各个板块四大类型上市公司的比例排序

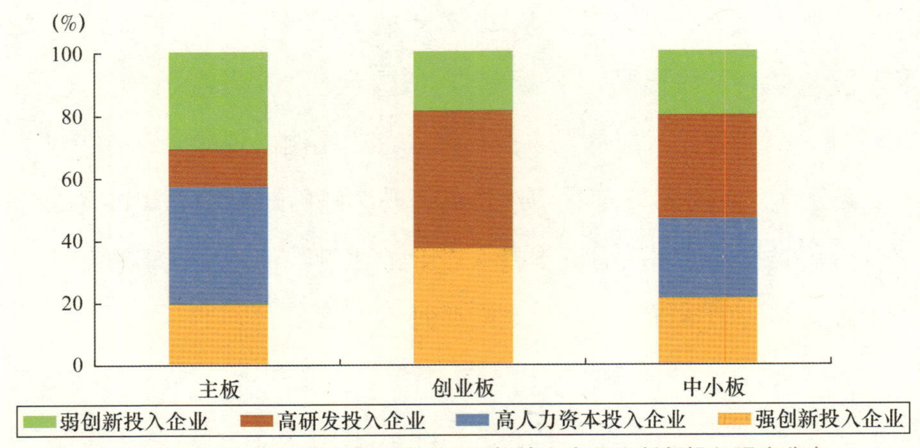

图 8－3　2015 年专用设备制造业不同板块上市公司创新投入强度分布

也不尽相同。按照从高到低的顺序，主板表现为“强创新投入（47.37%）＞高研发投入但低人力资本投入（31.58%）＞弱创新投入（10.53%）、低研发投入但高人力资本投入（10.53%）”，创业板表现为“高研发投入但低人力资本投入（55.22%）＞强创新投入（41.79%）＞弱创新投入（2.99%）＞低研发投入但高人力资本投入（0）”，而中小板则表现为“高研发投入但低人力资本投入（57.78%）＞强创新投入（33.33%）＞弱创新投入（4.44%）、低研发投入但高人力资本投入（4.44%）”。总体而言，创业板和中小板四大类型上市公司的比例排序完全一致，主板与它们的区别仅在于“强创新投入”和“高研发投入但低人力资本投入”这两类企业排序的先后。由于主板企业对公司盈利能力的要求更高，所以上市公司的整体实力更强，自然也体现为公司员工收入水平相对更高。

（三）2015 年我国通用设备制造业上市公司盈利情况

经营状况总体一般。2015 年，169 家专用设备制造业上市公司的营业收入、净利润分别为 3663.6 亿元和 119.1 亿元。专用设备制造企业以中小企业为主，数量占比超过 60%，大型企业数量占比为 36%。在大型企业中，年销售收入规模超过 100 亿元的企业仅 6 家，大部分企业年销售规模在 10 亿～100 亿元之间，有 55 家。专用设备制造业上市公司利润率为 3.25%，处于制造业上市公司的中下水平。专用设备制造业上市公司两极分化严重，使得整体盈利水平不高（见图 8－4）。

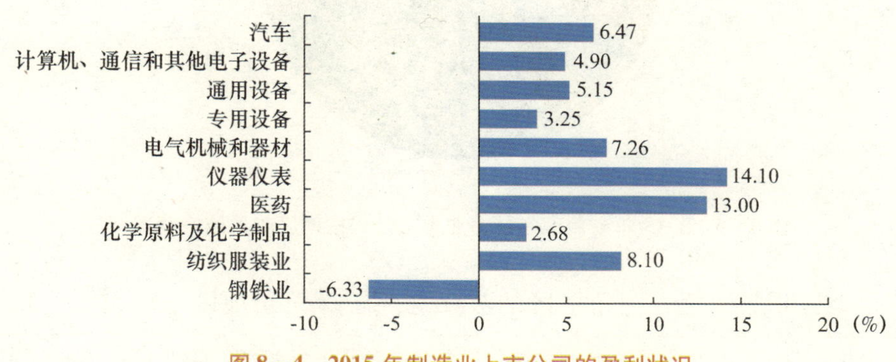

图 8－4　2015 年制造业上市公司的盈利状况

行业利润主要来自北上广地区。2015 年专用设备制造业上市公司利润主要来自北京、广东和上海，占全部利润的 62%，而销售收入依次来自上海、江苏、北京、广东、山东和湖南 6 省市，占全部收入的 67%（见图 8－5、图 8－6）。从区域看，长三角地区的利润基本与珠

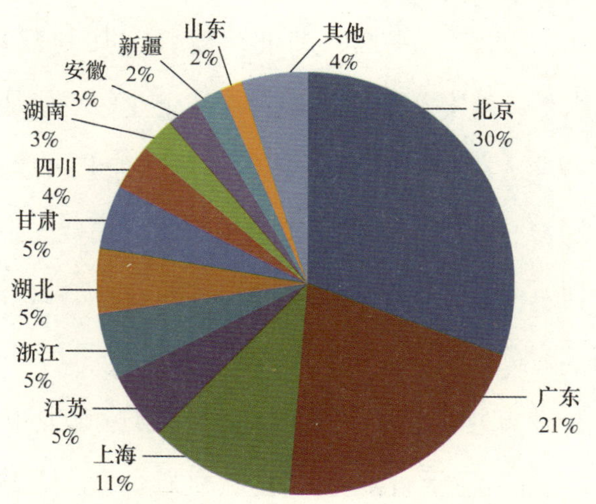

图 8－5　2015 年专用设备制造业上市公司按地区利润结构情况

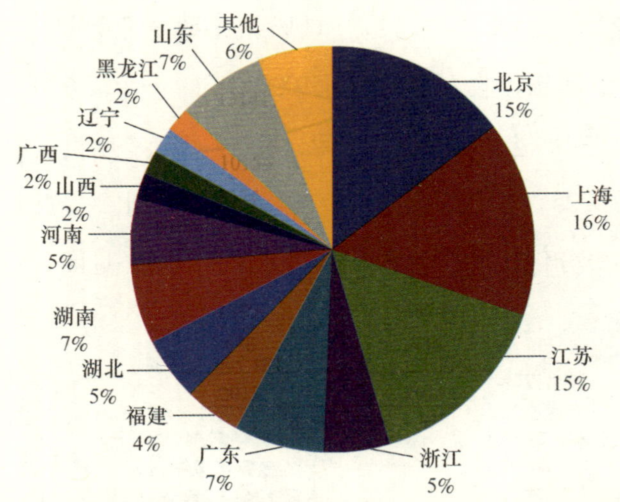

图8－6　2015年专用设备制造业上市公司按地区收入结构情况

三角地区相当，但长三角地区的收入远高于珠三角地区。这说明专用设备制造企业的发展模式不同，广东地区企业注重发展质量，深圳的创新环境对区域经济有很大带动作用，而江苏、山东等地区更注重企业规模。

盈利能力地区分化。按照利润率大小，可以将各地分成盈利强、盈利一般和盈利差地区。盈利强地区为新疆、甘肃、吉林、安徽、江西、广东、四川、北京、陕西、湖北、浙江，其利润率高于行业3.25%的平均水平，其中新疆、甘肃、吉林企业的盈利能力最强，利润率高达20%以上，但该地区企业数量少，仅有1～2家；盈利一般地区为上海、辽宁、湖南、江苏、山东、山西、福建、广西，其利润率低于行业平均水平；盈利差地区为黑龙江、内蒙古、河北、河南、天津，其利润率为负增长（见图8－7）。

盈利能力企业分化严重。尽管专用设备制造业上市公司总体盈利能力很强，利润率高于行业水平的盈利强企有118家，占70%，其中利润率达到20%以上的企业有28家，占全部企业的18%，但

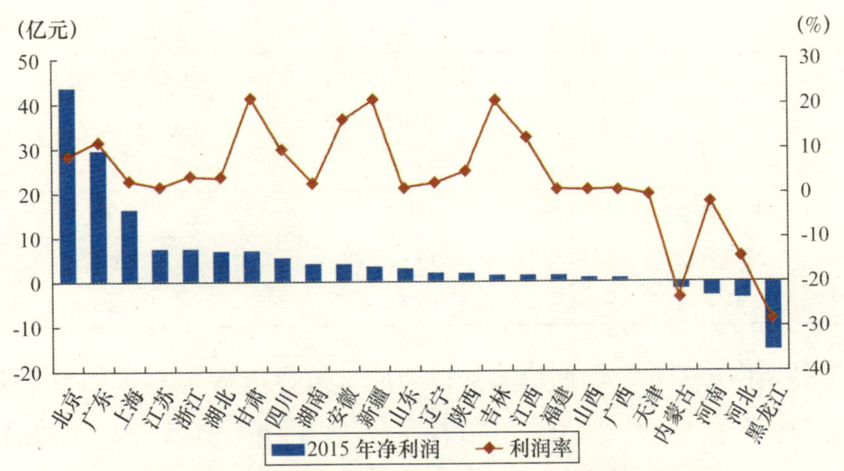

图 8－7　2015 年专用设备制造业上市公司利润地区分布情况

是由于利润率负增长的盈利差企 21 家，占 12%，其中超过 100% 高负增长的企业有 3 家，因此造成行业整体盈利能力变差（见图 8－8）。值得关注的是，百亿规模大企业的盈利能力并不出色，6 家企业中除了 1 家企业盈利较强外，其他的企业盈利能力均较差，利润率均低于行业平均水平，这反映了目前专用设备行业企业大而不强（见表 8－1）。

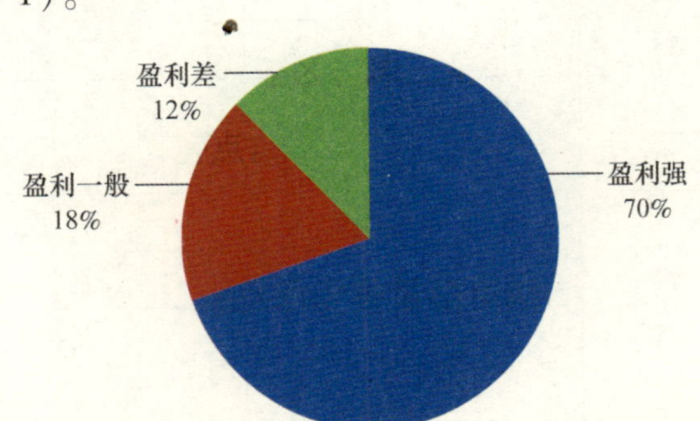

图 8－8　2015 年专用设备制造业上市公司的盈利情况

表 8－1　2015 年专用设备制造业销售规模百亿元上市公司盈利情况

	销售收入（亿元）	利润率（%）
徐　工	167	－0.37
中联重科	208	0.43

续表

	销售收入（亿元）	利润率（%）
三一重工	234	0.59
振华重工	233	0.83
中材国际	226	2.97
天地科技	143	9.65
行业平均	22	3.25

其原因主要是产品同质化导致的低价格恶性竞争和高负债率加重财务负担等造成的，如徐工、中联重科、三一重工等大型建筑机械企业随着基础设施建设速度下降，市场对大众产品需求减少，造成产能过剩，从而使得经营恶化。相反，一些在细分领域活跃的企业却盈利能力很强，利润率超过25%以上的企业多数是中等规模企业，技术水平均在国内外领先（见表8－2）。

表8－2　2015年专用设备制造业盈利超强企业情况

上市公司	净利润率（%）	收入（亿元）	省　份	业　务
经纬纺机	35	56.54	北　京	纺织机械
三垒股份	41	1.36	辽　宁	波纹管成型设备
健帆生物	39	5.09	广　东	血液净化医疗设备
美亚光电	34	8.41	安　徽	光电检测设备
凯利泰	32	4.63	上　海	微创手术产品
斯莱克	28	3.48	江　苏	易拉盖设备
豪迈科技	28	23.09	山　东	轮胎油气装备制造
冠昊生物	28	2.26	广　东	再生医疗材料
先导智能	27	5.36	江　苏	新能源领域智能设备
浙江鼎力	26	4.79	浙　江	高空作业设备
兰石重装	26	24.66	甘　肃	大型石化装备
东富龙	25	15.56	上　海	制药和生物工程用冻干技术设备
利君股份	25	5.74	四　川	矿山水泥粉磨设备

二、2015 年专用设备制造业创新投入的多维度研究

（一）专用设备制造业上市公司创新投入总体评价

从研发投入规模看，2015 年 169 家专用设备制造业上市公司的研发投入费共计 153.3 亿元，占全部制造业上市公司研发投入的 5.6%（见表 8－3）。

表 8－3　2015 年我国专用设备制造业上市公司创新投入情况

	企业数量（家）	研发投入（亿元）	研发强度（%）	员工总数（万人）	人均人力资本投入（万元）
专用设备制造业	169	153.3	4.19	43.3	11.55
全部制造业	1747	2736.6	2.92	836.9	9.79

从研发强度看，专用设备制造业上市公司为 4.19%，高于同期制造业上市公司 2.92% 的研发强度，以及同期全国 2.07% 的研发强度。

从人均投入看，2015 年专用设备制造业上市公司共有员工 43.3 万人，人均人力资本投入 11.55 万元，远高于制造业上市公司 9.79 万元的水平。另外，人均研发投入 3.54 万元，略高于制造业上市公司 3.27 万元的水平。专用设备制造业在制造业行业属于强创新行业，其研发投入强度和人均人力资本投入强度均超过均值。

（二）2015 年我国各省份专用设备制造业上市公司的比较分析

作为资本技术密集型产业，专用设备制造业的分布也相对集中，在国内已形成若干专业化较高的产业集群。

截至 2015 年年底，国内 169 家通用设备制造业的上市公司共来自国内 24 个省份。如果按四大区域划分，东部地区数量最多（约占

70%），中部次之（约占15%），之后是西部（约占9%）和东北（约占6%）。有6个省份的上市公司数量超过10家，分别是广东（26家）、江苏（20家）、浙江（19家）、山东（13家）、北京（13家）和上海（12家），全部位于东部沿海地区（见图8－9）。其中长三角地区（沪、浙、苏）的上市公司（51家）约占全行业的1/3，环渤海地区（鲁、京、津、冀、辽）的上市公司（41家）约占全行业的1/4。广东是名副其实的制造业大省，拥有国内专用设备制造业数量最多的上市公司，装备制造业已成为当地重要的主导产业之一。2015年，广东制造业固定资产投入达8783.3亿元，同比增长24.5%。其中专用设备制造业固定资产投资额378.63亿元，同比增长31.6%。中西部地区的专用设备制造业上市公司主要集中在湖南、湖北和四川等少数几个发展基础较好的省份，其中湖南已经形成了专业程度较高的工程机械产业集群。2015年，国内专用设备制造业上市公司主营业务收入前5名的企业，有2家（三一重工600031.SH、中联重科000157.SZ）分布在这里。

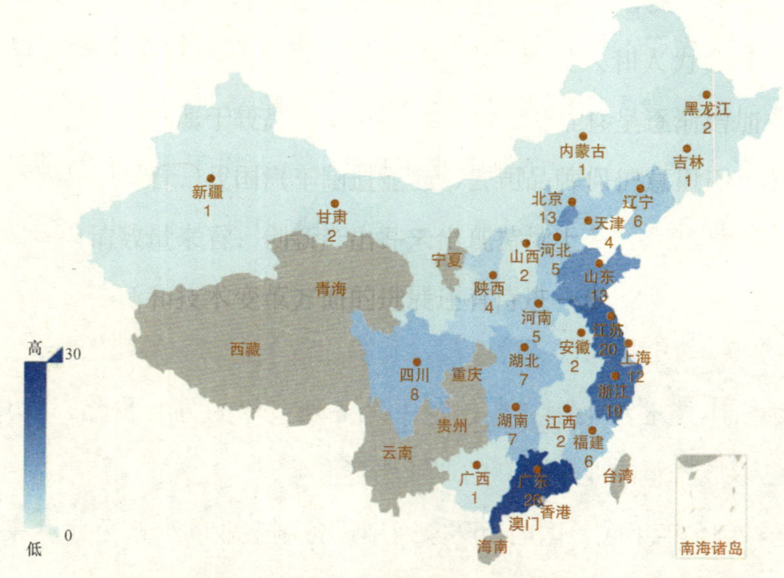

图8－9　2015年专用设备制造业上市公司各省份分布情况

本文还对各省份上市公司创新投入强度进入了深入研究，分析 4 种投入类型企业的比重分布，结果参见图 8－10。

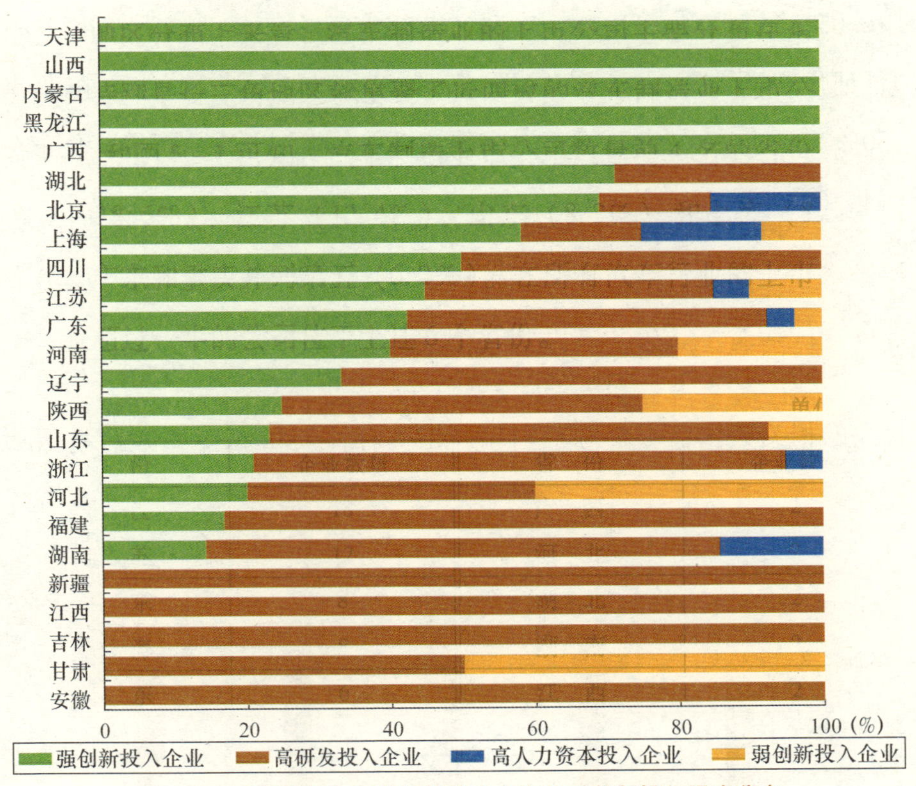

图 8－10 2015 年专用设备制造业上市公司创新投入强度分布

上市公司数量超过 10 家的 6 个省市里，以“高研发投入但低人力资本投入”类型企业为主的和以“强创新投入”类型企业为主的各占一半，前者包括浙江（73.68%）、山东（69.23%）和广东（50%），后者包括北京（69.23%）、上海（58.33%）和江苏（45%）。中西部的 3 个重要省份里，湖南属于以“高研发投入但低人力资本投入”类型企业为主（71.43%），湖北属于以“强创新投入”类型企业为主（71.43%），而四川的上市公司里上述两种类型企业的比例持平。

另一方面，纵向来看，国内专用设备制造业“强创新投入”类型上市公司主要分布在广东（15.71%）、江苏（12.86%）、北京

（12.86%）和上海（10%），4 省市总计 51.43%；“高研发投入但低人力资本投入”类型上市公司主要分布在浙江（17.28%）、广东（16.05%）、山东（11.11%）和江苏（9.88%），4 省总计 54.32%；“低研发投入但高人力资本投入”类型上市公司集中分布在北京（50%）和上海（50%），而“弱创新投入”类型上市公司主要分布在河北（20%）和江苏（20%）。

（三）我国专用设备制造业上市公司研发投入分析

图 8－11 统计了我国专用设备制造业上市公司 2011～2015 年研发投入的相关数据，主要考察当年新增商标注册量和专利申请量两项指标。

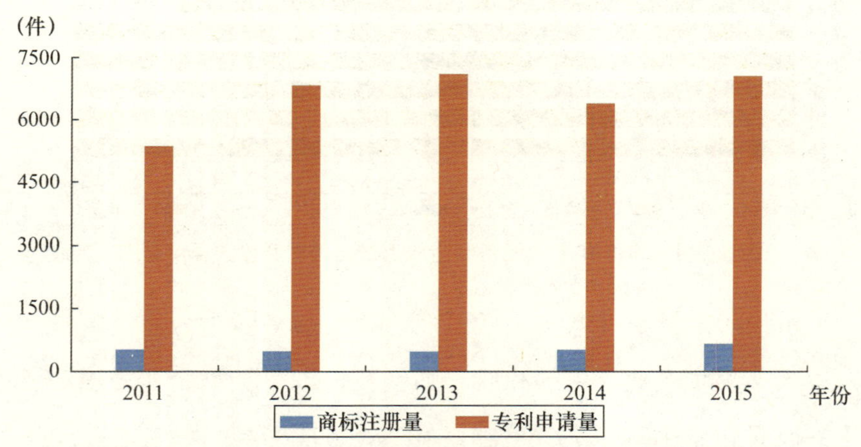

图 8－11　2011～2015 年专用设备制造业上市公司研发投入统计

在三一重工、振华重工、中材国际和中联重科等龙头企业的带动影响下，国内专用设备制造业上市公司每年新增商标注册量和专利申请量都处于前列。以 2015 年为例，当年该行业新增商标注册量仅为 707 件，对制造业全行业的贡献为 5.62%，超过了通用设备制造业（1.6%）、仪器仪表制造业（0.46%）和黑色金属冶炼和压延加工业

（0.16%）等行业。2011～2015 年间，专用设备制造业的年度专利申请量分别是 5353 件、6807 件、7070 件、6380 件、5851 件，占制造业总额的 11.8%、12.7%、12%、10%和 8.57%。尽管行业绝对值和所占比例双双出现下滑，但是对制造业的贡献度仍然不可忽视。

图 8－12 对专用设备制造业上市公司 2015 年专利申请类别进行了划分。图中数据显示，受保护时间最长、权利稳定性最好的发明专利约占当年申请总数的 1/3，接近 60% 的份额属于实用新型专利。企业从降低研发支出、节省专利申请费用、缩短申请时间等角度考虑，更多选择实用新型专利的申请是可以理解的。不过基于行业发展长远考虑，我们仍然希望部分龙头企业能加大对发明专利的研发投入，优化行业的专利申请结构。

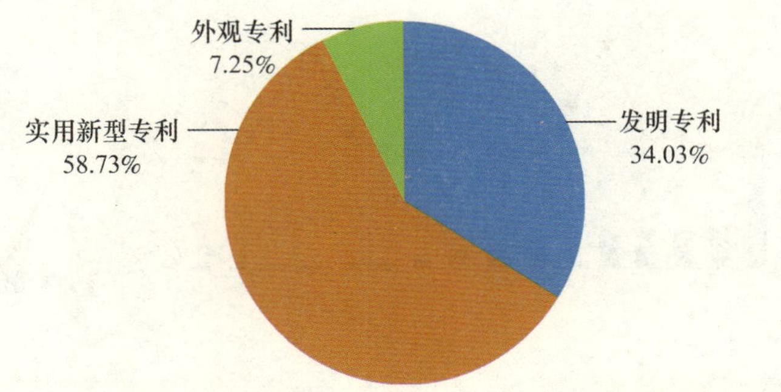

图 8－12　2015 年专用设备制造业上市公司专利申请类别统计

（四）2015 年我国各省份专用设备制造业上市公司盈利能力的比较

图 8－13 按照地域分布，梳理了 2015 年各省份专用设备制造业上市公司的盈利情况。从图中的柱状高低可以看出：净利润统计方面，北京、广东、上海、江苏、浙江排名前 5 位，分别盈利 43.9 亿元、30.1 亿元、16.1 亿元、7.5 亿元和 7.2 亿元。如果按照上述地区上市公司数量计算，5 省市里平均每家企业贡献了 3.78 亿元、1.16 亿元、

1.34 亿元、0.38 亿元和 0.38 亿元的净利润，与利润总额排名稍有差别，上海取代了广东的位置。如果按照净利润的区间统计，24 个省份里 5 个省份出现亏损、3 个省份净利润超过 10 亿元、5 个省份净利润在 5 亿～10 亿元之间，剩下 11 个省份的净利润集中在 0～5 亿元之间。净利润率统计方面，甘肃、新疆、吉林、安徽、江西排名前 5 位，主要是因为上述省份专用设备制造业上市公司数量偏少，仅为 1～2 家。而专用设备制造业大省普遍净利润率不高，广东（26 家）、四川（8 家）和北京（13 家）表现相对优秀，分别达到 11.41%、9.76% 和 8.26%，其他如上海、湖南、浙江和江苏等地的净利润率均不足 5%。净利润率最低的是内蒙古和黑龙江两地，分别是 -23.88% 和 -28.61%。

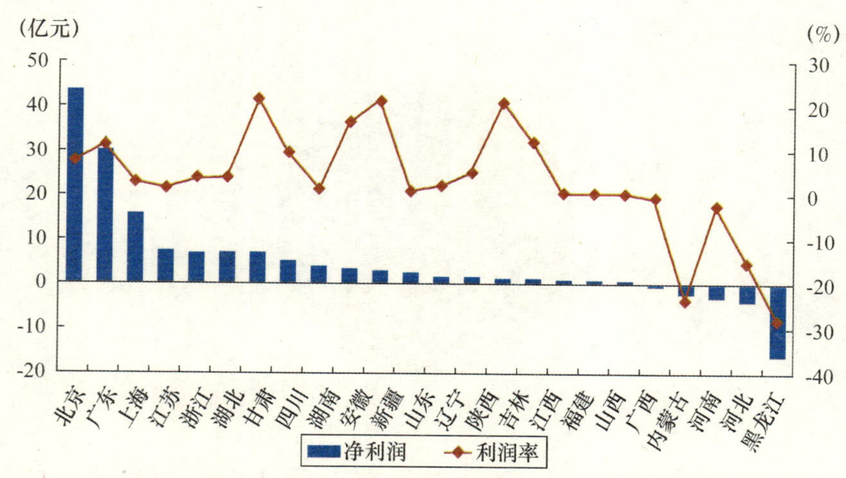

图 8-13　2015 年各省份专用设备制造业上市公司盈利能力比较

接下来，本文对 169 家专用设备制造业上市公司 2015 年的净利润数据进行了认真梳理和分类，结果如图 8-14 所示。从图中可以看出，占比最大的企业净利润值在 0～1 亿元之间，约 30% 的企业在 1 亿～10 亿元之间，仅有 1.18% 的企业净利润值超过 10 亿元，该项数字严重偏低。21 家企业出现亏损，占比 12.43%。其中亏损最严重的中国第一重型机械股份公司，当年亏损额高达 18.1 亿元；山推工程机械股份

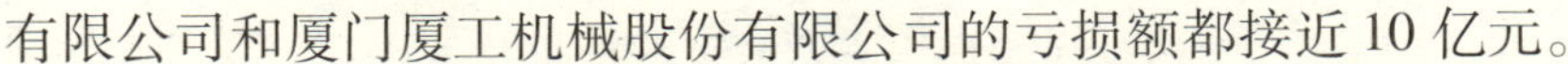

有限公司和厦门厦工机械股份有限公司的亏损额都接近 10 亿元。

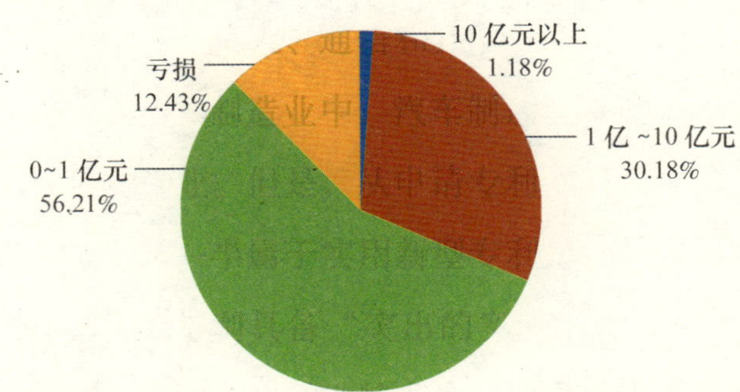

图 8 – 14　2015 年专用设备制造业上市公司净利润区间分布

表 8 – 4 统计了当年净利润值排名前 5 位的上市公司，其中前 2 家企业的净利润值（经纬纺织机械股份有限公司 19.86 亿元、天地科技股份有限公司 13.86 亿元）均超过 10 亿元，且都位于北京。这 2 家企业对 169 家上市公司净利润总额（117.58 亿元）的贡献度接近 30%。从地域分布上看，净利润值前 5 位的企业除 1 家分布在西部地区外，其他都在东部地区。

表 8 – 4　2015 年专用设备制造业上市公司净利润 top5 统计

排序	公司名称	所属省份	净利润（亿元）
1	经纬纺织机械股份有限公司	北京	19.86
2	天地科技股份有限公司	北京	13.86
3	大族激光科技产业集团股份有限公司	广东	7.46
4	中国中材国际工程股份有限公司	江苏	6.49
5	兰州兰石重型装备股份有限公司	甘肃	6.46

图 8 – 15 是对 169 家上市公司 2015 年净利润率的统计，研究发现接近一半的企业净利润率在 0 ~ 10% 之间，近 1/4 的企业净利润率在 10% ~ 20% 之间，15.98% 的企业净利润率超过 20%。

表 8 – 5 统计了当年净利润率排名前 5 位的上市公司，从表中可以看出 5 家企业的净利润率均超过 30%，其中榜首的大连三垒机器股份

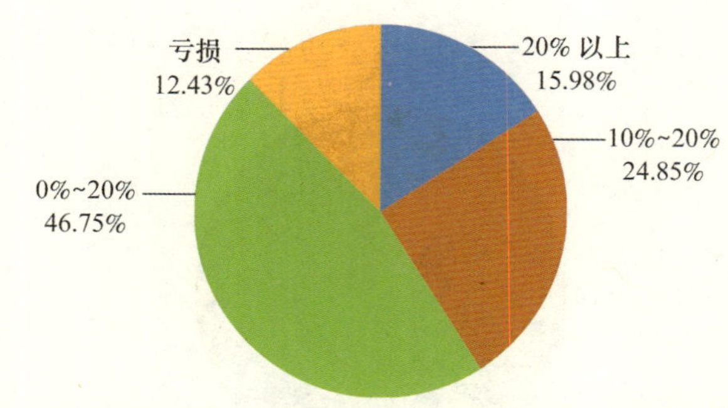

图 8－15　2015 年专用设备制造业上市公司净利润率区间分布

有限公司净利润率甚至超过 40%。净利润率排名前 5 位企业的地域分布更加分散，分属 5 个省市，覆盖国内东部、中部、东北这三大区域。其中经纬纺织机械股份有限公司是唯一的一家同时在净利润值和净利润率前 5 位上榜的企业。

表 8－5　　2015 年专用设备制造业上市公司净利润率 top5 统计

排序	公司名称	所属省份	净利润率（%）
1	大连三垒机器股份有限公司	辽宁	40. 69
2	珠海健帆生物科技股份有限公司	广东	39. 39
3	经纬纺织机械股份有限公司	北京	35. 12
4	合肥美亚光电技术股份有限公司	安徽	34. 15
5	上海凯利泰医疗科技股份有限公司	上海	32. 37

三、近 4 年专用设备制造业创新投入强度趋势

本文以 2012 ~ 2015 年连续公布数据的 126 家专用设备制造业上市公司为样本进行年度比较。

（一）上市公司研发投入变化的情况

研发投入持续下滑，研发强度略有提升。2012 ~ 2015 年，126 家

专用设备制造业上市公司研发总投入分别为 147.36 亿元、147.82 亿元、140.24 亿元和 132.33 亿元，年均下降 3.5%，呈现负增长趋势。人均研发投入 2015 年达到 3.57 万元，同比减少 7.81%，连续 3 年出现下滑（见表 8－6）。专用设备制造业在制造业中属于负增长类行业。从研发强度看，专用设备制造业上市公司研发强度缓慢提高，从 2012 年的 4.02% 增长到 2015 年的 4.31%，高于制造业上市公司 1.46 个百分点的增长点（见表 8－7）。从企业研发投入与收入关系看，专用设备制造业受经济增长下行压力的影响大，2012～2015 年上市公司收入连续下降，销售收入从 2012 年的 3668 亿元减少到 2015 年的 3068 亿元，研发投入也从 2012 年的 147.36 亿元减少到 2015 年的 132.33 亿元，研发投入下降速度略低于收入减少速度。可以看出，专用设备制造业缩减研发投入的势头进一步凸显。

表 8－6　2012～2015 年专用设备制造业上市公司研发投入和收入变化

年　份	研发投入总量		人均研发投入		销售收入		员工数（万人）
	绝对值（亿元）	增长（%）	绝对值（万元）	增长（%）	绝对值（万元）	增长（%）	
2012	147.36	—	4.08	—	3667.57	—	36.10
2013	147.82	0.31	4.07	－0.29	3547.282	－3.28	36.32
2014	140.24	－5.13	3.87	－4.85	3345.341	－5.69	36.21
2015	132.33	－5.64	3.57	－7.81	3068.041	－8.29	37.06

表 8－7　2012～2015 年专用设备制造业上市公司研发强度　单位：%

行　业	2012 年	2013 年	2014 年	2015 年
专用设备制造业	4.02	4.17	4.19	4.31
全体制造业	2.28	2.41	2.61	2.85

研发强度分布结构变差。与 2012 年相比，2015 年专用设备制造业的创新投入强度分布结构变化趋差。强创新投入企业比例先升后

降，从2012年的43.65%增加到2013年的49.21%，之后下降到2015年的46.03%；弱创新投入企业比例逐年增加，从2012年的2.38%增加到2015年的7.14%（见图8-16）。这表明强创新企业数目在减少，弱创新企业数量在增加。

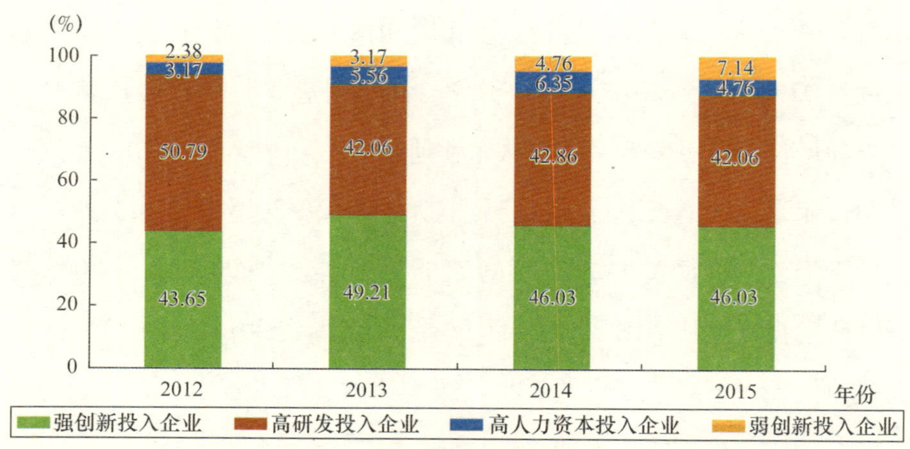

图8-16　专用设备制造业上市公司创新投入强度分布变化

（二）上市公司人力资本投入变化情况

员工规模提高，专用设备制造业上市公司员工规模呈上升趋势。截至2015年年底，126家上市公司员工总数达到37.1万人，比2012年增加了0.96万人，年均增加2.7%，但远低于制造业上市公司整体增速（见表8-8）。专用设备制造业上市公司一方面企业的收入和研发投入均在减少，而另一方面人员在增加，这表明专用设备制造业经营效率降低，竞争力减小。

表8-8　2012~2015年专用设备制造业上市公司员工数量　单位：人

行业分类	2012年	2013年	2014年	2015年	年均增长率（%）
专用设备制造业	360958	363155	362097	370599	2.7
全体制造业	5303239	5700071	5966719	6284502	18.5

人力资本投入增长幅度趋缓，人均人力资本投入增幅收窄。

2012～2015 年专用设备制造业上市公司的人均资本投入分别为 96247 元、102832 元、114818 元和 117357 元，年均增长 6.9%，低于制造业上市公司年均增长率 0.7 个百分点，增幅在制造业中排在后位，但绝对数仍高于制造业平均水平，2015 年高出制造业平均水平 2.1 万元（见表 8－9）。这表明其他行业人力资本投入正在大幅提高，与专用设备制造业的差距在缩小。

表 8－9　2012～2015 年专用设备制造业上市公司人均人力资本投入

项　目	2012 年		2013 年		2014 年		2015 年	
	绝对值（元）	增长率（%）	绝对值（元）	增长率（%）	绝对值（元）	增长率（%）	绝对值（元）	增长率（%）
专用设备制造业	96246.52	—	102831.9	6.84	114817.9	11.66	117357.2	2.21
全体制造业	77442	—	81833	5.70	89858	9.80	96309	7.20

四、2015 年专用设备制造业创新发展的问题探析

（一）典型上市公司的创新状况分析

1. 经纬纺织机械股份有限公司（简称“经纬纺机”）

经纬纺机是一家国有控股的上市公司，2015 年该公司创造了 19.86 亿元的净利润，在 169 家专用设备制造业上市公司中排名第一。作为全球卓越的全流程棉纺成套设备供应商，经纬纺机长期聚焦“六大单元”（棉纺机械、织造机械、纺机专件、捻线机械、经编机械、印染机械）的产品格局，已经成长为国内纺机制造业的龙头企业。

该公司始终重视研发投入，经过多年的布局，其技术中心已形成两级研发机构和一个试验基地的组织结构。一级研发机构主要负责基础技术、共性技术、新领域技术和产品的研究与开发，二级研发机构

负责分、子企业所承担生产纺织机械的研发与改进，无锡经纬纺织科技试验有限公司是公司新型棉纺设备研发试验、示范展示、生产管理样板基地。公司拥有2个国家级企业技术中心，5个省级企业技术中心，3个市级工程技术研究中心和11个产品纺织机械行业研发机构，并在北京成立了博士后工作站。2015年经纬纺机完成国家科技专项“数字化全流程纺织设备”，智能棉纺成套装备实现了商品化，完成在建设自动化、智能化、无人化纺织厂的综合技术方面的决定性突破。

2. 三一重工股份有限公司（简称“三一重工”）

作为国内工程机械行业的领军企业，三一重工2015年实现净利润3.18亿元，净利润率0.59%。多年以来，该企业秉承“一切源于创新”的发展理念，每年将销售收入的5%～7%用于研发。来自中商产业研究院的大数据库显示，2014年A股166家机械设备企业的研发费用支出总额172.7亿元。其中三一重工以16亿元研发支出排各公司首位，分别领先排名第2位的中联重科和第3位的振华重工4亿元和8.5亿元。该公司是经认定的国家创新型企业、国家重点高新技术企业和国家技术创新示范企业。公司拥有2个国家级企业技术中心、3个国家级博士后科研工作站、3个院士专家工作站、4个省级企业技术中心、1个国家认可试验检测中心、2个省级重点实验室、4个省级工程技术中心、1个机械行业工程技术研究中心和1个省级工业设计中心。公司累计申请专利6641项，授权5017项，申请及授权数居国内行业第一。

与专用设备制造业的其他上市公司相比，三一重工2015年财务数据的表现并不突出。这主要是受固定资产投资特别是房地产投资持续放缓的影响，但公司主导产品市场地位稳固，国际化经营水平稳步提升，业务转型取得实质进展，研发创新成果显著。例如，2015年公司主导产品混凝土机械实现销售收入105亿元，稳居全球第一；挖掘机械销售在国内市场上连续5年蝉联销量冠军。公司当年获批商务部国家智能制造首批试点示范项目，成为工程机械行业唯一入选企业；荣获2015年中国工程机械用户品牌关注度第1名和“2015中国最受投资者尊重的上市公司”。

3. 上海振华重工（集团）股份有限公司（简称“振华重工”）

振华重工是我国重型装备制造行业的知名企业，由中国交通建设股份有限公司控股。2015年该企业实现净利润1.94亿元，净利润率为0.83%。该公司主要研制大型港口集装箱机械和矿石煤炭等散货装卸机械产品，目前产品遍布全世界95个国家，港口机械占世界市场82%以上的份额。公司具有行业内水平较高的研发团队，已获得全国首批创新型企业、全国技术创新示范企业、博士后科研工作站、国家认定企业技术中心、中国世界名牌产品、国家海洋铺管核心装备工程技术研究中心、百家知识产权优势企业等各类荣誉资质。

2015年，振华重工参与的国家科技支撑计划课题“大功率港口起重专用变频器的关键技术开发与应用”获得国家科技部正式批准，成功入选科技部组织的“国家火炬计划重点高新技术企业”，其完成的“大型自升式平台升降系统关键技术研发与应用”项目荣获上海市科技进步一等奖。2016年年初，振华重工与华为公司、中国高铁等9家机构获得中国政府质量领域最高奖——中国质量奖，该奖素有质量界的“奥斯卡”之称，评选工作由国家质检总局负责组织实施。

（二）专用设备制造业营业收入大幅减少影响研发投入

专用设备制造业的研发投入呈大幅减少趋势。2012～2015年专用设备制造业上市公司研发投入年均下降3.5%，呈负增长趋势。2015

年人均研发投入 3. 57 万元，同比减少 7. 81%，连续 3 年出现大幅下滑。但专用设备制造业上市公司研发强度缓慢提高，从 2012 年的 4. 02% 增长到 2015 年的 4. 31%。人均资本投入提高幅度变动大，年均增长 6. 9%，2013 年和 2014 年高于制造业上市公司年均增长率，而 2015 年远低于制造业平均水平，但绝对值高于制造业人均水平，2015 年人均人力资本达到 11. 7 万元。总之，从行业间的创新投入比较看，专用设备制造业创新投入规模在不断缩小。从行业内的创新强度分布来看，弱创新企业比例在增加，优势企业创新集中优势在减弱。

专用设备制造业研发投入大幅下降与行业经营恶化有关。受经济下行压力以及基础设施、能源化工建设等项目投资减少的影响，我国专用设备制造业营业收入规模和利润均大幅下降，且呈负增长趋势。如工程机械市场自 2012 年开始下滑，2015 年降幅达到 43%。目前，中国已从世界最大工程机械市场回落到落后于北美和西欧的水平，国内挖掘机市场的销售量甚至已低于日本。中国市场的巨大转折归因于国内经济的调整和经济政策的转变。由于投资增速大幅下降，市场因前期销售量高速增长而积累的巨大保有量，使新机销售受到抑制。而且，我国专用设备上市公司的业绩低于非上市公司。2015 年中国专用设备制造业主营业务收入 35599. 8 亿元，同比增长 2. 9%，而专用设备制造业上市公司（126 家）收入 3068 亿，同比减少 8. 3%。这与一些非上市公司的快速发展和进入有关。如生产农业机械的非上市公司福田雷沃，近几年由于研发投入的大幅增加带来产品结构升级，2017 年一跃成为全球工程机械制造商 50 强，销售收入年均增长 30% 以上，且盈利能力较强。而 2015 年专用设备制造业上市公司间的盈利能力呈现两极化，盈利强企利润高达 40% 以上，盈利差企亏损达到 300%。

五、政策建议

（一）发挥市场机制作用，持续落实“去产能”任务

当前我国装备制造业普遍面临产能过剩、结构性矛盾突出的问题。一方面，中低端产品产能过剩，市场需求不足导致企业订货量减少，盈利水平降低；另一方面，产品高端市场主要被外资企业占据，能成功突围的本土企业数量偏低。仅以专用设备制造业中的工程机械行业为例，尽管该行业里诞生了“三一重工”“中联重科”“振华重机”等享誉中外的民族品牌，但是截至2015 年年底，国内工程机械市场设备保有量高达700 万台，市场已经趋于饱和。随着近年来我国制造业固定资产投资增速的放缓，工程建设项目开工率不足，国内市场需求快递下滑，造成了产能过剩。当前必须抓住制造业供给侧结构性改革的契机，一是坚定推进行业“去产能”任务，重点发挥市场机制调节作用，将竞争力较差、不符合污染排放控制标准的生产企业淘汰出局，为坚持创新投入的企业创造良好的外部环境。二是引导企业加强品牌建设，由政府组织相关领域专家定期为本地企业的品牌运营工作答疑解惑，有计划地扶持和培育一批知名企业，提高中国制造的影响力。三是加快各地国企改革进程。国内专用设备制造业里国有企业占据了较大的比例，据统计，2015 年我国国有工业企业资产超过7000 亿元的16 个行业中仅有烟草、汽车和电力3 个行业的资产回报率超过了私营企业，专用设备制造业的资产回报率比私营企业低10 个百分点以上。所以建议在专用设备制造业里大力推动混合所有制改革，鼓励吸收私营企业参与经营决策，提高企业的管理水平和创新效率。

（二）建立有序的市场竞争秩序，提高行业盈利能力

中国经济已进入新常态，专用设备制造业企业依靠规模发展的模式已难以为继。多数专用设备制造业企业过去实施快速扩张战略，导致产品同质化、产能严重过剩，低价格战和高负债率致使企业盈利能力和研发投入能力下降，因此我国专用设备行业亟待建立有序的市场竞争秩序，从而保证企业高研发投入和可持续发展。为此，行业协会应发挥积极作用，可以通过发布行业研究成果、产品市场价格信息、行业技术标准等主动引导企业发展，同时发挥行业内部组织协调作用，避免企业间过度恶性竞争。更重要的是，企业应提高自主创新能力，开发差异化产品，不断优化产品结构。

（三）夯实专业设备工业基础，解决发展瓶颈

加快突破行业一批重点领域关键共性技术。没有掌握重点领域关键技术是专用设备行业，乃至整个制造业的核心问题，它影响到产业结构调整升级。解决这个问题的办法是尽快建立关键共性技术研发长期机制。其中较为可行的途径之一是利用和整合改制后的科研院所从事研发。这些科研院所拥有共性、关键技术研发经验和技术积累，改制后多数被划转到大型央企。经过多年的市场化探索，它们对市场较为熟悉，无论从能力还是属性看，国家支持该类科研机构承担行业共性、关键技术研发均合适，也利于研发成果低价或无偿在行业中推广。还可利用该类机构建立行业基础数据库，支持企业进行试验检测数据和计量数据的采集、管理、应用和积累。在支持方式上，可以利用政策性银行的长期贷款，也可以引导产业投资基金和创业投资基金投向工业基础建设项目。

（四）加快推进专用设备制造业数字化、网络化、智能化

在“中国制造2025”战略和“互联网+”行动计划的背景下，以提高行业国际竞争力为目标，促进专用设备制造业向数字化、网络化、智能化发展。专用设备产业技术创新具有系统性的特点，需要相关企业协同创新。由于专用设备产业技术是企业技术的有机统一，因此专用设备产业技术创新需要以某些骨干企业为核心，联合产业内外相关支持企业共同参与，协同实现专用设备制造业的数字化、网络化、智能化。

（五）加快推动向服务业转型，提高行业产品附加值

制造业服务化是当前世界各国制造业发展的共同趋势，也是制造业转型的重要方向。制造业服务化不等于“去制造业”，通过提高服务在制造业价值链上的比重，可以改善制造产品的附加值和品牌效应。发达国家服务业占GDP的比重普遍高于70%，其中生产性服务业对服务业整体的贡献率超过60%。包括工业设计、融资租赁、研发设计、系统集成、知识产权、检验检测等业务的生产性服务业的繁荣能有效促进服务业与制造业融合发展。全球工程机械行业巨头卡特彼勒公司昔日遭遇产品销量持续下滑后作出了重要的战略抉择，即以提升产品全生命链价值为出发点，构建精准的供应链体系，其代理商不仅销售和租赁产品，还提供相应的技术支持、使用培训、维修保养等服务，重塑了企业的竞争力。当前政府部门和行业协会要积极引导优秀制造企业从“以生产为中心”向“以服务为中心”转型，鼓励企业在专注技术创新的同时，也要加强对商业模式创新的思考。以解决客户问题为目标，持续改善企业生产销售的全过程，加快企业从产业链的制造环节向集成服务环节的延伸，不断提高产品的附加值和服务水平。

（六）积极开展国际产能合作，完善技术创新平台建设

开展国际产能合作是推动我国制造业转型升级的重要战略之一。2015 年 5 月，《国务院关于推进国际产能和装备制造合作的指导意见（国发〔2015〕30 号）》正式发布，提出推进国际产能和装备制造合作有利于促进企业不断提升技术、质量和服务水平，是开展互利合作的重要抓手。其中也涉及专用设备制造业的内容，如“加大工程机械、农业机械、石油装备、机床工具等制造企业的市场开拓力度……支持企业同具有品牌、技术和市场优势的国外企业合作，鼓励在发达国家设立研发中心，提高机械制造企业产品的品牌影响力和技术水平”。作为专用设备制造业里的优秀企业，169 家上市公司应在国际产能合作中做出表率，积极实施开放式创新，通过绿地投资和兼并收购等方式加快获取发达国家创新资源，在加强巩固国内创新研发中心建设的基础上，加快完善全球创新中心的布局，尽快掌握行业内的关键核心技术，实现向产业链高端进军的目标。

执笔人：郭　巍　马淑萍

第九章

2015年电气机械和器材制造业上市公司创新能力评价

本章收集了我国180家电气机械和器材制造业上市公司2015年研发投入和人均人力资本投入数据，利用上述企业创新投入强度二维评价模型，对电气机械和器材制造业上市公司创新能力进行了分类评价，得出电气机械和器材制造业企业创新投入强度及结构分布。评价结果显示，180家电气机械和器材制造业上市公司中，强创新投入企业46家，占25.56%；弱创新投入企业24家，占13.33%；高研发投入企业106家，占比58.89%，高人力资本投入企业仅4家，占比2.22%。在制造业中，电气机械和器材制造业属于高研发投入行业。

一、2015年我国电气机械和器材制造业上市公司创新投入总体情况

（一）电气机械和器材制造业上市公司的基本情况

1. 企业集中在东南沿海地区

2015年，我国电气机械和器材制造业上市公司披露研发投入的企

业共180家，占全部制造业上市公司数量[①]的10.3%。电气机械和器材制造业上市公司主要集中在东南沿海地区，其中广东、江苏、浙江、上海、山东的企业数量最多（见表9－1、图9－1）。电气机械和器材制造业在这些地区形成了不同程度的产业集聚效果。

表9－1　电气机械和器材制造业上市公司各省份布情况

省　份	数　量	省　份	数　量
安　徽	7	江　苏	33
北　京	6	江　西	2
福　建	5	辽　宁	3
甘　肃	1	青　海	1
广　东	42	山　东	12
广　西	1	陕　西	4
贵　州	1	上　海	12
河　北	2	四　川	1
河　南	5	天　津	5
黑龙江	3	新　疆	1
湖　北	3	浙　江	23
湖　南	4	重　庆	1
吉　林	2	总　计	180

2. 经营状况总体良好，行业集中度高

2015年电气机械和器材制造业180家上市公司[②]的营业收入、净利润分别为7400.2亿元和537.4亿元。电气机械和器材制造行业集中度较高，年销售收入规模超过100亿元的企业有13家，其销售收入占电气机械和器材全部上市公司的54.6%；销售规模在10亿～99亿元的企业有89家，销售收入占39.5%；销售规模10亿元以下企业78

① 本文的全部制造业上市公司特指符合本文统计要求的制造业上市公司，共有1743家。

② 183家上市公司中有3家企业同时在2家交易所上市。

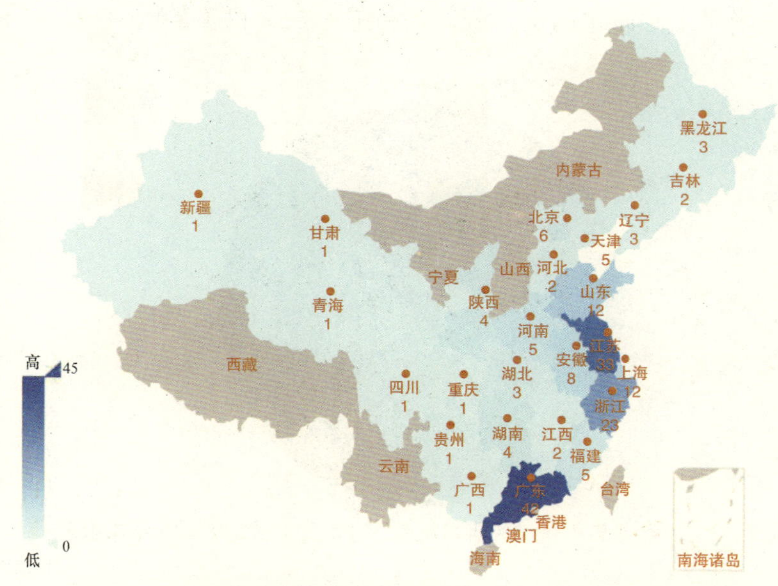

图 9－1　2015 年电气机械和器材制造业上市公司各省份分布情况

家，销售收入占比只有 5.8%。电气机械和器材制造业上市公司利润率为 7.26%，处于制造业上市公司的中上水平，在制造业中排列第四（见图 9－2）。该行业企业规模分化，整体盈利能力较强。

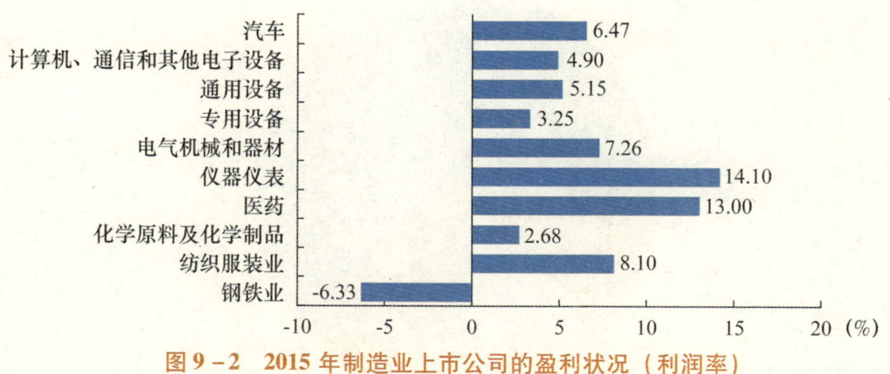

图 9－2　2015 年制造业上市公司的盈利状况（利润率）

3. 行业收入和利润均来自 4 省

2015 年电气机械和器材制造业上市公司营业收入主要来自广东、江苏、山东和浙江 4 省，占全部收入的 75%（见图 9－3）。其中广东最多，销售收入达到 2490 亿元，占到 4 省的近半，这近半收入中，美的贡献一半以上。海尔的销售收入为行业第二，占美的的六成。

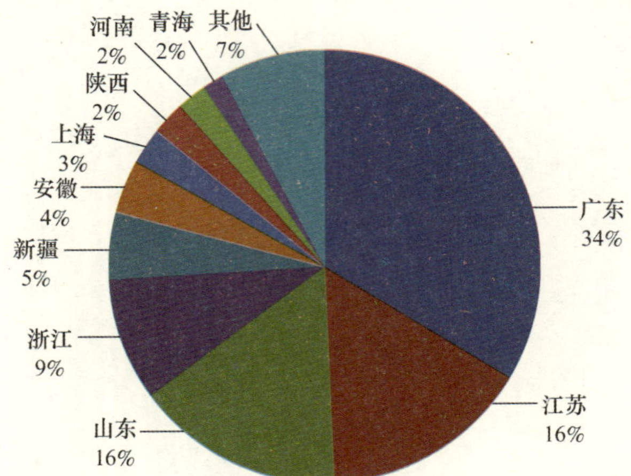

图9-3　2015年电气机械和器材制造业上市公司按地区收入结构情况

行业利润主要来自广东、山东、江苏和浙江4省，分别占全部利润的36%、14%、13%和12%，4省合计为75%（见图9-4）。从区域看，利润主要来自珠三角和长三角地区。

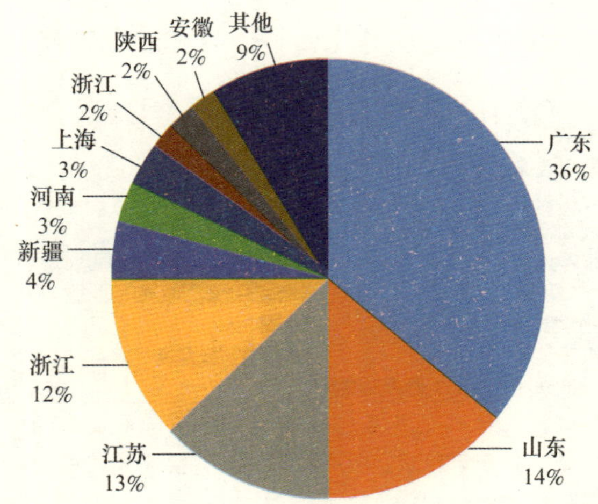

图9-4　2015年电气机械和器材制造业上市公司按地区盈利情况

4. 地区盈利能力分化，广东、浙江是优势地区

地区差距巨大，利润率从最高34.7%到最低-26.3%。若将25个地区按照平均利润率大小可分为盈利强、盈利一般和盈利差3类地区。

盈利强地区有 9 个，其利润率高于行业 7.26% 的平均水平，按照顺序分别为吉林、湖北、广西、河南、上海、浙江、北京、广东、福建；盈利一般地区有 13 个，其利润率低于行业平均水平，分别为陕西、山东、江苏、湖南、新疆、辽宁、天津、青海、安徽、河北、江西、甘肃、四川；盈利差地区有 3 个，利润率为负增长，分别为贵州、重庆、黑龙江（见图 9－5）。在 4 个电气机械和器材制造大省中，广东、浙江的盈利能力强，山东、江苏的盈利能力相对弱。从规模和盈利能力综合看，广东、浙江显然是竞争力优势地区，也可以说是行业升级较好地区。

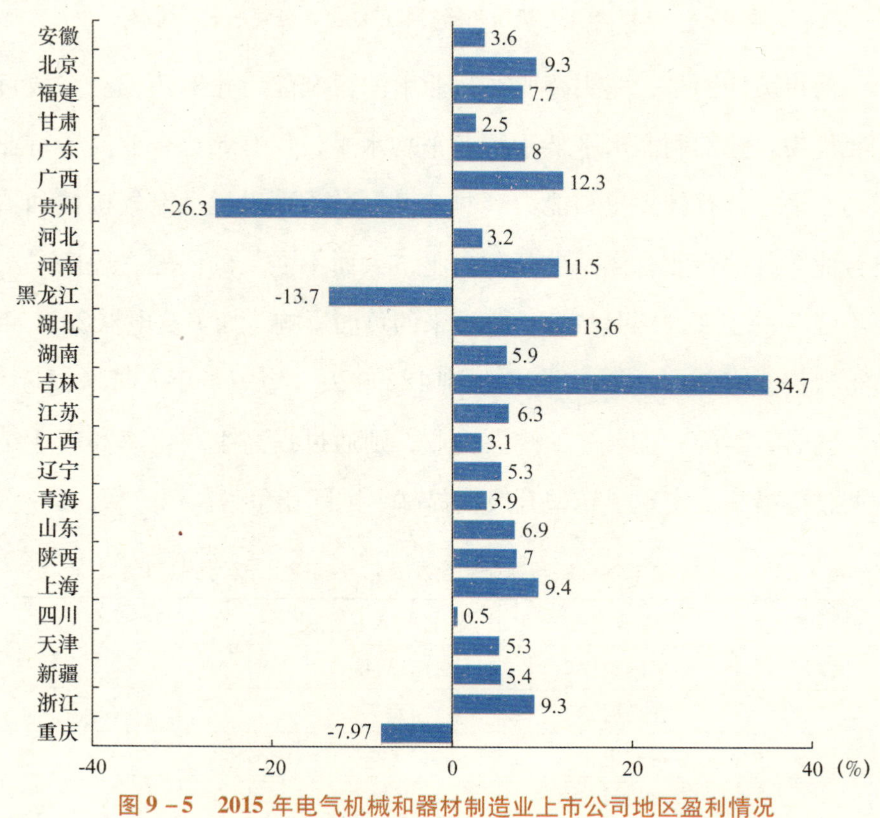

图 9－5　2015 年电气机械和器材制造业上市公司地区盈利情况

5. 企业盈利能力分化，出现一批优势企业

电气机械和器材制造业上市公司盈利能力差距大，有利润率高达

62%的企业，也有亏损30%以上的企业。超过行业平均利润率的盈利强企业87家，占48%；利润亏损的盈利差企业8家，占5%；低于行业平均利润率的盈利一般企业85家，占47%（见图9-6）。

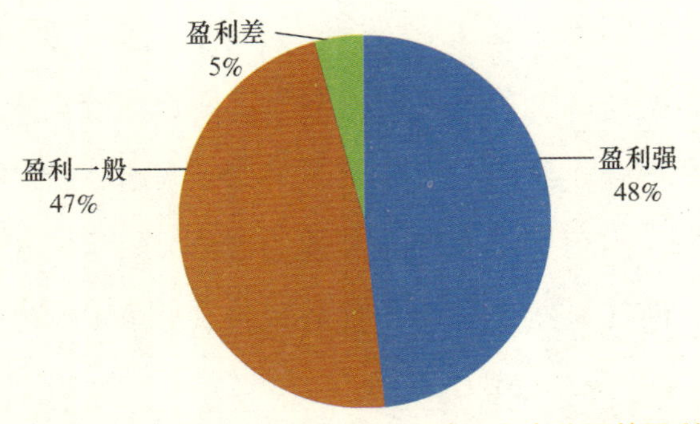

图9-6　2015年电气机械和器材制造业上市公司的盈利情况

值得关注的是，龙头企业在行业中的盈利能力相对不强。多数百亿元规模企业的利润水平低于行业平均水平，仅有3家企业高于行业平均水平，具有较高盈利能力（见表9-2）。可以说，电气机械和器材行业与其他行业一样，也存在企业“大而不强”的问题，造成“大而不强”的主要原因是快速扩张带来的负面影响。如美菱电器2011年员工数仅为4048人，2015年增加到18290人，短短4年人员增幅近5倍。同时，美的、正泰等一些大企业，则通过提高生产效率和产业结构调整等措施，实现了转型升级，提高了国际竞争力。

表9-2　2015年电气机械和器材制造业百亿元规模上市公司盈利情况

排　名	企业名	销售收入（亿元）	利润率（%）
1	美的集团	1384.4	9.8
2	青岛海尔	897.5	6.6
3	特变电工	374.5	5.4
4	海信科龙	234.7	2.3
5	中天科技	165.2	6.1
6	亨通光电	135.6	5.1
7	小天鹅B	131.3	8.0

续表

排　名	企业名	销售收入（亿元）	利润率（%）
8	中国西电	131.0	6.9
9	宝胜股份	129.9	1.3
10	中利科技	121.4	4.3
11	正泰电器	120.3	15.6
12	智慧能源	117.1	3.9
13	美菱电器	104.2	0.2

另外，在细分领域成长的一些中型企业具有很强盈利能力。利润率超过20%以上的企业多为销售收入在1亿~10亿元之间的中型企业（见表9-3）。这些企业的共同特点是专业性强，拥有核心技术，为行业隐形冠军。其中，为电力行业提供产品的企业，其利润率高的另一因素与电力市场的发展有关。

表 9-3　2015 年电气机械和器材制造业盈利超强企业情况

企业名称	利润率（%）	销售收入（亿元）	省　份	特　点
永大集团	62	1.5	吉　林	电控自动设备（永磁技术）
深圳惠程	59	2.1	广东深圳	电力配网装备（高分子绝缘材料技术）
华明装备	34	6	山　东	拥有分接开关技术，市场份额全球第二
汇川技术	30	27.7	广东深圳	工业自动化技术领域领军企业
浙江美大	30	5.2	浙　江	集成灶行业缔造者
恒顺众昇	29	11.6	山东青岛	绿色电力产品一体化运营
全信股份	29	2.5	江　苏	我国光电传输领域的“领头羊”
聚隆科技	27	3.8	安　徽	为大企业配套高效节能洗衣机减速离合器
中元股份	27	2.7	湖北武汉	提供智能电网、数字医疗产品和服务
柘中股份	26	4.4	上　海	专业生产35KV及以下中低压成套设备
红相电力	25	3.1	福　建	提供电力设备监测、电能表技术解决方案
理工环科	24	4.5	浙江宁波	智能电网在线监测
天银机电	24	5.3	江　苏	电冰箱压缩机配套零部件

续表

企业名称	利润率（%）	销售收入（亿元）	省　份	特　点
通合科技	23	1.9	河　北	生产高频开关电源及相关电子产品
蓝海华腾	23	3.1	广东深圳	纺织行业专用高性能矢量控制型变频器
国轩高科	21	27.5	江　苏	新能源动力电池
新联电子	21	7.8	江苏南京	电能计量设备产品和解决方案提供商
地尔汉宇	21	7	广东江门	家用电器专用排水泵供应商
微光股份	21	4	浙　江	全球冷柜电机、外转子风机主要制造商

（二）电气机械和器材制造业上市公司创新投入情况

2015 年 180 家电气机械和器材制造业上市公司的研发投入费用共计 273.3 亿元，占制造业上市公司研发投入的 10% 以上，在制造业中排前列，仅次于计算机、通信和其他电子设备制造业，汽车制造业（见表 9－4）。

表 9－4　2015 年我国电气机械和器材制造业上市公司创新投入情况

行　业	企业数量（家）	研发投入（亿元）	研发强度（%）	员工总数（万人）	人均人力资本投入（万元）
电气机械和器材制造业	180	273.3	3.69	73.2	9.21
全部制造业	1743	2736.6	2.92	833.5	9.79

从研发强度看，电气机械和器材制造业上市公司为 3.69%，高于同期制造业上市公司 2.92% 的研发强度，以及同期全国 2.07% 的研发强度，在制造业中排前列，次于仪器仪表制造业，计算机、通信和其他电子设备制造业，专用设备制造业。

从人均投入看，2015 年电气机械和器材制造业上市公司共有员工 73.2 万人，人均人力资本投入 9.21 万元，低于制造业上市公司 9.79 万元的水平。人均研发投入 3.73 万元，低于制造业上市公司 3.27 万元的水平。电气机械和器材制造业属于高研发行业，研发投入强度超过均值，但人均人力资本投入强度低于均值。

（三）电气机械和器材制造业企业创新产出情况

从专利申请数看，我国电气机械和器材制造业的技术进步相当快。2015 年电气机械和器材制造业全部企业（包括非上市公司）申请专利数共 16202 件，占全部制造业企业的 23.75%，位列制造业第 2 位，仅次于计算机、通信和其他电子设备制造业（见图 9－7）。电气机械和器材制造业的专利数量近年呈持续快速增加趋势，2011～2015 年 4 年间，专利数量年均增长 39%，2015 年的专利数量是 2011 年的 2.8 倍。

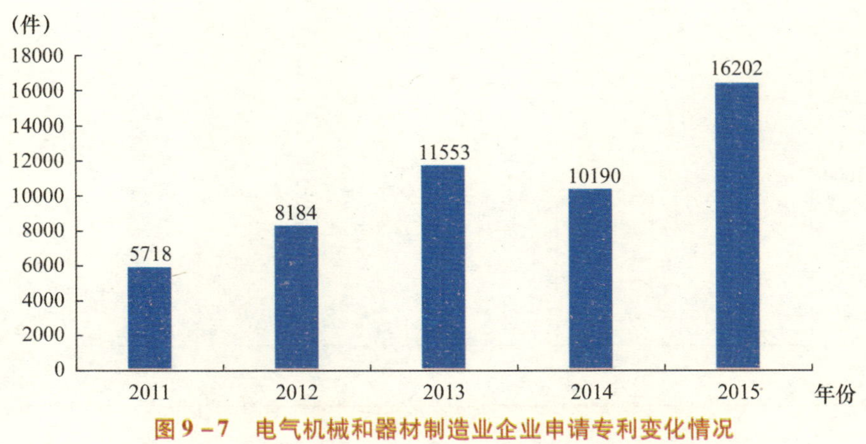

图 9－7　电气机械和器材制造业企业申请专利变化情况

但是，我国电气机械和器材制造业的专利质量提升的空间仍较大。从专利构成看，2015 年电气机械和器材制造业的发明专利、实用新型专利和外观专利的占比分别为 35%、52% 和 13%，实用新型专利和外观专利仍占主导地位，这与行业发展的成熟度也有关（见图 9－8）。

我国电气机械和器材制造业品牌建设能力很强。从商标拥有量

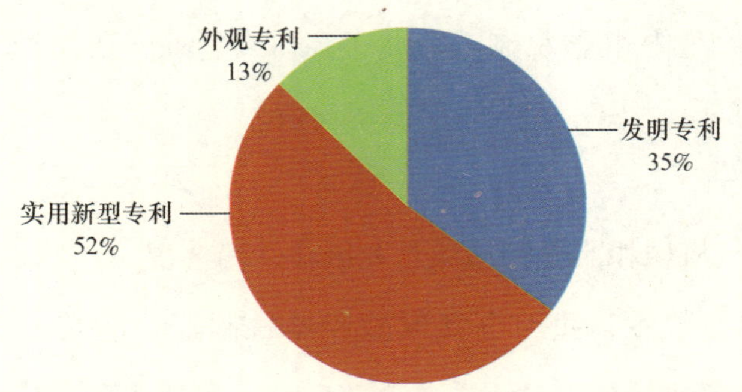

图9－8 2015年电气机械和器材制造业企业专利构成情况

看，2015年电气机械和器材制造业共拥有1361件商标，占制造业全部的10.8%，仅次于计算机、通信和其他电子设备行业，医药行业。但是品牌建设的变化起伏较大，从商标数量变化趋势看，2011～2015年商标数量呈现“V”字形发展趋势，2012年比2011年下降41%，成为最低谷，之后逐年提高，2015年超过2011年水平（见图9－9）。

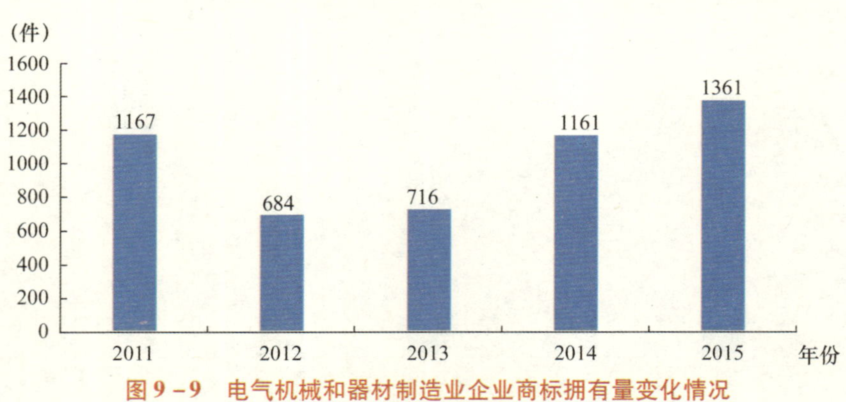

图9－9 电气机械和器材制造业企业商标拥有量变化情况

二、2015年我国电气机械和器材制造业上市公司创新投入强度评价

（一）电气机械和器材制造业上市公司创新强度分布

在180家电气机械和器材制造业上市公司中，有46家属于强创新

投入企业，占 25.56%；24 家属于弱创新投入企业，占 13.33%；106 家属于高研发投入但低人力资本投入的企业，占 58.89%；4 家属于低研发投入但高人力资本投入企业，占 2.22%（见图 9－10）。如果仅考虑研发投入，有近 84% 的企业属于高研发投入；同样，如果只考虑人力资本投入，有 28% 的企业属于高人力资本投入。

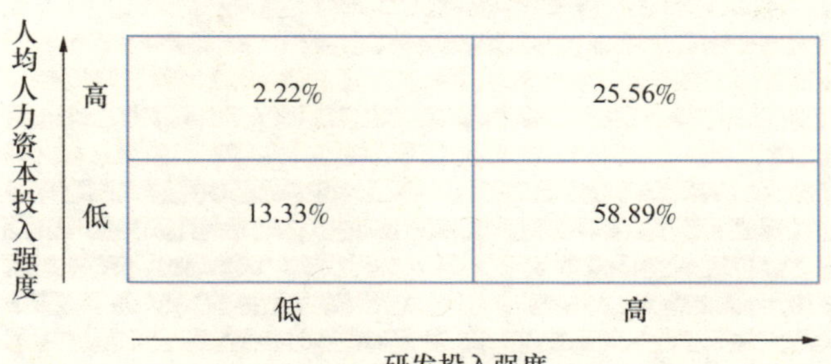

图 9－10　2015 年我国电气机械和器材制造业上市公司创新投入强度

与其他制造业相比，电气机械和器材制造业上市公司创新强度整体分布较好，强创新企业占比接近三成，从综合看，属于我国制造业研发投入强度第二阵营。

（二）电气机械和器材制造业上市公司创新强度地区分布

按照地区对电气机械和器材制造业上市公司进行二维评价，可以得到各地区企业创新投入强度的分布结构。评价结果显示，拥有强创新企业最多地区是广东（9 家）、江苏（8 家）、上海（7 家）、浙江（6 家），占 65%；高研发企业最多地区是广东（26 家）、江苏（18 家）、浙江（12 家），占 53%；弱创新企业最多地区有广东（7 家）、江苏（6 家），占 54%（见图 9－11）。从每个地区的创新强度分布看，广东、江苏、浙江、山东等省企业呈现两极分化。

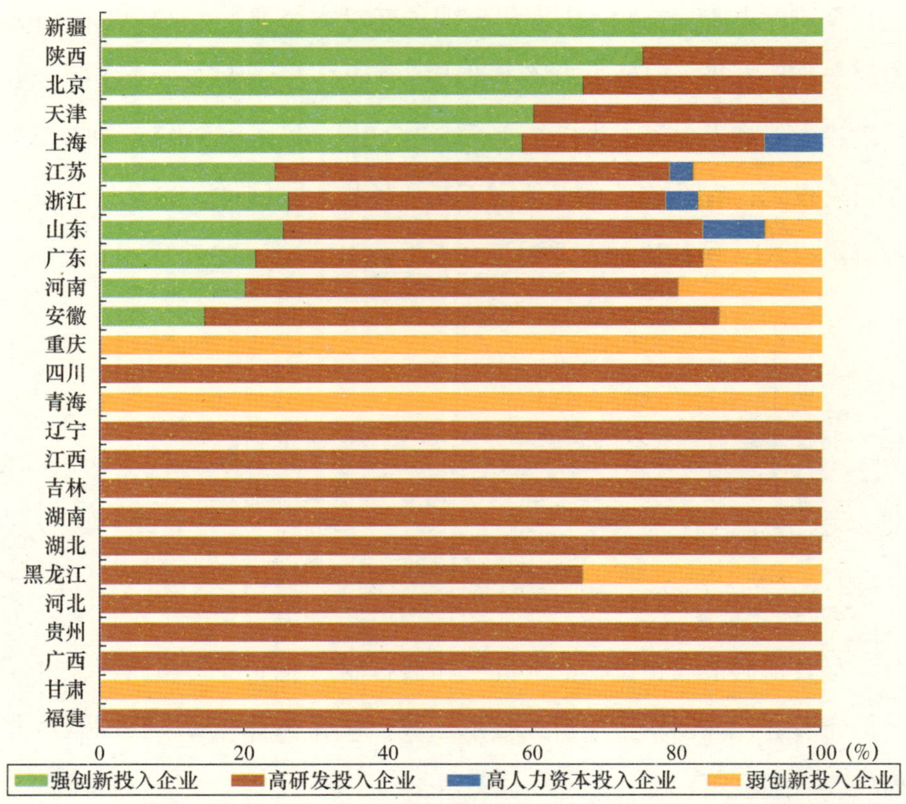

图 9－11　2015 年电气机械和器材制造业上市公司创新投入强度地区分布

三、我国电气机械和器材制造业上市公司近 4 年创新投入强度比较

考虑数据连续性，下面以 1300 家制造业上市公司的样本进行年度比较，电气机械和器材制造业企业数为 144 家。

（一）上市公司研发投入变化情况

1. 研发投入和研发强度快速提高，但增速有所放缓

2012～2015 年，电气机械和器材制造业样本上市公司研发总投入分别为 125. 04 亿元、150. 99 亿元、175. 72 亿元和 194. 76 亿元，年均

增长 16%，但增幅持续下降。人均研发投入 2015 年达到 3.72 万元，年均增长 7.4%，2015 年出现负增长（见表 9-5）。

表 9-5　2012~2015 年电气机械和器材制造业上市公司研发投入和收入

年　份	研发投入总量		人均研发投入		销售收入		员工数（万人）
	绝对值（亿元）	增长（%）	绝对值（万元）	增长（%）	绝对值（万元）	增长（%）	
2012	125.04	—	3.02	—	3625.91	—	41.44
2013	150.99	20.76	3.42	13.4	4246.02	17.10	44.14
2014	175.72	16.38	3.77	10.3	4705.24	10.82	46.58
2015	194.76	10.83	3.72	-1.4	5217.18	10.88	52.38

从研发强度看，电气机械和器材制造业上市公司研发强度缓慢提高，从 2012 年的 3.45% 增长到 2015 年的 3.73%，高于制造业上市公司 0.88 个百分点（见表 9-6）。

表 9-6　2012~2015 年电气机械和器材制造业上市公司研发强度　单位:%

行　业	2012 年	2013 年	2014 年	2015 年
电气机械和器材制造业	3.45	3.56	3.73	3.73
全体制造业	2.28	2.41	2.61	2.85

在市场竞争激烈的环境中，电气机械和器材制造业上市公司近些年重视研发，研发投入增速高于销售收入的增长。2012~2015 年上市公司收入连续增加，销售收入从 2012 年的 3625.91 亿元增加到 2015 年的 5217.18 亿元，研发投入也从 2012 年的 125.04 亿元增加到 2015 年的 194.76 亿元，研发投入增速高于收入增速 5 个百分点（见表 9-5）。

2. 研发强度分布结构变差

与 2012 年相比，2015 年电气机械和器材制造业的创新投入强度分布结构变化趋差。强创新投入企业比例先升后降，从 2012 年的 28.47% 增加到 2013 年的 30.56%，之后下降到 2015 年的 26.39%；弱创新投入企业比例是上升趋势，从 2012 年的 8.33% 提高到 2015 年的 11.11%（见图 9－12）。这表明强创新企业数目在减少，弱创新企业数量在增加。

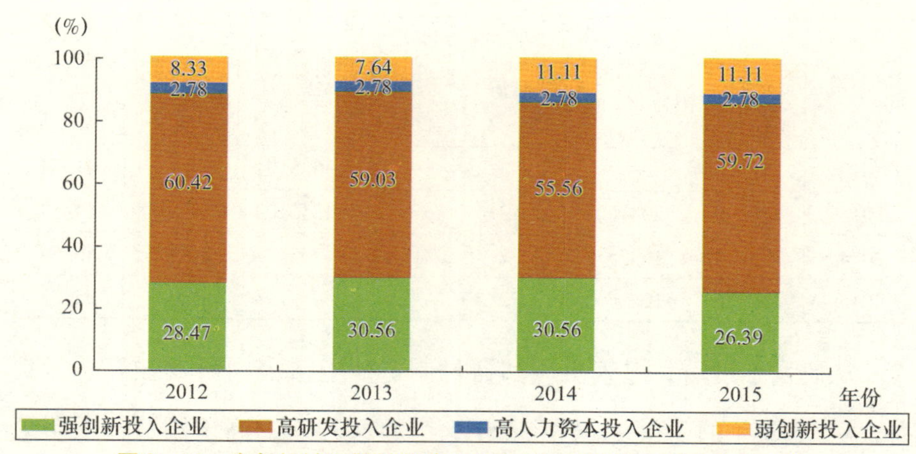

图 9－12　电气机械和器材制造业上市公司创新投入强度分布变化

（二）上市公司人力资本投入变化情况

1. 员工规模大幅提高

电气机械和器材制造业上市公司员工规模呈上升趋势。截至 2015 年年底，144 家上市公司员工总数达到 52.4 万人，比 2012 年增加了 10.9 万人，年均增长 26.4%，高于制造业上市公司整体增速（见表 9－7）。电气机械和器材制造业上市公司处于规模快速扩张阶段。

表 9－7　2012～2015 年电气机械和器材制造业上市公司员工数量　　单位：人

行　业	2012 年	2013 年	2014 年	2015 年	3 年增长率（%）
电气机械和器材制造业	414407	441444	465809	523830	26.4
全体制造业	5303239	5700071	5966719	6284502	18.5

2. 人力资本投入增长幅度下降

2012～2015 年电气机械和器材制造上市公司的人均资本投入分别为 74478 元、83685 元、90357 元和 93038 元，年均增长 7.8%，高于制造业上市公司年均增长率 0.2 个百分点，但增幅在制造业中排在后位，2015 年人力资本投入绝对值低于制造业平均水平 0.3 万元（见表 9－8）。

表 9－8 2012～2015 年电气机械和器材制造业上市公司人均人力资本投入

项 目	2012 年		2013 年		2014 年		2015 年	
	绝对值（元）	增长（%）	绝对值（元）	增长（%）	绝对值（元）	增长（%）	绝对值（元）	增长（%）
电气机械和器材制造业	74478	—	83685	12.36	90357	7.97	93038	2.97
全体制造业	77442	—	81833	5.70	89858	9.80	96309	7.20

四、基本结论和建议

（一）电气机械和器材制造业上市公司研发投入大幅提高，研发强度略有提升

2012～2015 年电气机械和器材制造业上市公司研发投入年均增长 16%。由于人员增长过快等原因，2015 年人均研发投入 3.72 万元，同比减少 1.4%。研发强度缓慢提高，从 2012 年的 3.45% 增长到 2015 年的 3.73%。人均资本投入提高幅度变动大，年均增长 7.8%，2015 年人均人力资本达到 9.3 万元，处于制造业平均水平。与其他行业相比，电气机械和器材制造业创新投入规模增长较快，创新强度分布趋差。

（二）设计驱动式创新打造国际知名品牌

我国的电气机械和器材制造业成长较快，特别是家电业企业的一些产品，已在全球市场占有一席之地，如海尔的洗衣机、冰箱的市场

占有率已成为世界第一；涌现出一批拥有自主知识产权的优秀企业，如美的、格力空调等。但是，我国的电气机械和器材企业在创新活动中，不应仅满足于在技术上赶超对手，更应重视设计活动和产品服务的意义价值，以更好应对变化的市场竞争环境，打造国际品牌。

创新是创造社会价值的活动。但许多企业将社会价值单纯地等同于功能价值，创新活动也仅仅围绕技术开发展开。在市场对产品的需求主要集中于功能的时代，产品在功能价值上的领先确实可以使企业在竞争中处于优势，但随着市场需求日益多元化，单纯追求功能价值的局限性也越来越明显。与功能价值相比，意义价值不易被模仿，且能更好地应对用户的潜在需求。意义价值是指用户在使用产品过程之中获得的全新体验。

设计驱动式创新就是通过设计活动对产品的内在意义进行的创新，它离不开对社会文化潮流的洞察。当企业在技术与意义两个层面同时实现突破式创新时，则会颠覆现有产业。设计驱动式创新的路径为：发现现有意义的不足→将新意义设定为产品开发的目标→构思具体解决方案。除设计以外，技术也可以成为新意义产生的源泉。可以通过以下路径实现：基于长期基础研究的技术开发→对技术进行广泛的意义探索活动→确定技术所蕴含意义→进行包括商业模式创新在内的事业化准备活动。

（三）推进电气机械和器材制造智能化

在“中国制造 2025”战略背景下，以提高行业国际竞争力为目标，促进电气机械和器材制造业向数字化、网络化、智能化发展。首先，实现一批产品的数字化、智能化，以“数字家庭”为契机，带动开发一批智能化产品；其次，实现企业制造环节的智能化，提高制造水平和质量；最后，建立电气机械和器材业的物联网，实现上下游的物联。从制造向智造转变的途径，一方面可以利用国内资源通过自主研发实现，另一方面还可以利用国外资源通过市场换技术的合作方式实现。

执笔人：马淑萍

第十章

2015年仪器仪表制造业上市公司创新能力评价

本章基于“国务院发展研究中心企业研究所制造业上市公司创新评价数据库”，以我国35家[①]仪器仪表制造业上市公司作为评价对象，通过收集这35家仪器仪表制造业上市公司2015年研发投入和人均人力资本投入的数据，依托企业创新评价理论和二维评价理论模型，研究仪器仪表制造业上市公司的研发投入强度和人均人力资本投入强度评价指标，最终对2015年的仪器仪表制造业上市公司创新投入强度进行了综合评价。结果显示，在研发投入强度层面，2012~2015年，我国仪器仪表制造业上市公司整体研发投入强度呈现出增长趋势，由2012年的5.36%分别增长到2013年的5.91%和2014年的5.94%，2015年尽管有所降低，但依然达到5.82%；较我国制造业上市公司整体研发投入强度而言，我国2015年的仪器仪表制造业上市公司整体研发投入强度是制造业整体研发投入强度的将近2倍。在人均人力资本投入层面，2012~2015年，我国仪器仪表制造业上市公司人

① 开展2012~2015年相关分析的时候以28家仪器仪表制造业上市公司作为研究对象。

均人力资本投入持续增长，由 2012 年的 6.87 万元增加到 2015 年的 8.75 万元，年均增长 8.41%；较我国制造业上市公司 2015 年人均人力资本投入 9.79 万元而言，我国仪器仪表制造业上市公司人均人力资本投入略微偏低。在作为研究对象的 35 家仪器仪表制造业上市公司中，强创新投入的仪器仪表制造业上市公司有 15 家，占比 42.9%；高研发投入的仪器仪表制造业上市公司有 19 家，占比 54.3%；弱创新投入的仪器仪表制造业上市公司有 1 家，占比 2.9%；没有任何一家仪器仪表制造业上市公司为高人力资本投入企业。

一、仪器仪表制造业上市公司基本情况

截至 2015 年，我国仪器仪表制造业上市公司共有 35 家。2012 ~ 2015 年，连续披露相关数据的仪器仪表制造业上市公司有 28 家。

（一）仪器仪表制造业上市公司上市情况分布

1. 近九成仪器仪表制造业上市公司在深交所上市，仅 4 家仪器仪表上市公司在上交所上市

通过对 35 家仪器仪表制造业上市公司在 2015 年时的上市地点进行分析发现，近九成仪器仪表制造业上市公司在深交所上市，在上交所上市的仪器仪表制造业企业仅有 4 家。具体来看，在 35 家仪器仪表制造业上市公司中，31 家企业在上交所上市，占所有作为研究对象的比例达到 88.57%，将近 90%；4 家仪器仪表制造业上市公司在上交所上市，占所有作为研究对象的比例刚过 10%，为 11.43%（见图 10－1）。

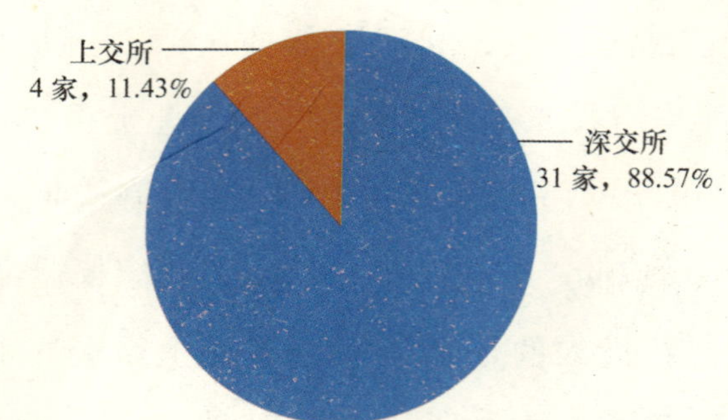

图 10-1　2015 年仪器仪表制造业上市公司上市地点分布

2. 创业板上市仪器仪表制造业企业超过七成，主板和中小企业板上市仪器仪表制造业企业相对较少

从 35 家作为研究对象的仪器仪表制造业企业的上市板块角度来看，在创业板上市的仪器仪表制造业企业超过七成，在主板和中小板上市的仪器仪表制造业企业相对较少。具体来看，在 35 家仪器仪表制造业上市公司中，25 家企业的上市板块为创业板，占所有作为研究对象的仪器仪表制造业企业的比例超过 70%，为 71.43%；在 35 家仪器仪表制造业上市公司中，在中小企业板和主板上市的企业依次降低，分别有 6 家和 4 家，占所有作为研究对象的仪器仪表制造业上市公司的比例分别为 17.14% 和 11.43%（见图 10-2）。

3. 上市时间在 5 年以下和 6~10 年的仪器仪表制造业企业相对最多，上市时间在 11~15 年和 16 年以上的仪器仪表制造业上市公司寥寥无几

通过将时间阶段分为 5 年以下、6~10 年、11~15 年以及 16 年以上 4 个阶段，从上市时间的角度来考察仪器仪表制造业上市公司的分布状况，结果发现，上市时间在 5 年以下和 6~10 年的仪器仪表制造业企业相对最多，上市时间在 11~15 年和 16 年以上的仪器仪表制造业上市公司寥寥无几。具体来看，在所有作为研究对象的

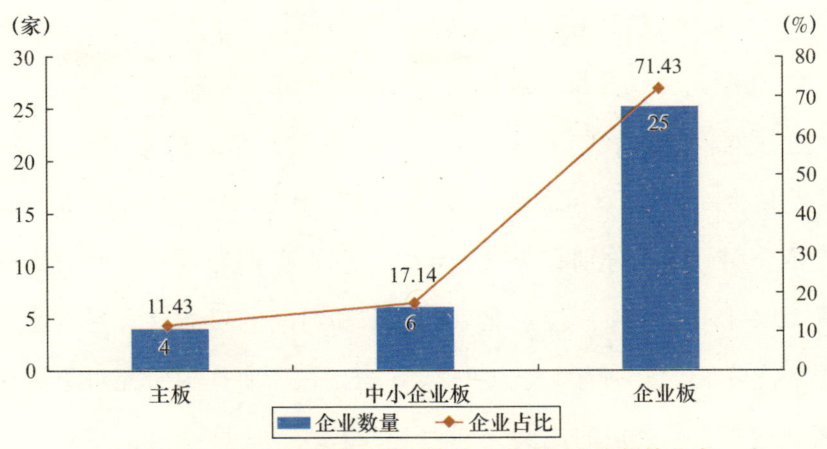

图 10－2　2015 年仪器仪表制造业上市公司上市板块分布

仪器仪表制造业上市公司中，有 17 家企业上市的时间阶段处于 6～10 年，占所有作为研究对象的比例将近五成，为 48.57%；其次，为上市时间处于 5 年以下的仪器仪表制造业上市公司，有 15 家，占所有作为研究对象的比例超过四成，为 42.86%；上市时间处于 11～15 年以及 16 年以上的仪器仪表制造业上市公司分别有 2 家和 1 家，占所有作为研究对象的比例均不足 10%，分别为 5.71% 和 2.86%（见图 10－3）。

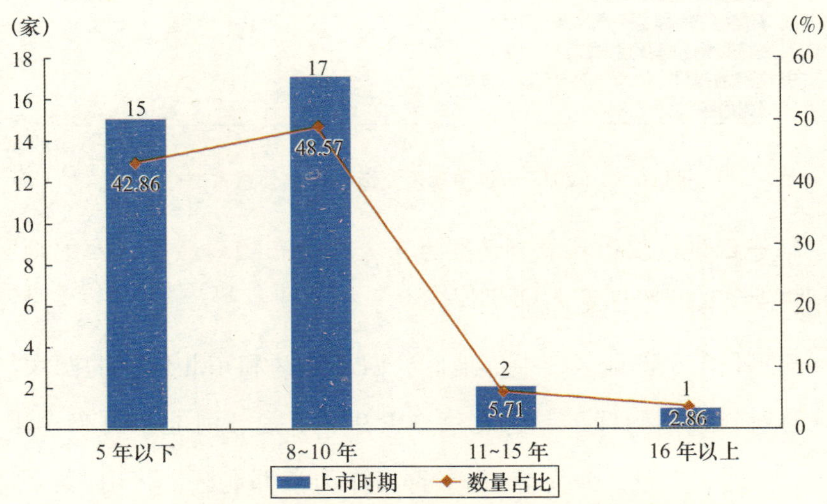

图 10－3　2015 年仪器仪表制造业上市公司上市时间分布

（二）仪器仪表制造业上市公司地区分布

1. 江浙两省仪器仪表制造业上市公司分布相对较多

通过对仪器仪表制造业上市公司的地域分布进行考察可以发现，在作为研究对象的35家仪器仪表制造业上市公司中，位于浙江和江苏的上市公司最多，分别有7家和6家，占所有作为研究对象的比例分别为20%和17.14%。位于北京、广东和河南的仪器仪表制造业上市公司依次降低，分别有5家、4家、3家，占所有作为研究对象的仪器仪表制造业上市公司的比例分别为14.29%、11.43%和8.57%。均有2家仪器仪表制造业上市公司位于河北、上海、湖南和江西，占所有作为研究对象的仪器仪表制造业上市公司的比例均为5.71%。另外，位于重庆和吉林的仪器仪表制造业上市公司均有1家，占所有作为研究对象的仪器仪表制造业上市公司的比例均为2.86%（见图10-4）。

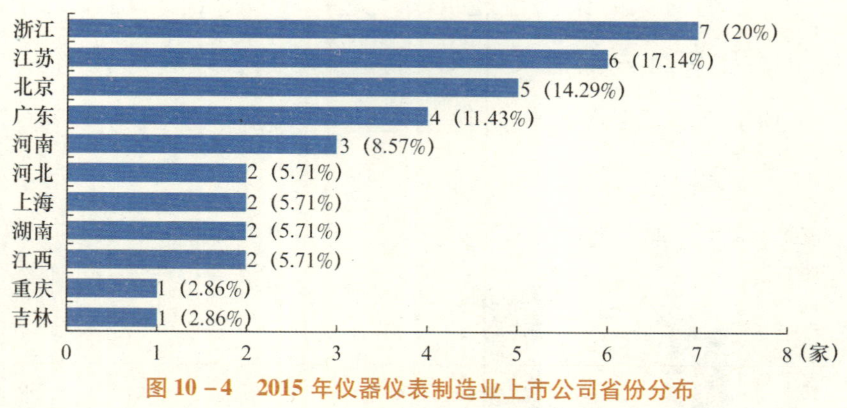

图10-4　2015年仪器仪表制造业上市公司省份分布

2. 东部地区仪器仪表制造业上市公司分布相对最多，西部地区和东北地区分别仅有1家企业

遵照我国东部地区、中部地区、西部地区和东北地区的四大经济区域的划分原则和标准，将北京、天津、上海、河北、山东、江苏、浙江、福建、广东、海南等10个省市作为东部地区，将山西、河南、湖北、安徽、湖南、江西等6个省作为中部地区，将内蒙古、新疆、

宁夏、陕西、甘肃、青海、重庆、四川、西藏、广西、贵州、云南等12个省市区作为西部地区，将辽宁、吉林和黑龙江3个省作为东北地区，对我国仪器仪表制造业上市公司的经济区域分布进行考察，结果发现，东部地区仪器仪表制造业上市公司分布相对最多，西部地区和东北地区分别仅有1家仪器仪表制造业上市公司。

具体来看，位于东部地区的仪器仪表制造业上市公司有26家，占所有作为研究对象的仪器仪表制造业上市公司的比例超过七成，为74.29%。其次，为位于中部地区的仪器仪表制造业上市公司，有7家，占所有作为研究对象的仪器仪表制造业上市公司的比例达到20%。均有1家仪器仪表制造业上市公司位于西部地区和东北地区，占所有作为研究对象的仪器仪表制造业上市公司的比例均为2.86%（见图10－5）。

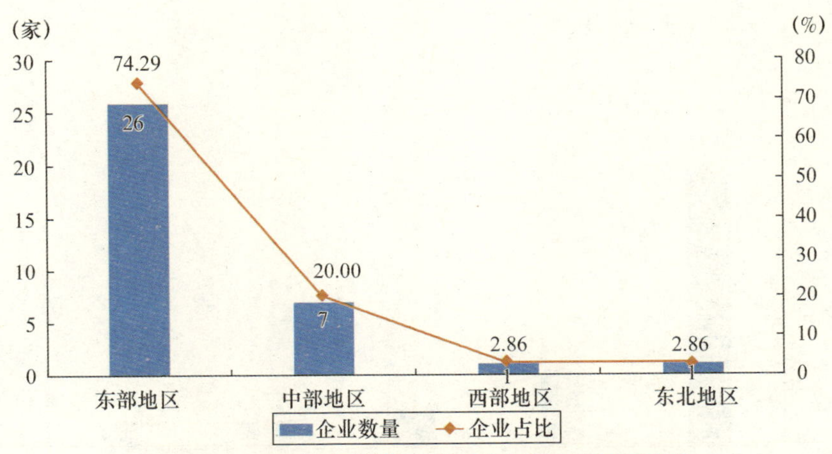

图10－5　2015年仪器仪表制造业上市公司地区分布

（三）仪器仪表制造业上市公司成长性分布

1. 超过六成仪器仪表制造业上市公司营业收入在5亿元以下

将仪器仪表制造业上市公司营业收入分为5亿元以下、5亿～10亿元、10亿～20亿元、20亿～30亿元和30亿元以上5个组别，对作为研究对象的 35 家仪器仪表制造业上市公司 2015 年的营业收入的分布情况进行考察，结果发现，超过六成的仪器仪表制造业上市公司营业收入位于 5 亿元以下。

具体来看，在作为研究对象的 35 家仪器仪表制造业上市公司中，有 22 家上市公司 2015 年的营业收入位于 5 亿元以下，占所有作为研究对象的仪器仪表制造业上市公司的比例超过 60%，为 62.86%。其次，分别为营业收入位于 5 亿～10 亿元和 10 亿～20 亿元组别的仪器仪表制造业上市公司，2015 年营业收入位于上述 2 个组别的仪器仪表制造业上市公司分别有 6 家和 3 家，占所有作为研究对象的仪器仪表制造业上市公司的比例分别为 17.14% 和 8.57%。另外，2015 年的营业收入位于 20 亿～30 亿元以及 30 亿元以上的仪器仪表制造业上市公司均有 2 家，占所有作为研究对象的仪器仪表制造业上市公司的比例均为 5.71%（见图 10－6）。

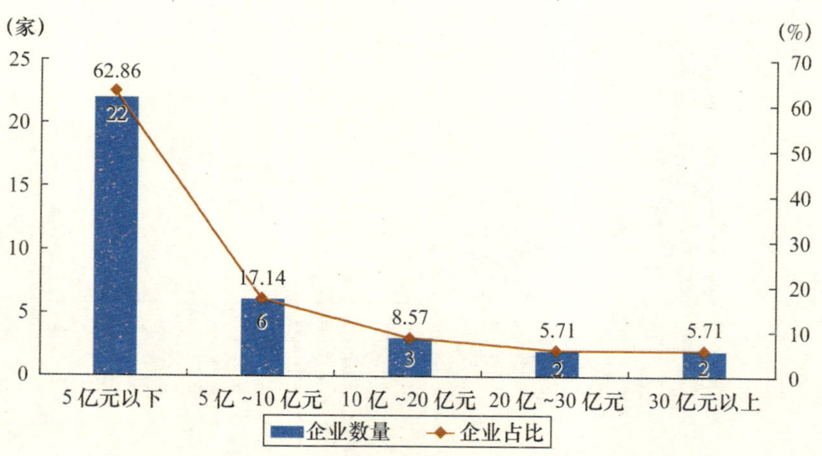

图 10－6　2015 年仪器仪表制造业上市公司营业收入分布

2. 超过四成仪器仪表制造业上市公司员工人数在 500～1000 人

将员工人数分为 500 人以下、500～1000 人、1000～1500 人、1500～2000 人以及 2000 人以上 5 个组别，对 2015 年作为研究对象的

35 家仪器仪表制造业上市公司的员工人数分布进行考察，结果发现，超过四成仪器仪表制造业上市公司的员工人数在 500～1000 人。

具体来看，在作为研究对象的 35 家仪器仪表制造业上市公司中，2015 年的员工人数位于 500～1000 人、500 人以下、2000 人以上和 1000～1500 人 4 个组别的仪器仪表制造业上市公司数量依次降低，分别有 15 家、10 家、6 家和 4 家仪器仪表制造业上市公司 2015 年的员工人数位于上述 4 个组别，占所有作为研究对象的仪器仪表制造业上市公司的比例分别为 42.86%、28.57%、17.14% 和 11.43%。另外，没有任何一家仪器仪表制造业上市公司 2015 年的员工人数位于1500～2000 人的组别（见图 10－7）。

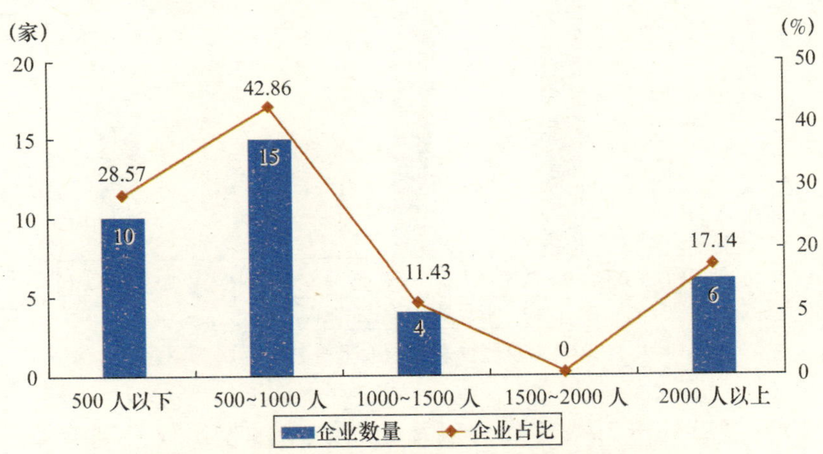

图 10－7　2015 年仪器仪表制造业上市公司人员人数分布

（四）仪器仪表制造业上市公司盈利性分布

1. 利润总额位于 0～0.5 亿元和 0.5 亿～1 亿元的仪器仪表制造业上市公司相对最多

将利润总额作为盈利性的衡量指标，再将利润分为 0 元以下、0～0.5 亿元、0.5 亿～1 亿元、1 亿～1.5 亿元和 1.5 亿元以上 5 个组别，对作为研究对象的 35 家仪器仪表制造业上市公司利润总额的分布状况进行考察，可以看到，利润总额位于0～0.5亿元和0.5亿～1亿元2个组别的仪器仪表制造业企业数量相对最多，均有13家仪器仪表制造业上市公司的利润总额位于上述2个组别，占所有作为研究对象的仪器仪表制造业上市公司的比例均为37.14%。利润总额位于1.5亿元以上、1亿～1.5亿元以及0元以下的仪器仪表制造业上市公司的数量依次降低，分别有6家、2家和1家仪器仪表制造业上市公司的利润总额位于上述组别，占所有作为研究对象的仪器仪表制造业上市公司的比例分别为17.14%、5.71%和2.86%（见图10－8）。

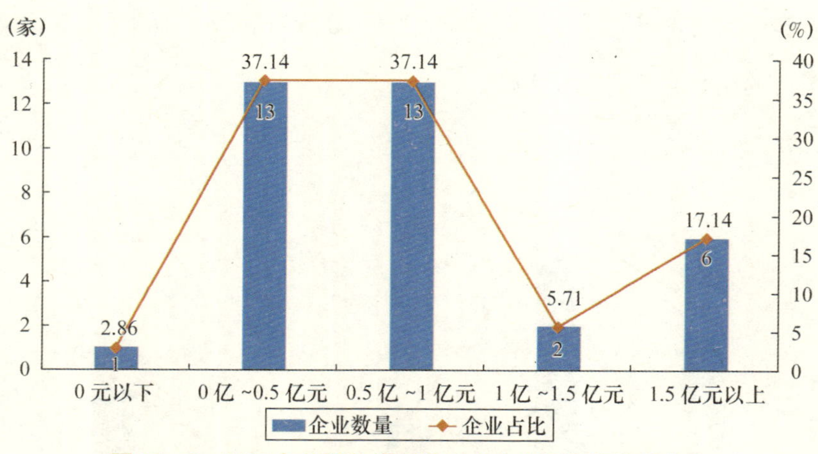

图10－8　2015年仪器仪表制造业上市公司利润总额分布

2. 利润率处于10%～15%以及20%以上的仪器仪表制造业企业相对最多

将营业收入利润率作为衡量盈利性的指标，通过将利润率分为5%以下、5%～10%、10%～15%、15%～20%以及20%以上5个组别，对仪器仪表制造业上市公司2015年的营业收入利润率分布进行考察发现，利润率处于10%～15%和20%以上2个组别的仪器仪表制造业上市公司相对最多，分别有10家和11家仪器仪表制造业上市公司的营业收入利润率位于上述两个组别，占所有作为研究对象的仪器仪表制造业上市公司的比例分别达到28.57%和31.43%。营业收入利润率位于15%~20%、5%以下以及5%~10%的仪器仪表制造业上市公司数量依次降低，分别有7家、5家和2家仪器仪表制造业上市公司的营业收入利润率位于上述3个组别，占所有作为研究对象的仪器仪表制造业上市公司的比例分别为20%、14.29%和5.71%（见图10-9）。

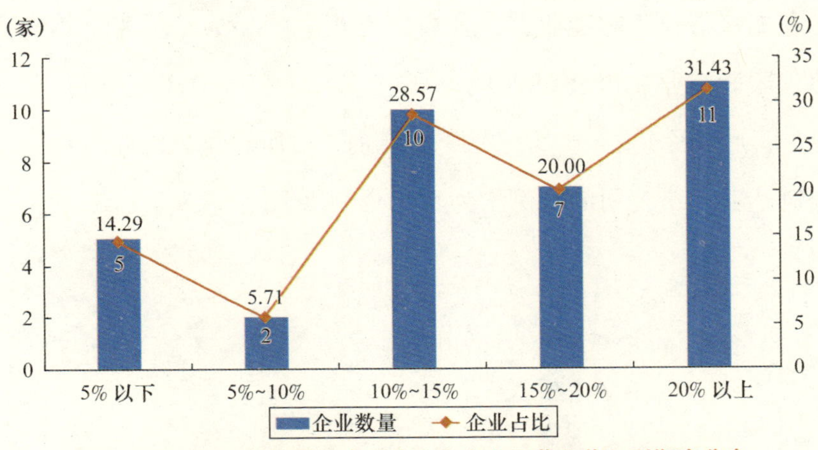

图10-9 2015年仪器仪表制造业上市公司营业收入利润率分布

二、仪器仪表制造业上市公司创新投入总体情况

（一）仪器仪表制造业上市公司研发投入强度

1. 超过七成仪器仪表制造业上市公司研发投入位于0.1亿~0.5亿元组别，研发强度处于4%~6%和10%以上的仪器仪表制造业上市公司相对最高，近35%仪器仪表制造业上市公司人均研发投入在1.5万~3万元

将研发投入分为0.1亿元以下、0.1亿~0.5亿元、0.5亿~1亿元、1亿~1.5亿元以及1.5亿元以上5个组别，考察仪器仪表制造业上市公司2015年研发投入的分布状况。结果发现，超过七成仪器仪表

制造业上市公司的研发投入位于0.1亿~0.5亿元之间。这26家研发投入处于0.1亿~0.5亿元之间的仪器仪表制造业上市公司占所有作为研究对象的仪器仪表制造业上市公司的比例为74.29%。其次，为研发投入位于1.5亿元以上的仪器仪表制造业上市公司，有3家仪器仪表制造业上市公司2015年的研发投入超过1.5亿元，占所有作为研究对象的仪器仪表制造业上市公司的比例为8.57%。另外，均有2家仪器仪表制造业上市公司2015年的研发投入位于0.1亿元以下、0.5亿~1亿元以及1亿~1.5亿元3个组别，占所有作为研究对象的仪器仪表制造业上市公司的比例均为5.71%（见图10-10）。

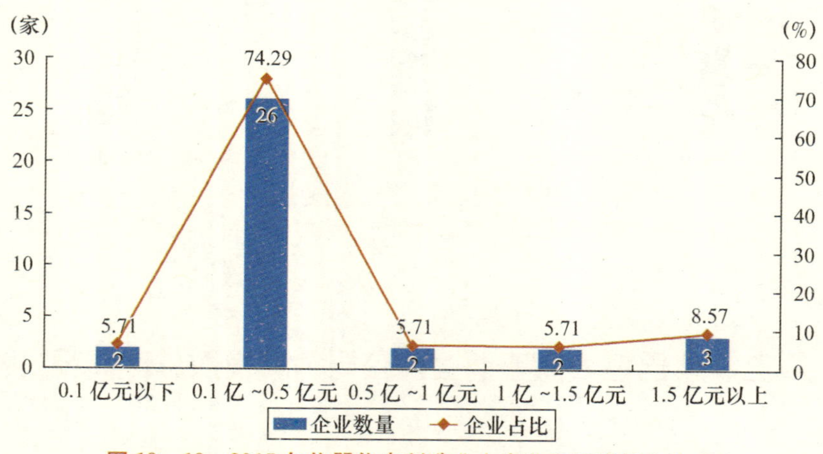

图10-10　2015年仪器仪表制造业上市公司研发投入分布

将研发强度首先划分为4%以下、4%~6%、6%~8%、8%~10%以及10%以上5个组别，考察35家作为研究对象的仪器仪表制造业上市公司2015年研发强度的分布，结果发现，研发强度处于4%~6%和10%以上的仪器仪表制造业上市公司相对最高。具体来看，在作为研究对象的35家仪器仪表制造业上市公司中，有11家仪器仪表制造业上市公司2015年的研发强度位于4%~6%之间，占所有作为研究对象的仪器仪表制造业上市公司的比例相对最高，为31.43%。

其次，为研发强度位于10%以上的仪器仪表制造业上市公司数量，有10家仪器仪表制造业上市公司2015年的研发强度位于10%以上，占所有作为研究对象的仪器仪表制造业上市公司的比例为28.57%。研发强度位于4%以下、8%～10%以及6%～8%的仪器仪表制造业上市公司的数量依次降低，分别有6家、5家和3家仪器仪表制造业上市公司的研发强度位于上述3个组别，占所有作为研究对象的仪器仪表制造业上市公司的比例分别为17.14%、14.29%和8.57%（见图10－11）。

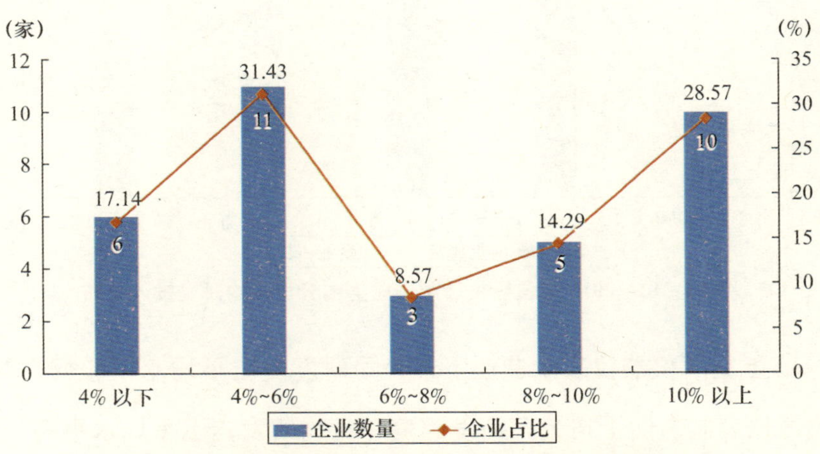

图10－11　2015年仪器仪表制造业上市公司研发强度分布

将人均研发投入分为1.5万元以下、1.5万～3万元、3万～4.5万元、4.5万～6万元以及6万元以上5个组别，考察作为研究对象的35家仪器仪表制造业上市公司2015年的人均研发投入的分布状况，结果发现，近35%仪器仪表制造业上市公司人均研发投入在1.5万～3万元。具体来看，2015年的人均研发投入位于1.5万～3万元的仪器仪表制造业上市公司数量相对最多，有12家仪器仪表制造业上市公司2015年的人均研发投入金额位于该组，占所有作为研究对象的仪器仪表制造业上市公司的比例为34.29%。2015年的人均研发投入位于3

万～4.5万元以及4.5万～6万元2个组别的仪器仪表制造业上市公司均有9家，占所有仪器仪表制造业上市公司的比例均为25.71%。2015年的人均研发投入位于1.5万元以下以及6万元以上的仪器仪表制造业上市公司分别有4家和1家，占所有作为研究对象的仪器仪表制造业上市公司的比例分别为11.43%和2.86%（见图10－12）。

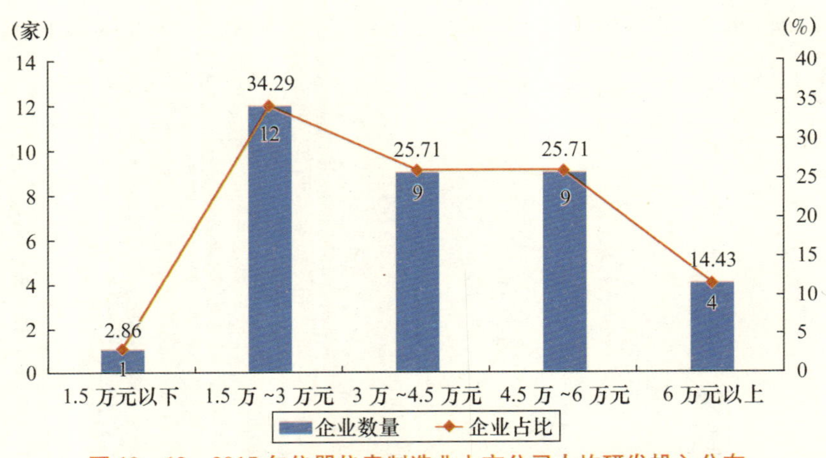

图10－12　2015年仪器仪表制造业上市公司人均研发投入分布

2. 上交所仪器仪表制造业上市公司研发支出平均水平较好，深交所仪器仪表制造业上市公司研发强度和人均研发支出平均水平高

分别考察在不同交易所上市的仪器仪表制造业上市公司的研发支出、研发强度和人均研发支出的平均水平发现，上交所仪器仪表制造业上市公司研发支出平均水平相对较好，深交所仪器仪表制造业上市公司研发强度和人均研发支出平均水平相对较高。具体来看，2015年，在作为研究对象的35家仪器仪表制造业上市公司中，在上交所上市的仪器仪表制造业上市公司的研发支出平均水平为0.99亿元，在深交所上市的仪器仪表制造业上市公司的研发支出平均水平为0.36亿元。在研发强度平均水平和人均研发支出平均水平方面，2015年，在深交所上市和在上交所上市的仪器仪表制造业上市公司研发强度的平

均水平分别为7.89%和3.58%，在深交所上市和在上交所上市的仪器仪表制造业上市公司人均研发支出的平均水平分别为4.04万元和2.30万元（见图10－13）。

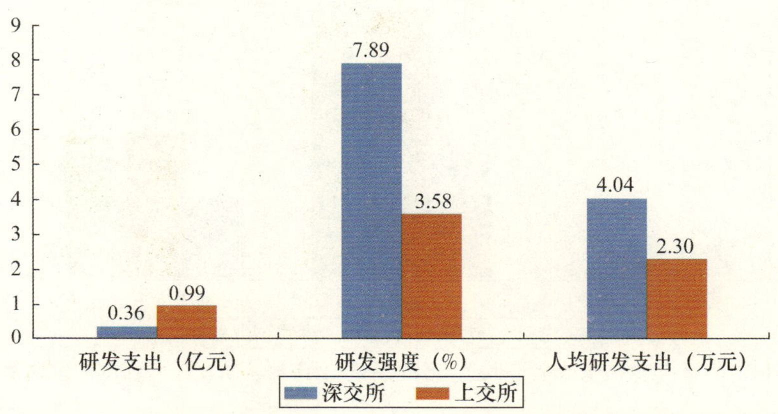

图10－13 2015年仪器仪表制造业上市公司不同交易所研发投入强度平均水平比较

3. 主板上市仪器仪表制造业上市公司研发支出平均水平相对最多，创业板上市仪器仪表制造业上市公司研发强度相对最高，中小企业板上市仪器仪表制造业上市公司人均研发支出较高

分别考察不同板块上市的仪器仪表制造业上市公司研发支出、研发强度和人均研发支出平均水平差异。在研发支出平均水平方面，主板、中小企业板和创业板上市的仪器仪表制造业上市公司2015年的研发支出平均水平分别为0.99亿元、0.58亿元和0.30亿元，主板上市仪器仪表制造业上市公司研发支出平均水平相对最多。在研发强度平均水平方面，主板、中小企业板和创业板上市的仪器仪表制造业上市公司2015年的研发强度平均水平分别为3.58%、7.72%和7.94%，在创业板上市的仪器仪表制造业上市公司研发强度平均水平相对最高。在人均研发支出平均水平方面，主板、中小企业板和创业板上市的仪器仪表制造业上市公司2015年人均研发支出平均水平分别为2.30万元、4.16万元和4.02万元，在中小企业板上市

的仪器仪表制造业上市公司人均研发支出平均水平相对最高（见图10－14）。

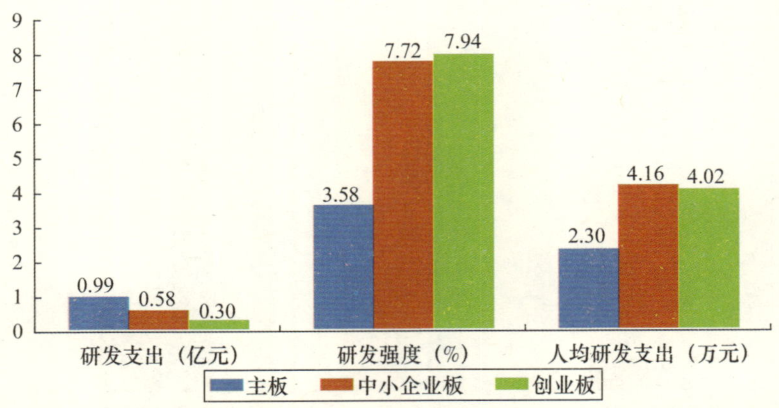

图10－14 2015年仪器仪表制造业上市公司不同上市板块研发投入强度平均水平比较

4. 浙江、广东和江苏仪器仪表制造业上市公司研发投入的平均水平位居前三甲，湖南的研发强度平均水平相对最高，浙江的人均研发投入平均水平相对最好①

通过对不同省份的仪器仪表制造业上市公司研发投入平均水平进行考察发现，浙江仪器仪表制造业上市公司研发投入的平均水平相对最高。2015年，浙江仪器仪表制造业上市公司研发投入平均水平为0.67亿元；其次，为广东仪器仪表制造业上市公司研发投入平均水平，为0.64亿元；江苏仪器仪表制造业上市公司研发投入平均水平位于第3位，为0.4亿元；位于北京、河南、湖南、江西、河北、上海的仪器仪表制造业上市公司研发投入平均水平依次降低，6个省市分别为0.29亿元、0.28亿元、0.23亿元、0.23亿元、0.21亿元和0.17亿元（见图10－15）。

---

① 由于吉林和重庆的仪器仪表制造业上市公司均只有1家，所以，在本部分分析中，将2个省市排除在相关省份的比较之外。

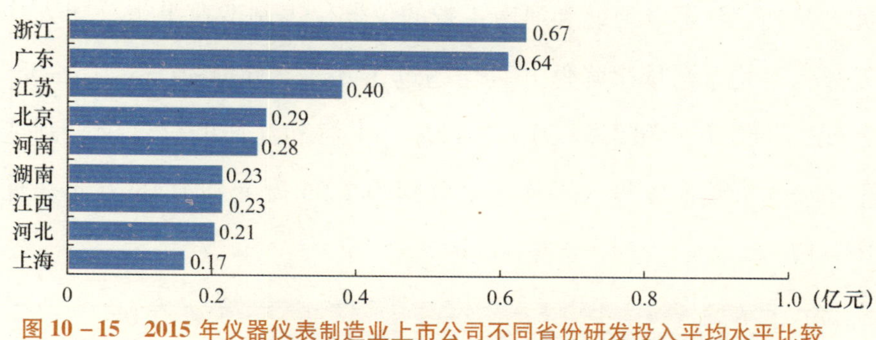

图10-15 2015年仪器仪表制造业上市公司不同省份研发投入平均水平比较

在不同省份研发强度的平均水平方面，湖南仪器仪表制造业上市公司的研发强度平均水平相对最高，2015年的研发强度平均水平达到9.21%。江苏、河南、广东、上海、浙江、北京、河北、江西的仪器仪表制造业上市公司的研发强度平均水平依次降低，2015年8个省市的仪器仪表制造业上市公司的研发强度平均水平依次为8.58%、8.39%、7.89%、7.52%、7.43%、6.99%、5.15%和3.09%（见图10-16）。

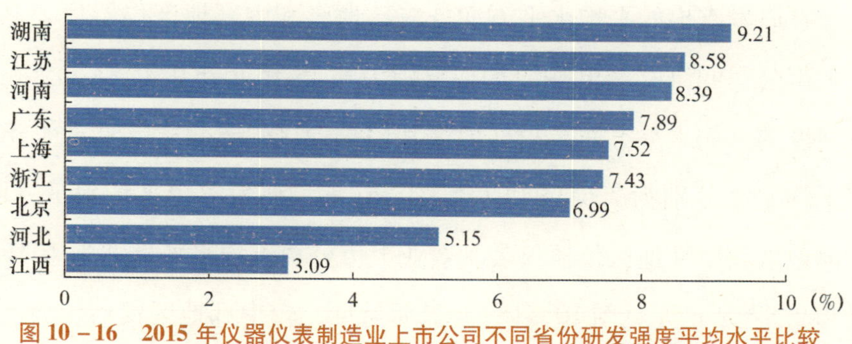

图10-16 2015年仪器仪表制造业上市公司不同省份研发强度平均水平比较

在不同省份的人均研发投入的平均水平方面，浙江的人均研发投入平均水平相对最好，2015年浙江仪器仪表制造业上市公司的人均研发投入平均水平为5.23万元。其次，为北京和广东仪器仪表制造业上市公司的人均研发投入平均水平，2个省市的仪器仪表制造业上市公司人均研发投入平均水平均超过4万元，分别为4.27万元和4.18万元。湖南、江苏、河北和河南 4 省的仪器仪表制造业上市公司人均研发投入平均水平依次降低并且均超过 3 万元，分别为 3.8 万元、3.79 万元、3.68 万元和 3.38 万元。最后，上海和江西的仪器仪表制造业上市公司人均研发投入平均水平分别为 2.35 万元和 1.18 万元（见图 10－17）。

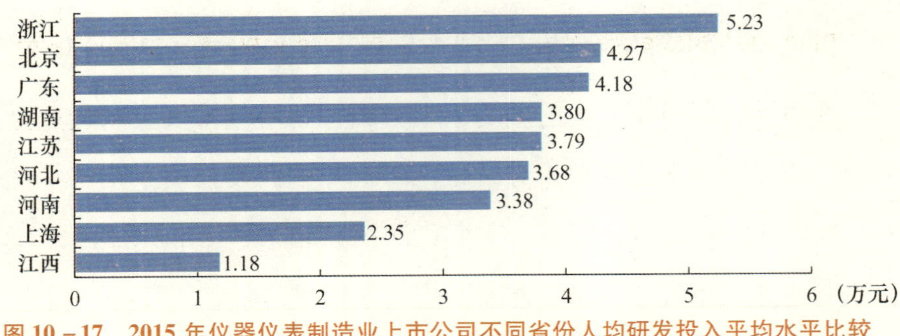

图 10－17 2015 年仪器仪表制造业上市公司不同省份人均研发投入平均水平比较

5. 东部地区仪器仪表制造业上市公司的研发支出、研发强度和人均研发支出的平均水平均高于中部地区①

在研发支出的平均水平方面，东部地区和中部地区仪器仪表制造业上市公司的研发支出平均水平分别为 0.45 亿元和 0.25 亿元。在研发强度的平均水平方面，东部地区和中部地区仪器仪表制造业上市公司平均水平分别为 7.51% 和 7.11%。在人均研发支出平均水平方面，东部地区和中部地区仪器仪表制造业上市公司平均水平分别为 4.21 万元和 2.87 万元（见图 10－18）。显而易见，较中部地区仪器仪表制造业上市公司而言，东部地区仪器仪表制造业上市公司在研发支出、研发强度和人均研发支出的平均水平方面均较高。

① 由于西部地区和东北地区均只有 1 家仪器仪表制造业上市公司，所以，在本部分分析中，仅比较东部地区和中部地区的相关特征。

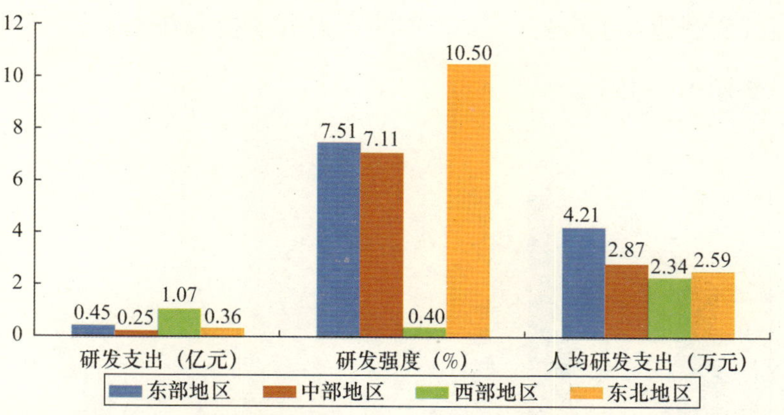

图 10－18　2015 年仪器仪表制造业上市公司四大区域研发投入强度平均水平

（二）仪器仪表制造业上市公司人力资本投入强度

1. 超过四成仪器仪表制造业上市公司人力资本投入处于 0.5 亿～1 亿元组别，人均人力资本投入处于 5 万～10 万元组别的仪器仪表制造业上市公司近六成

将人力资本投入划分为 0.5 亿元以下、0.5 亿～1 亿元、1 亿～1.5 亿元、1.5 亿～2 亿元以及 2 亿元以上 5 个组别，考察作为研究对象的 35 家仪器仪表制造业上市公司 2015 年的人力资本投入的分布状况，可以看到，超过四成仪器仪表制造业上市公司人力资本投入处于 0.5 亿～1 亿元组别。具体来看，2015 年，在作为研究对象的 35 家仪器仪表制造业上市公司中，有 15 家仪器仪表制造业上市公司的人力资本投入位于 0.5 亿～1 亿元，占所有作为研究对象的仪器仪表制造业上市公司的比例为 42.86%。其次，为人力资本投入位于 0.5 亿元以下的仪器仪表制造业上市公司数量，在作为研究对象的仪器仪表制造业上市公司中，有 11 家 2015 年的人力资本投入位于 0.5 亿元以下。另外，人力资本投入位于 1 亿～1.5 亿元和 2 亿元以上的仪器仪表制造业上市公司分别有 3 家（8.57%）和 6 家（17.14%），没有任何一

家仪器仪表制造业上市公司2015年的人力资本投入在1.5亿~2亿元之间（见图10－19）。

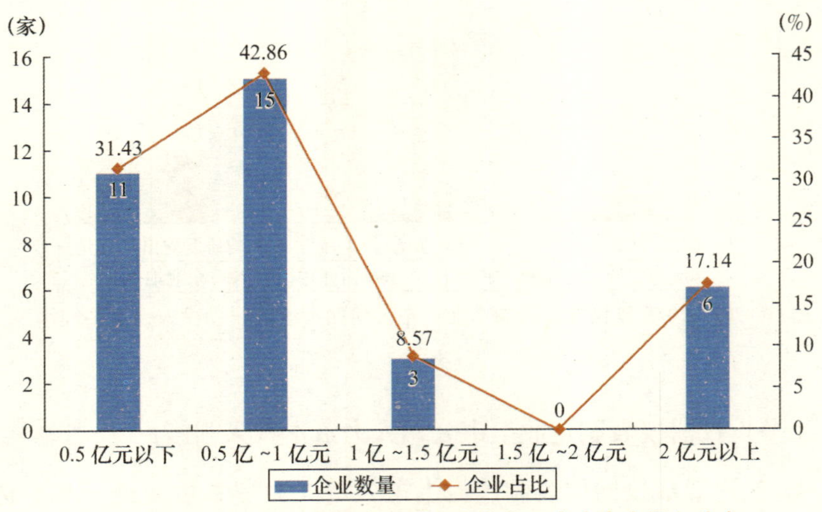

图10－19　2015年仪器仪表制造业上市公司人力资本投入分布

将人均人力资本投入分为5万元以下、5万~10万元、10万~15万元、15万~20万元以及20万元以上5个组别，通过分析各个组别的仪器仪表制造业上市公司的数量来分析2015年仪器仪表制造业上市公司人均人力资本投入的分布状况，结果发现，人均人力资本投入处于5万~10万元组别的仪器仪表制造业上市公司相对最多，有20家，占所有作为研究对象的仪器仪表制造业上市公司的比例近六成，为57.14%。其次，为人均人力资本投入位于15万~20万元的仪器仪表制造业上市公司数量，有13家，占所有作为研究对象的仪器仪表制造业上市公司的比例为37.14%。另外，均有1家仪器仪表制造业上市公司2015年的人均人力资本投入位于5万元以下和20万元以上2个组别，占所有作为研究对象的比例均为2.86%；没有任何一家仪器仪表制造业上市公司2015年的人均人力资本投入位于15万~20万元之间（见图10－20）。

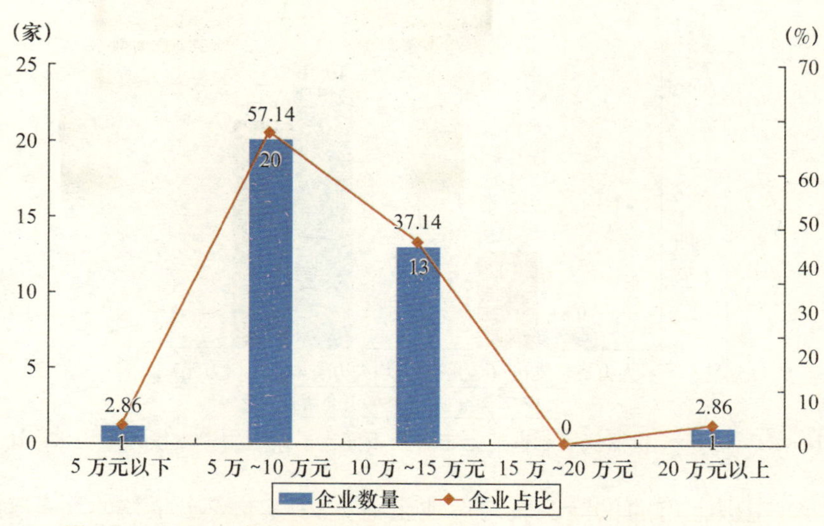

图 10－20　2015 年仪器仪表制造业上市公司人均人力资本投入分布

2. 上交所仪器仪表制造业上市公司人力资本支出的平均水平高于深交所上市的仪器仪表制造业上市公司，深交所仪器仪表制造业上市公司人均人力资本支出高于上交所上市的仪器仪表制造业上市公司

分别考察不同交易所的仪器仪表制造业上市公司 2015 年人力资本支出和人均人力资本支出平均水平的特征。结果发现，2015 年，在上交所上市的仪器仪表制造业上市公司的人力资本支出平均水平为 3. 72 亿元，在深交所上市的仪器仪表制造业上市公司的人力资本支出平均水平为 0. 81 亿元，上交所仪器仪表制造业上市公司人力资本支出的平均水平高于深交所上市的仪器仪表制造业上市公司。2015 年，在作为研究对象的 35 家仪器仪表制造业上市公司中，在上交所上市的企业的人均人力资本投入的平均水平为 10. 01 万元，在上交所上市的企业的人均人力资本投入的平均水平为 8. 71 万元，深交所仪器仪表制造业上市公司人均人力资本支出高于上交所上市的仪器仪表制造业上市公司（见图 10－21）。

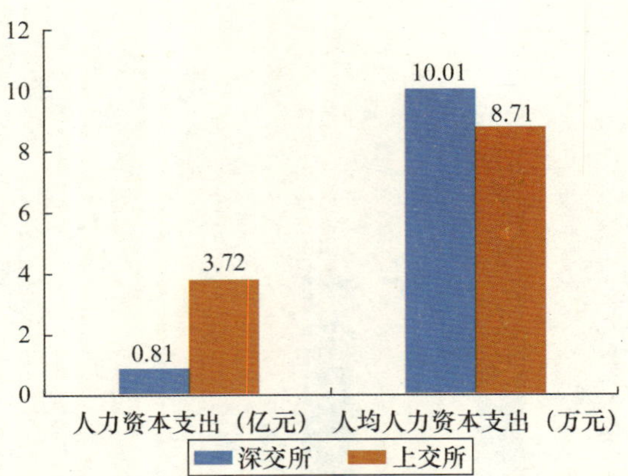

图 10－21　2015 年仪器仪表制造业上市公司不同交易所人力资本投入平均水平比较

3. 主板上市的仪器仪表制造业企业人力资本支出平均水平相对最高，但人均人力资本支出平均水平相对最低；创业板仪器仪表制造业企业人力资本支出平均水平相对最低，中小企业板仪器仪表制造业企业人均人力资本支出平均水平相对最高

通过对不同上市板块上市的仪器仪表制造业上市公司的人力资本支出的平均水平进行研究发现，主板、中小企业板和创业板上市的仪器仪表制造业上市公司的人力资本支出平均水平依次降低，2015 年在 3 个上市板块上市的仪器仪表制造业上市公司的人力资本支出平均水平分别为 3. 72 亿元、1. 19 亿元和 0. 71 亿元。显而易见，主板上市的仪器仪表制造业企业人力资本支出平均水平相对最高，但人均人力资本支出平均水平相对最低。通过对不同上市板块上市的仪器仪表制造业上市公司的人均人力资本支出平均水平研究发现，主板上市仪器仪表制造业上市公司的人均人力资本支出的平均水平为 8. 71 万元，在中小企业板上市的仪器仪表制造业上市公司的人均人力资本支出的平均水平为 10. 37 万元，在创业板上市的仪器仪表制造业上市公司的人均人力资本支出的平均水平为 9. 92 万元（见图 10－22）。显而易见，创业板仪器仪表制造业企业人力资本支出平均水平相对最低，中小企业

板仪器仪表制造业企业人均人力资本支出平均水平相对最高。

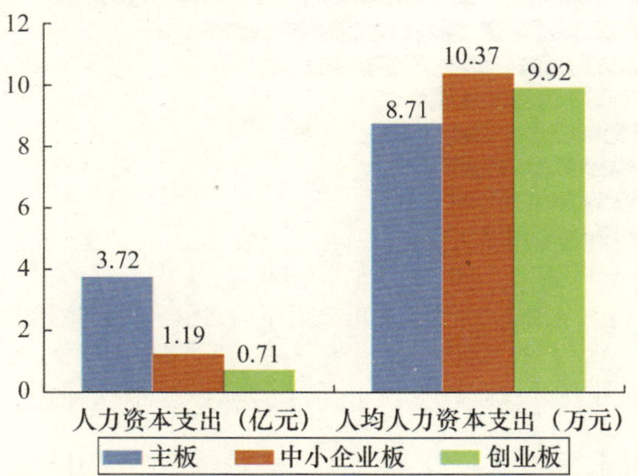

图 10－22　2015 年仪器仪表制造业上市公司不同上市板块人力资本投入平均水平比较

4. 江西仪器仪表制造业上市公司人力资本投入的平均水平相对最优，北京仪器仪表制造业上市公司人均人力资本投入的平均水平相对最高①

通过对江西、浙江、广东、江苏、北京、湖南、河南、上海和河北的仪器仪表制造业上市公司人力资本投入的平均水平进行考察发现，9 个省市的仪器仪表制造业上市公司人力资本投入的平均水平依次降低，2015 年位于上述省份的仪器仪表制造业上市公司人力资本投入的平均水平分别为 1.65 亿元、1.49 亿元、1.16 亿元、1.03 亿元、0.72 亿元、0.66 亿元、0.65 亿元、0.61 亿元和 0.57 亿元（见图 10－23）。显而易见，通过比较 9 个不同省市的仪器仪表制造业上市公司人力资本投入的平均水平，江西仪器仪表制造业上市公司人力资本投入的平均水平相对最优。

通过对不同省市的仪器仪表制造业上市公司 2015 年的人均人力资

① 由于吉林省和重庆市的仪器仪表制造业上市公司均有 1 家，所以，在本部分分析中，将两个省市排除在相关省份的比较之外。

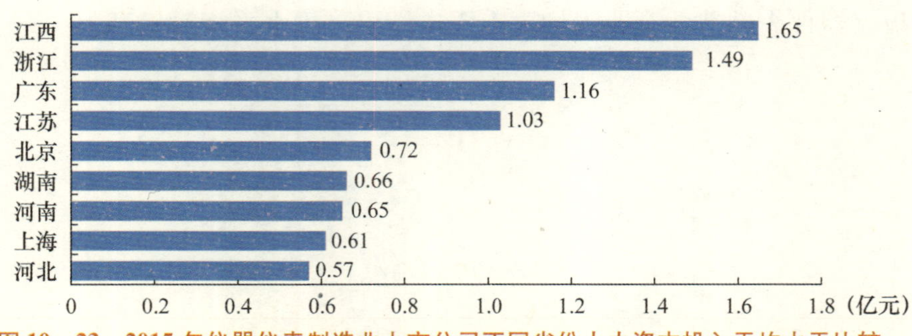

图 10－23　2015 年仪器仪表制造业上市公司不同省份人力资本投入平均水平比较

本投入平均水平进行考察发现，北京仪器仪表制造业上市公司人均人力资本投入平均水平为 11.78 万元，相对最高。2015 年，位于浙江、河北、上海、湖南、江苏、广东、河南、江西的仪器仪表制造业上市公司人均人力资本投入平均水平依次降低，分别为 10.97 万元、10.29 万元、10.03 万元、9.97 万元、9.44 万元、8.81 万元、7.65 万元和 7.20 万元（见图 10－24）。

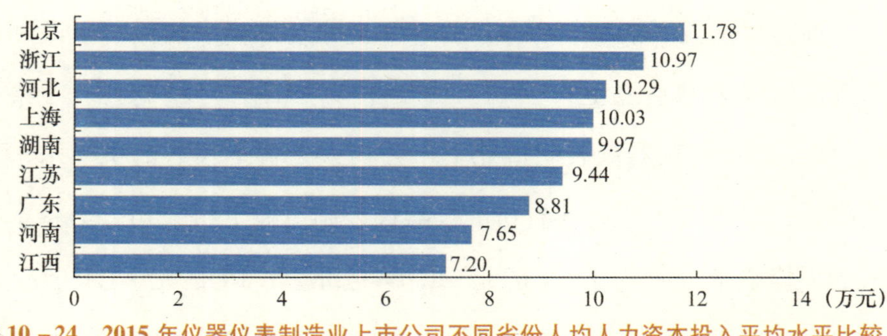

图 10－24　2015 年仪器仪表制造业上市公司不同省份人均人力资本投入平均水平比较

5. 东部地区仪器仪表制造业上市公司人力资本投入的平均水平略高于中部地区，人均人力资本投入的平均水平显著高于中部地区①

2015 年，东部地区仪器仪表制造业上市公司人力资本投入的平均水平为 1.05 亿元，中部地区的仪器仪表制造业上市公司人力资本投入

① 由于西部地区和东北地区均只有 1 家仪器仪表制造业上市公司，所以，在本部分分析中，仅比较东部地区和中部地区的相关特征。

的平均水平为 0. 94 亿元，东部地区仪器仪表制造业上市公司人力资本投入的平均水平略高于中部地区。在人均人力资本投入方面，东部地区仪器仪表制造业上市公司人均人力资本投入的平均水平为 10. 32 万元，中部地区的仪器仪表制造业上市公司人均人力资本投入的平均水平为 8. 19 万元，东部地区仪器仪表制造业上市公司人均人力资本投入的平均水平显著高于中部地区（见图 10 – 25）。

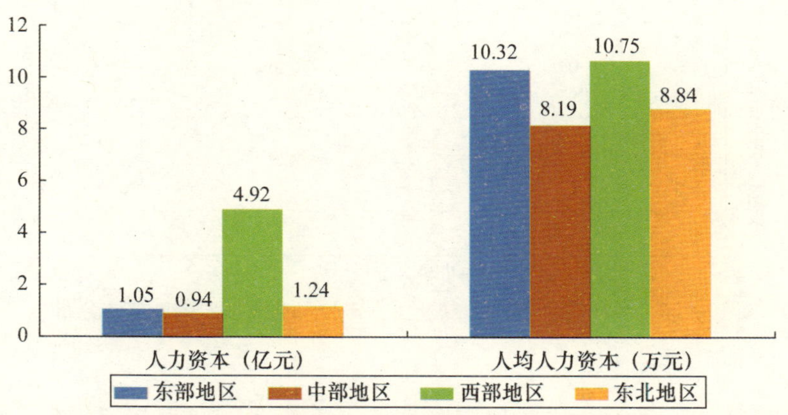

图 10 – 25　2015 年仪器仪表制造业上市公司四大区域人力资本投入平均水平比较

三、仪器仪表制造业上市公司创新投入强度综合评价

（一）仪器仪表制造业上市公司创新强度的整体评价

通过对 2015 年仪器仪表制造业上市公司创新投入强度进行分析可以看到，在作为研究对象的 35 家仪器仪表制造业上市公司中，高研发投入的仪器仪表制造业上市公司数量最多，有 19 家仪器仪表制造业上市公司为高研发投入企业，占所有作为研究对象的仪器仪表制造业上市公司的比例超过五成，为 54. 29%。其次为强创新投入仪器仪表制造业上市公司数量，在作为研究对象的 35 家仪器仪表制造业上市公司中，有 15 家仪器仪表制造业上市公司为强创新投入企业，占所有作为

研究对象的仪器仪表制造业上市公司的比例超过四成，为 42.86%。另外，还有 1 家仪器仪表制造业上市公司为弱创新投入企业，占所有作为研究对象的仪器仪表制造业上市公司的比例不足 5%，仅为 2.86%。需要指出的是，2015 年，在作为研究对象的 35 家仪器仪表制造业上市公司中，没有任何一家上市公司为高人力资本投入企业（见图 10－26）。

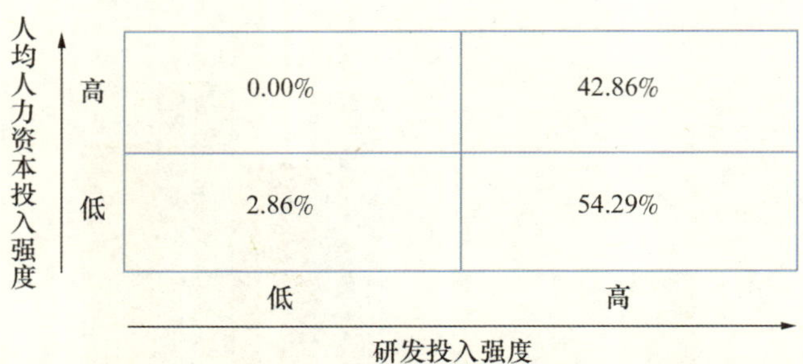

图 10－26　2015 年仪器仪表制造业上市公司创新投入强度整体分布

（二）基于省份的仪器仪表制造业上市公司创新强度评价[①]

通过对不同省份的仪器仪表制造业上市公司整体创新强度进行分析，可以得到如下几个方面的基本结论。河北仪器仪表制造业上市公司均为强创新投入企业。浙江仪器仪表制造业上市公司中过半数企业为强创新投入企业，占省内所有作为研究对象的仪器仪表制造业上市公司总数的比例为 57.14%。上海和湖南仪器仪表制造业上市公司中，强创新投入企业和高研发投入企业平分秋色，在 2 个省市内，强创新投入企业和高研发投入企业占所有作为研究对象的仪器仪表制造业上市公司的比例均为 50%。北京、江苏、河南和广东仪器仪表制造业上市公司中，高研发投入企业所占比例相对最高，在相关省市内，占所

① 由于吉林和重庆的仪器仪表制造业上市公司均只有 1 家，所以，在本部分分析中，将 2 个省市排除在相关省份的比较之外。

有作为研究对象的仪器仪表制造业上市公司的比例分别为60%、66.67%、66.67%和75%；在这4个省市内，剩余的仪器仪表制造业上市公司均为强创新投入企业，强创新投入企业在相关省市内，占所有作为研究对象的仪器仪表制造业上市公司的比例分别为40%、33.33%、33.33%和25%。江西高研发投入企业和弱创新投入企业相等，均有50%的仪器仪表制造业上市公司为高研发投入企业或弱创新投入企业（见图10-27）。

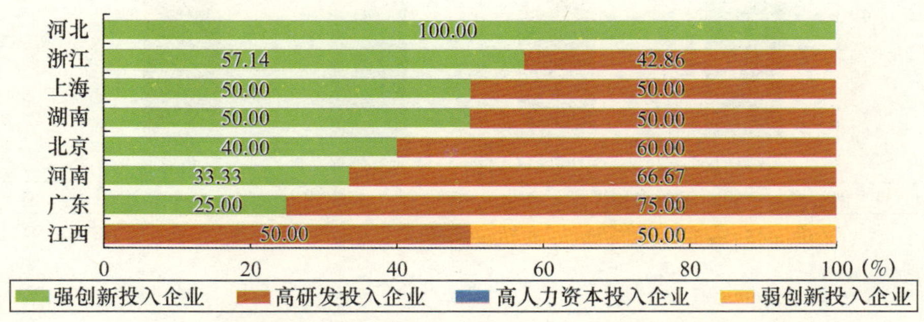

图10-27 2015年不同省份仪器仪表制造业上市公司创新投入强度

（三）基于区域的仪器仪表制造业上市公司创新强度评价①

在东部和中部地区，高研发投入的仪器仪表制造业上市公司所占比例均相对最高。其中，东部地区仪器仪表制造业上市公司中，有53.85%的仪器仪表制造业上市公司为高研发投入企业；其余均为强创新投入企业，占东部地区所有作为研究对象的仪器仪表制造业上市公司的比例达46.15%。在中部地区作为研究对象的仪器仪表制造业上市公司中，有57.14%的仪器仪表制造业上市公司为高研发投入企业；其次，为强创新投入企业，占中部地区所有作为研究对象的仪器仪表

① 由于西部地区和东北地区均只有1家仪器仪表制造业上市公司，所以，在本部分分析中，仅比较东部地区和中部地区的相关特征。

制造业上市公司的比例为28.57%；另外，在中部地区所有作为研究对象的仪器仪表制造业上市公司中，还有14.29%的研究对象为弱创新投入企业（见图10－28）。

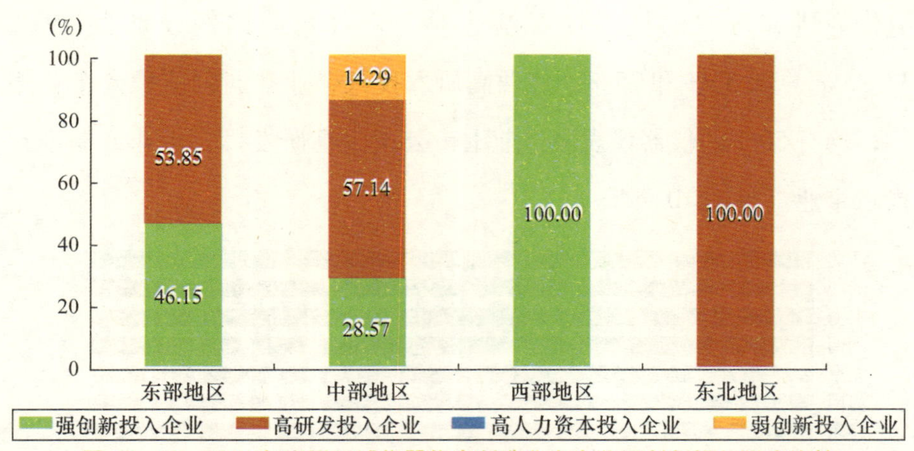

图10－28 2015年不同区域仪器仪表制造业上市公司创新投入强度比较

四、我国仪器仪表制造业上市公司近4年创新投入强度比较①

在2012～2015年4个年度内连续公布研发投入和人力资本投入指标的1300家上市公司中，连续披露研发投入和人力资本投入指标的有28家仪器仪表制造业上市公司，占2015年12月底全部仪器仪表制造业上市公司总数的80%。本部分以28家仪器仪表制造业上市公司为样本进行年度比较分析。

① 由于截至2015年，连续4年公布研发投入和人力资本投入指标的仪器仪表制造业上市公司有123家，所以，本部分相关数据的样本数量为123家仪器仪表制造业上市公司。

（一）仪器仪表制造业上市公司研发投入变化情况①

1. 仪器仪表制造业上市公司研发投入高速增加，平均增长速度快于制造业整体水平

2012～2015 年间，对于作为研究对象的 28 家仪器仪表制造业上市公司而言，研发投入高速增加。2012 年，28 家作为研究对象的仪器仪表制造业上市公司研发投入为 7.99 亿元；2013 年，就在 2012 年的基础上增加了 11.59%，达到 8.91 亿元；2014 年，又在 2013 年的基础上增加了 21.87%，达到 10.86 亿元，首次超过 10 亿元的关口；2015 年，尽管研发投入增长率略降至 20.78%，但是研发投入依然高速增长到 13.12 亿元（见图 10－29）。显而易见，尽管作为研究对象的 28 家仪器仪表制造业上市公司研发投入的增长速度经历了快速增长而后略微降低的情形，但是研发投入保持高速增加趋势。

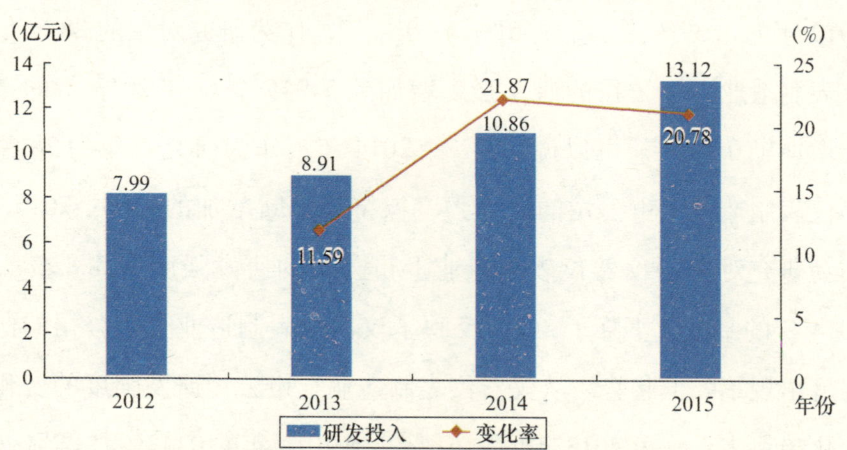

图 10－29　2012～2015 年仪器仪表制造业上市公司研发投入

从 28 家仪器仪表制造业上市公司的研发投入增长情况同制造业研发投入增长情况的对比来看，除了 2013 年仪器仪表制造业上市公司的

① 为了避免数据的重复出现，本部分将制造业相关数据排除在相关图表之外，制造业相关数据详见第一章。

研发投入增长速度较制造业低 5.61 个百分点之外，2014 年和 2015 年仪器仪表制造业上市公司研发投入增长速度分别较制造业相应年份研发投入的增长速度快 8.57 个和 7.98 个百分点。整体而言，在 4 年的平均增长速度方面，作为研究对象的 28 家仪器仪表制造业上市公司为 17.99%，较制造业整体水平而言，高出 4.19 个百分点。不难看出，仪器仪表制造业上市公司研发投入增长速度高于制造业研发投入增长速度。

2. 仪器仪表制造业上市公司研发强度先提升、后降低，变化率持续下降，同制造业研发强度相对，整体相对较高

2012～2015 年间，作为研究对象的 28 家仪器仪表制造业上市公司研发强度表现出先提升、后降低的特点。具体来看，2013 年作为研究对象的 28 家仪器仪表制造业上市公司的研发强度为 5.91%，较 2012 年的 5.39% 增加了 9.61%。2014 年，作为研究对象的 28 家仪器仪表制造业上市公司的研发强度增加到 5.94%，又在 2013 年的基础上增加了 0.42%。可以说，2012～2014 年，作为研究对象的 28 家仪器仪表制造业上市公司的研发强度保持了不断增加的趋势。2015 年，作为研究对象的仪器仪表制造业上市公司的研发强度为 5.82%，在 2014 年的基础上下降了 2%，反映了仪器仪表制造业上市公司的研发强度出现了降低趋势。从仪器仪表制造业上市公司研发强度的变化率变化趋势来看，由 2013 年的 9.61%，到 2014 年的 0.42%，再到 2015 年的 -2%，作为研究对象的 28 家仪器仪表制造业上市公司研发强度的变化率保持不断降低趋势（见图 10-30）。

2012～2015 年，仪器仪表制造业上市公司 4 年研发强度的平均增长速度为 2.56%，同制造业研发强度相比，2012～2015 年，仪器仪表制造业上市公司的研发强度分别高于制造业研发强度 3.15 个、3.54

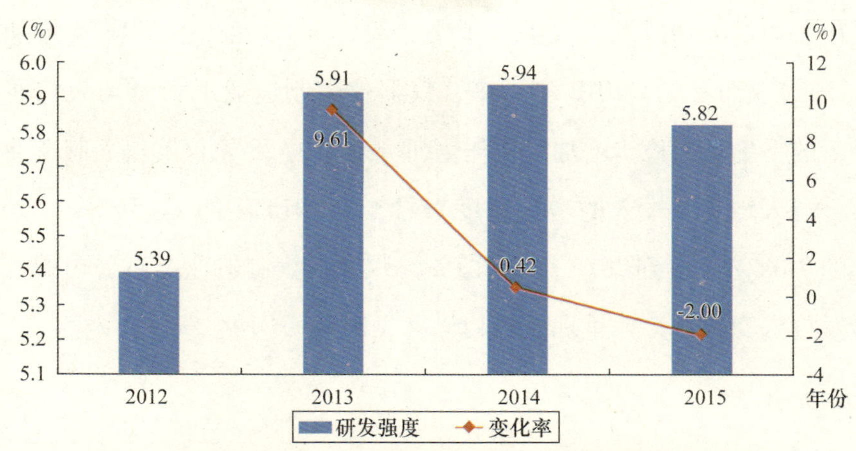

图10-30　2012~2015年仪器仪表制造业上市公司研发强度变化

个、3.38个和2.97个百分点。不难看出，相对于制造业研发强度而言，仪器仪表制造业上市公司的整体研发强度较高。不过，由于仪器仪表制造业上市公司的研发强度变化率较制造业上市公司研发强度变化率而言，差距不断拉开。比如，2014年和2015年，仪器仪表制造业上市公司的研发强度分别较制造业研发强度低7.38个和13.20个百分点，如果保持这种趋势不变，那么仪器仪表制造业上市公司研发强度必将在将来某个时点低至制造业上市公司研发强度之下。

3. 仪器仪表制造业上市公司人均研发投入稳步增加，增长速度不断放缓，较制造业人均研发投入而言，仪器仪表制造业整体水平相对较好

2012年，作为研究对象的28家仪器仪表制造业上市公司人均研发投入为2.62万元。2013年，作为研究对象的28家仪器仪表制造业上市公司人均研发投入增加到3万元，较2012年，仪器仪表制造业上市公司人均研发投入增长了14.5%。2014年，作为研究对象的28家仪器仪表制造业上市公司的人均研发投入又增加了7.11%，较2013年增加到3.22万元。2015年，作为研究对象的28家仪器仪表制造业

上市公司的人均研发投入进一步增加到 3. 46 万元，较 2014 年增加了 7. 7%。显而易见，2012 年以来，仪器仪表制造业上市公司人均研发投入的平均水平稳步增加。从作为研究对象的 28 家仪器仪表制造业上市公司人均研发投入的增长速度来看，由 2013 年的 14. 5%，到 2014 年的 7. 11%，再到 2015 年的 7. 7%，仪器仪表制造业上市公司的人均研发投入变化率整体呈现放缓趋势（见图 10 - 31）。

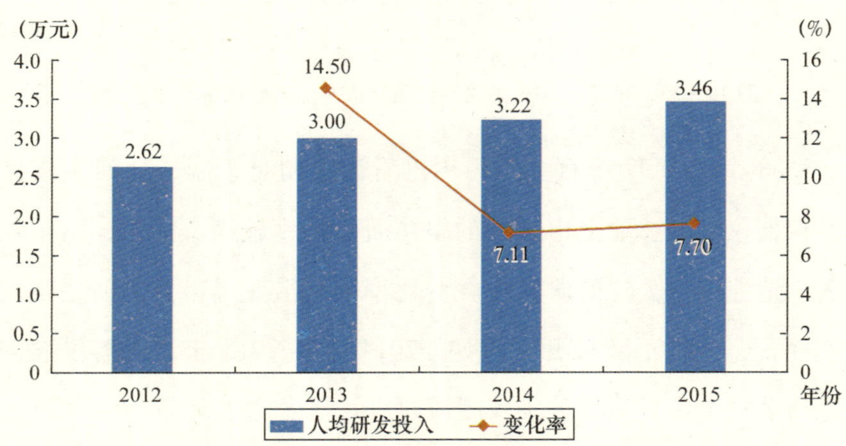

图 10 - 31　2012 ~ 2015 年仪器仪表制造业上市公司人均研发投入变化

较同期制造业人均研发投入变化率而言，2012 ~ 2014 年间，仪器仪表制造业上市公司人均研发投入分别高于制造业上市公司人均研发投入 0. 13 万元、0. 28 万元、0. 28 万元和 0. 31 万元。考虑到仪器仪表制造业上市公司人均研发投入平均变化率将近 10%，为 9. 72%，而除了 2014 年仪器仪表制造业上市公司人均研发投入增长率低于制造业人均研发投入增长率 1. 39 个百分点之外，较制造业上市公司人均研发投入而言，仪器仪表制造业上市公司在 2013 年和 2015 年的研发投入变化率高出制造业上市公司人均研发投入 5. 5 个和 2. 5 个百分点。显而易见，较制造业人均研发投入而言，仪器仪表制造业整体水平相对较好。

（二）仪器仪表制造业上市公司人力资本投入情况①

1. 仪器仪表制造业上市公司人力资本投入高速增长，增长速度不断攀升，较制造业而言，增长速度整体较高

2012年，作为研究对象的28家仪器仪表制造业上市公司人力资本投入为20.92亿元。2013年，作为研究对象的28家仪器仪表制造业上市公司人力资本投入增长11%，达到23.22亿元。2014年，作为研究对象的28家仪器仪表制造业上市公司的人力资本投入在2013年的基础上增长17.97%，达到27.39亿元。2015年，作为研究对象的28家仪器仪表制造业上市公司的人力资本投入进一步增加到33.15亿元，较2014年而言，增长了21.01%。显而易见，2012～2015年，仪器仪表制造业上市公司人力资本投入高速增长，增长速度不断攀升（见图10－32）。

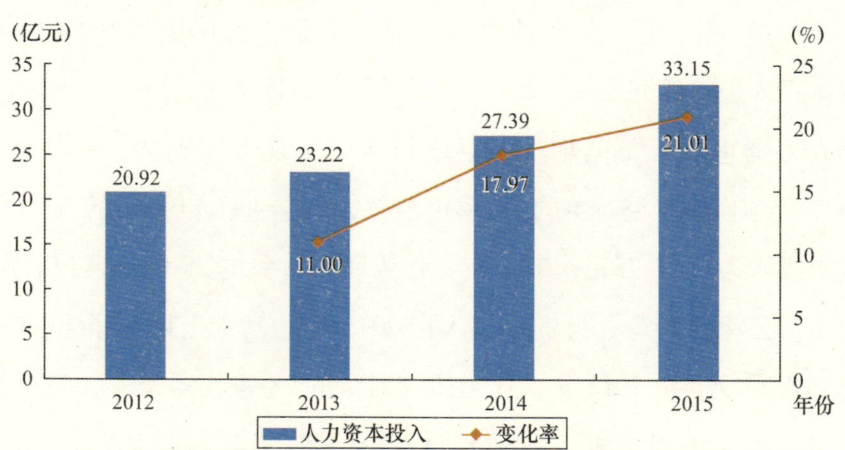

图10－32 2012～2015年仪器仪表制造业上市公司人力资本投入变化

同制造业上市公司人力资本投入而言，除了2013年的仪器仪表制造业上市公司人力资本投入增长速度相对较低之外（低2.6个百分点），2014年和2015年，作为研究对象的仪器仪表制造业上市公司人

① 为了避免数据的重复出现，本部分将制造业相关数据排除在相关图表之外，制造业相关数据详见第一章。

力资本投入增长速度均超过制造业人力资本投入增长速度。其中，2014 年，仪器仪表制造业上市公司人力资本投入增长速度高于制造业上市公司 3.07 个百分点，2015 年，高于制造业上市公司 8.11 个百分点。从 2012 ~ 2015 年的 4 年平均增长速度来看，作为研究对象的仪器仪表制造业上市公司年均增长速度为 16.58%，制造业上市公司人力资本投入年均增长率为 13.80%。较制造业上市公司人力资本年均增长率而言，仪器仪表制造业上市公司人力资本年均增长率高出 2.78 个百分点。显而易见，较制造业而言，仪器仪表制造业上市公司人力资本增长速度整体较高。

2. 仪器仪表制造业上市公司人均人力资本投入不断增加，增长速度呈现下降趋势，较制造业人均人力资本投入而言，整体偏低

通过对作为研究对象的 28 家仪器仪表制造业上市公司的人均人力资本投入进行研究发现，2012 ~ 2015 年，仪器仪表制造业上市公司人均人力资本投入不断增加，但增长速度呈现下降趋势。具体而言，2012 年，作为研究对象的 28 家仪器仪表制造业上市公司的人均人力资本投入为 6.87 万元；2013 年，作为研究对象的 28 家仪器仪表制造业上市公司的人均人力资本投入在 2012 年的基础上增加了 13.89%，达到 7.82 万元；2013 年，作为研究对象的 28 家仪器仪表制造业上市公司人均人力资本投入达到 8.11 万元，在 2013 年的基础上又增加 3.69%；2015 年，作为研究对象的 28 家仪器仪表制造业上市公司人均人力资本投入增加到 8.75 万元，较 2014 年增长 7.9%（见图 10 - 33）。

同制造业人均人力资本而言，仪器仪表制造业上市公司人均人力资本整体偏低。其中，2012 年，仪器仪表制造业上市公司人均人力资本投入低于制造业 0.87 万元；2013 年，仪器仪表制造业上市公司人均人力资本投入低于制造业 0.36 万元；2014 年，仪器仪表制造业上

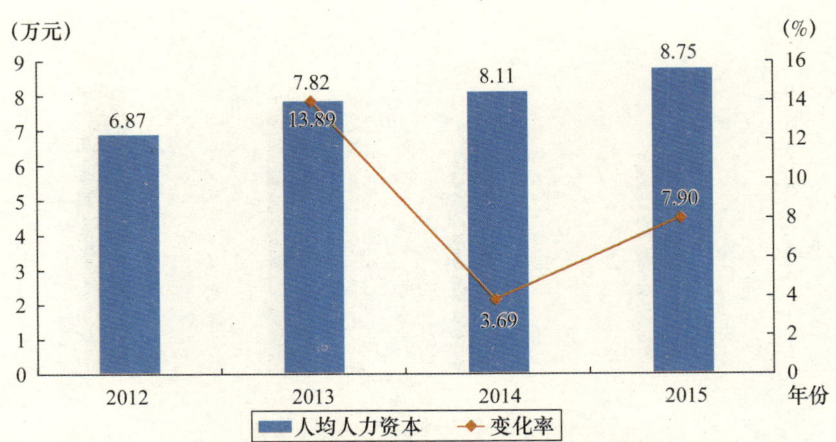

图 10－33 2012～2015 年仪器仪表制造业上市公司人均人力资本投入变化

市公司人均人力资本投入低于制造业 0.87 万元；2015 年，仪器仪表制造业上市公司人均人力资本投入低于制造业 0.88 万元。

（三）仪器仪表制造业上市公司创新投入强度情况

1. 没有任何仪器仪表制造业上市公司为高人力资本投入企业，显著低于制造业高人力资本投入企业占比的一般水平

2012～2015 年，作为研究对象的 28 家仪器仪表制造业上市公司没有一家企业为高人力资本投入企业，较制造业 2012 年高人力资本投入企业占比 7%、2013 年高人力资本投入企业占比 7.46%、2014 年高人力资本投入企业占比 8.46% 以及 2015 年高人力资本投入企业占比 9.31% 的逐年增长的态势相比，仪器仪表制造业上市公司高人力资本投入企业显著偏低（见图 10－34）。

2. 仪器仪表制造业上市公司高研发投入企业占比变化不大，显著高于制造业上市公司高研发投入企业占比

2012～2015 年间，作为研究对象的 28 家仪器仪表制造业上市公司中，高研发投入企业占比分别为 60.71%、57.14%、60.71% 和

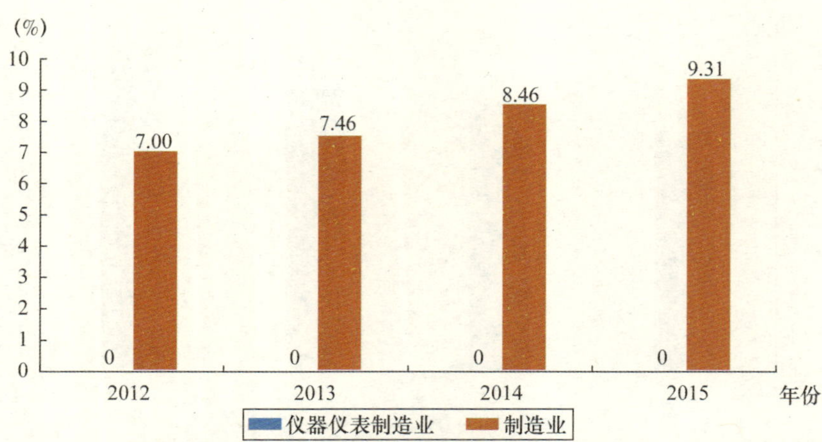

图 10-34　2012~2015 年仪器仪表制造业高人力资本投入企业同制造业对比

64.29%，整体变化不大。同制造业上市公司同期的高研发投入企业占比相比，仪器仪表制造业上市公司高研发投入企业占比显著较高。较 2012 年制造业上市公司高研发投入企业占比 50.38% 而言，仪器仪表制造业上市公司高研发投入企业占比高出 10.33 个百分点；较 2013 年制造业上市公司高研发投入企业占比 47.69% 而言，仪器仪表制造业上市公司高研发投入企业占比高出 9.45 个百分点；较 2014 年制造业上市公司高研发投入企业占比 44.62% 而言，仪器仪表制造业上市公司高研发投入企业占比高出 16.09 个百分点；较 2015 年制造业上市公司高研发投入企业占比 45.38% 而言，仪器仪表制造业上市公司高研发投入企业占比高出 18.91 个百分点（见图 10-35）。

3. 仪器仪表制造业上市公司弱创新投入企业较低，显著低于制造业上市公司弱创新投入企业占比

2012~2015 年，作为研究对象的 28 家仪器仪表制造业上市公司弱创新投入企业整体偏低。其中，2012 年、2014 年和 2015 年，仪器仪表制造业上市公司弱创新投入企业占比均为 3.57%，而 2013 年，没有任何一家仪器仪表制造业上市公司为弱创新投入企业。同制造业

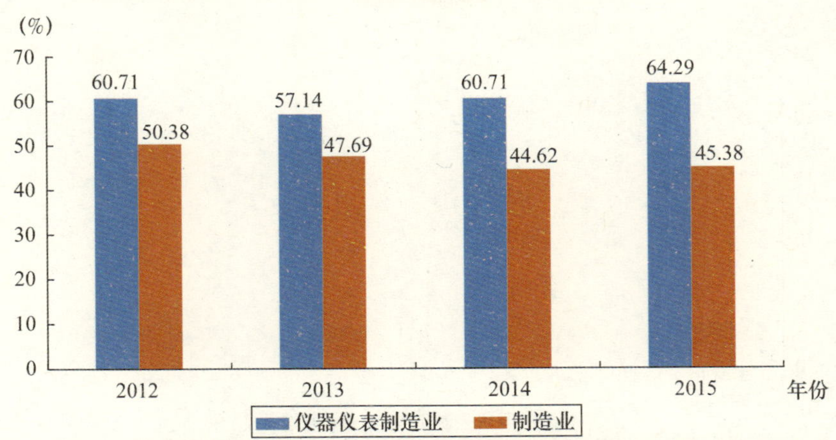

图10－35 2012～2015年仪器仪表制造业高研发投入企业同制造业对比

上市公司弱创新投入企业占比相比，仪器仪表制造业上市公司弱创新投入企业占比显著较低。其中，较2012年制造业弱创新投入企业占比为18%相比，仪器仪表制造业企业弱创新投入企业占比低14.43个百分点；较2013年制造业弱创新投入企业占比为18.08%相比，仪器仪表制造业企业弱创新投入企业占比低18.08个百分点；较2014年制造业弱创新投入企业占比为20%相比，仪器仪表制造业企业弱创新投入企业占比低16.43个百分点；较2015年制造业弱创新投入企业占比为20.38%相比，仪器仪表制造业企业弱创新投入企业占比低16.81个百分点（见图10－36）。

4. 仪器仪表制造业上市公司强创新投入企业占比波动变化，并且高于制造业上市公司强创新投入企业占比

通过对2012～2015年间仪器仪表制造业上市公司强创新投入企业占比进行考察发现，2012年以来，仪器仪表制造业上市公司强创新投入企业占比波动变化。2012～2013年，作为研究对象的28家仪器仪表制造业上市公司强创新投入企业占比由35.71%增加到42.86%；2013～2015年，作为研究对象的28家仪器仪表制造业上市公司强创

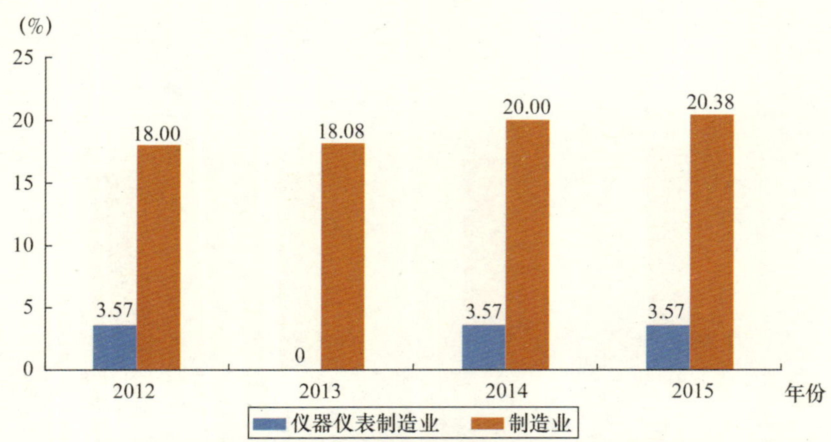

图 10－36　2012～2015 年仪器仪表制造业弱创新投入企业同制造业对比

新投入企业占比分别在 2013 年的基础上降低到 2014 年的 35.71% 和 2015 年的 32.14%。

同制造业上市公司强创新投入企业占比相比，仪器仪表制造业上市公司强创新投入企业占比相对均较高。其中，2012 年，仪器仪表制造业上市公司强创新投入企业占比高出制造业上市公司强创新投入企业占比 11.1 个百分点；2013 年，仪器仪表制造业上市公司强创新投入企业占比高出制造业上市公司强创新投入企业占比 16.09 个百分点；2014 年，仪器仪表制造业上市公司强创新投入企业占比高出制造业上市公司强创新投入企业占比 8.79 个百分点；2015 年，仪器仪表制造业上市公司强创新投入企业占比高出制造业上市公司强创新投入企业占比 7.22 个百分点（见图 10－37）。

5. 仪器仪表制造业上市公司高研发投入企业占比处于较高水平，强创新投入仪器仪表制造业上市公司占比一直处于三成以上

通过对 2012～2015 年仪器仪表制造业上市公司创新投入强度进行综合分析发现，仪器仪表制造业上市公司高研发投入企业占比处于较高水平，强创新投入仪器仪表制造业上市公司占比一直处于三成以

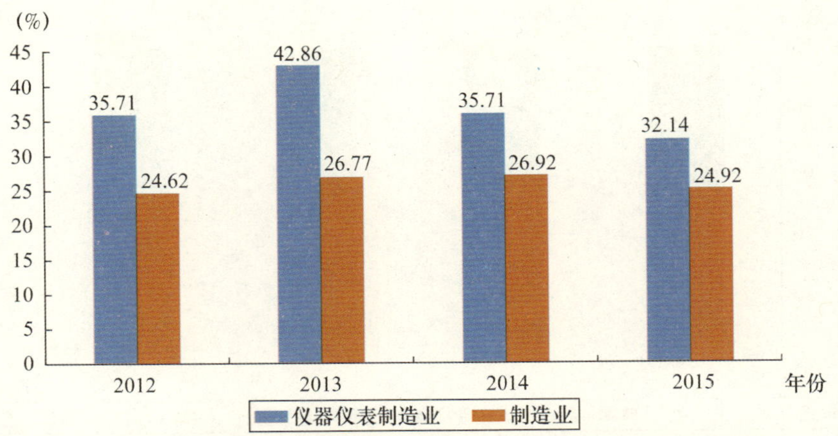

图10－37　2012～2015年仪器仪表制造业强创新投入企业同制造业对比

上。具体来看，2012～2015年间，除了2013年仪器仪表制造业上市公司高研发投入企业占比低于六成之外，其余年份高研发投入企业占比均超过六成。2012～2015年间，28家仪器仪表制造业上市公司中，强创新投入仪器仪表制造业上市公司占比均超过三成，其中，2013年的强创新投入仪器仪表制造业上市公司超过四成。2012～2015年间，没有一家仪器仪表制造业上市公司为高人力资本投入企业；除了2013年没有一家仪器仪表制造业上市公司为弱创新投入企业之外，其余年份弱创新投入仪器仪表制造业上市公司均处于较低水平（见图10－38）。

五、我国仪器仪表制造业上市公司创新产出情况

（一）仪器仪表制造业上市公司申请专利数量整体呈现增长态势，占制造业申请专利总数的比例较低

2011～2015年间，通过对仪器仪表制造业上市公司申请专利数量进行考察发现，仪器仪表制造业上市公司申请专利数量整体呈现出增长态势。具体来看，2011年，作为评价对象的35家仪器仪表制造业

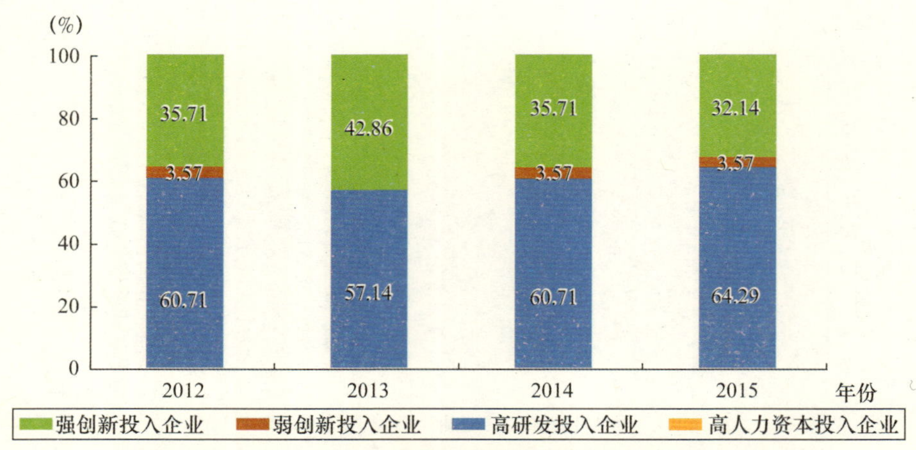

图 10－38　2012～2015 年仪器仪表制造业创新投入强度综合情况

上市公司共申请专利678 件。2012 年，作为评价对象的35 家仪器仪表制造业上市公司申请专利数量大幅下滑为 298 件，降幅达到 56.05%。但是，尽管如此，2012 年之后，我国仪器仪表制造业上市公司申请专利数量又不断反弹增长。其中，2013 年在 2012 年的基础上猛增了 97.32%，当年仪器仪表制造业上市公司申请专利数量达到 588 件。2014 年又在2013 年的基础上增长了29.42%，达到761 件，较2011 年增加了 83 件。2015 年，仪器仪表制造业上市公司申请专利数量进一步增加到 777 件，较 2014 年增长了 2.10%，较 2011 年增加了 99 件。不过，需要指出的是，尽管2011 年以来，仪器仪表制造业上市公司申请专利数量整体呈现出增长态势，但是，继 2013 年强势反弹之后，仪器仪表制造业上市公司申请专利数量增长率持续下滑，最终由 2013 年的高点 97.32%下滑到 2015 年的低点 2.10%。

同制造业总体专利申请数量相比，仪器仪表制造业上市公司专利申请数量整体处于较低水平。其中，2011 年仪器仪表制造业上市公司申请专利数量占制造业申请专利数量的比例仅为 0.99%；2012 年，仪器仪表制造业上市公司申请专利数量占制造业申请专利数量的比例进一步下降到0.47%；2013 年，仪器仪表制造业上市公司申请专利数量占制造业申请专利数量的比例增加到1%；2014 年和2015 年，仪器仪表制造业上市公司申请专利数量占制造业上市公司申请专利数量的比例分别增加到1.42%和2.10%（见图 10－39）。

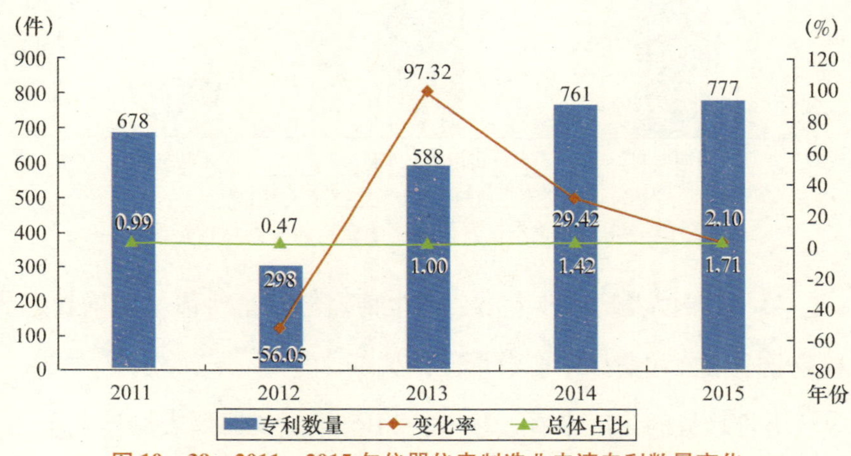

图 10－39　2011～2015 年仪器仪表制造业申请专利数量变化

（二）仪器仪表制造业上市公司申请发明专利和实用新型专利相对较多，占所有制造业上市公司比例较低

从仪器仪表制造业上市公司申请专利类别的内部结构来看，2015 年，仪器仪表制造业上市公司申请的实用新型专利和发明专利相对最多，申请的外观专利相对最少。其中，2015 年，仪器仪表制造业上市公司申请专利中，实用新型专利数量为 352 件，发明专利数量为 343 件；与之相比，外观专利数量仅为 82 件（见图 10－40）。

同制造业上市公司发明专利、实用新型专利和外观专利相比，仪器仪表制造业上市公司申请的发明专利、实用新型专利和外观专利数量占比分别为 1.11%、1.23%和0.95%。显而易见，仪器仪表制造业上市公司申请发明专利、实用新型专利和外观专利占所有制造业上市公司申请相关专利的比例较低。

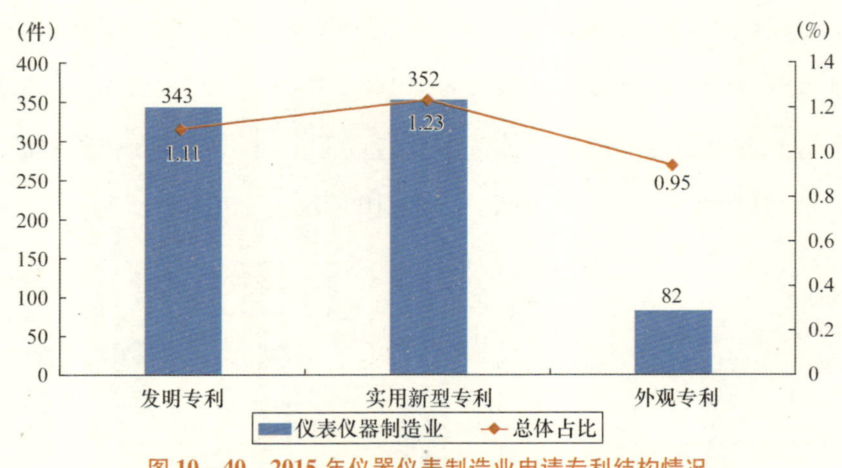

图 10－40　2015 年仪器仪表制造业申请专利结构情况

（三）仪器仪表制造业上市公司申请商标数量整体呈现增长态势，占制造业上市公司商标申请数量比例偏低

从增长趋势的角度来看，2011～2015 年，仪器仪表制造业上市公司申请商标数量整体呈现增长态势。具体来看，2011 年、2012 年、2013 年和 2014 年，仪器仪表制造业上市公司申请商标数量分别为 23 件、35 件、44 件和 99 件，增长率分别达到 52.17%、25.71% 和 125%。尽管 2015 年仪器仪表制造业上市公司申请商标数量下滑至 58 件，较 2014 年下降了 41.41%；但是，较 2011 年、2012 年和 2013 年的仪器仪表制造业上市公司所申请的商标数量而言，2015 年仪器仪表制造业上市公司所申请的商标数量依然较高。因此，仪器仪表制造业上市公司申请商标数量整体呈现出增长的态势。

从同制造业上市公司的对比关系来看，仪器仪表制造业上市公司商标申请数量比例偏低。具体来看，2011～2015 年仪器仪表制造业上市公司商标申请数量分别占制造业商标申请数量的比例为 0.23%、0.36%、0.45%、0.88% 和 0.46%，均不足 1%，反映出仪器仪表制造业上市公司商标申请数量占制造业商标申请数量的比例一直处于较

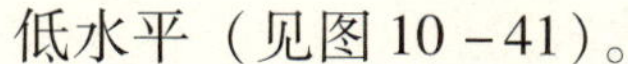
低水平（见图10－41）。

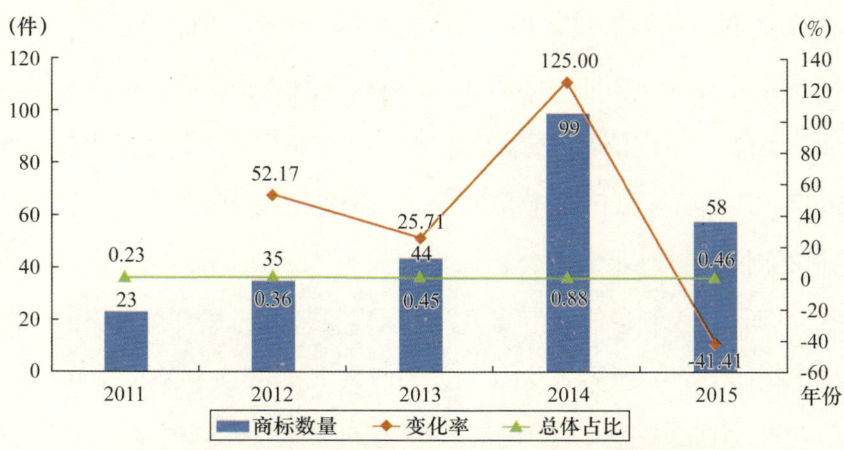

图10－41 2011～2015年仪器仪表制造业申请商标数量情况

六、基本结论

（一）仪器仪表制造业上市公司在经济下行压力下反而表现出较好的成长趋势，从而带动仪器仪表制造业上市公司研发投入的增长

2013～2015年，制造业营业收入增长率不断下降，表明尽管制造业依然处于扩张趋势，但是扩张的速度不断放缓，反映了我国经济在新常态的背景之下，不断表现出持续放缓态势。不过，同经济新常态下我国整体经济以及制造业的同步放缓不同，我国仪器仪表制造业上市公司反而表现出较好的成长趋势，2013～2015年，我国仪器仪表制造业上市公司营业收入增长率分别达到1.81%、21.36%和23.24%。由于仪器仪表制造业属于技术含量较高的行业，仪器仪表制造业上市公司在经济下行压力下所表现出的逆势增长，说明我国经济进入新常态的过程也是我国经济结构不断调整、不断优化、不断升级的过程。

伴随着我国仪器仪表制造业上市公司营业收入的不断增长，我国仪器仪表制造业上市公司研发投入也不断增加，从研发投入的增长速度来看，2013 年、2014 年和 2015 年分别达到 11.59%、21.87% 和 20.78%。说明仪器仪表制造业的扩展带动了仪器仪表制造业上市公司研发投入的增加。不过，由于仪器仪表制造业上市公司的扩张也不断增加对于人员的需求，伴随着高科技人才不断进入仪器仪表制造业上市公司就业，反映到仪器仪表制造业上市公司人均研发投入变化率方面。尽管 2013 ~ 2015 年仪器仪表制造业上市公司人均研发投入增长率一直为正值，但是也处于整体下降的趋势，其中，继 2013 年仪器仪表制造业上市公司人均研发投入增长率达到 14.50% 之后，2014 年和 2015 年，我国仪器仪表制造业上市公司人均研发投入增长率分别下降到 7.11% 和 7.70%（见图 10－42）。不过，这也从侧面说明，我国经济新常态背景之下经济结构的不断优化也带来了我国就业结构在不断调整过程中的优化。

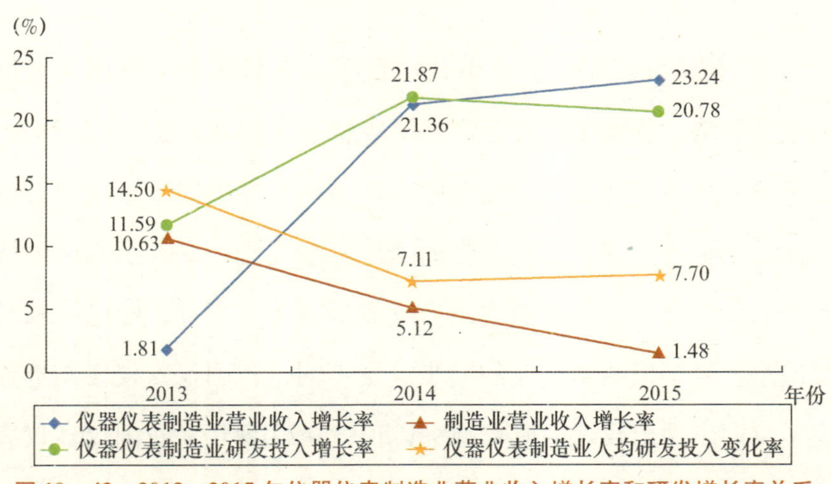

图 10－42　2013 ~ 2015 年仪器仪表制造业营业收入增长率和研发增长率关系

（二）仪器仪表制造业营业收入的增长不仅拉动了人力资本增长率的更进一步提升，而且扭转了人均人力资本增长率的下滑趋势

在仪器仪表制造业上市公司人力资本增长率和人均人力资本增长

率方面，随着我国仪器仪表制造业营业收入的持续增长，首先拉动我国人力资源资本投入增长率的更进一步提升。其中，2013 年，我国仪器仪表制造业上市公司人力资本增长率为 1.81%，2014 年和 2015 年，我国仪器仪表制造业上市公司人力资本增长率不断猛增到 21.36% 和 23.24%，显著地带动了我国人力资本投入的增加。

在人均人力资本增长方面，尽管随着我国仪器仪表制造业上市公司规模的扩张带来了我国仪器仪表制造业上市公司吸纳就业规模的膨胀，从而导致我国仪器仪表制造业上市公司人均人力资本增长率不断下降，但是，由于我国仪器仪表制造业上市公司营业收入增加对于人力资本投入增加的带动作用较为明显，不断抵消由于就业人员的增加所导致的人均人力资本投入的降低，所以，2013 ~ 2015 年，我国仪器仪表制造业上市公司人均人力资本投入增长率从 2013 年的 13.89% 下降到 2014 年的 3.69% 之后，又提升到 2015 年的 7.9%，从而扭转了人均人力资本增长率的不断下滑趋势（见图 10 – 43）。

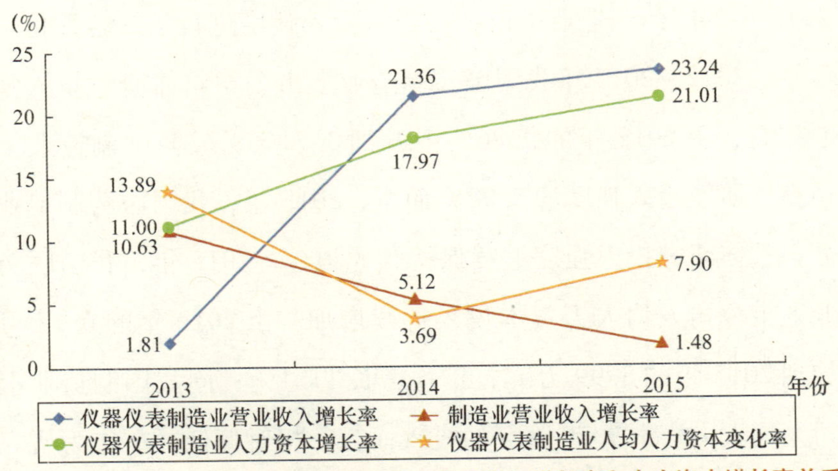

图 10 – 43　2013 ~ 2015 年仪器仪表制造业营业收入增长率和人力资本增长率关系

执笔人：许英杰

2015年医药制造业上市公司创新能力评价

在本章，以我国159家医药制造业上市公司为评价对象，通过收集我国159家医药制造业上市公司2015年研发投入和人均人力资本投入的数据，基于企业创新评价理论和二维评价模型，以医药制造业上市公司的研发投入强度和人均人力资本投入强度为评价指标，对2015年的医药制造业上市公司创新投入强度进行了综合评价。结果显示，2012～2015年我国医药制造业上市公司整体研发投入强度不断提高，由2012年的2.86%上升到3.71%；较我国制造业上市公司整体研发投入强度的2.92%而言，2015年，我国医药制造业上市公司整体研究投入强度继续保持领先地位。2015年，我国医药制造业上市公司人均人力资本投入持续增加，由2012年的6.57万元增加到2015年的8.99万元，年均增长11.1%；同我国制造业上市公司人均人力资本9.79万元的投入而言，相对偏低。在作为研究对象的159家医药制造业上市公司中，强创新投入的医药制造业上市公司有37家，占比23.27%；高研发投入的医药制造业上市公司有76家，占比47.80%；高人力资本投入的医药制造业上市公司有10

家，占比 6.29%；弱创新投入的医药制造业上市公司有 36 家，占比 22.64%。

一、2015 年医药制造业上市公司基本情况

截至 2015 年，我国医药制造业上市公司共有 169 家，其中，披露研发投入的企业共计 159 家，占所有医药制造业上市公司总数的 94.08%。

（一）医药制造业上市公司上市情况分布

1. 深交所医药制造业上市公司数量相对最多，上交所医药制造业上市公司数量相当最少

在作为研究对象的 159 家医药制造业上市公司中，在深交所上市的医药制造业企业数量相对最多，有 106 家医药制造业上市公司在深交所上市，占所有作为研究对象的医药制造业上市公司的 66.67%。与之相对，在上交所上市的医药制造业企业数量相对最少，只有 53 家医药制造业上市公司在上交所上市，占所有作为研究对象的医药制造业上市公司的 33.33%（见图 11－1）。

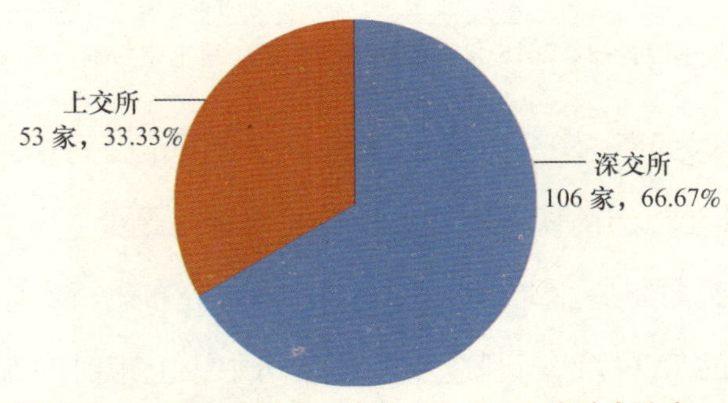

图 11－1　2015 年医药制造业上市公司上市地点分布

2. 近五成医药制造业上市公司在主板上市，创业板上市医药制造业企业相对最少

从上市板块的角度来看，在作为研究对象的159家医药制造业上市公司中，主板上市公司数量相对最多，有74家医药制造业上市公司在主板上市，占所有作为研究对象的医药制造业上市公司数量的比例为46.54%，近五成医药制造业上市公司在主板上市。在创业板上市的医药制造业上市公司数量相对最少，有38家医药制造业上市公司在创业板上市，占所有作为研究对象的医药制造业上市公司数量的比例为23.90%。在中小企业板上市的医药制造业上市公司数量有47家，占所有作为研究对象的医药制造业上市公司数量的比例为29.56%（见图11－2）。

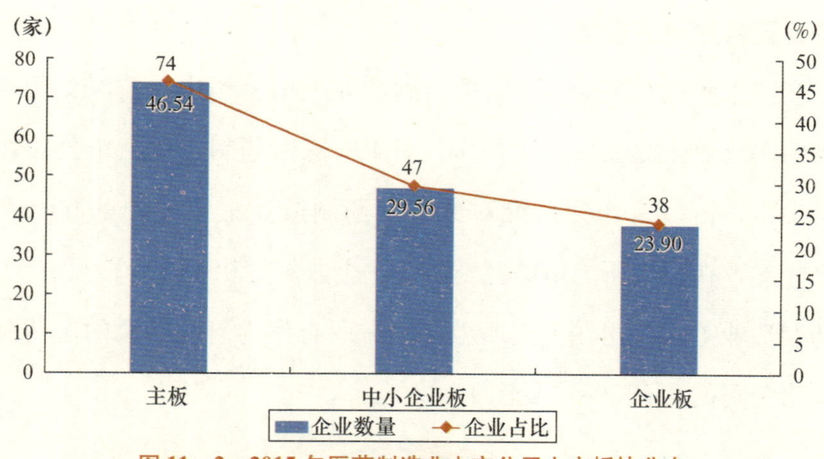

图11－2　2015年医药制造业上市公司上市板块分布

3. 上市时间距今6～10年的医药制造业上市公司相对最多，上市时间距今20年以上的医药制造业上市公司相对最少

通过对医药制造业上市公司上市时间的分布进行考察发现，在作为研究对象的159家医药制造业上市公司中，上市时间距今6～10年的医药制造业上市公司数量相对最多，有54家医药制造业上市公司上

市时间距今有6～10年，占所有作为研究对象的比例为33.96%。上市时间距今20年以上的医药制造业上市公司数量相对最少，有18家医药制造业上市公司上市时间距今有20年以上，占所有作为研究对象的比例为11.32%。另外，上市时间距今有16～20年、5年以下以及11～15年的医药制造业上市公司数量依次降低，分别有37家、27家和23家医药制造业上市公司上市时间处于上述3个时间阶段，占所有作为研究对象的医药制造业上市公司数量的比例分别为23.27%、16.98%和14.47%（见图11－3）。

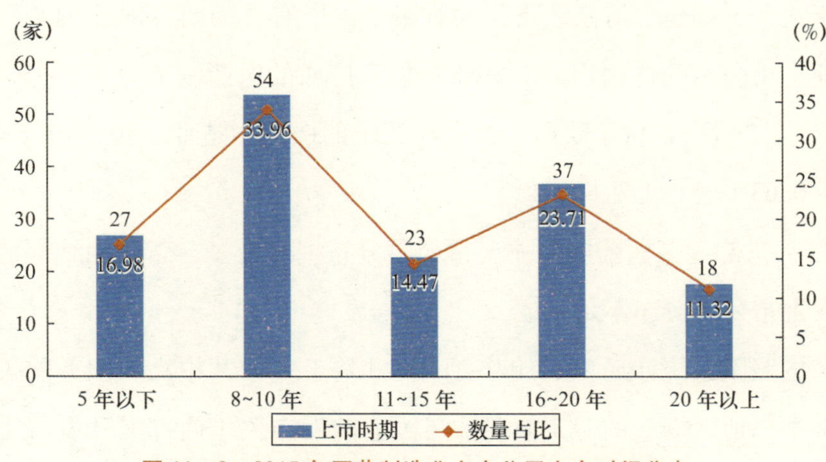

图11－3　2015年医药制造业上市公司上市时间分布

（二）医药制造业上市公司地区分布

1. 北上广和江浙医药制造业上市公司分布相对较多

通过对159家医药制造业上市公司的所在地分布状况进行考察发现，北上广和江浙医药制造业上市公司分布数量相对最多。其中，医药制造业上市公司位于浙江的有19家，位于广东的有15家，位于北京的有11家，位于上海的有10家，位于江苏的有9家，占所有作为研究对象的159家医药制造业上市公司的比例分别为11.95%、

9.43%、6.92%、6.29%和5.66%。位于山东和河南的医药制造业上市公司分别有8家（5.03%）和5家（3.14%）；位于吉林和湖南的医药制造业上市公司均有7家，占所有作为研究对象的医药制造业上市公司的比例均为4.40%；位于天津和重庆的医药制造业上市公司数量均为6家，占所有作为研究对象的医药制造业上市公司的比例均为3.77%。另外，均有4家医药制造业上市公司位于四川、内蒙古、云南、西藏、陕西、江西、湖南、黑龙江和安徽，占所有作为研究对象的医药制造业企业的比例均为2.52%；均有3家医药制造业上市公司位于河北、福建、海南、贵州和甘肃，占所有作为研究对象的医药制造业上市公司的比例均为1.89%；位于广西的医药制造业上市公司有2家（1.26%），位于陕西、青海和辽宁的医药制造业上市公司均有1家（0.63%）（见图11－4）。

2. 东部地区医药制造业上市公司分布相对最多，东北地区医药制造业上市公司分布不足一成

按照国家统计局2011年6月13日基于《中共中央、国务院关于促进中部地区崛起的若干意见》《国务院发布关于西部大开发若干政策措施的实施意见》，以及党的十六大报告精神对于我国经济区域做出的划分，我国经济区域可以划分为四大地区，分别为东部地区、中部地区、西部地区和东北地区，其中，东部地区包括北京、天津、上海、河北、山东、江苏、浙江、福建、广东、海南等10个省市，中部地区包括山西、河南、湖北、安徽、湖南、江西等6个省，西部地区包括内蒙古、新疆、宁夏、陕西、甘肃、青海、重庆、四川、西藏、广西、贵州、云南等12个省市区。

通过对我国医药制造业上市公司的地区分布进行考察发现，东部地区医药制造业上市公司分布数量相对最多，有87家医药制造业上市

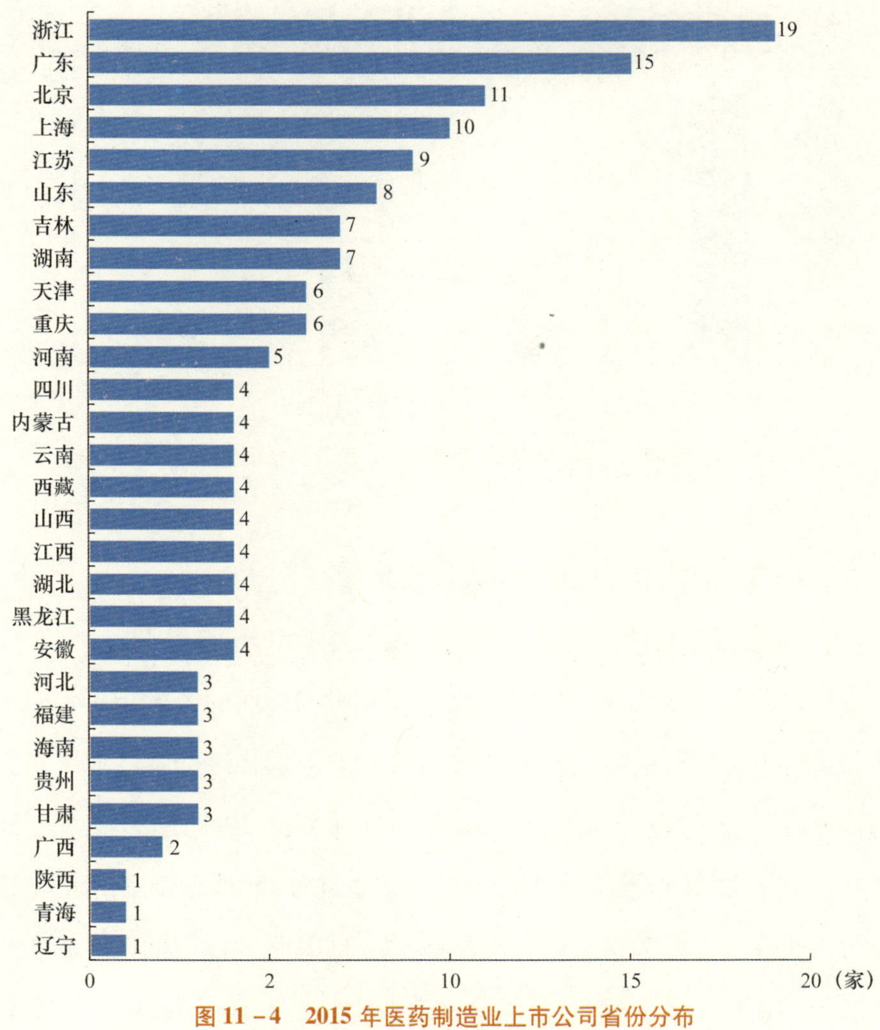

图 11－4　2015 年医药制造业上市公司省份分布

公司位于东部地区，占所有作为研究对象的医药制造业上市公司总数的比例超过五成，为 54.72%。位于东北地区的医药制造业上市公司数量最少，仅有 12 家医药制造业上市公司位于东北地区，占所有作为研究对象的医药制造业上市公司总数的比例为 7.55%，不足一成。位于西部地区和中部地区的医药制造业上市公司数量分别有 32 家和 28 家，占所有作为研究对象的医药制造业上市公司数量的比例分别为 20.13% 和 17.61%（见图 11－5）。

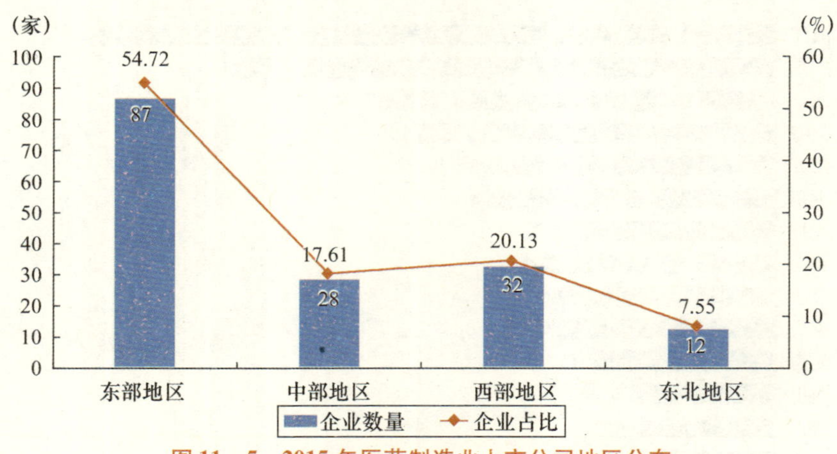

图 11－5　2015 年医药制造业上市公司地区分布

（三）医药制造业上市公司成长性分布

1. 多数医药制造业上市公司营业收入处于 10 亿元以下

将以营业收入作为医药制造业上市公司成长性的衡量指标，对医药制造业上市公司的成长性分布进行考察。分别将医药制造业上市公司营业收入分为 10 亿元以下、10 亿～20 亿元、20 亿～30 亿元、30 亿～40 亿元以及 40 亿元以上 5 个组别，通过对 159 家医药制造业上市公司营业收入进行考察发现，营业收入处于 10 亿元以下的医药制造业上市公司相对最多，有 66 家医药制造业上市公司营业收入处于 10 亿元以下，占所有作为研究对象的医药制造业上市公司数量的比例为 41.51%。营业收入处于 10 亿～20 亿元、20 亿～30 亿元以及 30 亿～40 亿元的医药制造业上市公司数量依次降低，分别有 35 家、23 家和 9 家医药制造业上市公司营业收入位于上述 3 个营业收入组别，占所有作为研究对象的医药制造业上市公司的比例分别为 22.01%、14.47% 和 5.66%。营业收入处于 40 亿元以上的医药制造业上市公司有 26 家，占所有作为研究对象的医药制造业上市公司的比例为

16. 35%（见图 11 -6）。

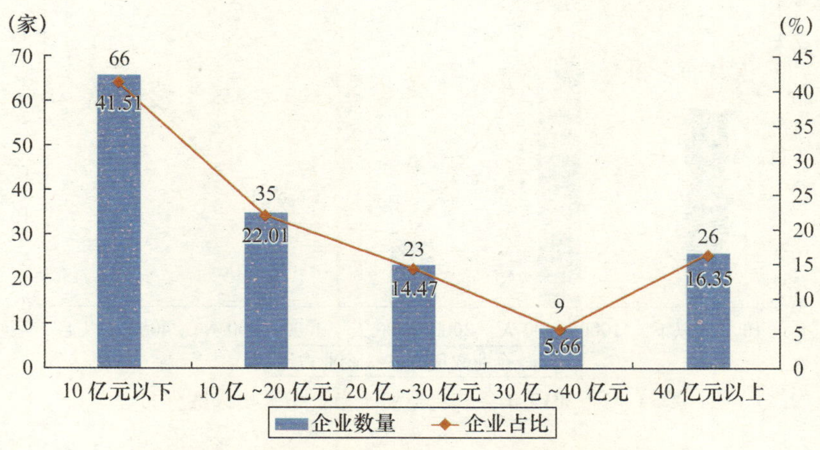

图 11 -6　2015 年医药制造业上市公司营业收入分布

2. 1000 ~2000 人组的医药制造业上市公司相对最多

以企业员工人数作为衡量医药制造业上市公司成长性的指标，将员工人数分为 1000 人以下、1000 ~2000 人、2000 ~3000 人、3000 ~4000 人以及 4000 人以上 5 个组别。通过对 159 家医药制造业上市公司员工人数分布情况进行考察发现，位于 1000 ~2000 人组的医药制造业上市公司相对最多，有 50 家医药制造业上市公司的员工人数位于该组，占所有作为研究对象的医药制造业上市公司数量的比例为 31. 45%。其次，为员工人数位于 4000 人以上的医药制造业上市公司数量，有 43 家医药制造业上市公司的员工人数位于该组，占所有作为研究对象的医药制造业上市公司总数的比例为 27. 04%。员工人数位于 1000 人以下的医药制造业上市公司数量有 38 家，占所有作为研究对象的医药制造业上市公司的比例为 23. 90%。位于 2000 ~3000 人和 3000 ~4000 人的医药制造业上市公司分别有 13 家和 15 家，占所有作为研究对象的医药制造业上市公司的比例分别为 8. 18% 和 9. 43%（见图 11 -7）。

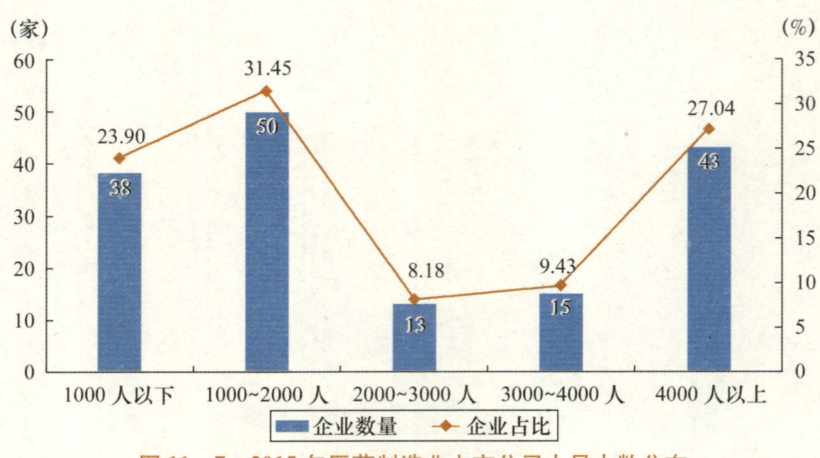

图 11－7　2015 年医药制造业上市公司人员人数分布

（四）医药制造业上市公司盈利性分布

1. 利润总额位于 1 亿 ~5 亿元组别的医药制造业上市公司相对最多

以利润总额作为企业盈利性的衡量指标，将利润分为 0 元以下、0 ~1 亿元、1 亿 ~5 亿元、5 亿 ~10 亿元和 10 亿元以上 5 个组别，通过对医药制造业上市公司的利润总额分布状况进行研究发现，利润总额位于 1 亿 ~5 亿元组别的医药制造业企业数量最多，有 76 家医药制造业上市公司利润总额位于 1 亿 ~5 亿元组别，占所有作为研究对象的医药制造业上市公司总数的比例为 47. 80%。其次，为利润总额位于 0 ~1 亿元组别的医药制造业上市公司数量，有 49 家医药制造业上市公司的利润总额位于 0 ~1 亿元组别，占所有作为研究对象的医药制造业企业比例超过三成，为 30. 82%。利润总额位于 5 亿 ~10 亿元和 10 亿元以上组别的医药制造业上市公司数量依次降低，分别有 19 家和 12 家医药制造业上市公司利润总额位于这 2 个组别，占所有作为研究对象的医药制造业上市公司总数的比例分别为 11. 95%

和 7.55%。另外，还有 3 家医药制造业上市公司的利润为负，占所有作为研究对象的医药制造业上市公司总数的比例为 1.89%（见图 11－8）。

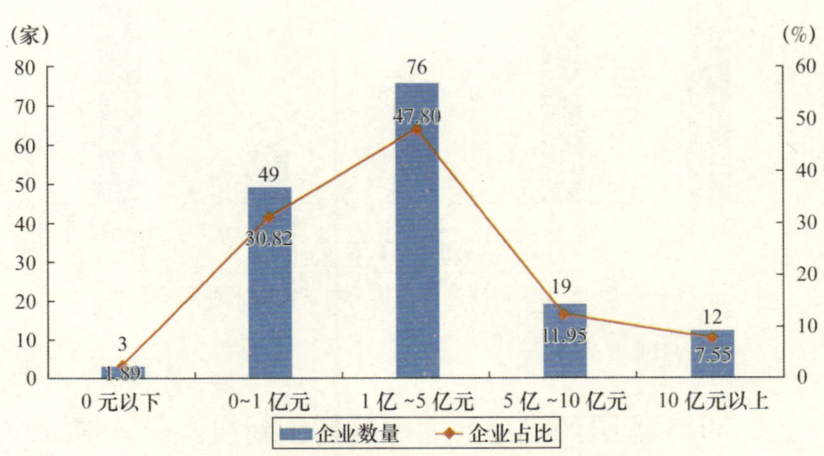

图 11－8　2015 年医药制造业上市公司利润总额分布

2. 多数医药制造业上市公司营业收入利润率为 1%以下

以营业收入利润率作为衡量企业盈利性的指标，将营业收入利润率分为 1%以下、1%～2%、2%～3%、3%～4%以及 4%以上 5 个组别，通过对医药制造业上市公司营业收入利润率进行考察可以发现，多家医药制造业上市公司营业收入利润率处于 1%以下，占所有作为研究对象的医药制造业上市公司总数的比例超过三成，为 32.70%。营业收入利润率位于 4%以上的医药制造业上市公司有 41 家，占所有作为研究对象的医药制造业上市公司总数的比例为 25.79%。营业收入利润率位于 1%～2%、2%～3%以及 3%～4%组别的医药制造业上市公司数量依次降低，分别有 34 家、22 家和 10 家医药制造业上市公司营业收入利润率位于上述 3 个组别，占所有作为研究对象的医药制造业上市公司的比例为 21.38%、13.84%和 6.29%（见图 11－9）。

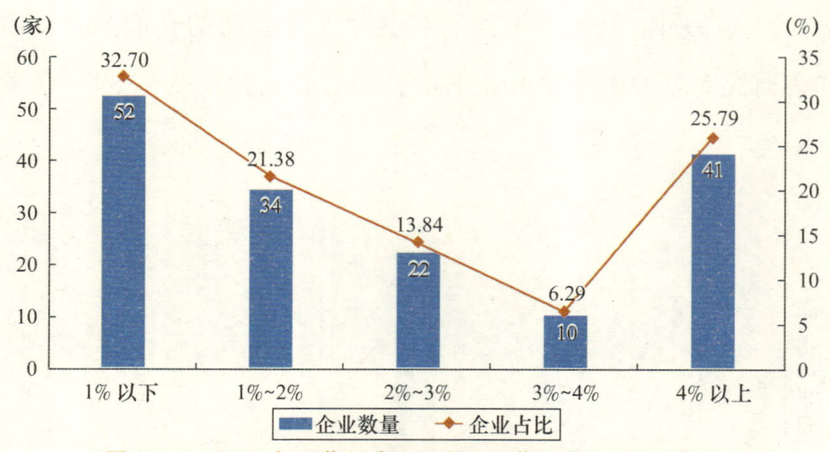

图 11－9　2015 年医药制造业上市公司营业收入利润率分布

二、2015 年医药制造业上市公司创新投入总体情况

（一）医药制造业上市公司研发投入强度

1. 医药制造业上市公司研发投入在 0.1 亿～0.5 亿元的数量相对最多，多数医药制造业上市公司的研发强度处于 4%～6% 水平，仅三成医药制造业上市公司人均研发投入在 1 万～2 万元和 4 万元以上

将企业研发投入划分为 0.1 亿元以下、0.1 亿～0.5 亿元、0.5 亿～1 亿元、1 亿～1.5 亿元和 1.5 亿元以上 5 个组，考察医药制造业上市公司研发投入分布状况，研究发现，医药制造业上市公司研发投入在 0.1 亿～0.5 亿元的数量最多，有 73 家医药制造业上市公司研发投入在 0.1 亿～0.5 亿元组别，占所有作为研究对象的医药制造业上市公司的比例为 45.91%。其次，为研究投入处于 0.5 亿～1 亿元组别的医药制造业上市公司，有 34 家医药制造业上市公司的研究投入处于该组别，占所有作为研究对象的医药制造业上市公司的比例超过 20%，为 21.38%。研究投入处于 1.5 亿元以上的医药制造业上市公司

有 26 家，占所有作为研究对象的医药制造业上市公司的比例为 16. 35%。分别有 17 家和 9 家医药制造业上市公司研究投入分布在 1 亿~1. 5 亿元和 0. 1 亿元以下组别，占所有作为研究对象的医药制造业上市公司的比例分别达到 10. 69% 和 5. 66%（见图 11 – 10）。

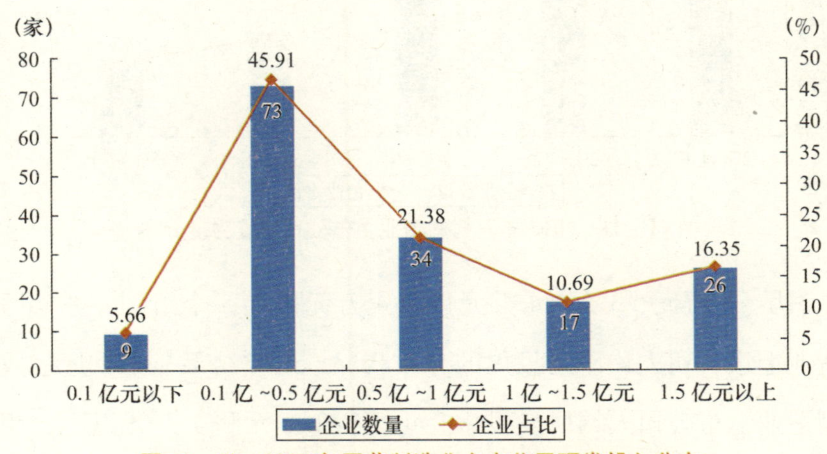

图 11 – 10　2015 年医药制造业上市公司研发投入分布

将医药制造业上市公司的研发强度分为 2% 以下、2% ~4%、4% ~6%、6% ~8% 和 8% 以上 5 个组别，对 2015 年医药制造业上市公司的研发强度进行考察，研究结果显示，研发强度处于 4% ~6% 水平的医药制造业上市公司数量占多数，有 55 家医药制造业上市公司研发强度处于该组别。其次，为研发强度处于 2% ~4% 的医药制造业上市公司，有 40 家医药制造业上市公司的研发强度处于该组别，占所有作为研究对象的医药制造业上市公司的比例为 25. 16%。研发强度处于 2% 以下、6% ~8% 以及 8% 以上组别的医药制造业上市公司数量依次降低，分别有 29 家、20 家和 15 家医药制造业上市公司的研发强度处于相应组别，占所有作为研究对象的医药制造业上市公司的比例分别达到 18. 24%、12. 58% 和 9. 43%（见图 11 – 11）。

将医药制造业上市公司人均研发投入分为 1 万元以下、1 万 ~2 万

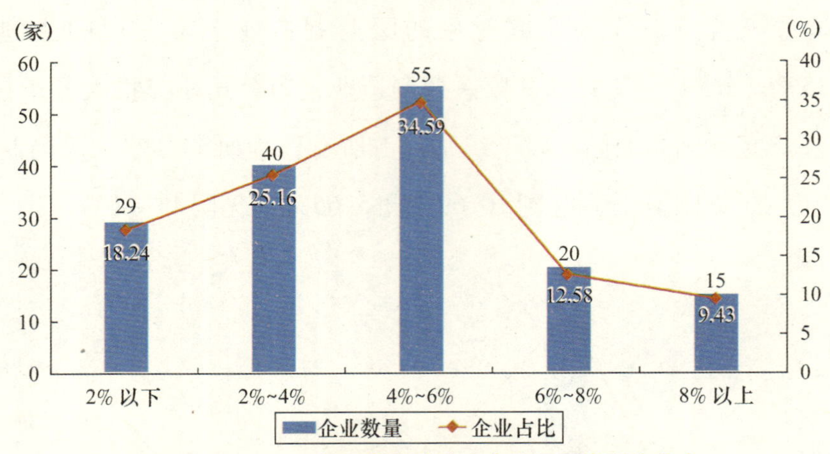

图 11－11　2015 年医药制造业上市公司研发强度分布

元、2 万～3 万元、3 万～4 万元以及 4 万元以上 5 个组别，考察医药制造业上市公司人均研发投入的分布状况，研究结果显示，近三成医药制造业上市公司人均研发投入在 1 万～2 万元和 4 万元以上，相对最多。研发投入处于 2 万～3 万元和 3 万～4 万元的医药制造业上市公司均有 27 家（16. 98%）。研发投入处于 1 万元以下的医药制造业上市公司相对最少，仅有 18 家医药制造业上市公司人均研发投入处于该组，占所有作为研究对象的医药制造业上市公司的比例达到 11. 32%（见图 11－12）。

2. 上交所医药制造业上市公司研发支出平均水平较好，深交所医药制造业上市公司研发强度和人均研发支出平均水平较高

从不同证券交易所上市的医药制造业上市公司的研发支出平均水平来看，上交所医药制造业上市公司研发支出平均水平较好；从不同证券交易所上市的医药制造业上市公司的研发强度平均水平和人均研发支出的平均水平来看，深交所医药制造业上市公司研发强度和人均研发支出平均水平相对较高。具体来看，上交所医药制造业上市公司研发支出平均水平为 1. 54 亿元；与之相比，深交所医药制造业上市公司研发支出

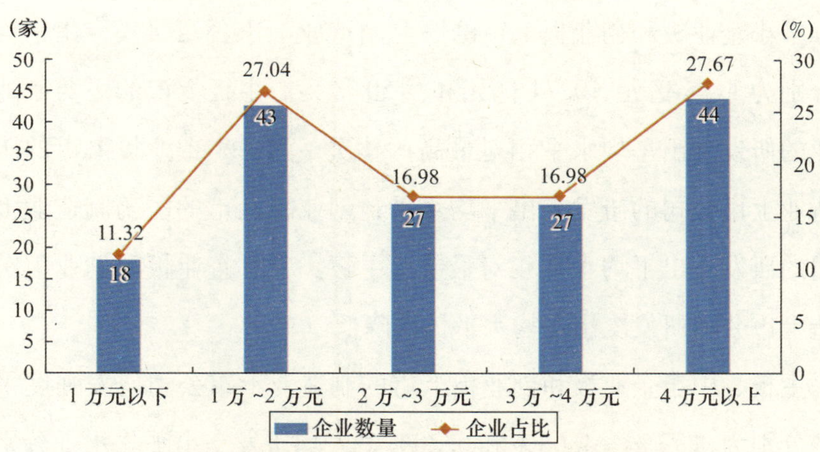

图11－12　2015年医药制造业上市公司人均研发投入分布

平均水平只有0.68亿元。整体而言，反映了上交所上市医药制造业企业的研发支出高于深交所上市的医药制造业企业。深交所医药制造业上市公司的研发强度平均水平和人均研发支出平均水平分布为4.95%和3.59万元，均高于上交所医药制造业上市公司的研发强度平均水平（3.95%）和人均研发支出平均水平（2.97万元）（见图11－13）。

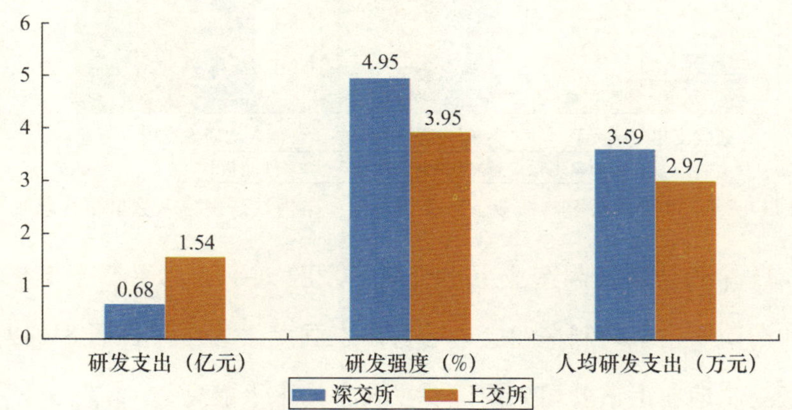

图11－13　2015年医药制造业上市公司不同交易所研发投入强度平均水平比较

3. 主板、中小企业板和创业板医药制造上市公司研发支出平均水平依次降低，研发强度和人均研发支出平均水平依次增加

从不同上市板块的医药制造业上市公司的研发支出强度来看，主

板、中小企业板和创业板上市的医药制造业上市公司研发支出平均水平分别为 1.35 亿元、0.74 亿元和 0.50 亿元。主板上市的医药制造业企业的研发支出平均水平相对最高；其次，为中小企业板上市的医药制造业上市公司的研发支出平均水平；创业板上市的医药制造业上市公司的研发支出平均水平相对最差。主板、中小企业板和创业板医药制造上市公司研发支出平均水平依次降低。

主板、中小企业板和创业板上市的制造业上市公司研发强度平均水平分别为 3.77%、4.68% 和 6.20%，人均研发支出平均水平分别为 2.73 万元、3.31 万元和 4.74 万元，依次增加，反映出同研发支出平均水平不同的变化趋势（见图 11－14）。

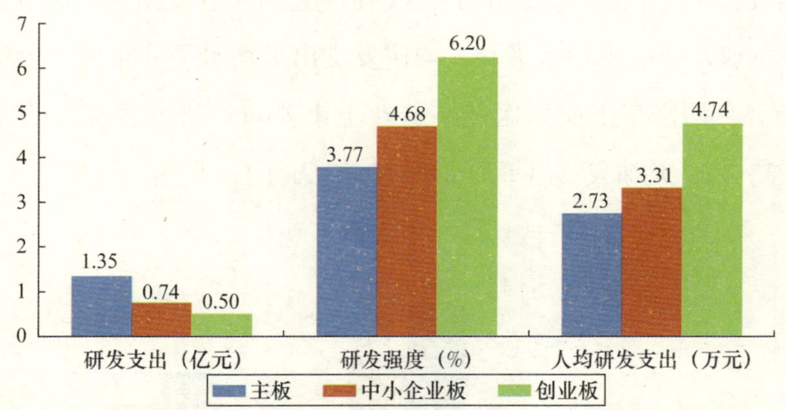

图 11－14　2015 年医药制造业上市公司不同上市板块研发投入强度平均水平

4. 11 个省份医药制造业上市公司研发投入平均水平高于 1 亿元，云南和海南两省医药制造业上市公司研发强度平均水平位居 8% 以上，北京医药制造业上市公司人均研发投入平均水平最高[①]

从医药制造业上市公司平均研发投入角度来看，2015 年，我国有

① 由于陕西、青海和辽宁的医药制造业上市公司均只有 1 家，所以在本部分分析中，将这 3 个省份排除在相关省份的比较之外。

11 个省份的医药制造业上市公司研发投入平均水平高于 1 亿元，其中，四川、江苏、广东的医药制造业上市公司研发投入平均水平位居前三甲，医药制造业上市公司研发投入平均水平分别达到 1. 76 亿元、1. 70 亿元和 1. 60 亿元。天津、河北、浙江、上海、辽宁、黑龙江、云南和湖北的医药制造业上市公司研发投入平均水平依次降低，8 个省市的医药制造业上市公司研发投入水平分别为 1. 43 亿元、1. 43 亿元、1. 26 亿元、1. 26 亿元、1. 19 亿元、1. 17 亿元、1. 14 亿元和 1. 12 亿元。甘肃的医药制造业上市公司研发投入平均水平为 0. 12 亿元，相对最少（见图 11 - 15）。

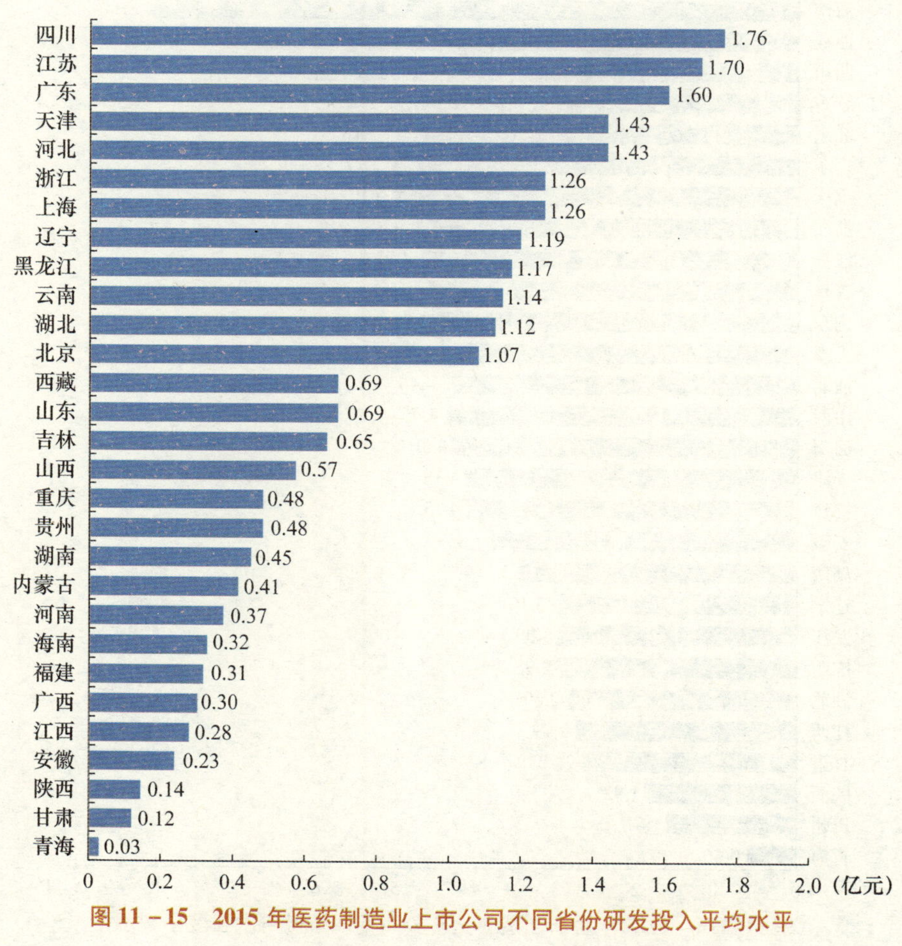

图 11 - 15　2015 年医药制造业上市公司不同省份研发投入平均水平

从医药制造业上市公司研发强度平均水平的角度来看，云南和海南医药制造业上市公司研发强度平均水平相对最高，2 个省份的医药制造业上市公司研发强度平均水平分别为 8.49% 和 8.11%，均处于 8% 以上。其次为西藏和四川的医药制造业上市公司研发强度平均水平，2 个省区的医药制造业上市公司研发强度平均水平分别为 6.80% 和 6.09%。贵州的医药制造业上市公司研发强度平均水平相对最低，2015 年贵州医药制造业上市公司研发强度平均水平仅为 1.67%，不足 2%（见图 11－16）。

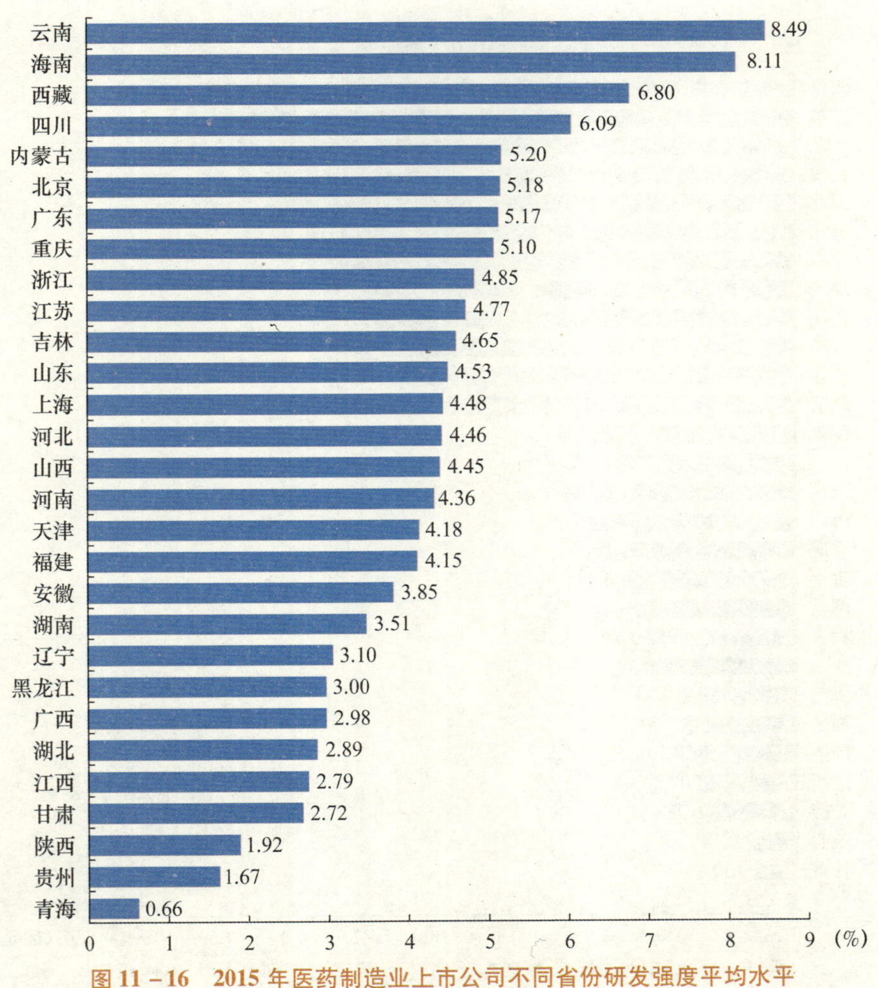

图 11－16　2015 年医药制造业上市公司不同省份研发强度平均水平

从医药制造业上市公司人均研发投入平均水平的角度来看，北京医药制造业上市公司人均研发投入平均水平相对最高。2015 年，北京医药制造业上市公司人均研发投入平均水平为 7. 43 万元。其次为云南医药制造业上市公司人均研发投入平均水平，当年云南医药制造业上市公司人均研发投入平均水平为 6. 84 亿元。内蒙古、西藏和广东的医药制造业上市公司人均研发投入平均水平紧随其后，3 个省区的医药制造业上市公司人均研发投入平均水平分别为 5. 03 万元、4. 24 万元和 4. 19 万元。贵州医药制造业上市公司人均研发投入的平均水平相对最低，2015 年，贵州医药制造业上市公司人均研发投入平均水平只有 1. 33 万元（见图 11 – 17）。

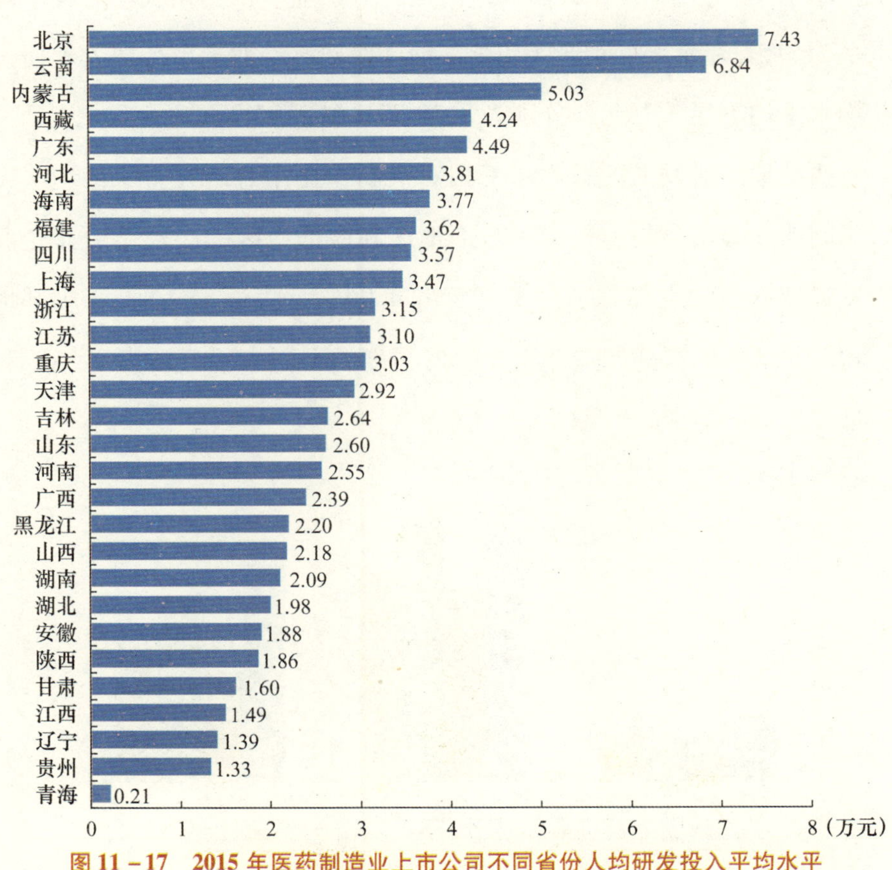

图 11 – 17　2015 年医药制造业上市公司不同省份人均研发投入平均水平

5. 东部地区研发支出和人均研发支出平均水平均较高，西部地区研发强度平均水平相对最高

通过对不同经济区域的医药制造业上市公司研发投入强度进行考察可以看到，东部地区研发支出和人均研发支出平均水平较高，西部地区研发强度平均水平相对最高。具体来看，2015 年，东部地区医药制造业上市公司研发支出平均水平为 1.24 亿元，东北地区、西部地区和中部地区医药制造业上市公司研发支出平均水平依次降低，当年的医药制造业上市公司研发支出平均水平分别达到 0.87 亿元、0.67 亿元和 0.49 亿元。2015 年，东部地区医药制造业上市公司人均研发支出平均水平为 3.90 万元，西部地区医药制造业上市公司人均研发平均水平为 3.52 万元，东北地区和中部地区医药制造业上市公司人均研发平均水平均不足 3 万元，分别为 2.39 万元和 2.05 万元。

西部地区研发强度平均水平相对最高，在作为研究对象的 159 家医药制造业上市公司中，位于东部地区和西部地区的医药制造业企业研发强度的平均水平分别为 4.89% 和 4.96%，将近 5%；位于中部地区和东北地区的医药制造业企业研发强度的平均水平分别为 3.65% 和 3.97%，均不足 4%（见图 11－18）。

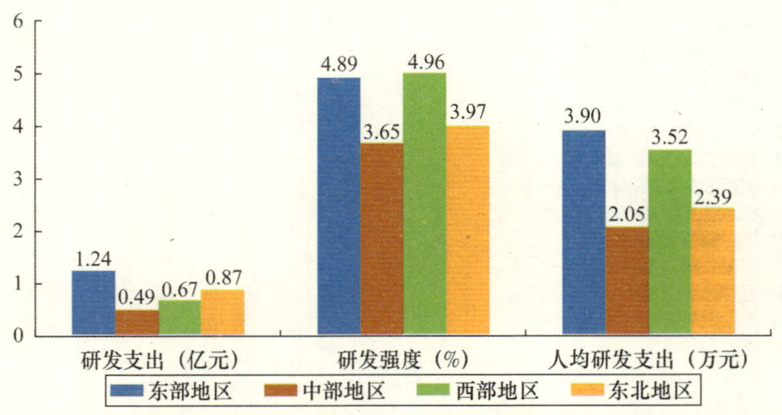

图 11－18　2015 年医药制造业上市公司四大区域研发投入强度平均水平

（二）医药制造业上市公司人力资本投入强度

1. 医药制造业上市公司人力资本投入在5亿～10亿元的数量超过六成，人均人力资本投入分布状况保持相似分布

分别以5亿元以下、5亿～10亿元、10亿～15亿元、15亿～20亿元以及20亿元以上进行分组，考察医药制造业上市公司人力资本投入的分布状况，可以看到，医药制造业上市公司人力资本投入在5亿～10亿元的数量相对最多，有103家医药制造业上市公司的人力资本投入位于该组，占所有作为研究对象的医药制造业上市公司的比例超过六成，为64.78%。人力资本投入位于10亿～15亿元和5亿元以下2个组别的医药制造业上市公司分别有36家（22.64%）和12家（7.55%）；人力资本投入位于15亿～20亿元和20亿元以上2个组别的医药制造业上市公司均有4家，占所有作为研究对象的医药制造业上市公司的比例为2.52%（见图11－19）。

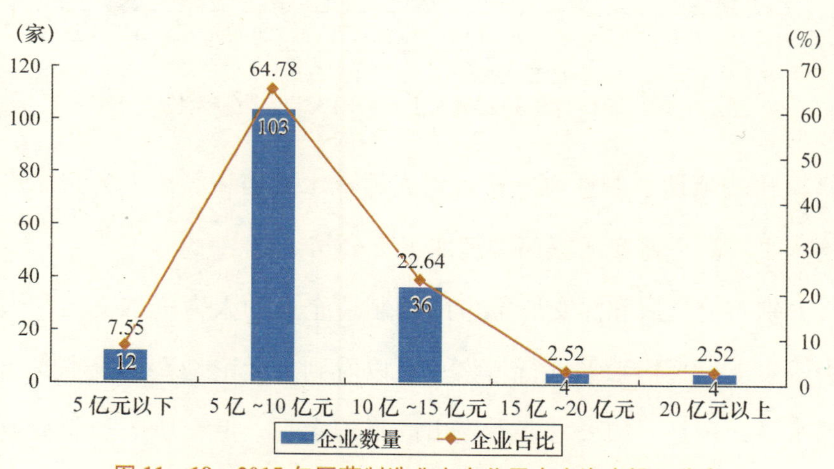

图11－19　2015年医药制造业上市公司人力资本投入分布

分别以5万元以下、5万～10万元、10万～15万元、15万～20万元和20万元以上进行分组，考察医药制造业上市公司人均人力资本分布状况，得出结论，人均人力资本投入分布状况同人力资本投入分

布状况相似分布，人均人力资本投入位于5万~10万元、10万~15万元和5万元以下的医药制造业上市公司数量依次降低，分别有103家、36家和12家医药制造业上市公司的人均人力资本投入位于上述组别，占所有作为研究对象的比例分别为64.78%、22.64%和7.55%。人均人力资本投入位于15万~20万元和20万元以上的医药制造业上市公司均有4家，占所有作为研究对象的医药制造业上市公司的比例均为2.52%（见图11-20）。

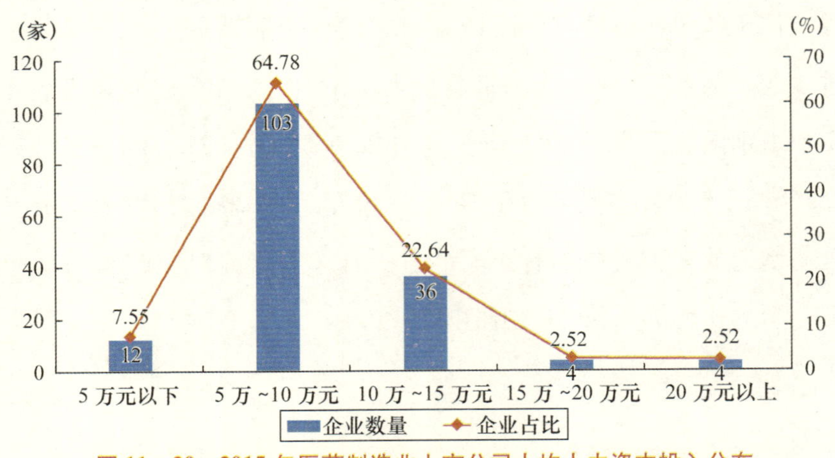

图11-20 2015年医药制造业上市公司人均人力资本投入分布

2. 上交所医药制造业上市公司人力资本支出和人均人力资本支出平均水平均高于深交所医药制造业上市公司

分别对上交所和深交所上市医药制造企业的人力资本支出和人均人力资本支出平均水平进行考察，可以看到，无论是人力资本支出的平均水平，还是人均人力资本支出的平均水平，上交所医药制造业上市公司均高于深交所上市的医药制造业企业。其中，上交所人力资本支出和人均人力资本支出的平均水平分别为5.02亿元和9.72万元，深交所人力资本支出和人均人力资本支出的平均水平分别为1.95亿元和8.80万元（见图11-21）。

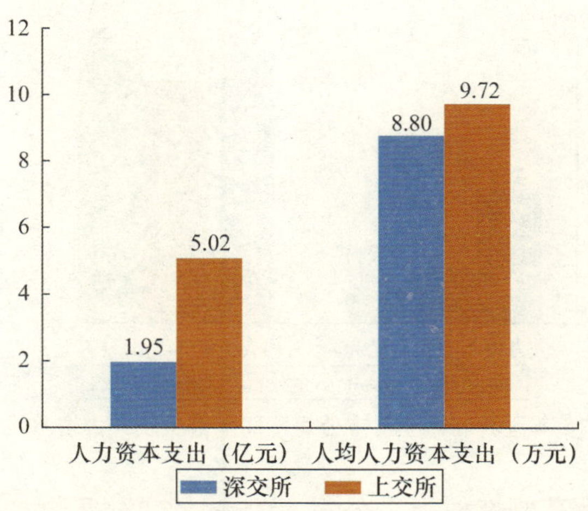

图 11 - 21　2015 年医药制造业上市公司不同上市交易所人力资本投入平均水平

3. 主板、中小企业板和创业板医药制造业上市公司人力资本投入平均水平依次降低，人均人力资本投入平均水平创业板相对最高、中小企业板相对最低

对主板、中小企业板和创业板医药制造业上市公司的人力资本支出平均水平进行考察可以看到，主板、中小企业板和创业板医药制造业上市公司人力资本投入平均水平依次降低。其中，主板医药制造业上市公司人力资本投入平均水平为 4.58 亿元，中小企业板医药制造业上市公司人力资本投入平均水平为 1.97 亿元，创业板医药制造业上市公司人力资本投入平均水平为 1.08 亿元。

对主板、中小企业板和创业板医药制造业上市公司的人均人力资本支出平均水平进行考察可以看到，创业板医药制造业上市公司人均人力资本投入平均水平相对最高，中小企业板医药制造业上市公司人均人力资本投入平均水平相对最低。具体来看，2015 年，主板医药制造业上市公司人均人力资本平均水平为 9.39 万元，创业板医药制造业上市公司人均人力资本平均水平为 9.48 万元，中小企业板上市公司人均人力资本平均水平为 8.37 万元（见图 11 - 22）。

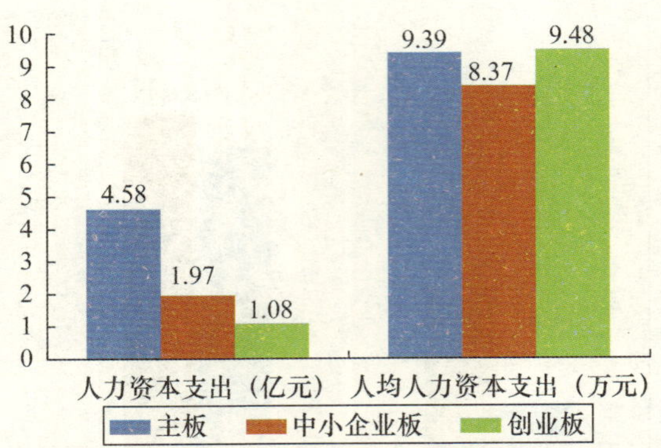

图 11－22　2015 年医药制造业上市公司不同上市板块人力资本投入平均水平

4. 黑龙江医药制造业上市公司人力资本投入平均水平最高，7 个省份的医药制造业上市公司人均人力资本投入平均水平高于 10 万元[①]

通过对不同省份的医药制造业上市公司的人力资本投入平均水平进行考察可以发现，黑龙江医药制造业上市公司人力资本投入平均水平相对最高，2015 年位于黑龙江的医药制造业上市公司人力资本投入平均水平为 7. 23 亿元。其次，为位于广东的医药制造业上市公司人力资本投入平均水平，2015 年广东医药制造业上市公司人力资本投入平均水平为 5. 14 亿元。河北、天津、四川、云南、北京的医药制造业上市公司人力资本投入平均水平依次降低，5 个省市的医药制造业上市公司人力资本投入平均水平分别为 4. 97 亿元、4. 78 亿元、4. 54 亿元、4. 07 亿元和 4. 02 亿元。内蒙古和海南的医药制造业上市公司人力资本投入平均水平均低于 1 亿元，2015 年位于内蒙古和海南的医药制造业上市公司人力资本投入平均水平分别为 0. 96 亿元和 0. 78 亿元（见图 11－23）。

通过对不同省份医药制造业上市公司人均人力资本平均水平进行

① 由于陕西、青海和辽宁的医药制造业上市公司均只有 1 家，所以，在本部分分析中，将这 3 个省份排除在相关省份的比较之外。

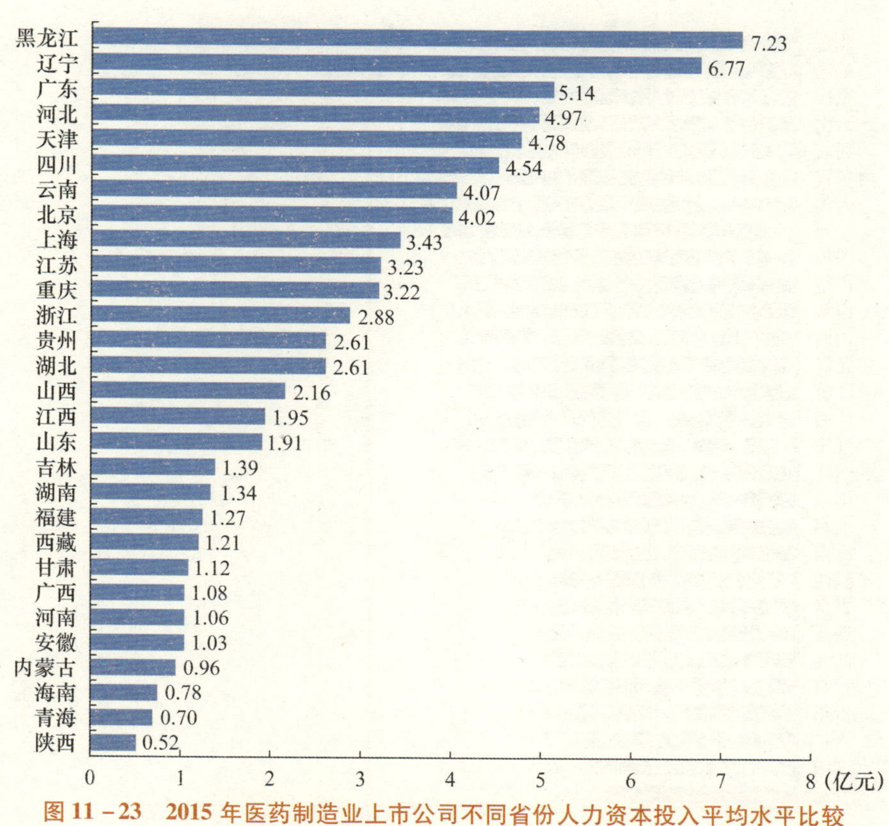

图 11－23　2015 年医药制造业上市公司不同省份人力资本投入平均水平比较

考察发现，7 个省份的医药制造业上市公司人均人力资本投入平均水平高于 10 万元，这 7 个省份分别为北京、福建、重庆、云南、河北、内蒙古和天津，2015 年这 7 个省份的医药制造业上市公司人均人力资本投入的平均水平分别为 17.65 万元、13.40 万元、11.72 万元、10.78 万元、10.66 万元、10.63 万元和 10.54 万元（见图 11－24）。

5. 东北地区医药制造业上市公司人力资本投入平均水平相对最高，东部地区人均人力资本投入平均水平相对最高

通过对不同经济区域的医药制造业上市公司人力资本投入和人均人力资本投入进行考察可以发现，东北地区医药制造业上市公司人力资本投入平均水平相对最高，东部地区人均人力资本投入平均水平相

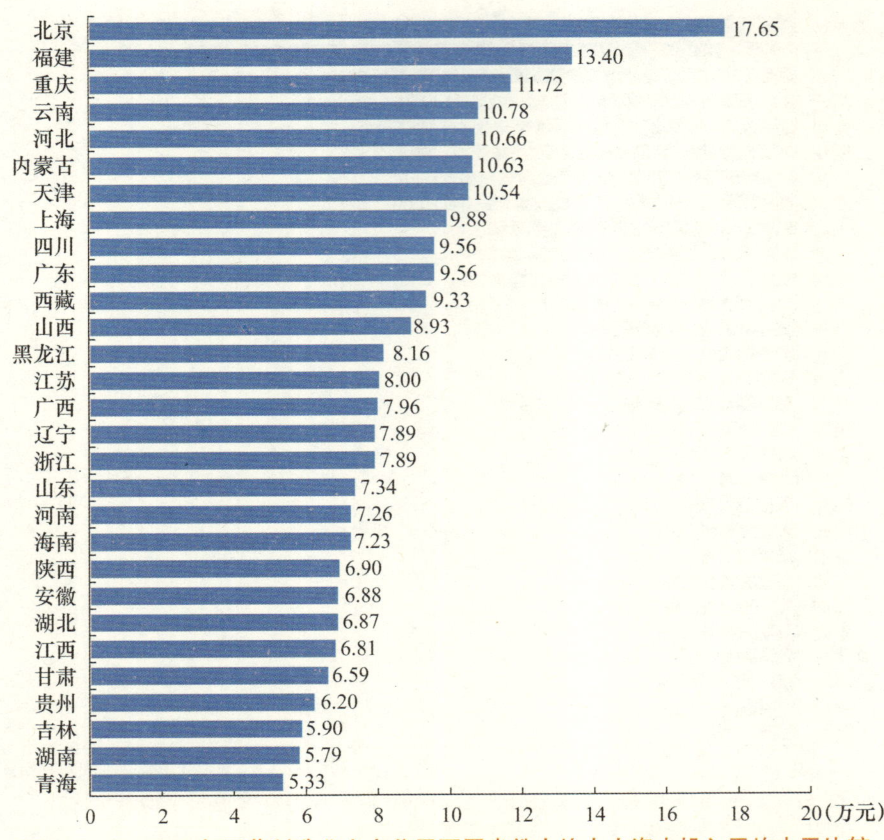

图 11－24　2015 年医药制造业上市公司不同省份人均人力资本投入平均水平比较

对最高。具体来看，2015 年，东北地区、东部地区、西部地区和中部地区人力资本投入平均水平分别为 3.78 亿元、3.50 亿元、2.41 亿元和 1.63 亿元，依次降低；东部地区、西部地区、中部地区和东北地区人均人力资本投入平均水平分别为 10.05 万元、9.31 万元、6.96 万元和 6.82 万元（见图 11－25）。

三、2015 年医药制造业上市公司创新投入强度评价

（一）医药制造业上市公司创新投入强度的整体评价

通过对医药制造业上市公司的研发强度和人均人力资本投入强度

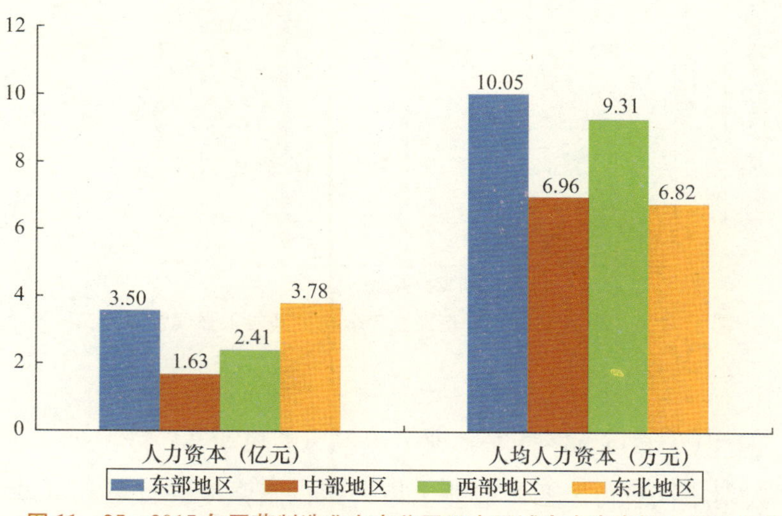

图 11－25　2015 年医药制造业上市公司四大区域人力资本投入平均水平

进行二维评价，可以获得医药制造业上市公司创新投入企业、弱创新投入企业、高研发投入企业和高人力资本投入企业占所有医药制造业上市公司的比例关系。评价结果显示，在作为研究对象的 159 家医药制造业上市公司中，高研发投入的医药制造业上市公司数量最多，有 37 家医药制造业上市公司为高研发投入企业，占所有作为研究对象的医药制造业上市公司的比例将近五成，为 47.80%；高人力资本投入的医药制造业上市公司数量最少，仅有 10 家医药制造业上市公司为高人力资本投入企业，占所有作为研究对象的医药制造业上市公司的比例不足一成，为 6.29%；强创新投入的医药制造业上市公司数量和弱创新投入的医药制造业上市公司数量相差无几，分别有 37 家医药制造业上市公司为强创新投入企业，36 家医药制造业上市公司为弱创新投入企业，占所有作为研究对象的医药制造业上市公司的比例均超过 20%，分别为 23.27% 和 22.64%。显而易见，在医药制造业上市公司转型升级过程中，增加研发投入是优先考虑的事项，对于人力资本投入的增加则相对较弱（见图 11－26）。

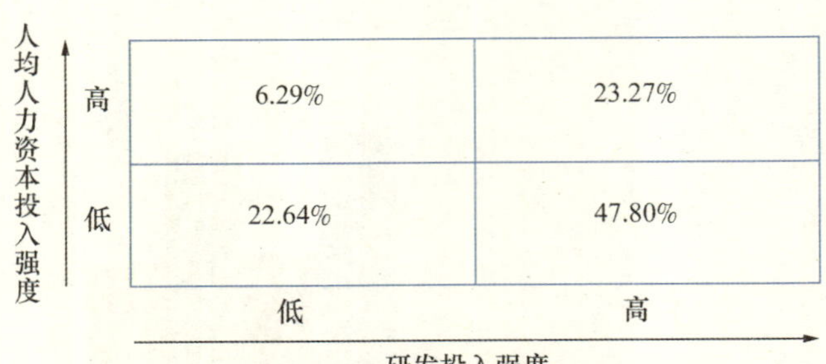

图 11－26　2015 年医药制造业上市公司创新投入强度整体分布

（二）基于省份的医药制造业上市公司创新强度评价

通过对不同省份医药制造业上市公司创新强度进行考察可以发现（见图 11－27），北京、天津、四川、上海、内蒙古的强创新投入企业最多，在作为研究对象的相应省份的所有医药制造业上市公司中，分别有 72.73%、50%、50%、50%、50% 的医药制造业上市公司为强创新投入企业。在北京，高研发投入企业、高人力资本投入企业和弱创新投入企业所占的比重均为 9.09%；在天津，高研发投入企业和高人力资本投入企业所占比重分别为 33.33% 和 16.67%；在上海，高研发投入企业和弱创新投入企业分别占 30% 和 20%；在内蒙古，高研发投入企业和弱创新投入企业占比均为 25%。

广东、西藏、山西、重庆、吉林、山东、浙江、湖南、海南的高研发投入企业占比相对最多，这 9 个省份的高研发投入企业占比分别有 46.67%、50%、50%、50%、71.43%、75%、78.95%、71.43%、66.67%。在广东，强创新投入企业、高人力资本投入企业和弱创新投入企业所占比重分别为 26.67%、6.67% 和 20%；在西藏，强创新投入企业和高人力资本投入企业均占 25%；在山西，强创新投入企业和弱创新投入企业均占 25%；在重庆，强创新投入企业、高人力资本投入企业和弱创新投入企业均占 16.67%；在吉林，强创新投入企业、

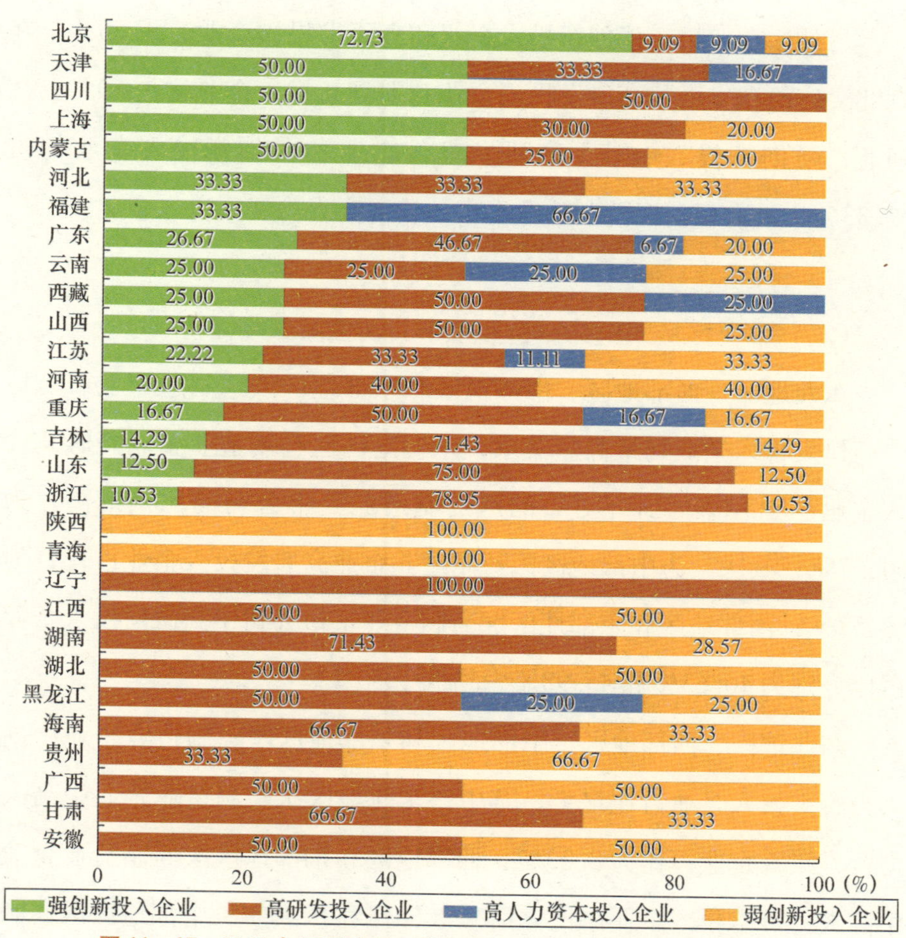

图 11－27　2015 年不同省份医药制造业上市公司创新投入强度分布

弱创新投入企业均占 14. 29；在山东，强创新投入企业和弱创新投入企业均占 12. 50；在浙江，强创新投入企业和弱创新投入企业均占 10. 53%；在湖南，弱创新投入企业占 28. 57%；在海南，弱创新投入企业占 33. 33%。

贵州弱创新投入企业占比相对最高，有 66. 67% 位于该省的医药制造业上市公司为弱创新投入企业，位于该省的高研发投入企业占比为 33. 33%；该省没有任何医药制造业上市公司为强创新投入企业或高人力资本投入企业。

另外，在四川，强创新投入企业和高研发投入企业各占50%；在湖北、广西和安徽，高研发投入企业和弱创新投入企业均占50%；在河北，强创新投入企业、高研发投入企业和弱创新投入企业均占33.33%，没有任何医药制造业上市公司为高人力资本投入企业。

（三）基于区域的医药制造业上市公司创新强度评价

东北地区、西部地区、中部地区和东部地区医药制造业上市公司中高研发投入企业均最高。其中，东北地区医药制造业企业高研发投入企业占所有作为研究对象的医药制造业上市公司的比例最高，为66.67%；其次，为中部地区医药制造业企业高研发投入企业占比，为53.57%；西部地区和东部地区医药制造业上市公司中高研发投入企业占比分别为40.63%和45.98%，均低于50%。

东北地区、西部地区、中部地区和东部地区医药制造业企业中高人力资本投入企业占比最低。其中，东北地区医药制造业企业中高人力资本投入企业占比为8.33%，西部地区和东部地区医药制造业企业中高人力资本投入企业占比分别为9.38%和6.90%，中部地区医药制造业企业中没有高人力资本投入企业。

另外，2015年，东北地区、西部地区、中部地区、东部地区医药制造业企业中弱创新投入企业占比分别为16.67%、28.13%、39.29%和16.09%；强创新投入企业占比分别为8.33%、21.88%、7.14%和31.03%（见图11-28）。

四、我国医药制造业上市公司4年创新投入强度比较

在2012~2015年4个年度内连续公布研发投入和人力资本投入指

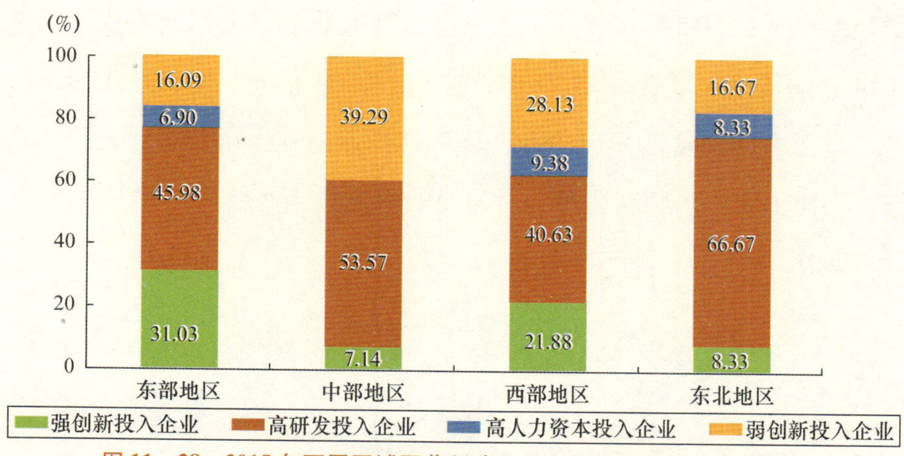

图 11－28　2015 年不同区域医药制造业上市公司创新投入强度分布

标的 1300 家上市公司中，连续 4 年公布研发投入和人力资本投入指标的医药制造业上市公司有 123 家，占 2015 年 12 月底全部医药制造业上市公司总数的 77.36%。本部分以 123 家医药制造业上市公司为样本进行年度创新投入强度比较分析。

（一）医药制造业上市公司研发投入变化情况[①]

1. 医药制造业上市公司研发投入高速增加，研发投入增长率显著高于制造业上市公司

2012～2015 年，我国医药制造业上市公司研发投入高速增加。具体来看，2012 年，我国 123 家医药制造业上市公司研发投入为 74.92 亿元；2013 年，我国 123 家医药制造业上市公司研发投入增长 28.73%，达到 96.44 亿元；2014 年，我国 123 家医药制造业上市公司研发投入首次超过 100 亿元，达到 112.91 亿元，尽管 123 家医药制造业上市公司研发投入增长率有所下降，但是依然保持高达 17.08% 的

① 为了避免数据的重复出现，本部分将制造业相关数据排除在相关图表之外，制造业相关数据详见第一章。

增长率水平；2015 年，我国 123 家医药制造业上市公司研发投入又在 2014 年的基础上增长了 23.58%，达到 139.54 亿元，增长速度再次提升。显而易见，较 2012 年我国 123 家医药制造业上市公司研发投入而言，我国 123 家医药制造业上市公司的研发投入在 4 年间增加了 0.86 倍（见图 11－29）。

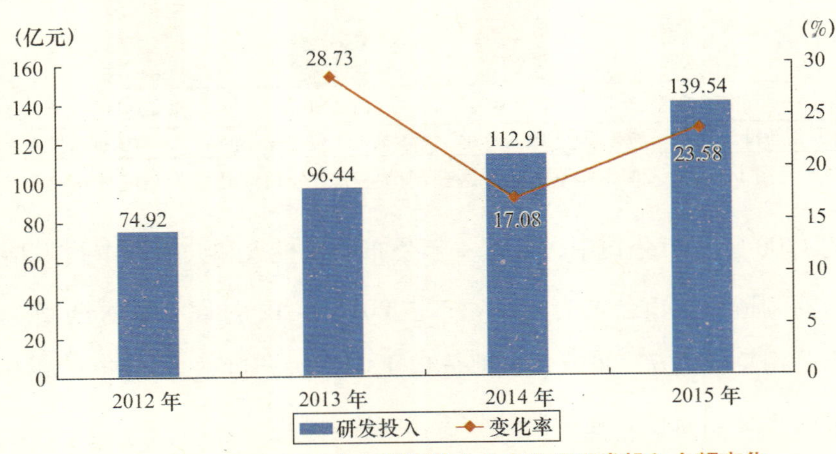

图 11－29　2012～2015 年医药制造业上市公司研发投入金额变化

从我国制造业研发投入变化率的整体状况来看，我国 123 家医药制造业上市公司的研发投入增长率显著高于制造业上市公司研发投入增长率。4 年间，我国 123 家医药制造业上市公司的研发投入平均增长率为 23.04%，较制造业上市公司研发投入同期平均水平而言增长了近 10 个百分点，为 9.24%。其中，2013 年、2014 年和 2015 年，我国 123 家医药制造业上市公司的研发投入增长率分别高于制造业上市公司研发投入增长率 11.53、3.78 和 10.78 个百分点。

2. 医药制造业上市公司研发强度稳步提升，研发强度高于制造业整体水平

2012～2015 年，医药制造业上市公司研发强度稳步提升，不断由 2012 年的 2.86% 上升到 2015 年的 3.71%，4 年间增加了 0.84 个

百分点。具体来看，2013 年，医药制造业上市公司研发强度较 2012 年增长了 7.55%，达到 3.08%；尽管 2014 年医药制造业上市公司研发强度增长率由 2013 年的 7.55% 降低到 5.55%，但是 2014 年的医药制造业上市公司研发强度也在 2013 年的基础上增加到 3.25%；2015 年，医药制造业上市公司研发强度增长率提升到 13.99%（见图 11－30）。

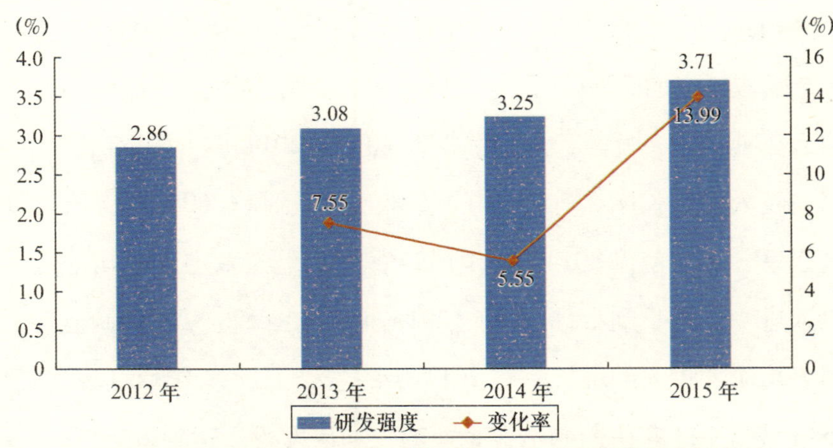

图 11－30　2012～2015 年医药制造业上市公司研发强度变化

从医药制造业上市公司研发强度同制造业上市公司研发强度之间的比较关系来看，2012～2015 年间，医药制造业上市公司研发强度保持高于制造业整体水平的基本态势，2012 年、2013 年、2014 年和 2015 年医药制造业上市公司的研发强度分别高于制造业上市公司的研发强度 0.62、0.71、0.69 和 0.86 个百分点。不过，从医药制造业上市公司研发强度的变化率来看，尽管 2013 年和 2015 年医药制造业上市公司的研发强度变化率较制造业上市公司的研发强度变化率分别高出 1.65 个和 2.79 个百分点，但是，2014 年，由于医药制造业上市公司研发强度增长率的降低，当年研发强度变化率低于制造业上市公司研发强度变化率 2.25 个百分点。

3. 医药制造业上市公司人均研发投入持续快速增长，人均研发投入水平低于制造业整体人均研发投入水平，增长率高于制造业整体人均研发投入水平的增长率

2012～2015年间，我国医药制造业上市公司人均研发投入持续快速增长。具体来看，2012年，我国123家医药制造业上市公司人均研发投入不足2万元，仅为1.96万元；2013年，我国123家医药制造业上市公司人均研发投入较2012年增长率将近20%，当年增长率达到18.13%，从而使得2013年我国123家医药制造业上市公司的人均研发投入迅速突破2万元，达到了2.32万元；2014年，尽管当年我国人均研发投入的增长率在2013年的基础上下降到11.60%，但依然处于较高水平，从而使得2014年我国123家医药制造业上市公司的人均研发投入进一步增长到2.59万元；2015年，我国123家医药制造业上市公司人均研发投入的增长率在2014年的基础上反弹至15.12%，使得2015年我国123家医药制造业企业的人均研发投入达到2.98万元，将近突破3万元的“关口”（见图11－31）。

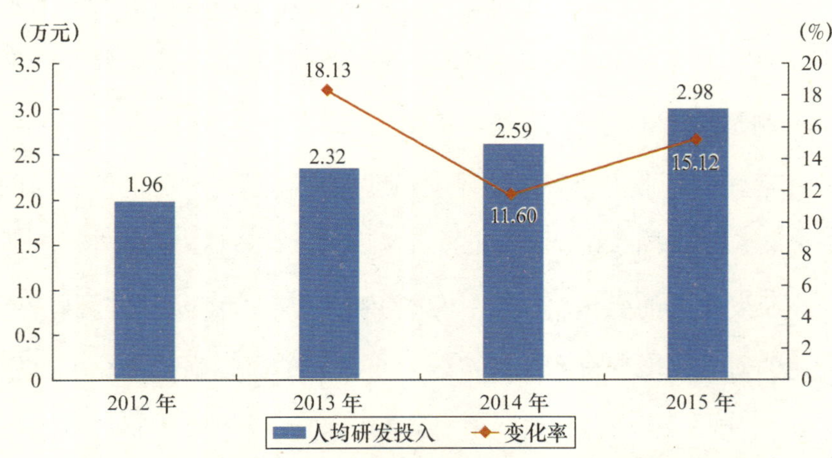

图11－31　2012～2015年医药制造业上市公司人均研发投入变化

从医药制造业上市公司人均研发投入同整个制造业人均研发投入

之间的对比关系来看，2012～2015 年间，我国医药制造业的人均研发投入水平整体偏低。其中，2012 年我国 123 家医药制造业人均研发投入水平较制造业人均研发投入水平低 0.53 万元，2013 年我国 123 家医药制造业人均研发投入水平较制造业人均投入水平低 0.40 万元，2014 年我国 123 家医药制造业人均研发投入水平较制造业人均投入水平低 0.35 万元，2015 年我国 123 家医药制造业人均研发投入水平较制造业人均投入水平低 0.17 万元。不过，从我国医药制造业人均研发投入水平的变化率同制造业人均研发投入水平的变化率来看，2012 年以来，我国 123 家医药制造业上市公司人均研发投入增长率均高于制造业上市公司人均研发投入增长率。其中，2013 年、2014 年和 2015 年我国 123 家医药制造业上市公司人均研发投入增长率较制造业上市公司人均研发投入增长率而言，分别高出 9.13、3.10 和 9.92 个百分点，这也是 2012～2015 年间，医药制造业上市公司人均研发投入同制造业人均研发投入水平之间差距不断缩小的原因之一。

（二）医药制造业上市公司人力资本投入变化情况[①]

1. 医药制造业上市公司人力资本投入不断增加，增长水平高于制造业人力资本投入，但是增长率呈现下降趋势

通过对 2012～2015 年间 123 家医药制造业上市公司的人力资本投入状况进行考察可以看到，我国 123 家医药制造业上市公司的人力资本投入不断增加。具体来看，2012 年，我国 123 家医药制造业上市公司的人力资本投入总体水平为 250.77 亿元，在此基础上，2013 年增长了 26.35%，达到 316.84 亿元；2014 年，我国 123 家医药制造业上

① 为了避免数据的重复出现，本部分将制造业相关数据排除在相关图标之外，制造业相关数据详见第一章。

市公司的人力资本投入总体水平进一步增加，当年人力资本投入总额达到369.66亿元；2015年，我国123家医药制造业上市公司的人力资本投入总体水平突破400亿元，达到421.06亿元（见图11－32）。

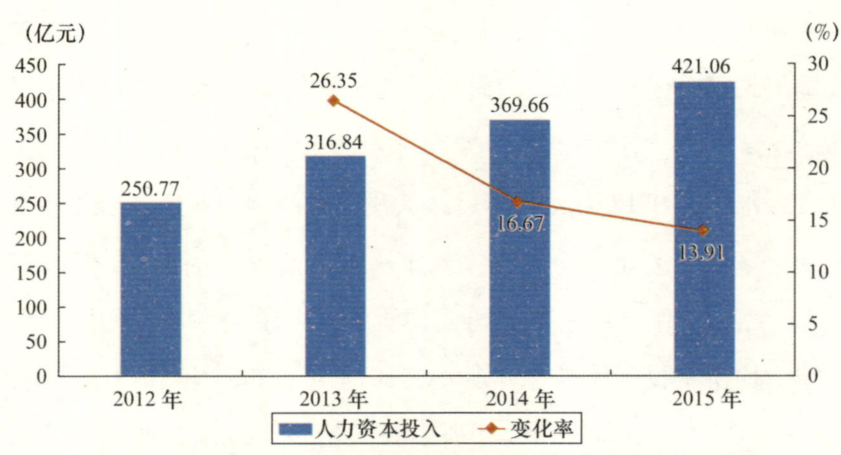

图11－32　2012～2015年医药制造业上市公司人力资本投入变化

同我国制造业人力资本投入相比，我国医药制造业上市公司的人力资本投入增长水平整体高于制造业人力资本投入的增长水平。其中，2013年，我国123家医药制造业上市公司的人力资本投入增长率高于制造业上市公司人力资本投入增长率12.75个百分点；2014年，我国123家医药制造业上市公司的人力资本投入增长率高于制造业上市公司1.77个百分点；2015年，我国123家医药制造业上市公司人力资本投入增长率高于制造业上市公司1.01个百分点。尽管2012～2015年我国医药制造业上市公司人力资本投入增长率同制造业上市公司人力资本投入水平增长率不断收敛，但是，以2012～2015年的平均水平而言，相较制造业上市公司年均增长13.80%，医药制造业上市公司的人力资本投入水平年均增长18.86%。

从2012～2015年我国医药制造业上市公司人力资本投入增长率本身的变化趋势来看，尽管我国医药制造业上市公司人力资本投入增长率均超过 10%，一直处于较高的水平，但是，增长率却呈现出逐渐下降的趋势。较 2013 年的医药制造业上市公司人力资本投入增长率而言，我国 2015 年医药制造业上市公司人力资本投入增长率下降了 12.44 个百分点。

2. 医药制造业上市公司人均人力资本稳步增长，但是增长率不断下降，医药制造业上市公司人均人力资本水平整体低于制造业水平，但年均增长率高于制造业上市公司人均人力资本投入增长率

通过对作为研究样本的 123 家医药制造业上市公司的人均人力资本变化情况进行研究发现，2012～2015 年间，我国医药制造业上市公司人均人力资本稳步增加。具体来看，2012 年，我国医药制造业上市公司人均人力资本投入为 6.57 万元；与之相比，2013 年，我国医药制造业上市公司人均人力资本投入增加到 7.62 万元；2014 年，我国医药制造业上市公司人均人力资本投入增加到 8.47 万元；2015 年，我国医药制造业上市公司人均人力资本投入增加到 8.99 万元。从我国医药制造业上市公司人均人力资本投入增长的变化率来看，我国医药制造业上市公司人均人力资本投入增长率呈现出不断下降趋势。其中，2014 年，我国医药制造业上市公司人均人力资本投入增长率在 2013 年 15.94% 的基础上下降了 4.73 个百分点，为 11.21%；2014 年，我国医药制造业上市公司人均人力资本投入增长率又在 2014 年的基础上下降了 5.11 个百分点，为 6.10%（见图 11－33）。

从我国制造业人均人力资本投入及其变化率的角度来看，2012～2015 年，我国医药制造业上市公司人均人力资本投入均低于制造业人均人力资本投入水平。其中，2012 年我国医药制造业上市公司人均资本投入低于制造业 1.18 万元；2013 年我国医药制造业上市公司人均资本投入低于制造业 0.57 万元；2014 年我国医药制造业上市公司人

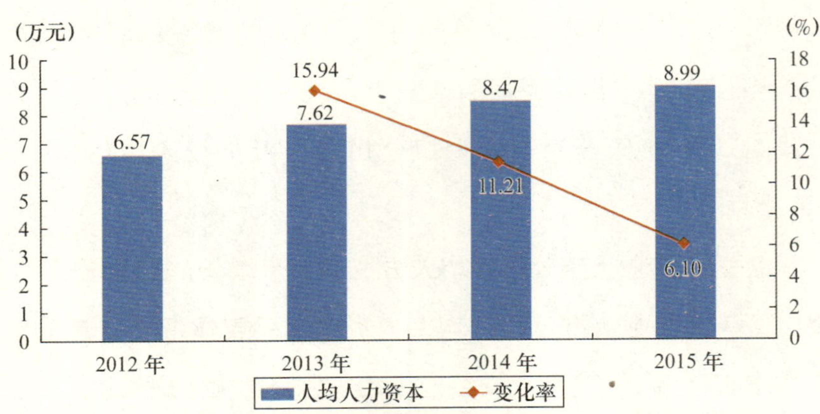

图 11－33　2012～2015 年医药制造业上市公司人均人力资本投入变化

均资本投入低于制造业 0.52 万元；2015 年我国医药制造业上市公司人均资本投入低于制造业 0.64 万元。与人均资本投入的绝对水平相比，我国医药制造业上市公司人均资本投入的年均增长率却高于制造业上市公司人均资本投入的年均增长率。2012～2015 年，我国医药制造业上市公司人均资本投入的年均增长率为 11.01%，而我国制造业上市公司人均资本投入的年均增长率仅为 7.6%。不过，需要指出的是，随着医药制造业人均人力资本投入增长率的不断下滑，制造业和医药制造业人均人力资本增长率的差距不断缩小。继 2013 年我国医药制造业人均人力资本增长率高于制造业人均人力资本增长率 10.24 个百分点，2014 年我国医药制造业人均人力资本增长率高于制造业人均人力资本增长率的百分比降到 1.41 个百分点，2015 年我国医药制造业人均人力资本增长率甚至低于制造业人均人力资本增长率 1.10 个百分点。

（三）医药制造业上市公司创新投入强度变化情况

1. 医药制造业上市公司高人力资本投入企业整体低于制造业水平，呈现波动下降趋势

通过对我国医药制造业行业上市公司高人力资本投入企业情况进

行分析可以看到，2012～2015 年，我国医药制造业行业上市公司高人力资本投入企业整体呈现出波动下降趋势。具体来看，2012 年，我国医药制造业上市公司高人力资本投入企业占比为 8.13%；2013 年，我国医药制造业上市公司高人力资本投入企业占比在 2012 年的基础上，下降到 6.5%；2014 年，我国医药制造业上市公司高人力资本投入企业占比在 2013 年的基础上，增加到 7.32%；2015 年，我国医药创造业上市公司高人力资本投入企业占比又在 2014 年的基础上，降低到 6.5%。

从同制造业上市公司高人力资本投入企业占比的比较来看，我国医药制造业高人力资本投入企业整体低于制造业水平。2012～2015 年间，我国医药制造业高人力资本投入企业占比平均水平为 7.11%，与之相对，我国制造业高人力资本投入企业占比平均水平为 8.06%。从 2012～2015 年具体 4 个年份的对比关系来看，除了 2012 年我国医药制造业高人力资本投入企业占比高于制造业高人力资本投入企业占比 1.13 个百分点之外，2013 年、2014 年和 2015 年，我国医药制造业高人力资本投入企业占比均低于制造业高人力资本投入企业占比。其中，2013 年我国医药制造业高人力资本投入企业占比低于制造业高人力资本投入企业占比 0.96 个百分点；2014 年我国医药制造业高人力资本投入企业占比低于制造业 1.14 个百分点；2015 年我国医药制造业高人力资本投入企业占比低于制造业 2.8 个百分点（见图 11－34）。

2. 医药制造业上市公司高研发投入企业整体高于制造业，整体呈现出先下降后上升趋势

由于行业的特殊性，研发往往是医药制造业最核心的业务活动之一。通过对 2012～2015 年我国 123 家医药制造业上市公司高研发投入企业进行研究可以发现，较制造业而言，我国医药制造业高研发投入

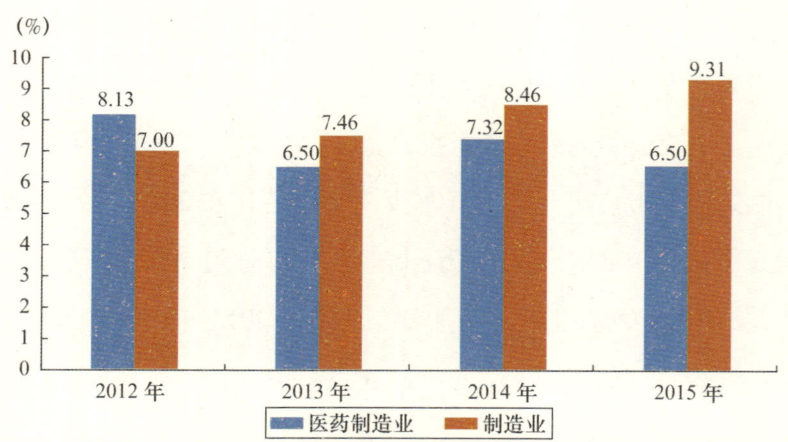

图 11－34　2012～2015 年医药制造业高人力资本投入企业情况及同制造业对比

企业占比整体较高。具体来看，2012 年，我国医药制造业上市公司高研发投入企业占比为 52.85%，超过制造业高研发投入企业占比 2.46 个百分点；2013 年，我国医药制造业上市公司高研发投入企业占比为 47.97%，高于制造业高研发投入企业占比 0.28 个百分点；2014 年，我国医药制造业上市公司高研发投入企业占比为 45.53%，高于制造业高研发投入企业占比 0.91 个百分点；2015 年，我国医药制造业上市公司高研发投入企业占比为 47.97%，高于制造业高研发投入企业占比 2.58 个百分点。

从变化趋势来看，2012～2015 年，我国医药制造业高研发投入企业占比整体呈现出先下降后上升的趋势。其中，2012～2014 年，我国医药制造业高研发投入企业占比不断从 2012 年的 52.85% 下降到 2013 年的 47.97% 和 2014 年的 45.53%；在 2014 年的基础上，2015 年的医药制造业高研发投入企业占比上升到 47.97%（见图 11－35）。

3. 医药制造业上市公司弱创新投入企业占比波动上升，弱创新投入企业占比整体高于制造业

通过对作为研究样本的 123 家医药制造业上市公司弱创新投入企

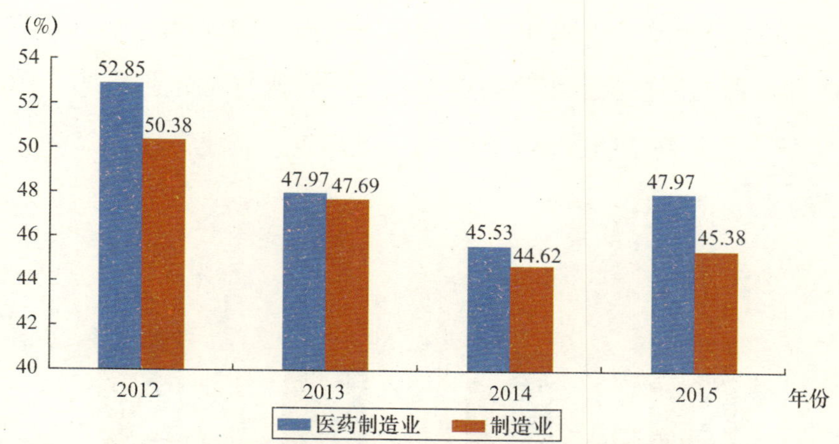

图11－35　2012～2015年医药制造业高研发投入企业情况及同制造业对比

业占比进行考察可以看到，2012～2015年间，我国医药制造业上市公司弱创新投入企业占比波动上升。具体来看，2012年，我国医药制造业上市公司弱创新投入企业占比为19.51%；在此基础上，2013年，我国医药制造业上市公司弱创新投入企业占比上升到20.33%；2014年，我国医药制造业上市公司弱创新投入企业占比有所下降，在2013年的基础上下降到19.51%；2015年，我国医药制造业上市公司弱创新投入企业占比再次上升，在2014年的基础上上升到21.95%。

从同制造业弱创新投入企业占比的比较来看，我国医药制造业上市公司弱创新投入企业占比整体高于制造业上市公司占比。其中，在4年的平均水平来看，医药制造业上市公司弱创新投入企业占比为20.33%，与之相比，制造业上市公司弱创新投入企业占比为19.12%，前者比后者多出1.21个百分点。在4个年份的具体水平来看，除了2014年医药制造业上市公司弱创新投入企业占比低于制造业上市公司弱创新投入企业占比之外，其余3个年份，医药制造业上市公司弱创新投入企业占比均高于制造业上市公司创新投入企业占比。其中，2012年，医药制造业上市公司弱创新投入企业占比为19.51%，高于制造业上市公司弱创新投入企业占比 1.51 个百分点；2013 年和 2015 年，医药制造业上市公司弱创新投入企业占比分别为 20.33% 和 21.95%，分别高于制造业上市公司弱创新投入企业占比 2.25 和 1.57 个百分点（见图 11 - 36）。

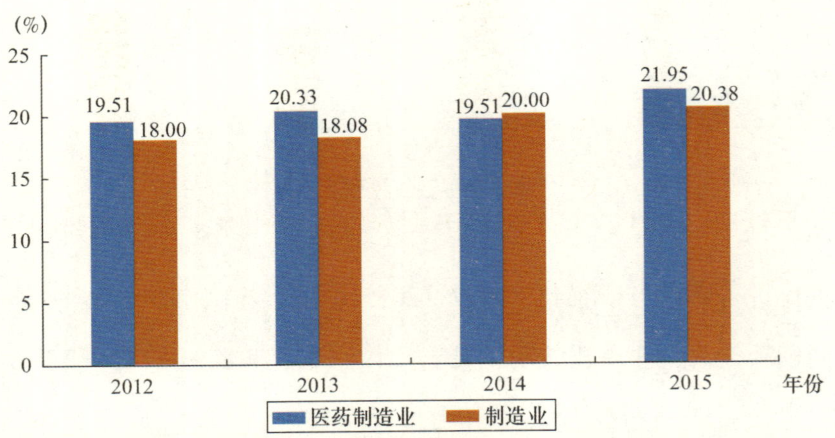

图 11 - 36 2012 ~ 2015 年医药制造业弱创新投入企业情况及同制造业对比

4. 医药制造业上市公司强创新投入企业占比先升后降，整体占比低于制造业上市公司

通过对 123 家医药制造业上市公司强创新投入企业占比情况进行考察可以发现，2012 ~ 2015 年，我国医药制造业上市公司强创新投入企业占比先升后降。具体来看，2012 ~ 2014 年 3 年间，我国医药制造业上市公司强创新投入企业占比分别由 2012 年的 19.51% 上升到 2013 年的 25.20% 和 2014 年的 27.64%；2014 年之后，我国医药制造业上市公司强创新投入企业占比呈现下降趋势，在 2014 年的基础上，2015 年，我国医药制造业上市公司强创新投入企业占比下降到 23.58%。

从我国医药制造业上市公司强创新投入企业占比同制造业上市公司的比较来看，我国医药制造业上市公司强创新投入企业占比整体低于制造业上市公司强创新投入企业占比。具体来看，在 2012 ~ 2015 年

4 年的平均水平方面，我国医药制造业上市公司强创新投入企业占比 4 年平均水平为 23.98%，与之相比，我国制造业上市公司强创新投入企业占比 4 年平均水平为 25.81%，医药制造业上市公司强创新投入企业占比低于制造业上市公司 1.82 个百分点。从 2012～2015 年 4 个年份的具体占比来看，除了 2014 年，我国医药制造业上市公司强创新投入企业占比高于制造业上市公司 0.72 个百分点之外，其余 3 个年份我国医药制造业上市公司强创新投入企业占比均低于制造业上市公司，其中，2012 年低于制造业上市公司占比 5.1 个百分点、2013 年低于制造业上市公司占比 1.57 个百分点、2015 年低于制造业上市公司占比 1.35 个百分点（见图 11－37）。

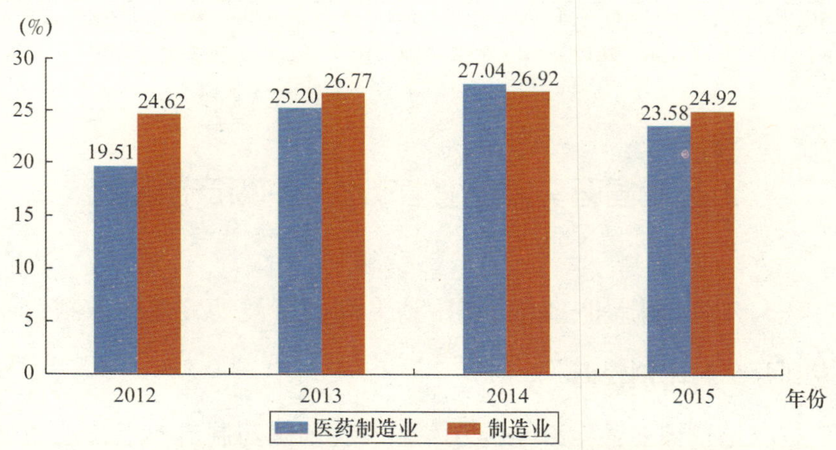

图 11－37　2012～2015 年医药制造业强创新投入企业情况及同制造业对比

5. 医药制造业企业创新投入强度总体没有显著改善

通过对 2012～2015 年我国医药制造业上市公司的高人力资本投入企业占比、高研发投入企业占比、弱创新投入企业占比和强创新投入企业占比进行分析，可以看到，尽管 2012～2015 年我国医药制造业上市公司在高人力资本投入企业、高研发投入企业、弱创新投入企业、强创新投入企业的分布不断变化，但是，我国医药制造业企业创新投入强度总体没有显著改善。由于受到我国经济整体进入新常态以及经济下行压力的影响，我国医药制造业企业弱创新投入企业的数量有增加的趋势（见图 11－38）。

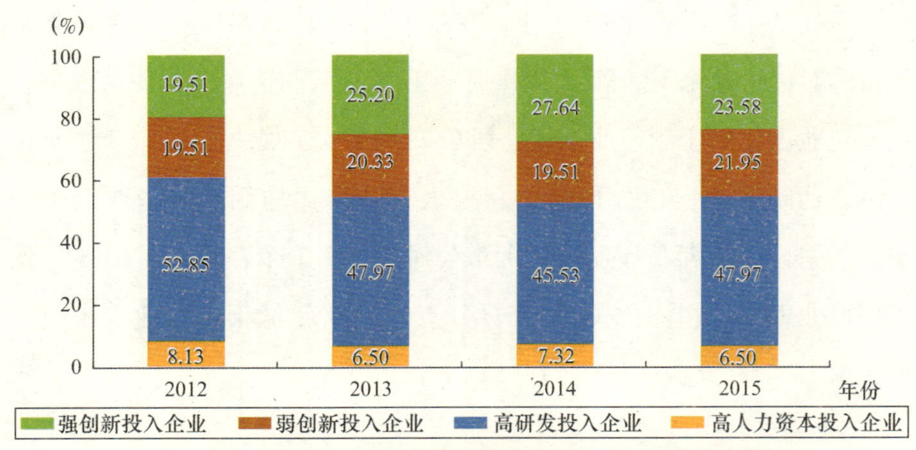

图 11－38　2012～2015 年医药制造业强创新投入强度综合情况

五、我国医药制造业上市公司创新产出情况

（一）医药制造业上市公司申请专利数量波动较大，占制造业申请专利总数的比例较低

从变化趋势来看，2011～2015 年，我国医药制造业上市公司申请专利数量波动较大。具体来看，2011 年，作为研究对象的 159 家医药制造业上市公司申请专利数量为 1087 件。2012 年，我国医药制造业上市公司申请专利数量猛增至 1499 件，较 2011 年增长了 37. 90%。然而，2013 年，我国医药制造业上市公司申请专利数量却在 2012 年的基础上下降到 1102 件，降幅为 26. 48%。2014 年，我国医药制造业上市公司申请专利数量再次增加，当年较 2013 年增长了 22. 50%，达到 1350 件。2015 年，我国医药制造业上市公司申请专利数量再次降低，

为 1297 件，较 2014 年降低了 3.93%。

从医药制造业上市公司申请专利占所有制造业上市公司申请专利的比例变化来看，我国医药制造业上市公司申请专利数量占制造业申请专利总数的比例一直偏低。具体来看，2011 年，我国医药制造业上市公司申请专利数量占制造业申请专利总数的比例为 1.59%。2012 年，我国医药制造业上市公司申请专利数量占制造业申请专利总数的比例增加到 2.37%。不过，2013 年，我国医药制造业上市公司申请专利数量占制造业申请专利数量的比例又降低为 1.88%。2013 年之后，我国医药制造业上市公司申请专利数量占制造业上市公司申请专利数量的比例呈现出整体增长趋势，其中，2014 年较 2013 年增长到 2.53%，2015 年又在 2014 年的基础上增长到了 2.86%（见图 11-39）。

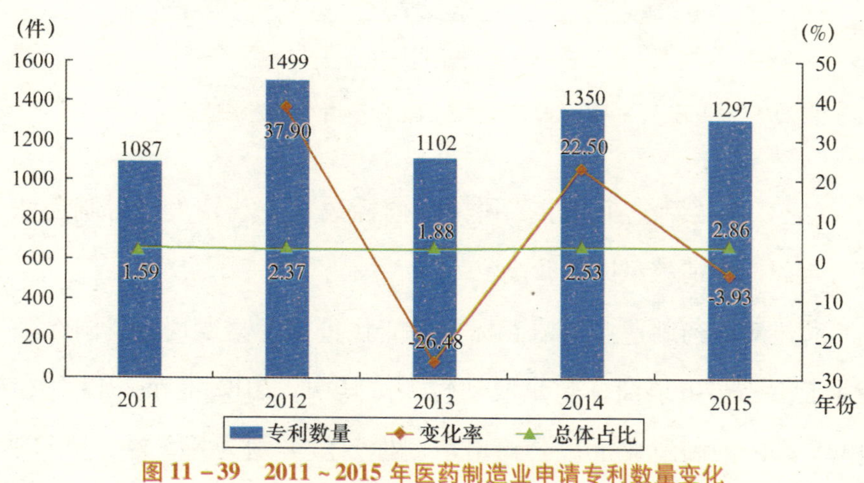

图 11-39 2011~2015 年医药制造业申请专利数量变化

（二）医药制造业上市公司申请发明专利相对最多

2015 年，在作为研究对象的 159 家医药制造业上市公司申请专利的结构来看，医药制造业上市公司申请发明专利的数量相对最多。具体来看，2015 年，医药制造业上市公司申请发明专利 774 件，占所有制造业上市公司发明专利申请数量的比例为 2.50%。其次，为申请实用新型专利的数量，医药制造业上市公司当年申请实用新型专利数量达到349件，占所有制造业上市公司发明专利申请数量的比例为1.22%。159家医药制造业上市公司申请外观专利的数量相对最少，当年申请外观专利数量仅为174件，占所有作为研究对象的制造业上市公司申请外观专利的比例为2.01%（见图11－40）。

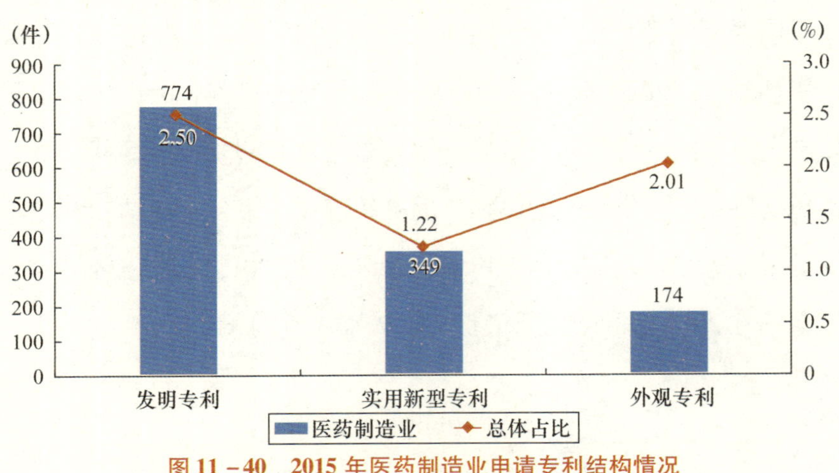

图11－40　2015年医药制造业申请专利结构情况

（三）医药制造业上市公司申请商标数量波动较大，占制造业上市公司商标申请数量比例较高

通过对医药制造业申请商标数量变化进行考察发现，我国医药制造业上市公司申请商标数量波动较大。其中，2012年和2014年，我国159家医药制造业上市公司申请商标数量分别为875件、1372件，分别较上年下降了38.03%和12.78%。2013年和2015年，我国159家医药制造业上市公司申请商标数量分别达到1573件和1455件，分别较上年上升了79.77%和6.05%。

通过对医药制造业上市公司申请商标数量占所有制造业上市公司申请商标数量变化进行考察发现，医药制造业上市公司商标申请数量占所有制造业上市公司商标申请数量的比例一直处于较高水平。其中，2011 年，医药制造业上市公司商标申请数量占所有制造业上市公司商标申请数量的比例达到 14.29%；2012 年，尽管当年医药制造业上市公司商标申请数量占所有制造业上市公司商标申请数量的比例有所下降，但依然处于较高比例，为 9.09%；2013 年、2014 年和 2015 年，医药制造业上市公司商标申请数量占所有制造业上市公司商标申请数量的比例分别达到 15.93%、12.15% 和 11.57%（见图 11－41）。

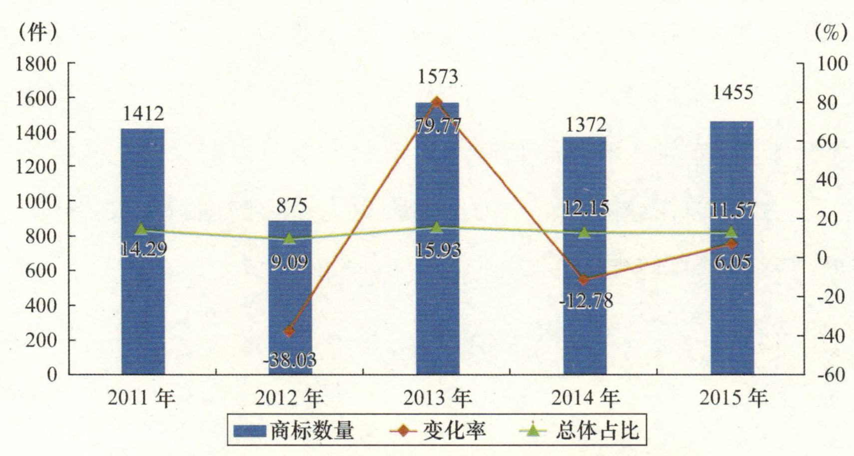

图 11－41　2011～2015 年医药制造业申请商标数量变化

六、基本结论

（一）医药制造业上市公司研发投入增长率高于营业收入增长率，医药制造业上市公司在经济下行压力下面临更为迫切的创新发展需求

尽管 2013～2015 年我国医药制造业营业收入增长率普遍高于整个制造业的营业收入增长率，但是，受到我国经济下行压力的影响，我国医药制造业上市公司营业收入也表现出下行的趋势，营业收入增长率不断由 2013 年的 19.69% 下降到 2014 年的 10.92% 和 2015 年的 8.42%。受到我国医药制造业上市公司营业收入增长率下降的压力影

响，我国医药制造业上市公司研发投入增长率在2014年也经历了下滑的趋势，医药制造业研发投入增长率和人均研发投入变化率分别由2013年的28.73%和18.13%下降到2014年的17.08%和11.60%。不过，2015年，我国医药制造业上市公司研发投入增长率和人均研发投入增长率不断反弹，当年研发投入增长率和人均研发投入增长率分别在2014年的基础上增加到23.58%和15.12%（见图11-42）。考虑到除了2013年我国医药制造业上市公司人均研发投入变化率较当年的营业收入增长率略低外，3年来，我国医药制造业上市公司研发投入增长率和人均研发投入变化率均高于营业收入增长率，反映了我国医药制造业上市公司在经济下行压力下面临更为迫切的创新发展需求，纷纷通过持续增加研发投入的方式谋求创新发展。

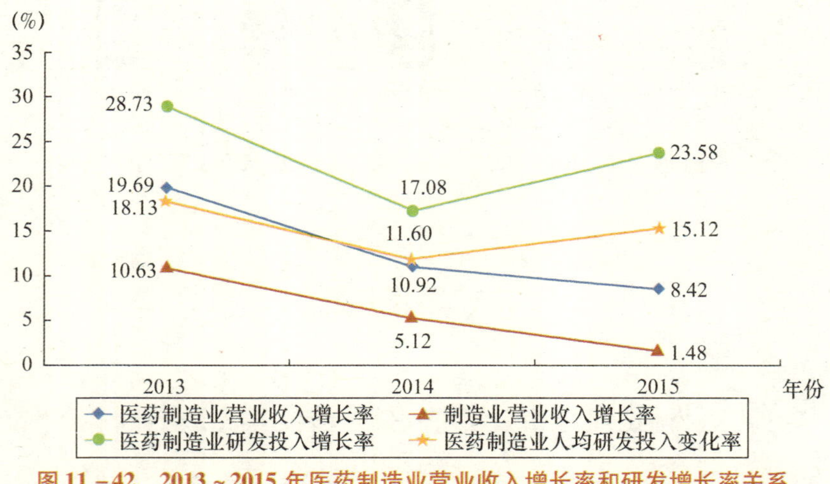

图11-42　2013~2015年医药制造业营业收入增长率和研发增长率关系

（二）受经济下行压力影响，医药制造业人力资本投入增长速度不断下降

受到经济下行压力影响，我国医药制造业人力资本投入增长速度不断下降。其中，医药制造业上市公司人力资本增长率不断由2013年

的 26. 35% 下降到 2014 年的 16. 67% 和 2015 年的 13. 91%；医药制造业上市公司人均人力资本增长率不断由 2013 年的 15. 94% 下降到 2014 年的 11. 21% 和 2015 年的 6. 10%（见图 11 - 43）。

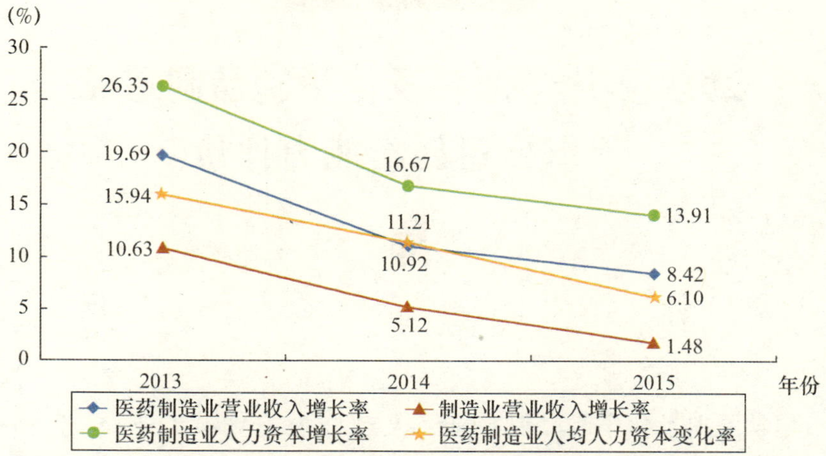

图 11 - 43　2013 ~ 2015 年医药制造业营业收入增长率和人力资本增长率

执笔人：许英杰

2015年化学原料及化学制品制造业上市公司创新能力评价

化学原料及化学制品制造业，又被称为“化学工业”，是指利用化学工艺生产经济社会所需的各种化学产品的社会生产部门的总称。化学原料及化学制品制造业是我国重要的基础行业，该行业的创新和发展对于改进我国工业生产工艺，发展农业生产，巩固国防，发展尖端科学技术，改善人民生活均能产生巨大影响。而行业创新投入是行业创新和发展的重要基础，因此，本章旨在通过企业研发投入强度和人均人力资本投入强度两项指标，综合评价2015年化学原料及化学制品制造业上市公司创新投入情况，以更好地了解和预测行业创新和发展状况。结果显示，尽管我国化学原料及化学制品制造业上市公司整体研发投入强度近年来不断提升，由2012年的1.36%上升到1.58%，但仍远低于我国制造业企业整体2.92%的研发强度，处于制造业倒数第3位。2012～2015年行业上市公司人均人力资本投入也在持续增长，年均增长率为8.7%，增速处于制造业中游水平；2015年人均人力资本投入达到9.04万元，略低于制造业平均水平。根据2015年的数据显示，我国208家化学原料及化学制品制造业上市公司中强创新

投入企业35家，占比16.83%；高研发投入企业80家，占比38.46%；高人力资本投入企业34家，占比16.35%；弱创新投入企业59家，占比28.7%。整体来说，虽然化学原料及化学制品制造业近几年来研发和人力资本投入都有明显提升，但行业研发强度仍明显落后于制造业平均水平，人力资本投入也缺乏优势，属于弱创新行业，创新潜力还亟待进一步挖掘。

一、2015年化学原料及化学制品制造业上市公司创新投入情况

化学原料及化学制品制造业开始于19世纪初，随着科学技术的发展，它由最初只生产纯碱、硫酸等少数几种无机产品和主要从植物中提取茜素制成染料的有机产品，逐步发展为一个多行业、多品种的生产部门。目前，我国化学原料及化学制品制造业共包括基础化学原料制造、肥料制造、农药制造、涂料、油墨、颜料及类似产品制造、合成材料制造、专用化学产品制造及日用化学产品制造等子行业。总体来说，化学原料及化学制品制造业属于知识、技术和资金密集型行业，其具有生产技术多样、复杂、原料多元、生产过程严格和高耗能的特点。

（一）“十二五”时期行业发展概况

“十二五”（2011～2015年）期间，我国化学原料及化学制品制造业总体保持持续增长态势。规模上看，该行业企业数量由2011年年末的21908家，增长到了2015年年末的24968家，2012～2015年的增长率依次为5.36%、4.89%、1.28%、1.82%。虽然企业数量保持持续增长，但2014年、2015年增速明显降低。营收情况上，我国化学原料及化学制品制造业2011～2015年各年的主营业务收入分别是

60356.48 亿元、66673.09 亿元、76329.77 亿元、82780 亿元、83900 亿元，基本保持平稳增长态势。然而，与之对应的增长率却呈下降趋势，2011～2015 年的增加率分别是 41.26%、10.47%、14.48%、8.45%和1.35%，除 2013 年小幅反弹大体一路走低。盈利情况上，2011～2015 年期间，我国化学原料及化学制品制造业各年的利润总额分别是 3978.2 亿元、3683.92 亿元、4113.28 亿元、4146.8 亿元和 4558.6 亿元。除了 2012 年利润总额出现负增长，2011～2015 年整体呈现出利润总额平稳增长的趋势，增长率分别是 51.37%、－7.4%、11.66%、8.15%和9.93%。

尽管我国化学原料及化学制品制造业在“十二五”期间取得了稳定发展，但新的问题也不容忽视。2011～2015 年，我国化学原料及化学制品制造业亏损企业数量逐年攀升，依次为 2071 家、2764 家、2826 家、2878 家、3271 家，亏损企业占比分别为 9.45%、11.97%、11.67%、11.74%、13.1%。亏损企业比例不仅居高不下，还略有上浮。存货情况也由 2012 年的 5303.99 亿元，上升到 2015 年的 6246.9 亿元，上浮近 20%。

总体上，“十二五”期间，我国化学原料及化学制品制造业的发展取得了一定成绩，行业规模、营收和利润情况都稳步上升。但“大而不强”的问题仍然存在，其中主要体现在亏损企业比例和存货不断增加上。这表明，我国化学原料及化学制品制造业在前期的发展中更加注重规模扩大、数量积累，对于如何提升行业生产及企业发展质量和效率，还有待改进。

（二）2015 年行业上市公司的基本情况

1. 本行业上市公司主要分布于东部沿海和长江沿岸

截至 2015 年年底，我国披露研发投入的化学原料及化学制品制造业上市公司共有 208 家，占全部披露研发投入的制造业上市公司数量的 11.9%。化学原料及化学制品制造业上市公司主要分布在东部沿海城市和长流沿岸，其中江苏、浙江、山东、广东是分布最多的省份；而中部省份中的四川和湖北也有较多的化学原料及化学制品制造业上市公司（见图 12－1）。这一分布情况与我国化学原料资源分布状况联系密切。

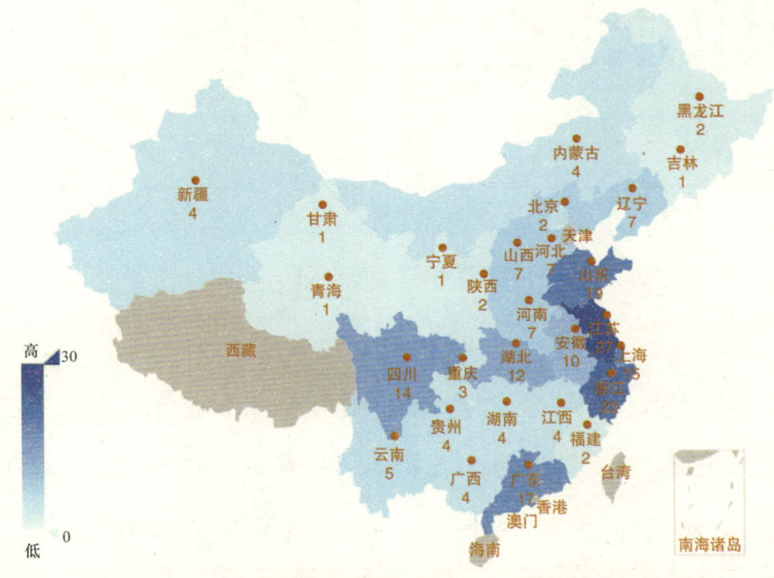

图 12－1　化学原料及化学制品制造业上市公司分布图

2. 行业整体盈利水平偏低，地区及企业间盈利水平差异较大

2015 年，208 家化学原料及化学制品制造业上市公司的总营业收入和净利润分别为 9355.89 亿元和 250.43 亿元。企业平均利润率为 2.68%，属于制造业中的较低水平。

从地区看，2015 年化学原料及化学制品制造业的利润主要来自上海、浙江、山东和江苏，4 省市净利润占到全行业上市公司净利润的 94.72%。净利率最高的省市为吉林和北京，分别高达 18.48% 和 14.03%；相比之下，还有 7 个省份存在净利率为负数的情况，最低为

广西的 -14.41%。说明，我国化学原料及化学制品制造业各省市企业之间盈利能力差距较大，东部沿海地区表现突出，部分内陆地区盈利情况堪忧（见图 12-2）。

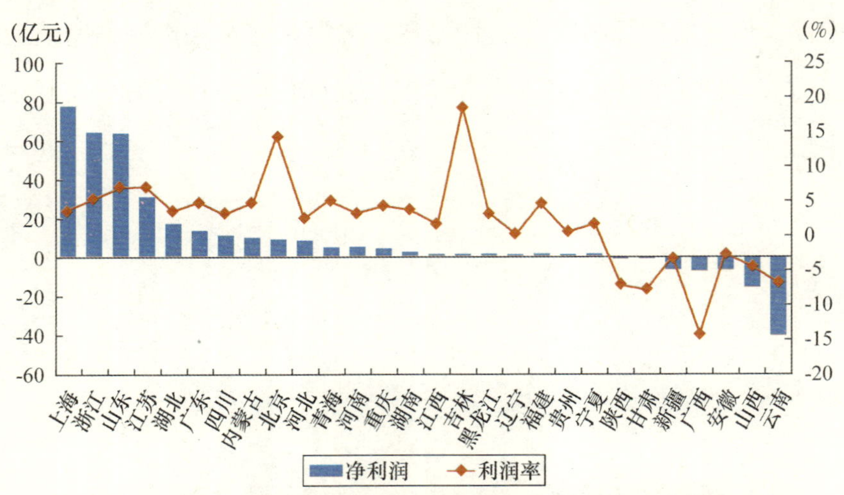

图 12-2　2015 年化学原料及化学制品制造业上市公司利润地区分布

除了地区差异，2015 年化学原料及化学制品制造业上市公司之间的盈利差异更加巨大。2015 年，该行业 208 家企业的平均净利润约为 1.2 亿元，行业内有 168 家企业盈利，40 家企业净利润为负数。行业内 2015 年净利润最高的企业为上海石化，净利润高达 32.82 亿元，约为行业平均水平的 27 倍；而净利润上表现最差的云南云维，亏损高达 37.12 亿元。这一现象主要是由于企业间经营产品差异性强，部分化工原材料市场价格波动大，技术工艺更新迅速导致的。

（三）2015 年行业上市公司创新投入总体情况

2015 年我国 208 家化学原料及化学制品制造业上市公司的研发投入费用共计 145.14 亿元，在制造业 17 个子行业中排名第八，约占制造业上市公司研发总投入的 5.3%。

从研发强度看，2015 年化学原料及化学制品制造业上市公司营业收入为 9358.28 亿元，研发强度为 1.55%，低于同期制造业上市公司 2.92% 的研发强度，以及同期全国 2.07% 的研发强度，在制造业 17 个子行业中排名倒数第三。说明，我国化学原料及化学制品制造行业整体来说，研发投入与该行业营收情况不符，研发强度低。

2015 年我国化学原料及化学制品制造业上市公司共有员工 62.9 万余人，人均人力资本投入约 9.29 万元，略低于制造业上市公司 9.79 万元的平均水平。另外，人均研发投入为 2.31 万元，也略低于制造业上市公司 3.27 万元的平均水平。总体来说，化学原料及化学制品制造企业数量在整个制造业子行业中排名第二，行业规模领先，但该行业在研发投入和人力资本投入上的表现却与发展规模不相匹配，研发强度和人均人力资本投入均低于制造业平均水平（见表 12－1）。

表 12－1　2015 年我国化学原料及化学制品制造业上市公司创新投入

行　业	企业数量（家）	研发投入（亿元）	研发强度（%）	员工总数（万人）	人均人力资本投入（万元）
化学原料及化学制品制造业	208	145.14	1.55	62.9	9.29
全体制造业	1747	2736.6	2.92	836.9	9.79

（四）2015 年行业创新产出情况

2015 年化学原料及化学制品制造业企业申请专利数共 1597 件，占所有制造业企业专利申请数的 2.34%，在 17 个制造业相关行业中排名第七，处于中上游水平。与 2014 年相比，2015 年化学原料及化学制品制造业专利数量仅增加 13 件，创新成果数量基本持平。从专利构成看，2015 年化学原料及化学制品制造业企业的专利主要以发明专利为主，占全部专利数量的 68.01%。这说明我国化学原料及化学制品制造业目前的创新成果主要以对产品和方法的技术改进为主，如仪器设备、制造工艺改良，与这一行业以生产工艺和设备为核心竞争力的特点相符合。但同时也需要注意到，该行业 2015 年外观专利仅有 101 件，不足全部专利数的 7%（见图 12－3）。这一方面说明我国化学原料及化学制品制造业还处于比较粗放的生产和发展阶段，对于产品的外观创新还不够重视，另一方面也说明我国化学原料及化学制品制造业的转型升级发展空间较大。

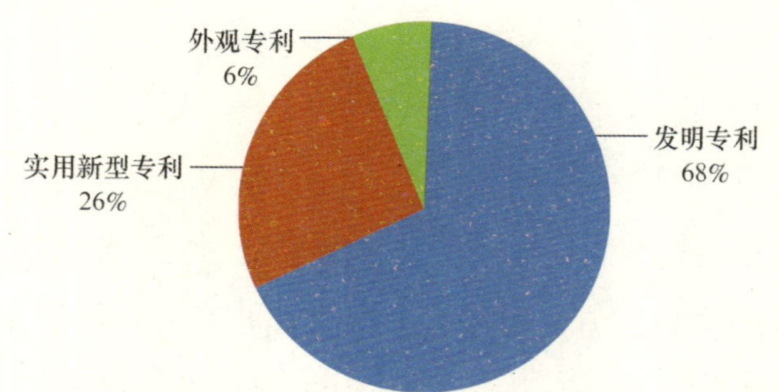

图 12－3　2015 年化学原料及化学制品制造业企业的专利结构

从专利申请趋势看，化学原料及化学制品制造业上市公司专利申请数量从 2011 年的 1174 件增长到 2015 年的 1597 件，呈现出逐年上升的趋势（见图 12－4）。期间，专利数相比于 2011 年增加了 36%，低于制造业约 50.41% 的专利申请增长率。尤其是近几年，化学原料及化学制品制造业专利申请还呈现出增速逐步放缓的趋势，这表明该行业的创新成果增长活力在 2011～2015 年间逐步下降，亟须引以重视。

从商标拥有量看，2015 年化学原料及化学制品制造业企业共拥有 848 个商标，占制造业企业的 6.74%，在 17 个制造业相关行业中排名第七，处于中上游水平。与 2014 年相比，增长了 44.71%，增长率要远高于制造业平均水平 11.41%。说明，虽然 2015 年化学原料及化学制品制造业的商标数量仅处于制造业平均水平，但在这一年间，该行

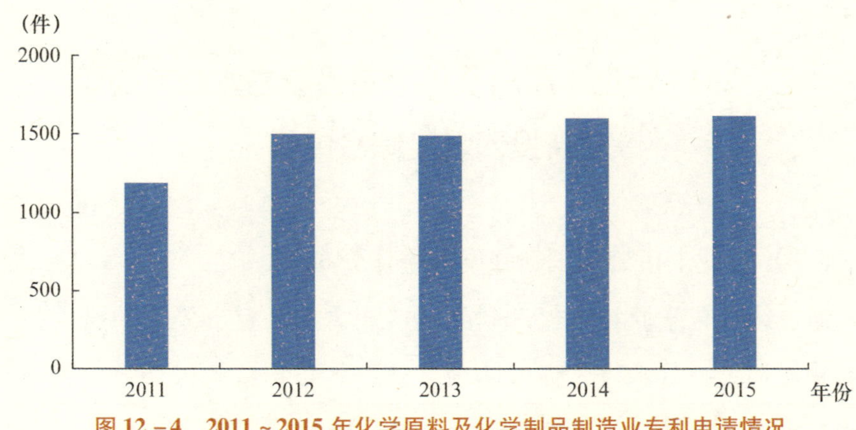

图 12-4　2011~2015 年化学原料及化学制品制造业专利申请情况

业企业对于品牌价值的重视程度明显提升，商标增长迅速。

从商标数量的总体变化趋势看，化学原料及化学制品制造业商标数量在 2011~2015 年有显著的增长。其中，2011~2014 年间化学原料及化学制品制造业商标数量仅存在小幅度的波动，先由 2011 年的 597 件增长到 2012 年的 649 件，后又降低到 2013 年的 619 件，2014 年的 586 件，上下波动幅度低于 8%。只有 2015 年，该行业商标数量出现了爆发式增长。表明化学原料及化学制品制造业对于品牌价值的认知和重视在 2015 年有了明显突破（见图 12-5）。

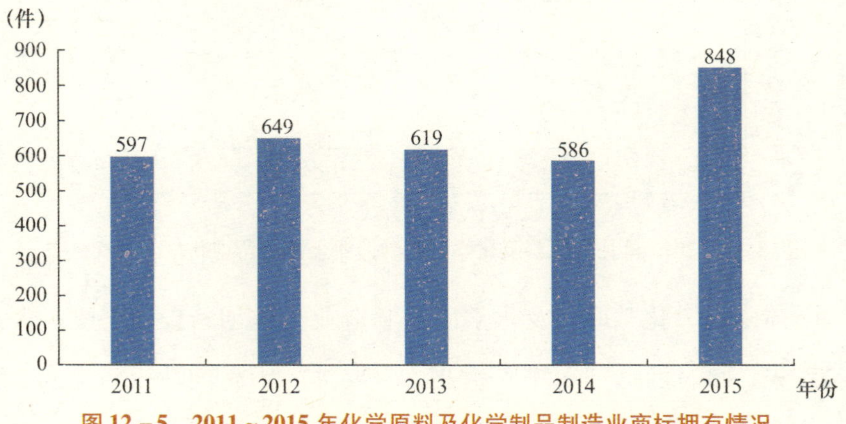

图 12-5　2011~2015 年化学原料及化学制品制造业商标拥有情况

二、2015 年化学原料及化学制品制造业上市公司创新投入强度综合评价

（一）行业上市公司创新强度的整体分布

通过统计化学原料及化学制品制造业 208 家上市公司的研发投入强度和人均人力资本投入强度两项创新投入指标，可以获得该行业企业创新投入强度的分布结构。结果显示，2015 年化学原料及化学制品制造业有 35 家属于强创新投入企业，占 16.83%；59 家属于弱创新投入企业，占 28.37%；81 家高研发投入但低人力资本投入的企业，占 47.93%；34 家低研发投入但高人力资本投入企业，占 16.35%；80 家低人力资本投入但高研发投入企业，占 38.46%。如果仅考虑研发投入，有 55.29% 的企业属于高研发投入，低于制造业上市公司平均水平 68.3%；如果只考虑人力资本投入，约有 33.17% 的企业属于高人力资本投入，略低于制造业上市公司平均水平 33.2%（见图 12－6）。

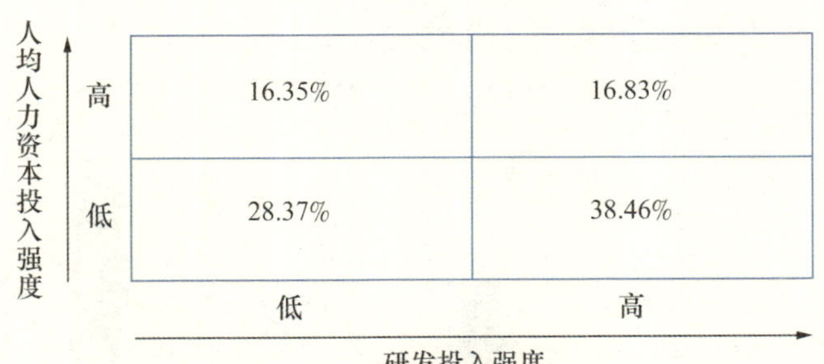

图 12－6　2015 年化学原料及化学制品制造业上市公司创新投入强度分布

总体来说，化学原料及化学制品制造业企业创新投入强度并不乐观。首先，该行业低创新投入企业比例要远高于高创新投入企业，且处于全制造业较高水平，可见化学原料及化学制品制造业还存在很多企业创新投入状况堪忧，创新投入意识薄弱的现象，而这一现象将有

可能制约全行业的发展。其次，该行业强创新投入企业比例过低，处于全制造业落后水平，仅高于纺织服装业和钢铁业，可见除了创新意识薄弱，该行业企业创新投入策略也还有待完善，还需要在产业转型升级过程中，从人力和研发两个方面来进行全面的创新投入。尤其是该行业有近 70% 的企业对人力资本投入低，充分揭示了化学原料及化学制品制造业对于人力资本重视程度的不足。

（二）行业上市公司创新强度地区分布

本文还对各省市化学原料及化学制品制造业上市公司创新投入强度进行了深入研究。结果显示，国内化学原料及化学制品制造业“强创新投入”类型 35 家上市公司分布在 12 个省份，其中江苏 7 家，山东 6 家，浙江和上海各 5 家，广东 3 家，湖北和四川各 2 家，福建、贵州、新疆、河北、辽宁各 1 家。其中绝大部分“高创新投入”企业都在东部沿海城市。“高研发投入但低人力资本投入”类型上市公司主要分布在浙江（11 家）、江苏（11 家）、广东（9 家）、山东（7 家）、四川（6 家）、安徽（6 家），6 省市“高研发投入但低人力资本投入”企业占比总计 62.5%。“低研发投入但高人力资本投入”类型上市公司最多的省市为上海（7 家）和广东（5 家）。而“弱创新投入”类型上市公司最多的省市为江苏（7 家）、山西（6 家）和四川（5 家）。

从各省份内企业创新强度类型分布来看，根据各省份占主导地位的企业创新强度类型，将各省份分为四类：一是以强创新投入企业为主的省份，我们发现我国没有一个省市的强创新投入企业比例高于其他类型企业；二是以低创新强度企业为主的弱创新省份，共有 9 个省份，其中甘肃和青海的弱创新企业占 100%；三是以仅研发投入高的企业为主的研发活跃区，共有 11 个省份，吉林（100%）、湖南（75%）和江西（75%）是典型代表；四是以仅人力资本投入高的企业为主的人才活跃区，共有 2 个，分别为宁夏（100%）和上海（46.47%）（见图 12－7）。

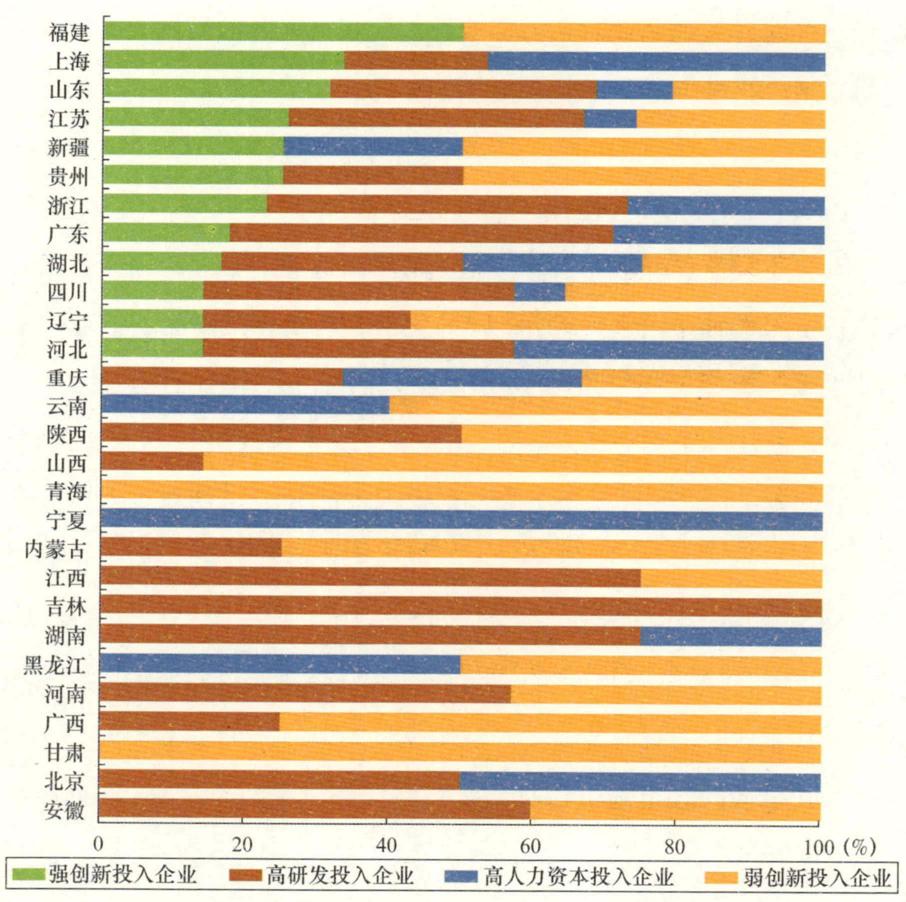

图 12－7　2015 年化学原料及化学制品制造业上市公司创新投入强度分布

三、化学原料及化学制品制造业上市公司近 4 年创新投入强度比较

2012～2015 年 4 个年度内，连续公布研发投入和人员工资指标的

化学原料及化学制品制造业上市公司共161家，占2015年12月底化学原料及化学制品制造业上市公司总数的77.4%。本部分将以这161家化学原料及化学制品制造业上市公司为样本进行年度比较。

（一）上市公司研发投入增长情况

1. 研发总投入和研发强度波动增长

2012~2015年，161家化学原料及化学制品制造业上市公司研发总投入分别为93.01亿元、99.76亿元、106亿元和119.98亿元，年均增长8.9%，低于制造业上市公司平均水平（13.8%），也低于同期全国研发经费增长率（10.1%）。化学原料及化学制品制造业上市公司研发强度从2012年的1.36%增长到2015年的1.58%，累计提升了16.18%，略低于制造业的25%；人均研发投入从2012年的2万元增加到2015年的2.23万元，同比增长11.5%，低于制造业上市公司人均水平（3.15万元），但高于增长幅度（5.2%）（见表12-2）。

表12-2　2012~2015年化学原料及化学制品制造业企业研发投入和收入

年份	研发投入总量		人均研发投入		研发强度	
	绝对值（亿元）	增长（%）	绝对值（万元）	增长（%）	绝对值（%）	增长（%）
2012	93.01	—	2.00	—	1.36	—
2013	99.76	7.26	1.94	-2.86	1.22	-9.93
2014	106	6.26	2.02	4.21	1.31	7.06
2015	119.98	13.19	2.23	10.22	1.58	20.58

从变化趋势来看，化学原料及化学制品制造业研发强度受经济增长下行压力的影响相对较小，相反，其在2012~2013年间呈现出负增长，反而在2013~2015年出现显著提升。可以看出，化学原料及化学

制品制造业近年来开始重视研发工作，加大研发投入力度，与其他行业的差距在逐步缩小。

（二）上市公司人力资本投入增长情况

1. 员工总规模稳步攀升

化学原料及化学制品制造业上市公司员工规模呈现上升趋势。截至2015年年底，161家上市公司员工总数达到53.82万人，比2012年增加了7.3万人，年均增长率为15.6%，与制造业上市公司整体呈现的快速增长趋势基本保持一致（见表12-3）。

表12-3　2012~2015年各制造行业上市公司员工数量变化　单位：人

行业	2012年	2013年	2014年	2015年	3年增长率（%）
化学原料及化学制品制造业	465470	513956	524023	538152	15.6
全体制造业	5303239	5700071	5966719	6284502	18.5

2. 人力资本投入总量不断上升

2012~2015年化学原料及化学制品制造业上市公司的人均资本投入分别为70362元、76090元、83862元和90357元，年均增长8.7%，略高于制造业上市公司年均增长率，行业年均增长幅度排在制造业第7位。该行业与其他行业人均人力资本投入差距在缩小，但仍处于制造业中等偏低位，2015年制造业多数行业的人均资本投入已达到9.63万元，而化学原料及化学制品制造业只有9.04万元。此外，2012~2015年化学原料及化学制品制造业上市公司人均资本投入的增幅分别为8.1%、10.2%、7.7%，有一定的增速放缓趋势。说明我国化学原料及化学制品制造业人均成本上升明显，增速较快，但有所放缓（见表12-4）。

表 12－4　2012～2015 年化学原料及化学制品制造业上市公司人均人力资本投入变化情况

年　份	人力资本投入		员工人数		人均人力资本投入	
	绝对值（亿元）	增长（%）	绝对值（万元）	增长（%）	绝对值（万元）	增长（%）
2012	327.51	—	46.55		7.04	—
2013	391.07	19.41	51.40	10.42	7.61	8.14
2014	439.45	12.37	52.40	1.96	8.39	10.21
2015	486.26	10.65	53.82	2.70	9.04	7.75

（三）上市公司创新投入强度比较

图 12－8 反映了 2012～2015 年间国内化学原料及化学制品制造业上市公司里按照创新投入强度划分的 4 种类型企业所占比重的变化情况。

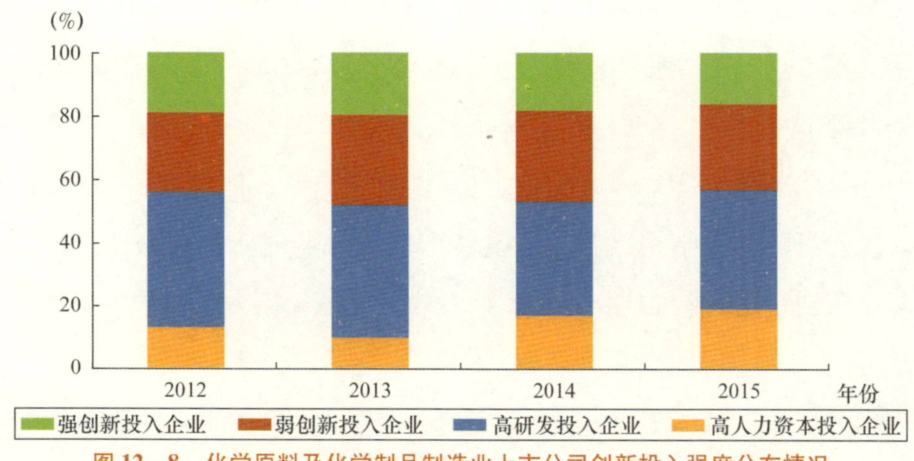

图 12－8　化学原料及化学制品制造业上市公司创新投入强度分布情况

过去 4 年间，化学原料及化学制品制造业强创新投入企业的比例波动最小，但仍有明显变化，过去 4 年的数据是 18.63%、19.25%、18.01% 和 15.53%，波动幅度约 4.35 个百分点，2013 年强创新投入企业的比例达到 4 年间的峰值，此后 2 年出现了连续回落，尤其是

2015 年降幅达 2.48%。整体呈现出强创新投入企业比例下降，且降幅不断提升的趋势。与此同时，4 年间弱创新投入企业的比例也有一定程度的波动，从 2012 年的 24.84%，快速攀升至 2013 年的 28.57%，2014 年保持稳定，2015 年略有回落，降至 27.33%，但仍明显高于 2012 年的水平。可见我国化学原料及化学制品制造业弱创新投入企业在 4 年间有了明显增加，这可能与经济增速放缓，部分企业产能过剩，盈利能力下降从而影响研发和人力资本投入有关。

值得注意的是，2012 ~ 2015 年间高研发投入企业比例下降最为明显，由 2012 年的 43.48% 降至 2015 年的 38.51%，降幅接近 5 个百分点。说明受经济下行、产能过剩压力，很多企业选择缩减研发投入。此外，高人力资本投入企业却在 2012 ~ 2015 年间有了大幅增加，比例波动最大。2012 年高人力资本投入企业比例为 13.04%，2013 年猛降至 9.94%，随后 2014 年显著增加至 16.77%，2015 年为 18.63%。这一变化与我国化学原料及化学制品制造业劳动力成本上升，人才观念提升密不可分。

总体来说，2012 ~ 2015 年间，我国化学原料及化学制品制造业创新投入强度分布结构略变差。整体呈现出了强创新投入企业比例下降，弱创新投入企业比例上升，研发投入缩减，人力资本投入增强的趋势。

四、基本结论和建议

（一）化解落后产能，引导产业升级

改革开放以来，我国化学原料及化学制品制造业取得了快速发展，塑料、合成橡胶、合成纤维、轮胎、氮肥、磷肥等基础性产品产

量位居世界前茅。而随着我国经济发展迈入“新常态”，需求降低，我国化学原料及化学制品制造业产能过剩问题凸显，尤其是低价值、同质化的中低端市场，产品供给严重过剩。这也直接导致了 2015 年我国 208 家化学原料及化学制品制造业上市公司中，40 家企业出现亏损，最高亏损甚至超过 37 亿元。而产能落后、营收不足将直接制约企业的创新投入和创新战略。因此，淘汰落后产能，释放经营压力，提升盈利能力，可以挖掘更多的行业潜力，加强行业的创新投入，带来更多的创新可能。

具体来说，针对甲醇、农药、焦炭、电石、烧碱、化肥等大量过剩的低端化工产品，首先，要强化政策约束机制，通过制订能耗、安全、环保、质量等方面的生产标准，建立产能淘汰和置换政策，淘汰一批产品质量低劣、能耗高、资源利用不合理、安全隐患较大及环保不能达标的生产资料，为先进产能腾出发展空间。其次，在技术和环保方面提高行业准入门槛，避免新的产能过剩产品项目重复建设。此外，打破地方利益保护格局，营造公平有序的市场竞争环境，以市场机制为主导，鼓励企业通过资本运作、兼并重组、关停并转等方式逐步化解产能过剩。最后，对于阶段性过剩产品，积极培育新的消费增长点，以刺激产能化解。

（二）加快推动向精细化、高附加值转型

在当前我国基础化学产品产能过剩严重，同质化竞争激烈，中高端缺口依赖进口的背景之下，除了化解低端产能，产品向精细化、高附加值化方向发展才能从根本上促进我国化学原料及化学制品制造业突破创新、获得市场竞争优势。精细化既能解决产品雷同而导致竞争力低下的问题，又能改变由粗放生产带来的能耗较高的局面，降

低成本，增强企业的竞争力。目前，大部分国际知名的化工企业都走向了精细化的发展道路，通过自己的专利技术，关注细分市场，大力发展精细化主导产品，以提高核心技术的竞争力。如美国孟山都公司，通过生产精细化产品草甘膦除草剂，在全球竞争中脱颖而出。而产品高附加值化既能有效延长产业链，拓宽产业领域，又能大幅提升产品盈利能力和价值空间，提升行业竞争力，推动行业创新和发展。

（三）践行绿色低碳，促进可持续发展

当前环境下，人类的生存与发展面临着全球气候变暖的严峻挑战。随着经济总量跃居世界第二，中国在降低碳排放等方面必然受到国际社会越来越多的关注。化学原料及化学制品制造业是高能耗、高排放产业，同时也是我国碳排放量最大的行业之一。因此，在未来，化学原料及化学制品制造业企业要想获得突破，保持可持续发展，首先要为减少碳排放承担更大责任，其绿色、低碳发展的水平不仅会影响企业的长久存亡，甚至会直接影响和制约全社会低碳发展的进程。

具体来说，首先，需要在制定产业发展规划时，充分考虑环保因素和节能指标，配套建设相应的环保设施，做到行业发展与节能环保同时规划、同时考量、同时建设。其次，积极鼓励企业发展绿色制造和绿色服务业，增强节能、节水、低碳产品的供应能力。大力发展新能源、化工新材料、高端专用化学制品等战略新兴产业，完成油品质量升级，农药、化肥、燃料、涂料、橡胶、胶黏剂等行业的绿色高端产品占比大幅提升。通过绿色低碳之路，将能源资源和环境保护的外在压力，转化为行业企业创新的内生动力，进一步提升行业可持续发展的能力。

（四）积极开展各方合作，提升行业创新能力

化学原料及化学制品制造业属于技术密集型产业，技术是带来突破性产品创新的重要前提，也是行业创新的重要基础。因此，为了加强基础技术研究，及时跟进海内外先进技术成果，积极开展同科研院所、先进公司的合作，将为化学原料及化学制品制造业创新和发展提供动力和源泉。一方面，化学原料及化学制品制造方面有一批技术能力强的科研院所和优秀的技术研究成果。积极联络相关科研院校，开展合作，组建行业创新平台，实现关键技术突破并及时转化为生产力，可以有效促进企业发展、行业转型。另一方面，科研院所是专业性人才的摇篮，而专业人才是化学原料及化学制品制造业企业人才队伍的重要组成部分，是推动企业技术创新和科技成果向现实生产力转化的骨干力量。加强同科研院所的人才合作，实现人才有效培养和输出，将为企业带来巨大的创新潜能。

执笔人：邓　晓

2015年纺织服装制造业上市公司创新能力评价

本章收集了我国63家纺织服装业上市公司2015年研发投入和人均人力资本投入的数据，利用上述企业创新投入强度二维评价模型，对纺织服装业上市公司创新能力进行了分类评价，并得出纺织服装业企业创新投入强度及结构分布。评价结果显示，63家纺织服装业上市公司中，强创新投入企业仅3家，占4.8%；弱创新投入企业37家，占比接近六成；高研发投入企业19家，占比30.2%，高人力资本投入企业仅4家，占比6.35%。与其他制造业相比，纺织服装业属于弱创新行业。

一、2015年我国纺织服装业上市公司创新投入情况

（一）纺织服装业上市公司的基本情况

1. 纺织服装业上市公司集中在长三角和珠三角地区

截至2015年年底，我国纺织服装业上市公司披露研发投入的企业

共 63 家，占全部制造业上市公司数量①的 3.6%。纺织服装业上市公司主要分布在东部沿海城市，集中在长三角和珠三角地区，其中浙江、江苏、广东以及山东、福建是最多的省份。可以说，纺织服装业的产业集聚效果在显现（见表 13－1、图 13－1）。

表 13－1　纺织服装业上市公司各省分布情况　单位：家

省　份	数　量	省　份	数　量
安徽省	2	湖南省	3
北京市	3	江苏省	10
福建省	5	辽宁省	1
广东省	8	山东省	6
海南省	1	上海市	5
河北省	1	四川省	1
河南省	1	浙江省	16
总　计	63		

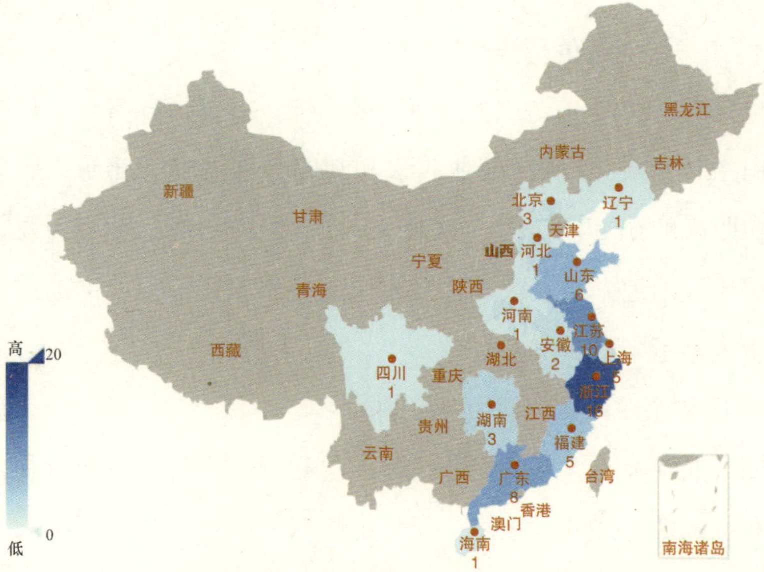

图 13－1　纺织服装业上市公司分布图

① 本章的全部制造业上市公司特指符合本章统计要求的制造业上市公司，共有 1747 家。

2. 纺织服装业上市公司的经营状况较好

2015 年纺织服装业 63 家上市公司的营业收入、净利润分别为 1681 亿元和 137 亿元。纺织服装业上市公司利润率为 8.1%，处于制造业上市公司的上等水平，说明纺织服装业的盈利能力较好（见图 13－2）。

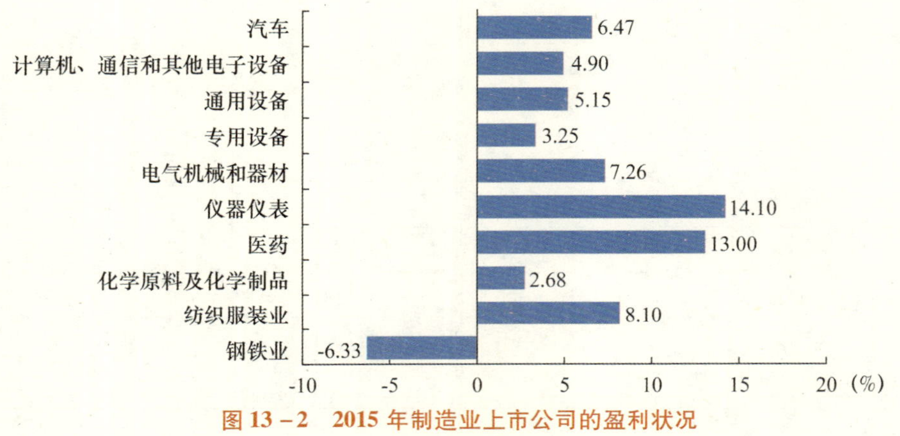

图 13－2　2015 年制造业上市公司的盈利状况

3. 纺织服装业区位优势凸显

从地区看，2015 年纺织服装业的营业收入和利润主要来自江苏、浙江、山东和北京，4 省市营业收入和利润分别占到全部纺织服装业上市公司收入的 67% 和 78%（见图 13－3、图 13－4）。由此可见，我国纺织服装业的地方以及区域优势越来越突出，长三角地区的纺织服装业基本占据了半壁江山。

4. 地区和企业间盈利能力差距较大

按照利润率大小，可以将各地分成盈利强、盈利一般和盈利差地区。盈利强地区为江苏、福建、浙江、广东和山东，其利润率高于行业 8.1% 的平均水平，其中江苏上市公司的整体盈利能力最强，达到 13.5%，高于行业利润率 5.5 个百分点；盈利一般地区为辽宁、湖南、北京、安徽、河南和河北，其利润率低于行业平均水平；盈利差地区

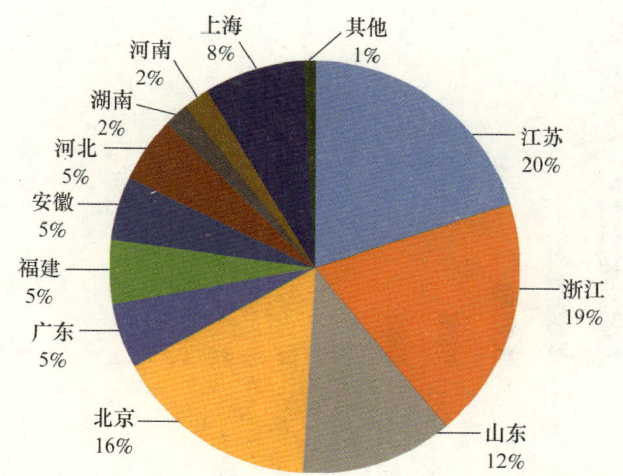

图13-3　2015年纺织服装业上市公司按地区收入结构情况

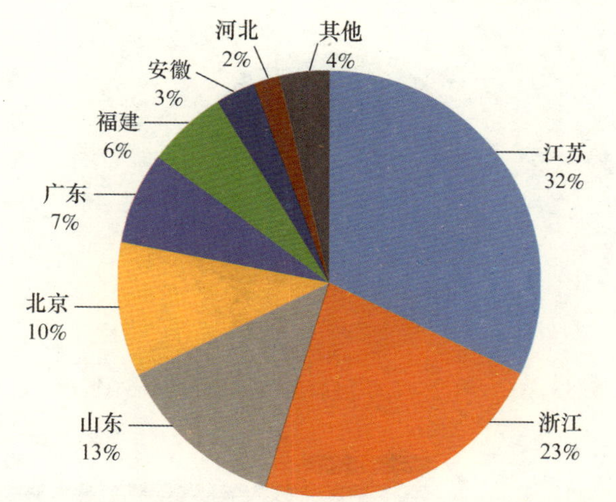

图13-4　2015年纺织服装业上市公司按地区利润结构情况

为海南、四川和上海，其利润率为负增长（见图13-5）。

纺织服装业上市公司的盈利能力差异大。利润率高于行业水平的盈利强企和利润率负增长的盈利差企，分别占38%和10%（见图13-6）。从销售规模前十企业（销售收入40亿元以上）的盈利情况看，有3家企业利润率高于行业水平，其中海澜之家达到了18.7%（见图13-7）。纺织服装业盈利最强的企业是霞客环保和宏达高科，这2家规模相对较小的高科技性企业的利润率高达28%和24%。综合

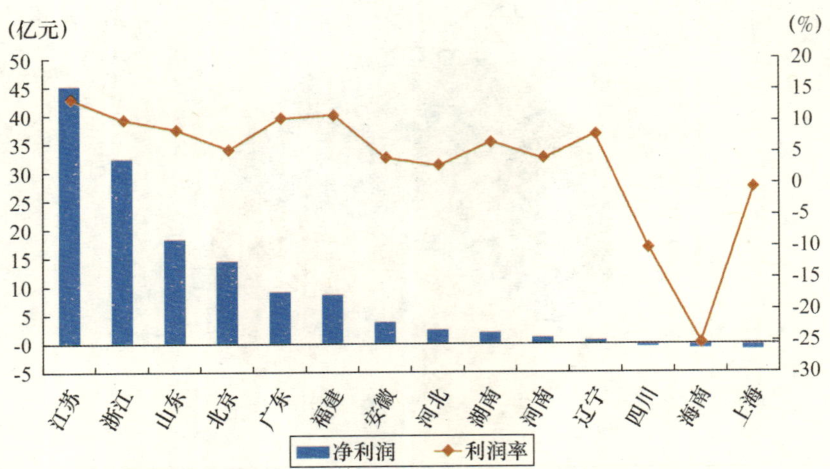

图 13－5　2015 年纺织服装业上市公司利润地区分布情况

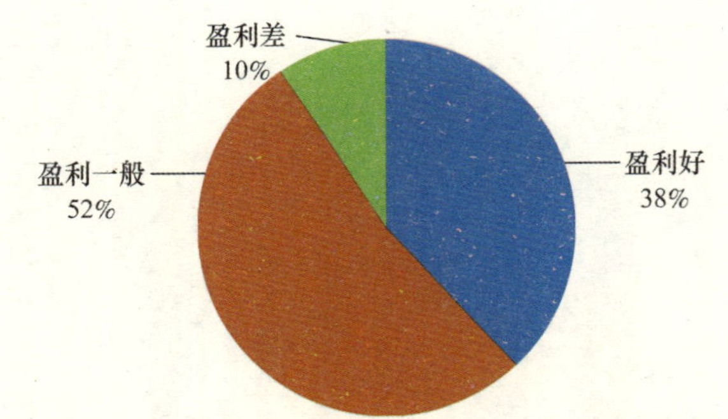

图 13－6　2015 年纺织服装业上市公司的盈利情况

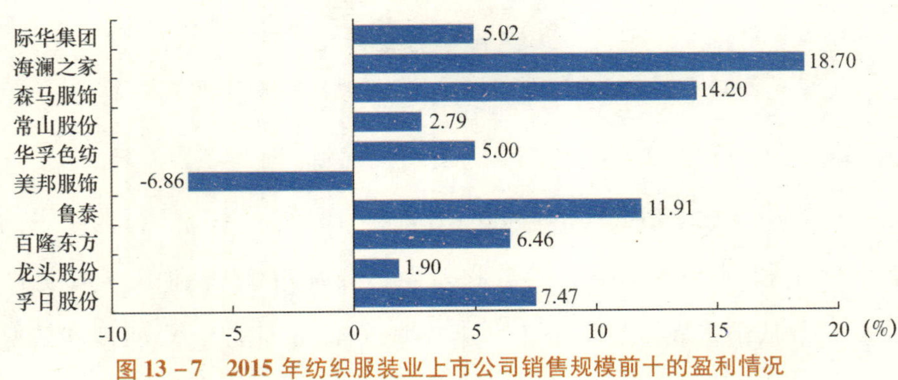

图 13－7　2015 年纺织服装业上市公司销售规模前十的盈利情况

分析可以看出，纺织服装业企业的盈利能力与企业规模关系不大，与技术和品牌的知名度有关。

（二）纺织服装业上市公司创新投入总体情况

从研发投入规模看，2015 年 63 家纺织服装业上市公司的研发投入费共计 32. 94 亿元，仅占制造业上市公司研发投入的 1. 2%。

从研发强度看，纺织服装业上市公司为 1. 96%，低于同期制造业上市公司 2. 92% 的研发强度，以及同期全国 2. 07% 的研发强度。

从人均投入看，2015 年纺织服装业上市公司共有员工 34 万余人，人均人力资本投入约 6. 59 万元，远低于制造业上市公司 9. 79 万元的水平。另外，人均研发投入不到 1 万元，也远低于制造业上市公司 3. 27 万元的水平。纺织服装业在制造业行业属于弱创新行业，其研发投入强度和人均人力资本投入强度均低于均值（见表 13 - 2）。

表 13 - 2　2015 年我国纺织服装业上市公司创新投入情况

	企业数量（家）	研发投入（亿元）	研发强度（%）	员工总数（万人）	人均人力资本投入（万元）
纺织服装业	63	32. 94	1. 96	34. 45	6. 59
全体制造业	1747	2736. 6	2. 92	836. 9	9. 79

（三）纺织服装业企业创新产出情况

从专利申请情况看，2015 年纺织服装业企业申请专利数共 722 件，占所有制造业企业的 1. 05%（见图 13 - 8）。与 2014 相比，专利数量减少 25%。从专利构成看，纺织服装业企业的专利主要以实用新型专利和外观专利为主，占全部专利数量的 71%（见图 13 - 9）。这一方面说明我国的纺织服装业专利质量有待提升，另一方面也表明纺织服装业的转型升级发展空间仍很大。

从专利申请趋势看，2011 ~ 2015 年专利数量呈现先降后升的趋势。2013 年为最低谷，比 2011 年下降 38%，2014 年快速上升，专利数量为 2013 年的 1. 23 倍，达到了 906 件，为该时段最高点。

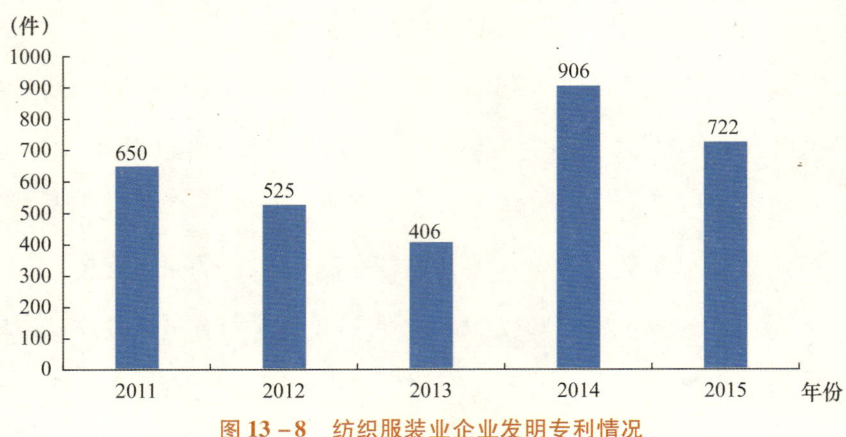

图 13-8　纺织服装业企业发明专利情况

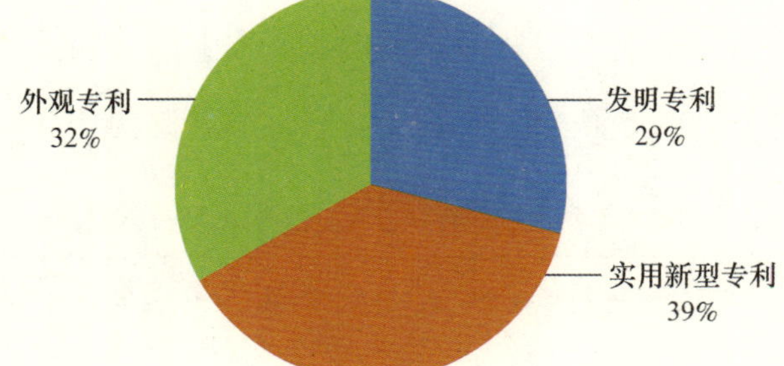

图 13-9　2015 年纺织服装业企业的专利结构

从商标拥有量看，2015 年纺织服装业企业共拥有 931 件商标，占制造业企业的 7.4%（见图 13-10）。与 2014 年相比，提高了 22%。这说明企业更加重视品牌价值，行业品牌能力有所提升。

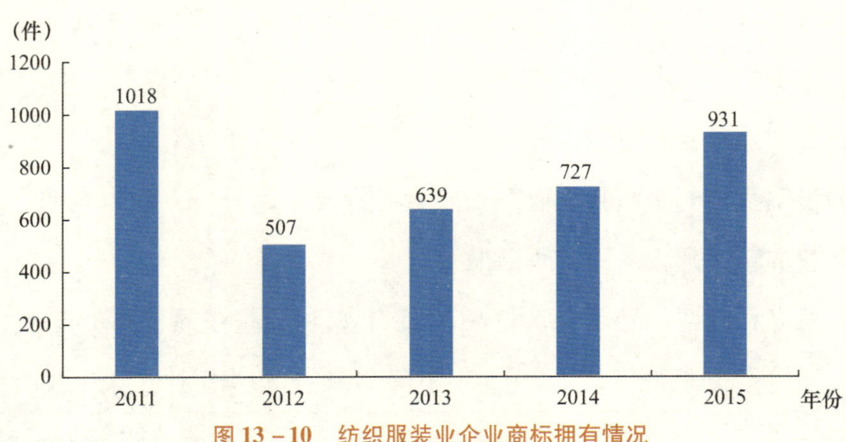

图 13-10　纺织服装业企业商标拥有情况

从商标数量的变化趋势看，2011～2015年商标数量呈现“V”形趋势。2011年纺织服装企业的商标拥有量最高，达到1018件，2012年同比下降50%，2013年开始快速上升。纺织服装业企业的专利数量与商标数量相比，商标数量无论从数量还是在制造业企业的占比均高，这说明我国纺织服装业相对其他行业更重视品牌，品牌对行业发展的影响更大。

二、2015年我国纺织服装业上市公司创新投入强度评价

（一）纺织服装业上市公司创新强度的整体分布

对纺织服装业上市公司分别进行二维评价，可以得到企业创新投入强度的分布结构。结果显示，在63家纺织服装业上市公司中，只有3家属于强创新投入企业，占4.76%；37家属于弱创新投入企业，占58.73%；19家高研发投入但低人力资本投入的企业，占30.16%；4家低研发投入但高人力资本投入企业，占6.35%。如果仅考虑研发投入，有35%的企业属于高研发投入；同样，如果只考虑人力资本投入，有11%的企业属于高人力资本投入（见图13－11）。

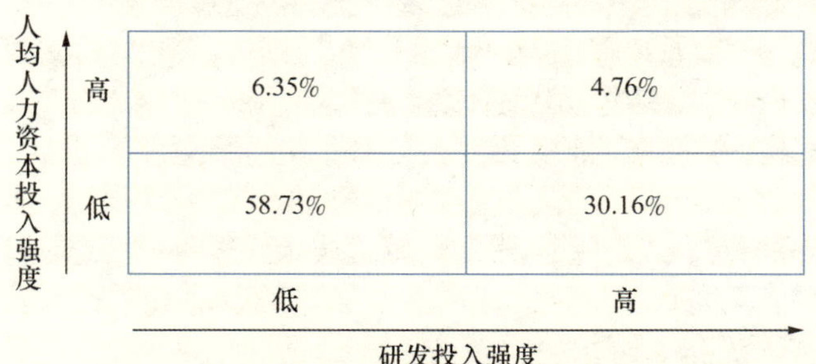

图13－11 2015年我国纺织服装业上市公司创新投入强度整体分布

（二）纺织服装业上市公司创新强度地区分布

按照地区对纺织服装业上市公司进行二维评价，可以得到各地区

企业创新投入强度的分布结构。评价结果显示，拥有强创新投入企业的地区是北京、上海、江苏，分别拥有1家企业；拥有高研发投入企业的地区是山东、浙江、福建和湖南，分别拥有5家、4家、2家和2家企业；拥有高人力资本投入企业的地区是广东、浙江、江苏和上海，分别有1家企业；弱创新企业分布在浙江、江苏和广东，分别拥有11家、8家和6家企业。

从各地内部结构分析看，如果将强创新投入企业视做高研发投入企业，那么根据结构特点可将地区分为四类：一是研发集聚区，以高研发投入企业为主的地区，有山东、湖南；二是混合区，高研发投入企业和弱创新企业数量均多，浙江、福建是典型代表；三是研发活跃区，创新投入企业数量少但质量高，有上海、北京；四是弱创新区，弱创新企业占比75%以上，如广东、河北、辽宁、江苏（见图13－12）。

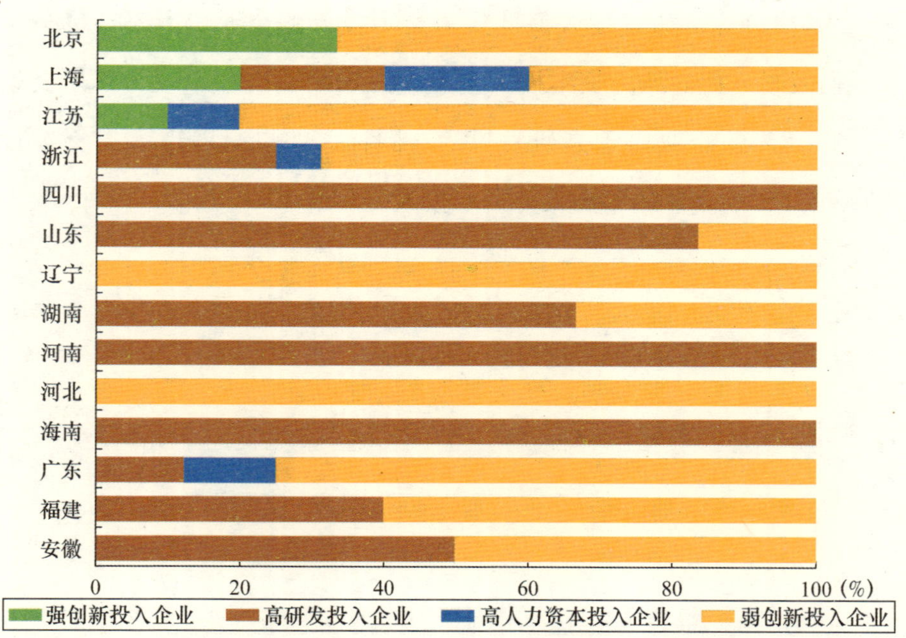

图13－12　2015年纺织服装业上市公司创新投入强度地区分布

三、我国纺织服装业上市公司 4 年创新投入强度比较

本部分以 63 家纺织服装业上市公司为样本进行年度比较。

（一）上市公司研发投入变化的情况

1. 研发总投入和研发强度稳步提升

2012～2015 年，63 家纺织服装业上市公司研发总投入分别为 21.4 亿元、22.1 亿元、22.9 亿元和 24.8 亿元，年均增长 5.1%，远低于制造业上市公司（13.8%）平均水平，也低于同期全国研发经费增长率（10.1%）（见表 13－3）。纺织服装业上市公司研发强度缓慢提高，从 2012 年的 1.7% 增长到 2015 年的 1.73%，但低于制造业上市公司 1.12 个百分点（见表 13－4）。人均研发投入 2015 年达到 8880 元，同比增长 8%，低于制造业上市公司人均水平（3.15 万元），但高于增长幅度（5.2%）。纺织服装业属于平缓增长类行业。

表 13－3　2012～2015 年纺织服装业上市公司研发投入和收入变化

年　份	研发投入总量		人均研发投入		销售收入		员工数（万人）
	绝对值（亿元）	增长（%）	绝对值（万元）	增长（%）	绝对值（万元）	增长（%）	
2012	21.40	—	7335	—	1260.18	—	29.17
2013	22.07	3.13	7904	7.76	1292.48	2.56	27.92
2014	22.91	3.80	8219	4.00	1353.43	4.72	27.87
2015	24.80	8.27	8880	8.04	1434.15	5.96	27.93

从企业研发投入与收入关系看，纺织服装业受经济增长下行压力的影响相对小，尽管 2012～2015 年上市公司收入缓慢增长，但研发投入增速高于收入增长速度。可以看出，纺织服装业开始加大研发投入

力度，与其他行业的差距在逐步缩小。

表 13-4　　2012～2015 年纺织服装业上市公司研发强度　　单位：%

行　业	2012 年	2013 年	2014 年	2015 年
纺织服装业	1.7	1.71	1.69	1.73
全体制造业	2.28	2.41	2.61	2.85

2. 研发强度分布结构略变差

与 2012 年相比，2015 年纺织服装业的创新投入强度分布结构变化趋差。强创新投入企业比例有较大减少，从 2012 年的 6% 下降到 2015 年的 4%；弱创新投入企业比例有较大增加，从 2012 年的 48% 增加到 2015 年的 52%（见图 13-13）。说明行业强创新企业的数目在减少，弱创新企业在增加，这可能与一些大型纺织服装企业盈利能力下降而减少创新投入有关。也表明，纺织服装业在产业结构调整和优化上还任重道远。

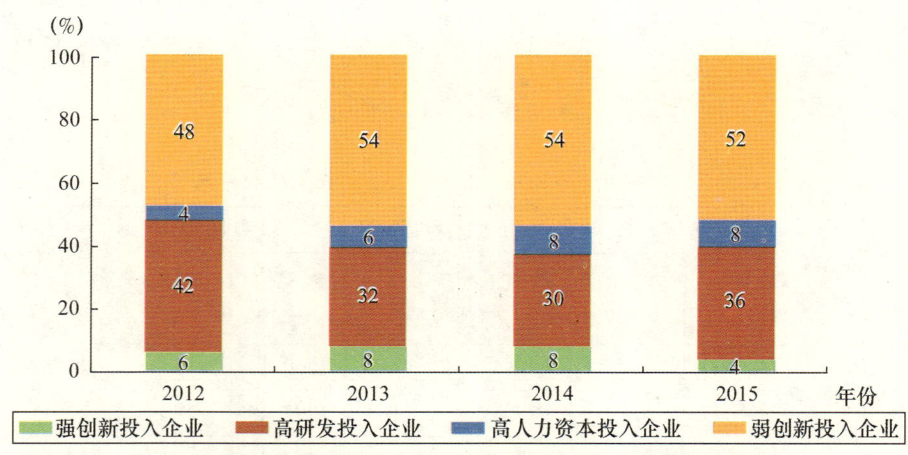

图 13-13　纺织服装业上市公司创新投入强度分布变化情况

（二）上市公司人力资本投入变化情况

1. 员工规模下降

纺织服装业上市公司员工规模呈现下降趋势。截至 2015 年年底，

63 家上市公司员工总数达到 27.9 万人，比 2012 年减少了 1.2 万人，年均减少 4.3%，而制造业上市公司整体呈现快速增长趋势，年均增长 18.5%（见表 13－5）。这一方面可能说明纺织服装业自动化水平的提高，另一方面也表明行业发展陷入了瓶颈期。

表 13－5　2012～2015 年各制造行业上市公司员工数量变化　单位：人

行业分类	2012 年	2013 年	2014 年	2015 年	3 年增长率（%）
纺织服装业	291743	279191	278687	279264	－4.3
全体制造业	5303239	5700071	5966719	6284502	18.5

2. 人力资本投入仍处于制造业最低位

人均人力资本投入增长较快。2012～2015 年纺织服装业上市公司的人均资本投入分别为 48615 元、55585 元、60934 元和 63904 元，年均增长 9.6%，高于制造业上市公司年均增长率 3 个百分点，行业增长幅度排在制造业第 5 位。与其他行业人均人力资本投入差距在缩小，但仍处于行业最低位，2015 年制造业多数行业的人均资本投入已达到 9.63 万元，而纺织服装业只有 6.39 万元（见表 13－6）。

表 13－6　2012～2015 年纺织服装业上市公司人均人力资本投入情况

项　目	2012 年		2013 年		2014 年		2015 年	
	绝对值（元）	增长（%）	绝对值（元）	增长（%）	绝对值（元）	增长（%）	绝对值（元）	增长（%）
纺织服装业	48615	—	55585	14.3	60934	9.6	63904	4.9
全体制造业	77442	—	81833	5.7	89858	9.8	96309	7.2

四、基本结论和建议

（一）加大研发投入推动产业结构优化和调整

纺织服装业未来发展空间仍很大。内需扩大和消费升级是纺织服装业发展的最大动力。据统计测算，服装行业消费支出至少有7500亿元的增量空间。同时，随着基础设施建设、环境治理、卫生保健、安全防护、军事国防等方面加大投入，预计“十三五”期间工业用纺织品消费需求将保持年均8%以上增长。只有进一步优化和调整产业结构，才能挖掘纺织服装业的市场潜力。也就是说，可以通过产品质量的提升，新产品新工艺以及新生产方式的开发，满足多元化、个性化、功能化市场的需求，推动消费结构升级；通过扩大高附加值产业用纺织品的生产比重，实现纺织服装产业的结构调整。实现产业结构优化和调整的重要手段是创新。

目前，纺织服装业的研发投入与盈利能力不匹配。我们从制造业上市公司的研发投入（研发强度）与产出（专利数）的相关性分析可以看到，除了个别行业①以外，多数行业是研发投入越高研发产出就越大，创新效果基本遵循这一规律。根据OECD数据显示，中国企业的生产附加值迅速增加。在纺织服装业，中国企业2015年能获得的价值大概能占全球该产业总价值的24%，1995年该比例仅为3.5%。这说明纺织业在全球产业链的地位不断提高，它很大程度是由于企业不断创新的结果。近年来，纺织服装业研发强度有所提高，研发费用增长率在5%左右；在人力资本投入上，纺织服装业的员工数量是负增长，而人均人力资本投入幅度增长较快。但是，从行业间的创新投入来看，纺织服装业与技术密集型行业的创新投入差距在加大；从行业内的创新强度分布来看，纺织服装业内创新投入向优势企业集中的特征不明显。目前，纺织服装业整体盈利能力处于制造业行业的较高水平，因此有能力可以进一步加大研发力度，加快行业转型升级，以满

① 仪器仪表制造业是研发投入多产出少，而电气机械和器材制造业则是投入少产出多。

足和适应新的市场消费需求。

（二）利用长三角和珠三角的创新优势与其他区域协同发展

纺织服装业强创新和优秀企业主要集中在长三角和珠三角两大区域，两大区域可以重点发展技术研发中心、时尚创意中心和品牌营销中心等价值链高端环节，率先建设数字化、网络化和智能化制造示范基地，发展电子商务交易、纺织服装物流、检验检测认证、节能环保服务等生产性服务业，利用中西部的劳动资源优势以及全球制造网点，提升我国纺织服装制造业的竞争力，以及全球价值链中的地位。

（三）加快推进纺织服装业与信息技术的融合

在“中国制造 2025”战略和“互联网 +”行动计划的背景下，以提高行业国际竞争力为目标，促进纺织服装业向数字化、网络化、智能化发展。服装业已涌现一批制造业与互联网、大数据等技术融合很好的优秀企业，如山东红领，其服装定制模式不仅解决了纺织服装企业库存大、销售成本高的问题，满足了消费者个性化需求，还为制造业其他行业提供了学习的样板。纺织服装业应大力宣传和推广这些企业的实践经验，积极推进行业智能化生产线、工厂建设，进一步完善纺织品服装大规模定制技术，运用大数据、互联网等信息技术提高行业设计研发、经营管理和节能减排水平。

（四）提升纺织新材料的研发能力

纺织新材料包括产业用高性能纤维和复合材料的研发，以及高端民用化纤产品的开发，涉及新材料的纺织、印染和成品制造技术，以及重点应用领域的产业用纺织品加工及应用技术。产业用纺织属于资金、技术密集型行业，是我国纺织业的短板。近些年我国虽然开始重视产业用纺织品的研发，但由于产业用纺织特点是投资大、技术积累要求高，而我国产业用纺织起步晚、底子薄，短期内依靠企业自身能力很难突破一些行业共性、关键技术，为了促进新材料，特别是产业用纺织业的发展，需要进行科研体制机制的改革。

我国在科技成果应用转化阶段的创新体制较弱，表现在国家科研院所改制后，过去由国家科研院所承担行业共性、关键技术的旧体制被打破，而建立替代国家科研院所作用的新体制还未建立起来，由此造成行业转型升级发展缓慢。建议尽快健全科技成果转化新体制，在国家科技资金专项重点扶持下，发挥“产官学”的共同作用，开展共性、关键技术的联合攻关；同时还需要国家政策性银行对开展共性、关键技术研发的企业团体进行中长期低息贷款；鼓励建立国家和地方基金，以投资龙头和代表性企业或项目，带动全产业链上下游、军民间以及跨界的协同创新。另外，要完善创新资源共享机制和技术推广公共平台，提高促进科技创新成果转移和转化的效率。发挥科技创新中介机构的专业化服务作用，通过政府购买服务形式，线下线上服务相结合方式，提高为企业开展创新活动的服务水平。

另外，为满足民用纺织品市场对高品质、个性化、功能化产品的需求，要开发新型纺纱织造、染整加工和智能纺织品加工技术，实现差别化、多功能纤维的柔性化生产。

执笔人：马淑萍

第十四章

2015年钢铁制造业上市公司创新能力评价

2015年，我国钢铁产业产量和消费量双双进入峰值顶部并呈下降态势，整个行业严重产能过剩，多数企业从微利经营进入巨额亏损状态，行业发展进入“严冬”，整个行业的创新投入强度相对较低，创新产出也较少。整个行业的良好发展需要进一步推进供给侧结构性改革，进一步加大企业创新，改进生产工艺、生产流程和经营管理，以切实提高生产效率和企业绩效。

一、2015年钢铁制造业上市公司地区分布

（一）钢铁制造业上市公司的基本情况

截至2015年年底，钢铁制造业上市公司一共有32家，其中主板占绝大多数，达到23家，其余9家在中小板上市。

从地区分布上来看，位于辽宁的钢铁行业上市公司数量最多，达到4家，所占比例为14.7%。其次，内蒙古、浙江、上海、山西、江西、江苏、湖南和湖北这8个省份各有2家钢铁制造业上市公司。剩

下的重庆、新疆、山东、青海、河南、河北、广西、广东、甘肃、福建、北京和安徽分别拥有1家上市钢铁行业企业（见表14－1）。

表14－1　　2015年钢铁业上市公司地区分布　　单位：家

省　份	企业数量	省　份	企业数量
辽　宁	4	新　疆	1
内蒙古	2	安　徽	1
上　海	2	山　东	1
湖　北	2	甘　肃	1
山　西	2	河　南	1
湖　南	2	广　东	1
浙　江	2	北　京	1
江　西	2	广　西	1
江　苏	2	福　建	1
河　北	1	青　海	1
重　庆	1		

从市场份额来看，我国钢铁制造业上市公司市场份额也比较集中，市场份额最大的上海钢铁制造业上市公司占比达18.7%，而前五大省份（上海、辽宁、河北、山西和湖北）所占全国市场份额超过53%（见图14－1）。

从图14－2可知，2015年上市钢铁企业表现都不尽如人意，除了湖北、江西、河北、山东和上海的个别钢铁厂能保持微利以外，其他绝大部分钢铁企业都出现了亏损。面对大范围的产能过剩，钢铁企业下游需求疲软；另外，新环保法于2015年开始实施，又加大了生产钢材的环保成本，这些都导致了钢铁制造行业于2015年大面积亏损。

从表14－2可知，2015年绝大多数省份钢铁制造业上市公司的净利润率都是负数，处于亏损状态。其中，重庆市钢铁制造业上市公司的净利润率达到－71.7%。

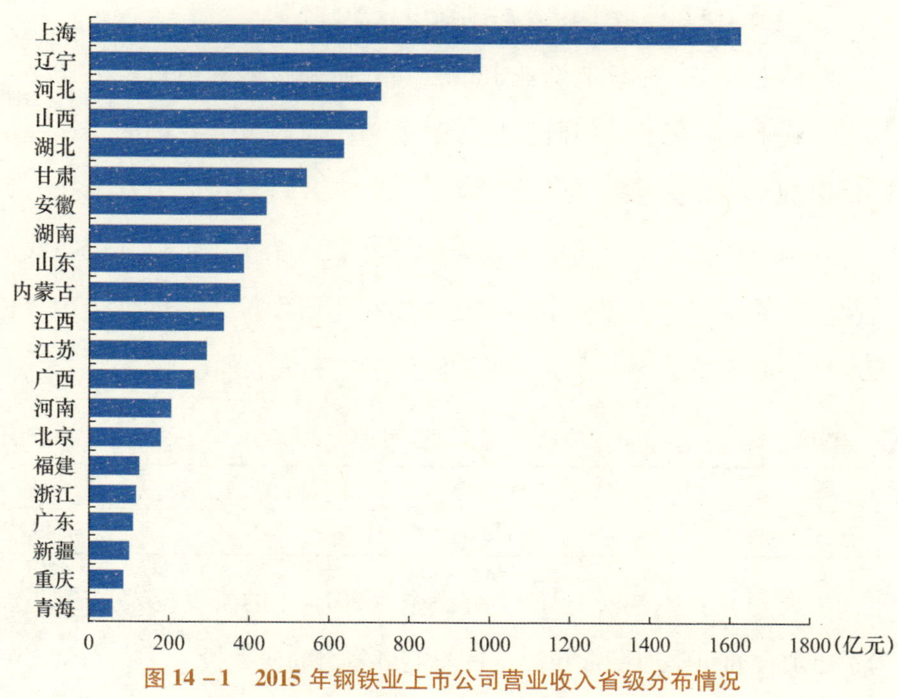

图 14－1　2015 年钢铁业上市公司营业收入省级分布情况

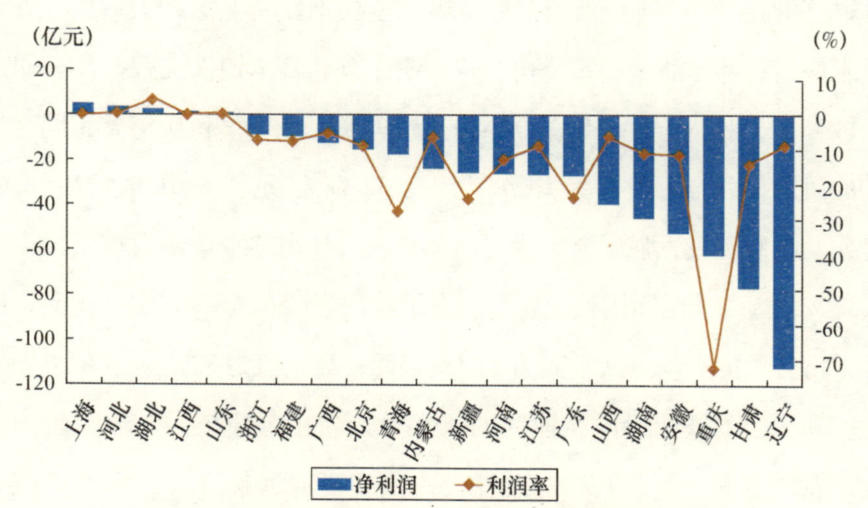

图 14－2　2015 年钢铁业上市公司利润和利润率分布图

表 14－2　2015 年钢铁行业上市公司净利润率　单位：%

项　目	均　值	标准差	最小值	中位数	最大值
净利润率	－8.56	15.04	－71.70	－7.84	18.39

（二）钢铁制造业上市公司创新投入总体情况

整体上来讲，钢铁制造业上市公司在研发投入的绝对量上还是不少，达到了198亿元，但研发投入强度却相对较低，我国的钢铁业上市公司的平均研发强度为2.32%（见表14－3）。在人力资本投入方面，我国钢铁业上市公司的平均人力资本投入为11.21万元。在我们这次考察的众多制造业当中，钢铁业的平均研发投入强度处于中等偏下水平，而它的平均人力资本投入则处于中等偏上的水平。

表14－3　2015年钢铁业上市公司研发投入额　单位：亿元

项　目	均　值	标准差	最小值	中位数	最大值
研发投入额	6.19	7.34	0.17	4.81	34.49

从表14－3中，我们只能了解到企业2015年的研发投入强度情况。为了更加全面科学地衡量我国钢铁业上市公司的研发投入，我们从2014年财富世界500强排行榜中抽取了国际主要钢铁企业的相关数据。安赛乐米塔尔、韩国浦项制铁公司、新日铁住金和日本钢铁工程控股公司的2014年研发投入强度分别为0.34%、0.95%、1.17%和0.85%，同时它们的研发投入金额分别为16.46亿元、33.58亿元、38.61亿元和18.68亿元。在研发投入强度上，我国钢铁业上市公司的平均研发投入强度为2.32%，远高于国际同行业企业。在绝对研发投入金额方面，我国钢铁业上市公司的平均投入金额为14.91亿元，最大值为30亿元，但方差较大，即我国钢铁业不同企业间的研发投入支出差距较大，分布较为分散。总体来看，我国的相对研发投入强度要远远超过国外大型钢铁企业，绝对的研发投入支出略逊于国外大型钢铁企业。

（三）钢铁制造业上市公司创新产出情况

我国钢铁业上市公司在2015年一共申请了3438件专利，占制造业上市公司 2015 年申请专利总量比例为 5.04%（见表 14－4）。这一比例与电气机械和器材制造业的 23.75% 和计算机、通信和其他电子设备制造业的 29.76% 相比有巨大差距，在制造业内部来讲，钢铁业上市公司申请的专利数量属于一个较低的水平。在钢铁业上市公司 2015 年申请的专利中，实用新型专利数量最多，占比达到 52.81%；发明专利所占的比例为 46.02%；而外观专利所占的比例不到 2%（见表 14－5）。从专利结构来看，虽然实用新型专利所占比例最高，但是在申请的专利中发明专利所占的比例方面，钢铁业在考察的多个制造业中属于较高水平，仅次于计算机、通信和其他电子设备制造业，医药制造业，同时也高于制造业平均水平。由于在所有申请的专利中，发明专利的技术要求和创新要求较高，因此，发明专利占比较高反映了该行业整体的申请专利质量较高。

表 14－4　2015 年钢铁业上市公司申请的专利数量

行　业	2015 年申请专利数量（件）	占制造业上市公司 2015 年申请专利总量比例（%）
钢铁制造业	3438	5.04

表 14－5　2015 年钢铁业上市公司申请的专利类型明细　单位：件

行　业	发明专利	实用新型专利	外观专利
钢铁制造业	1582	1816	40

除了专利申请量，我们还用商标拥有量来衡量企业的创新产出。根据表 14－6，并结合其他章的分析可知，与其他行业相比，钢铁业的商标拥有量处于一个较低的水平，2015 年仅占所有上市公司商标拥有量的 0.16%。

表 14－6　2015 年钢铁业上市公司商标拥有量情况

行　业	商标拥有量（件）	占全行业企业商标拥有量比例（%）
钢铁制造业	20	0.16

二、2015 年钢铁制造业上市公司创新投入强度评价

（一）钢铁制造业上市公司创新投入强度的整体情况

图 14－3 反映了 2015 年钢铁制造业上市公司的创新投入强度整体分布情况。从这些钢铁业上市公司在图中的分布来看，四成的钢铁业上市公司人均人力资本投入强度较高，研发投入强度较低，属于高人力资本投入企业。而人均人力资本投入强度高，研发投入强度也高的企业，即强创新投入企业只占 9.38%。高人力资本投入企业和弱创新投入企业分别占剩下的 1/4。这反映了钢铁业内部强创新投入企业太少，弱创新投入企业比例较高，同时行业中的企业相对注重人力资本投入，近 2/3 的企业研发投入强度偏低。

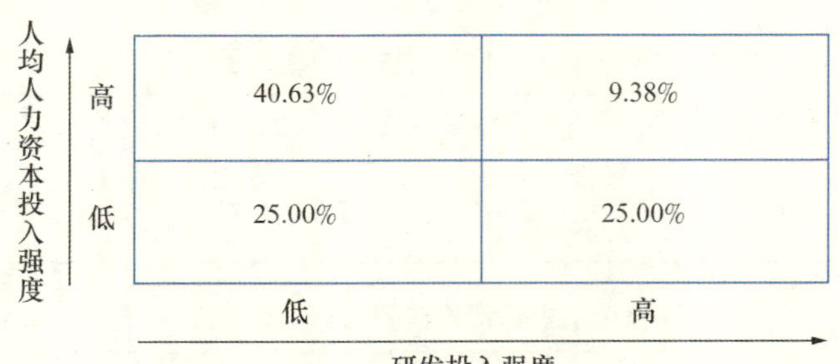

图 14－3　2015 年钢铁业上市公司创新投入强度整体分布

从表 14－7 并结合其他章的分析可知，我国钢铁制造业上市公司的研发投入强度还相对较低，平均研发投入强度只有 2.32%。

表 14－7　2015 年钢铁业上市公司研发投入情况　单位：%

项　目	均　值	标准差	最小值	中位数	最大值
研发支出总额占营业收入比例	2.32	1.725	0.11	2.175	5.76

（二）钢铁制造业上市公司创新投入强度的地区分布

从图 14－4 的数据上来看，浙江钢铁企业属于强创新、高人力资

本投入比重大的企业；另外，江苏、湖南的钢铁企业创新投入强度也比较高。

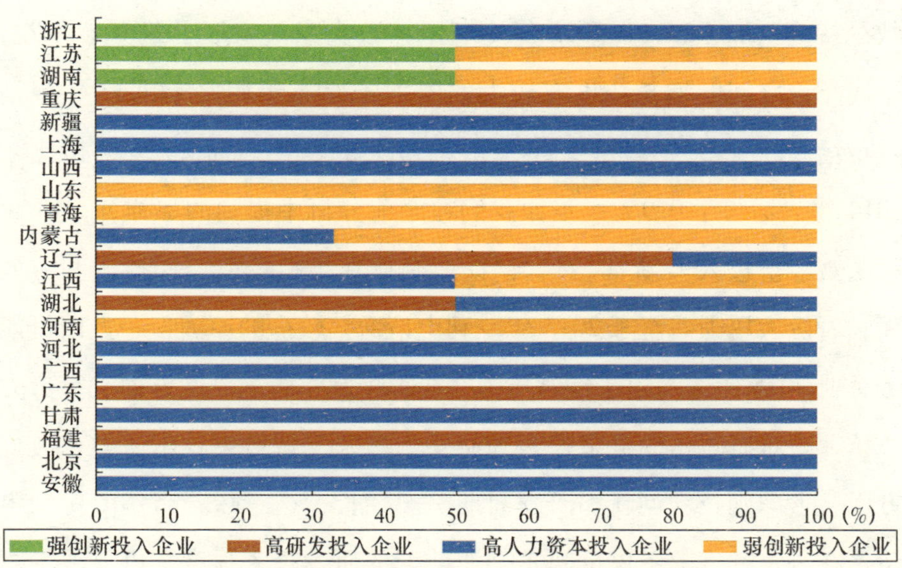

图 14－4　2015 年钢铁业上市公司创新投入强度分布

三、钢铁制造业上市公司近几年创新投入强度和创新产出的演化

（一）钢铁制造业上市公司创新投入变化情况

从表 14－8 可以看出，我国钢铁业上市公司人力资本投入强度的变化趋势：2014 年和 2015 年的均值、最大值、最小值均比 2013 年有所提升，表明钢铁业上市公司对人力资本的投入强度在不断加强。

表 14－8　2013～2015 年钢铁业上市公司人力资本投入情况　单位：万元

年　份	均　值	标准差	最小值	最大值
2013	9. 50	3. 52	2. 9	24. 17
2014	10. 18	3. 94	3. 27	25. 40
2015	10. 44	3. 62	3. 58	24. 07

（二）钢铁制造业上市公司创新产出变化情况

从表 14 - 9 可知，钢铁制造业上市公司从 2011 年以来申请专利的数量持续增加，2011 ~ 2015 年专利申请数量一共增加了 30%。不过，不同年份之间的增长幅度有较大的差别。2014 年相比于 2013 年申请数量增长了 14%，为这 5 年中增幅最大的一年。而 2015 年相比于 2014 年只增长了 0.9%。正如我们在之前分析中提到的那样，2015 年在宏观经济进入“新常态”，钢铁业企业在维持经营、保持盈利方面面临着巨大压力。至于 2015 年专利申请增幅较少的原因，一方面可能是企业 2015 年大多迫于经营压力在成本控制、管理制度方面进行努力改革，很难有宽裕的资金投入到研发当中来支持自主技术研发；另一方面，考虑到技术创新和研发周期一般较长，这意味着当年的专利申请量在一定程度上不仅反映了企业前期的研发投入强度，也反映了之前研发模式的产出效果。因此，在 2014 年的大幅增长后，2015 年的小幅增长可能反映出，对以往的研发强度和研发模式还有进一步改进的空间。

表 14 - 9 历年钢铁业上市公司专利申请数量 单位：件

年　份	2011	2012	2013	2014	2015
钢铁制造业	2646	2812	2986	3405	3438

另外，从表 14 - 10 可知，2011 ~ 2015 年钢铁制造业上市公司拥有的商标数量每年都存在一定波动，2013 年的数量最多，而 2015 年的数量最少。这表明钢铁业上市公司 2015 年在自主品牌营造或经营管理方面可能出现了一定问题。

表 14 - 10 历年钢铁业上市公司商标拥有量情况 单位：件

年　份	2011	2012	2013	2014	2015
钢铁制造业	64	41	78	54	20

四、典型企业分析

在所有考察的钢铁业上市公司中，我们依据人均人力资本投入强度和研发投入强度两个指标来对企业的创新情况进行评估。基于对这些企业的比较，我们可以将这些企业的创新情况划分为 4 类：强创新投入企业、高研发投入企业、高人力资本投入企业、弱创新投入企业。本部分内容中，我们将会把强创新投入企业和弱创新投入企业进行对比分析，发现二者在经营管理模式上的异同，通过对这 2 类企业的创新投入分析，我们希望这些真实案例能够对企业今后的创新活动展开提供更多的启示。

2015 年重庆钢铁无论是在人均人力资本投入强度还是研发投入强度方面，都在钢铁业上市公司中处于领先行列，属于高创新投入企业。而我们选取的另一个企业柳钢股份，其人均人力资本投入强度和研发投入强度都在本次考察的钢铁业上市公司中排名靠后，其中人均人力资本投入强度更是排名倒数第一。对于这两家代表性企业，我们首先将指出它们 2015 年在经营管理方面的共同点。2015 年，两家企业所属的钢铁业产能严重过剩、市场需求低迷、钢材价格大幅下滑，形成了“低增长、低价格、低收益、高压力”的“三高一低”行业发展新常态。面对巨大的经营压力，两家企业都在以下三个方面采取了相应措施：二者均从采购、生产工序、管理、财务等角度入手来尽可能地提升生产效率，降低成本，从而应对持续恶化的钢材市场；面对钢铁行业下游需求低迷的困境，这两家企业通过市场调研、产品结构调整、瞄准顾客需求、创新营销模式等手段来维持市场份额，稳定生产；在节能减排方面，重庆钢铁和柳钢股份也都以绿色生产为目标，改良生产工艺，推进环境治理工程建设，强化能源管理，从而降低吨钢综合能耗。

而在创新投入强度方面，重庆钢铁和柳钢股份有着较大的差异。在研发投入强度方面，重庆钢铁2015年研发投入总额占营业收入比例为5.76%，研发投入总额占净资产的比例更是高达12.01%。而柳钢股份2015年研发投入总额占营业收入比例为0.17%。在公司研发人员方面，重庆钢铁技术人员占在职员工总数的6.67%，而柳钢股份技术人员占在职员工总数的4.93%。较高的研发投入强度和人均人力资本投入强度也使重庆钢铁拥有不少创新成果，提升企业的核心竞争力：铁钢界面一罐制、干式真空冶金技术、分布式余热发电技术等一批在行业、业界广泛好评，具有自主知识产权的创新成果得到行业广泛认可并迅速推广；创新平台、创新机制不断健全，产学研用深度推进。产品结构不断改善，高强船板、取向硅钢等高附加值产品的市场开拓、生产研发取得进展；节能减排行业领先，重点环保指标SO_2、化学需氧量、烟粉尘排放及减排指标焦炉煤气、高炉煤气放散、吨钢新水消耗达到行业先进水平，自发电率达70%以上。重庆钢铁目前基本实现“工艺现代化、流程紧凑化、装备大型化、资源循环利用、节能减排高效”，具备了现代化钢厂所需的条件。而柳钢股份在2015年除了优化管理，降低成本，在创新方面主要是对营销模式进行改革创新，结合电商推出现货销售、竞价销售、远期交易等交易模式，同时实现由钢铁生产制造商向服务制造商的角色转变。柳钢股份较多的是对已有的先进技术进行推广应用，较少去进行自主技术研发，其自身的核心竞争力偏重于全工序的成本控制，贴近需求市场灵活调整产品结构以及其自身的区位优势。相比之下，柳钢股份并没有像重庆钢铁那些积累具有自主知识产权的创新成果。